JN410854

복지국가 사례연구

생산적 복지와 경제성장

복지국가 사례연구

생산적 복지와 경제성장

초판1쇄 발행 | 2013년 5월 20일
지은이 | 김인춘 · 고명현 · 김성원 · 암논 아란
펴낸곳 | 아산정책연구원
주소 | 서울시 종로구 신문로 2가 1-176번지
등록 | 2010년 9월 27일 제 300-2010-122호
전화 | 02-730-5842
팩스 | 02-730-5876
이메일 | info@asaninst.org
홈페이지 | www.asaninst.org
표지 · 본문 디자인 | 디자인 이브

ISBN 978-89-97046-90-4 03330

값 20,000원

※이 책은 아산정책연구원이 저작권자와의 계약에 따라 발행한 것이므로 본원의 허락없이는 어떠한 형태나 수단으로도 이 책의 내용을 이용할 수 없습니다.
※잘못된 책은 구입하신 서점에서 바꿔 드립니다.

복지국가 사례연구

생산적 복지와 경제 성장

| 김인춘 · 고명현 · 김성원 · 암논 아란 지음 |

이스라엘 · 스웨덴 · 영국

그리스 · 아르헨티나 · 일본

복지정책 성공 사례 3개국,
실패 사례 3개국 비교연구 보고서

아산정책연구원

머리말

'복지'는 현재 우리 사회가 고민하고 있는 가장 중요한 이슈 중의 하나이다. 청년실업은 해결의 기미가 보이지 않고, 인구는 빠르게 노령화하고 있으며, 경제성장은 정체되었다. 우리 사회 내에서는 지금까지의 '선별적 복지'에서 '보편적 복지'로 방향을 바꾸려는 움직임이 강하게 일고 있다. 보편적 복지의 실현에 따르는 재정적 압박을 감수하더라도, 청년실업, 저출산, 양극화 등의 사회문제 해결이 시급하다는 사회적 공감대 때문이다.

이 책은 우리 사회가 처한 상황을 바탕으로, 바람직한 복지체제의 확립을 위한 복지정책의 방향을 가늠해 보고자 기획되었다.

우리의 현실에 가장 적합한 복지체제를 설계하는 방법은 복지정책을 우리보다 앞서 실행한 국가들의 경험을 연구하여, 취할 것은 취하고 버릴 것은 버리는 것이다.

이 책은 두 부분으로 이루어져 있다. 앞부분은 우리나라 복지체제 확립에 있어 반면교사로 삼아야 할 국가들이다. 그리스, 아르헨티나, 일본의 복지체제를 돌아보며 이들이 범한 실수를 되풀이하지 않기 위한 교훈을 찾아본다. 뒷부분은 성공적 복지체제를 확립하거나 또는 복지개혁에 성공한 국가들을 다룬다. 이스라엘, 스웨덴, 영국의 경우를 살펴보면, 성공적이고 지속가능한 복지체제의 선결조건이 무엇인지를 알 수 있다.

요즈음의 복지논쟁을 보면 성공한 복지국가들의 정책이 지나치게 미화되는 측면이 있음을 알 수 있다. 이 책은 성공한 국가들 또한 '복지병'에서 자유롭지 않았음을 지적하고 있다. 중요한 것은 이 국가들이 맹목적인 복지주의의 문제점을 인정하고, 적극적인 개혁을 통해 경제성장과 상호보완적인 생산적 복지체제를 확립하였다는 것이다.

우리가 진정 두려워해야 할 것은 도전이 아니라 같은 실수를 반복하는 것이다. 복지국가의 목표에 도달하는 데 실패한 국가와 성공한 국가의 경험을 비교분석한 이 책이, 우리나라 복지정책의 확립에 보탬이 되기를 바란다.

2013년 5월
함재봉

차 례

07 영국 김인춘 (연세대학교 동서문제연구원 교수)

'요람에서 무덤까지' - 복지국가의 이상과 현실

01
총론

생산적 복지와 경제성장

고명현 (아산정책연구원 연구위원)

6개국 복지체제의 명암

최근 저성장-저출산-고령화 기조가 본격적으로 시작된 우리나라는 복지정책에 대한 관심 또한 고조되고 있다. 1960년대부터 시작된 경제의 고속성장은 수많은 국민을 가난에서 해방시켰다. 당시 복지라는 개념은 국민에게 일차적으로 의-식-주 문제를 해결하는 것에 가까웠다. 대다수의 국민이 헐벗고 굶주릴 때, 경제개발의 성공을 통해 국가는 간접적으로 국민들에게 일자리를 제공하고, 국민이 스스로 복리후생을 해결하는 것이 바로 복지정책이었다. 즉, 경제성장이 최선의 복지였던 것이다.

이러한 성장을 통한 복지정책은 여러 가지 장점이 있었다. 첫째, 공업위주의 경제성장은 양질의 일자리를 창출하고 기업이 근로자들에게 투자를 지속할 수 있도록 이끌었다. 높은 교육열과 사회기반에 대한 투자는 비교적 양호한 소득분배를 이끌어 내어 실제로 모두가 잘사는 나라를 이루는 데 도움을 주었다.

따라서 최소한 1997년도의 외환위기 이전까지는 우리나라의 모든 경제정책이 성장 중심으로 세워졌다고 해도 과언이 아니다. 정부와 국민은 성장을 통해 복지와 근로자들의 복리후생을 해결하는 것에 대해 익숙해져 있었다. 따라서 복지정책에 대한 공론의 필요성은 높지 않았다. 복지는 얼마전까지만 해도 시대에 앞서는 단어였다.

하지만 1997년 외환위기를 기점으로 경제가 저성장 시대로 들어섰으며, 사회적으로는 양극화가 심화되기 시작했다. 그리고 최근 들어 전 세계적인 유동성 증가로 글로벌 인플레이션inflation이 양극화와 맞물림에 따라 고정수입에 의지하는 대다수 중간 이하 계층의 경제적인 소외감이 심화되었다. 세계화에 따른 산업구조의 변화는 또 다른 양극화 요인이다. 중국이 세계의 공장으로 성장하면서 신발산업과 방직산업은 붕괴되었고, 반대로 대기업들은 세계를 상대로 시장을 넓히며 급성장하였다. 이들은 각각 우리 사회가 어떻게 세계화의 승자와 패자로 갈렸는지를 보여준다. 2000년대에 들어와 가시화된 저출산과 고령화는 일본이 겪은 위기가 우리나라에도 닥칠 날이 얼마 남지 않았음을 알려준다. 선진국들이 부채와 저금리에 의존하여 팽창적 경제정책을 수행하다가 2008년 금융위기를 촉발하였다는 점에서 성장위주의 경제운영은 한계에 다다랐음이 분명하다.

사실 복지에 대한 사회적 요구는 주로 내전과 전쟁, 또는 경제위기 직후 거세게 일어났다. 각각 복지의 성공 사례와 실패 사례를 대표하는 스웨덴과 아르헨티나는 1930년대 대공황 직후 내적으로는 사회갈등을 해소하고 외적으로는 위기에 직면한 국제경제의 불확실성에 대한 대안을 찾기 위해 복지국가를 지향하였다. 이와 마찬가지로 영국과 일본은 제2차 세계대전 이후 피폐한 국가경제를 살리고 국민을 빈곤에서 보호하기 위해 범국가적인 사회보장체제를 만들었다. 한국과 비슷하게 건국과 거의 동시에 전쟁을 치르고 주변국과 크고 작은 무력충돌 와중에 국가를 건설해야 했던 이스라엘은, 밀려드는 이민자들을 먹여 살리기 위해 국가복지체제를 갖추었다. 한편 그리스는 1970년대 민주화 및 유럽연합 가입과 더불어 정치 경제적 패러다임이 우파에서 좌파로 바뀌면서 국민복지에 대한 요구가 거세게 일어났다. 우리나라에서 2008년 금융위기 이후 양극화가 심화되면서 다시 복지가 화두가 된 것은 결코 우연이 아니다.

현재 일어나고 있는 복지에 대한 욕구는 당장 우리나라가 직면한 여러 가지 도전과 밀접한 관계가 있다. 저출산과 맞물려 사회는 빠른 속도로 고령화되어 가고 있고, 개방경제는 비숙련 노동자 대 숙련노동자 간의 임금 격차를 벌리고 있다. 게다가 빨라진 세계화와 정보통신기술의 발전은 경쟁력 있는 기업들에게는 엄청난 기회이지만, 반대로 경쟁력 없는 기업들은 순식간에 나락으로 떨어져 사라질 수도 있는 위기이다. 냉정한 국제자본 앞에서 노조의 힘은 약해지고 노동자는 보호막 없이 내몰린 상태이다.

따라서 요즈음의 복지국가에 대한 사회적 욕구는 합당하고 시의적절해 보인다. 하지만 복지이슈에 대한 정치적 이해가 맞물리면서 복지체제에 대한 토론보다는 포퓰리즘populism적 주장만이 넘치고 있다. 이뿐만 아니라 저출산–고령화–양극화 등의 도전들은 복지에 대한 관심과 수요를 늘리지만 동시에 지속가능하고 포괄적인 복지체제를 만드는 데 있어서 장애물이 되기도 한다. 경제의 성장은 둔화되고 생산인구는 줄어드는 상태에서 포퓰리즘적 논리만을 따라서 생산성이 떨어지는 분야와 계층으로 부를 재분배하는 것은 잘못하면 경제를 더욱 어렵게 만들어 복지비용을 늘리는 악순환의 시초가 될 수 있다.

복지정책을 조명하는 데 여러 가지 방법이 있을 수 있지만, 일단 위에서 말했듯이 복지국가의 길은 이미 많은 국가들이 거쳐간 길이다. 세계사회에 존재감을 드러낸 지 얼마 되지 않는 우리나라에서는 복지가 새로운 도전이지만, 이미 많은 국가들이 복지국가에 대한 사회적 요구를 겪었으며 그만큼 다양한 대안들이 있다. 반세기가 넘게 시간이 흐른 현 시점에서는 이런 국가별 복지정책들의 성공과 실패가 분명하게 드러난 상태이다. 따라서 이 책에서는 대표적 복지국가인 그리스, 아르헨티나, 일본, 그리고 이스라엘, 스웨덴, 영국의 복지체제의 명암을 살펴볼 것이다. 그리고 이 국가별 사례 연구를 통해, 요즈음의 복지논쟁에 시사하는 점들을 종합해 보려고 한다.

복지는 기본적으로 '좋은' 일자리 문제

그리스, 아르헨티나

복지에 대한 여러 가지 정의가 있을 수 있지만 일차적으로 복지는 개인의 경제적 안정을 추구하는 것이다. 개인이 경제적 어려움으로 기본적인 의식주를 해결하지 못하게 되는 상태를 막는 것이 가장 간단한 개념의 복지라고 할 수 있다. 물론 시장경제에서 개인의 경제력은 일차적으로 개인 스스로의 책임이다. 개인 간의 능력과 생산성의 편차가 엄연히 존재하는 현실에서 사회주의 체제처럼 국가가 개개인의 생활을 책임지면 사회적으로 심각한 도덕적 해이가 자리잡는다.

복지제공자라고 하면 국가를 떠올리지만 전통적으로 복지는 가족, 지역공동체, 종교 등의 몫이었다. 국가가 복지를 책임진 것은 얼마되지 않았으며 현재 복지선진국인 유럽국가들만 하더라도 20세기 초반까지는 대부분 전통적 복지의 연장인 선별적 복지, 즉 가족이나 지역공동체의 울타리에서 떨어져 나온 고아, 미망인, 도시빈민 등에게만 제공되는 복지였다. 도덕적 해이 문제는 전통적 사회구조 내의 감시구조를 통해 해결되었다. 국가가 복지를 책임진 사회주의 국가들이 도덕적 해이 때문에 부패와 낮은 생산성을 겪다가 몰락하였음을 상기해 볼 때 국가주도의 복지체제 확립이 얼마나 어려운 일임을 알 수 있다.

따라서 국가의 입장에서 볼 때 도덕적 해이에서 오는 낭비와 부패를 최소화하고 경제의 효율성을 보호하는 최선의 복지는 거시경제를 안정시키고 고용시장을 활성화하여 일자리를 충분히 창출하는 것이다. 이렇게 창출된 일자리를 통해 개개인은 자신의 능력(생산성)에 걸맞은 임금을 받고 가족을 부양하는 것이 기본적 복지라고 할 수 있다. 우리나라의 경우에 이러한 기본적 복지는 1960년대 이후부터 정부가 잘 대처한 부분이기도 하다.

이러한 최소주의적minimalistic 국가의 역할인 고용시장 활성화는 소득의 분배를 원활하게 만든다. 경제학에서는 이를 1차 분배라고 부른다. 1차 분배는 시장이 노동 외에 토지와 자본 등의 생산요소에 대한 대가를 지불하는 것을 말한다. 고용시장이 활성화되고 노동자의 생산성이 높아질수록 개인의 임금도 올라간다. 반대로 자본이 축적되고 소수에게 부(富)가 집중되는 경우 전체 소득에서 노동이 차지하는 비율도 작아진다. 시장경제에서 소수에 의한 부의 축적은 마르크스가 말했듯이 자본의 집중을 가져오고 결과적으로 소득분배의 불평등을 낳는다. 시장경제에서 볼 수 있는 소수에 의한 부의 축적은 개인 간 생산성의 편차에서 오는 피할 수 없는 결과이다. 1차 분배에만 소득의 분배를 맡길 경우 양극화는 필연적이다.

이를 보완하기 위해 국가가 시장경제에 개입하여 소득을 재분배하는 것을 2차 분배라고 한다.[1] 2차 분배는 주로 조세와 사회보장을 통해 소득을 재분배하여 소득의 상위계층과 하위계층 사이의 간격을 좁히는 것이다. 예를 들어 스웨덴의 경우, 시장에 의해 소득이 분배되는 1차 분배 때 소득의 불균형을 나타내는 지니 계수가 0.37까지 되지만, 2차 분배 후에는 0.24까지 되어 30% 이상 줄어드는 모습을 보인다. 이렇게 국가를 통한 소득의 재분배는 사회계층 간의 소득 불균형을 줄여서 좀 더 평등하고 안정된 사회를 이룩하는 데 도움을 준다. 소득의 불균형이 일으키는 여러가지 문제, 특히 빈곤의 대물림과 소비의 편중화를 막는다는 점에서 재분배는 바람직하다. 하지만 개인의 생산성에 걸맞지 않은 소득은 도덕적 해이, 즉 '공짜심리'를 유발하여 기업가 정신과 근로자의 동기부여 형성을 저하시킨다. 또 장기적으로는 경제의 부 창출 능력이 잠재력에 미치지 못함으로써 다음 세대의 몫이 줄어드는 결과를 낳는다.

요즈음의 복지논쟁이 복지에 대한 이분법적 논쟁으로 변질되면서 잊혀진 중요한 점은 바로 최상의 분배는 시장의 1차 분배를 통한 소득 분배라는 점이다. 2차 분배는 1차 분배로 인한 사회적 불균형을 보정하는 역할을 할 뿐이며 경제의 구조적 문제를 해결하는 해답이 절대로 될 수 없다. 국가가 시장 대신 분배를 담당할 경우 그에 따르는 간접비용overhead cost이 비효율성을 낳으며, 시장이라는 정직한 분배도구가 없고 주로 정치적 고려를 통해 재분배를 한다. 따라서 2차 분배는 불가피하게 비효율

1 개인 간의 분배/부의 이전은 대부분의 국가에서 규모가 작은 관계로 논외로 한다.

적일 가능성이 높으며, 이를 최소화하는 것이 성공한 복지국가들의 특징이다.

성공한 복지국가는 하나같이 1차 분배(고용과 임금)와 2차 분배(복지)의 균형을 잘 맞춘 나라들이다. 즉 먼저 각 생산요소들의 생산성에 걸맞은 이윤을 제공하고 국가는 도덕적 해이의 문제를 최소화하는 방향으로 2차 분배를 하는 것이다. 2차 분배가 1차 분배를 거스를 경우 근로자들과 기업가들의 인센티브가 상실되어 경제의 전반적 효율성이 저하된다. 국가가 소득을 재분배하는 데는 여러 가지 방법이 있다. 스웨덴 같은 북유럽 복지국가들은 주로 사회서비스를 통해 재분배를 실시한다. 복지 수요가 많은 계층에게 사회서비스 대신 공짜 돈을 주면 특정 정치세력의 강력한 지지세력이 된다. 이렇게 복지가 정치논리에 휩싸일 경우 바로 복지 포퓰리즘이 된다. 이 경우 복지혜택이 소득불균형에 따른 사회갈등을 해소하기는커녕 도리어 대립을 증폭시키며 사회와 경제의 불확실성을 확산시킨다. 그리고 장기적으로는 경제가 어려워지고 복지제도 자체도 무너지는 결과를 낳는다.

소비성 복지의 사례: 그리스

그리스의 경우 전통적으로 경쟁력 있는 산업은 관광업과 해운업이다. 관광업은 노동인구의 15%를 고용하며 국내총생산GDP, Gross Domestic Product의 10% 정도를 차지한다(2009년 기준). 그리스의 해운업은 19세기에 이미 대규모 상선단을 운용하였을 정도로 세계최고 수준이다. 인구

1,000만 명 정도의 소국인 그리스는 세계 최대 규모의 상선단merchant fleet를 운용하며 해운업의 경제기여도는 GDP의 4.5% 정도에 이른다(2006년 기준).

하지만 그리스의 해운업과 관광업 같은 전통적인 서비스 산업과 농업에 기반한 19세기형 경제는 21세기에 들어선 현재까지 그다지 변화하지 않았으며, 이를 개선하기 위한 별 다른 노력이 없었다. 다만 그리스는 제2차 세계대전 직후 겪은 심각한 좌우갈등을[2] 치유하고 사회 전체에 만연한 계층 간의 불신을 해소하기 위해 사회조화와 평등을 지향하였으며, 장기적인 국가발전을 위해 유럽연합EU, European Union에 가입하는 것을 범국가적인 목표로 삼았다.

그리스 정부와 국민이 경제발전보다 유럽연합 가입을 우선시한 배경에는 정치적 목적 이외에 경제적 목적도 있었다. 유럽의 변방국가가 세계 최고의 선진국가들이 주축을 이룬 유럽연합의 회원이 된다는 것인 국가적인 경사였을뿐만 아니라 북유럽 선진국들에게서 상당한 경제적 지원을 받을 수 있었기 때문이었다. 그리스는 유럽연합 회원으로 가입한 1981년부터 2005년까지 유럽연합 결속기금EU Cohesion Fund에서 매년 GDP의 4%에 상당하는 '경제발전' 지원금을 받았으며,[3] 이는 그리스 해운업이 그리스 경제에 매년 기여하는 것과 비슷하였다. 그리고 2001년부터 자국 화폐인 드라크마Drachma가 유로Euro화로 대체되면서 금리가

2 1949년까지 좌우 세력의 내전으로 약 5~6만여 명이 사망
3 2005년 이후에는 신규 가입한 동유럽 국가들을 지원하기 위해 1.5%로 줄임

독일 수준으로까지 떨어지고 유로화 강세로 인해 그리스산 수출품의 가격 경쟁력 또한 붕괴되었다. 반대급부로 그리스 경제로 외부자본이 유입되면서 자산가격, 특히 부동산가격이 급등하고 정부는 싼 금리로 차입한 돈으로 재정적자를 해소하여 외채가 눈덩이처럼 부풀어 올랐다.

하지만 유럽연합 가입은 그리스의 구조적 문제인 정치적-경제적 후진성을 해결하지 못하였다. 도리어 구조적 모순을 심화시키는 결과를 가져왔다. 1990년대 초반까지는 유럽연합 결속기금 지원금의 사용처에 대해 그리스가 유럽연합에 보고할 법적근거가 없었다. 따라서 그 지원금은 그리스 입장에서는 부담 없는 눈먼 돈이었다. 유럽연합 가입과 동시에 해운업과 비슷한 규모의 '원조산업'이 하루아침에 생겨 나면서 그리스는 경제개발에 대한 부담을 덜 수 있었다. 관광업, 해운업과 함께 그리스 경제를 지탱하는 중요한 경제의 축 하나가 아무런 노력없이 얻을 수 있는 불로소득이었다는 사실에서 그리스 정부의 방만한 재정운영을 쉽게 설명할 수 있다.

유럽연합 가입과 동시에 그리스 국민의 눈높이는 올라갔으며 북유럽 모델을 따라서 고비용-고복지의 복지국가를 지향하였다. 하지만 경쟁력 있는 산업기반이 부족한 관계로 그리스는 완전고용을 이루기 위해 공공부문의 고용과 지출을 늘렸다. 그런데 뚜렷한 수요가 없는 상태에서 만들어진 공공부문의 일자리들은 곧 정치인들의 지지기반을 확대하는데 전용되었다. 고용의 목적이 노동 공급이 아닌 정치적 지지기반의 확대에 맞추어진 나머지 공무원이 되는 것은 그 자체로 정치적 특혜의 성격을 띠었다. 따라서 그리스 정치인들은 공무원 노조와 결탁하여 공공부문 복리후생을 위한 복지비용을 과감하게 늘렸다. 그리스에서 이러한 정치와 공무원 집단 간의 상호 이익을 위한 연대의 뿌리는 깊어 이미 1911년에 헌법에 공무원의 평생직장이 보장되었을 정도이다.

이러한 특정 이익집단과 정치의 공생관계는 곧 새로 등장한 엘리트 집단인 군인, 의사, 변호사, 엔지니어 등에게도 확대되어 이들 또한 공무원 집단과 같은 경제적 특혜를 얻었다. 그리스의 이익집단들의 자율성과 정치적 영향력은 상당하여 대부분의 이익집단들이 자체적으로 사회보험공단을 운영하며, 공무원의 경우 자영업자와 민간부문 근로자가 내야 하는 사회보험 부담금을 내지 않아도 된다. 엘리트 집단에 소속되지 않는 민간부문 근로자와 그 가족은 사회보험청IKA, Social Insurance Institute에 가입되지만 다른 이익집단에 비해 혜택이 상대적으로 적은 편이다. IKA에는 그리스 국민의 절반이 가입되어 있지만 정부가 보태는 보조금은 IKA 전체예산의 0.5%에 불과하다. 이와는 반대로 엔지니어 사회기금에는 전체 수입의 55%, 그리고 변호사 보험기금은 54%가 정부 지원금에서 나온다.

이러한 소수집단의 특혜를 확대하는 그리스의 복지체제는 수많은 재원이 투입되는데도 많은 소외계층을 만들어 내었다. 그리스의 복지체제가 이러한 모순덩어리가 된 원인은 일단 복지혜택이 일부 이익집단에게만 돌아가 정치적 특혜로 변질되었다는 점이다. 그리스 복지의 제일 큰 특징은 연금 지급에 소요되는 엄청난 재원이다. 그리스인은 평균적으로 자신이 받던 제일 높은 연봉의 96%를 연금으로 받으며(OECD 평균 59%), 이를 위해 GDP의 11.5%가 연금 지급에 사용된다(OECD 평균 7.2%). 2005년 평균 그리스 인구의 23%가 연금으로 생활하고 있다. 그리스는 65세 이전 조기 은퇴가 가능하고 연금의 소득대체율 또한 매우 높은 편이다. 스웨덴이 가족복지의 천국이라면 그리스는 연금자의 천국이라고 할 만하다. 공공부문의 확대는 그리스 정치의 부패문제를 심화시켰고 결과적으로 그리스의 역사상 뿌리 깊은 후견주의clientalism는 더욱 견고해졌다. 결국 그리스 정치는 극심한 대립과 좌우의 갈등으로 점철되었으며, 국가발전를 위한 사회적 합의를 도출해 내지 못하였다.

그리스 복지의 또 다른 문제점은 전통적인 남성부양자 모델에서 그 문제를 찾을 수 있다. 가족의존적, 혹은 남유럽식 복지라고 불리는 간접적 복지모델은 국가는 주로 가장의 고용을 보장하여 보육과 노후부양 등의 복지를 가족 내에서 해결하며 가족 중심의 전통 사회안전망이 없는 미망인, 고아, 그리고 빈곤층만을 국가가 책임지는 것을 뜻한다. 일단 가족의존적 복지는 가족이라는 전통적 형태의 사회안전망을 이용하여 국가의 재정부담을 줄이고 전통적 사회구조를 지원하여 도시화와 산업화 때문에 생기는 불안정한 요소들을 제어할 수 있는 부수적 장점이 있다.

남성부양자 모델은 여성의 사회진출을 막는다는 문제가 있다. 남성부양자 모델은 주로 기혼 여성이 가사노동을 전적으로 도맡아야만 성립된다. 가부장제도를 더 튼튼하게 만드는 이러한 제도는 여성을 가사노동에 얽매이게 만들어 사회진출을 어렵게 한다. 그 결과 그리스 여성의 취업률은 남성 대비 30% 정도 낮다. 그 반대급부로 여성이 가사를 책임지는 그리스 복지는 북유럽 국가와는 달리 보육과 노후부양 등의 사회서비스를 지원하는 데 인색하다. 부족한 사회서비스는 여성의 가사에 대한 부담을 늘려 기혼 및 출산을 기피하게 만든다. 그리스는 유럽에서 이탈리

그림 1 여성의 사회진출과 출산율 (합계출산율과 남녀고용률 차이)

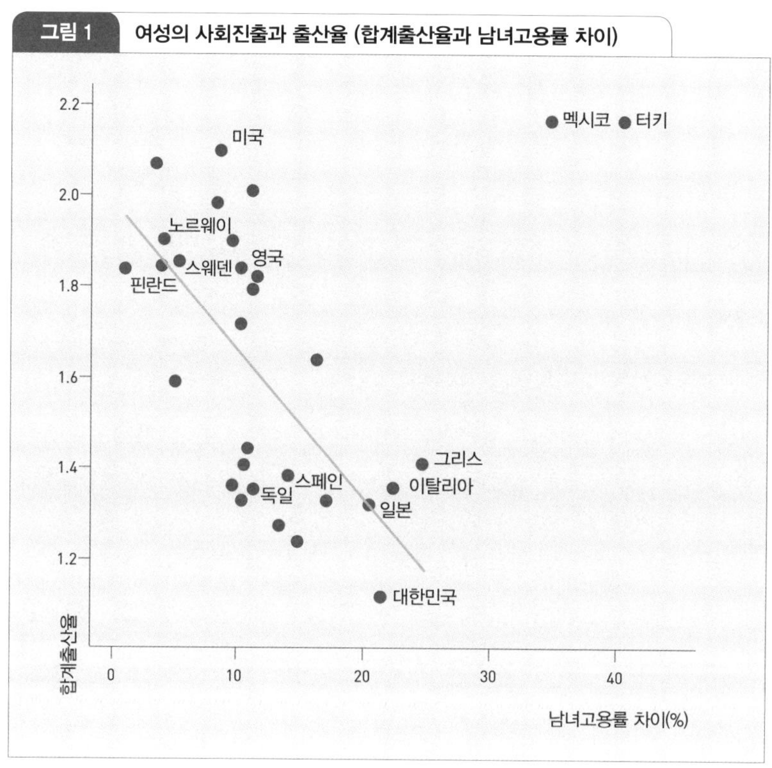

출처: OECD

아 다음으로 출산률이 낮은 국가이다.

그리스의 복지 포퓰리즘은 후견주의로 대표되는 전근대적인 정치구조에 남유럽식 복지체제가 접합된 형태라고 볼 수 있다. 경쟁력 있는 산업이 전무하고 국민의 상당수가 농업에 종사하는 후진적 경제구조는 유럽연합 가입과 함께 높아진 국민의 복지욕구를 충당하기 어려웠다. 유럽연합의 경제지원금(결속지원금)은 일종의 국가 간의 복지지원금으로써 그리스의 경제를 발전시키기는 데 쓰이지 않고 도리어 공공분야의 비효율성과 부패를 심화시켰다.

복지 포퓰리즘과 산업화의 실패: 아르헨티나

그리스가 소비성 복지 때문에 경제적 몰락을 자초한 경우라면 아르헨티나는 경제의 구조적 문제로 유발된 사회적 갈등을 해결하기 위해 복지국가를 택한 경우라고 할 수 있다. 아르헨티나의 구조적 문제를 해결할 수 있는 유일한 방안은 산업화였지만 이에 실패하면서 아르헨티나는 복지와 경제 두 부문에서 모두 정체되었다.

아르헨티나는 역사적으로 풍부한 농업 생산력을 활용하여 국제무역체제에서 식량을 수출하는 역할을 담당하였다. 넓은 땅에 비해 인구는 절대적으로 부족하였고, 따라서 미국과 마찬가지로 유럽에서 대규모 이민을 받아들였다. 늘어나는 이민자들은 경작면적을 1900년 800만ha에서 1913년에는 2,100만ha까지 늘려 아르헨티나의 농업경쟁력을 향상시켰다. 폭발적으로 늘어나는 해외 식량수요(주로 유럽) 및 팽창하는 경제와 맞물려 늘어나는 경작지역은 농업노동자의 임금을 높은 수준으로 유지시켰다. 아르헨티나 역대 최대 호황이었던 1918년부터 대공황 직전인 1928년까지 노동자의 평균(실질)임금은 무려 250% 정도 상승하였다. 수도인 부에노스아이레스는 남미라는 변방지역에 위치하였지만 경제적 호황 덕택에 세계 최대의 도시로 성장할 수 있었다.

하지만 1930년대의 대공황과 함께 해외수요는 증발하였으며, 실업률이 28%까지 상승하면서 아르헨티나는 전대미문의 실업위기를 겪었다. 이러한 위기는 급격한 사회변혁 요구를 가져왔다. 그런데 보수성향의 지배층은 무너진 자유무역주의를 대체할 만한 비전이 부족하였다. 그리하여 당시 유럽에서 유행하던 급진적 정치이념을 채용한 신진정치세력, 즉 도시노동자들을 지지기반으로 삼는 노동운동세력이 다수의 지지를 얻었다. 그러자 이를 이용하기 위하여 기존 정치세력(전통보수와 군) 중에서 노조와 결탁한 정치세력이 등장하였고, 이 중에서 가장 부각된 인물은 페론4이라는 정치장교였다.

노조의 전폭적인 지지를 업고 권력을 얻은 페론은 당장 아르헨티나를 복지국가로 탈바꿈시키는 개혁에 착수하였다. 선별적 복지체제를 보편적 복지체제로 전환하면서 인구의 7% 미만이었던 수혜계층이 거의 국민 전체로 확대되었다. 하지만 중요한 점은 페론주의로 대표되는 경제이념의 목표는 각종 무상서비스를 제공하기보다는5 일자리를 노동자들에게 보장하는 것이었다는 점이다. 이를 위해 정부는 고용안정과 동시에 노동자들에게 높은 임금을 보장하였다. 페론 정권은 무상교육과 무상의료, 강력한 가격통제 정책과 주거비용(월세) 안정화를 실시하여 노동자의 실질임금을 높이는 데 주력하였다.

문제는 이러한 인위적인 임금 인상의 해택자들은 대부분 도시노동자였다는 사실이었다. 노동력이 집중되었어야 하는 농촌은 페론의 지지기반인 노조세력이 약했기에 정권의 관심에서 멀어져 있었으며 토지개혁을 추진할 당위성도 없었다. 게다가 당대에 진행 중이던 제2차 세계대전은 아르헨티나가 유럽으로 원자재를 수출하기 어렵게 만들었고, 농촌경

---

4 후안 도밍고 페론(Juan Domingo Peron)

5 기존의 부유층이 자선재단을 통해 사회서비스를 제공한 것을 본따 페론은 자신의 아내이자 정치적 동반자인 에비타 페론의 이름을 딴 에비타 페론 재단(FundacionEvita Peron)을 통해 국가의 사회서비스를 제공하였다. 즉 정치적 목적을 위해 복지서비스를 사유화한 것이다.

제의 상대적 위기와 도시노동자를 우대하는 복지정책은 농업인구의 이탈을 부추겼다. 이는 과대한 도시화를 부추겨 도시의 실업률을 상승시키고 도시 빈곤층이 늘어나는 결과를 가지고 왔다. 이는 국가가 경제적으로 보조해야 하는 빈곤계층이 증가함을 뜻하였고, 이 때문에 국가의 재정부담이 더욱 늘어나는 악순환에 빠졌다. 결국 페론이 실각한 이후인 1950년대 후반에 이르러서야 아르헨티나 경제인구의 도시 대 농촌 분포는 정상을 되찾았다.

하지만 이 시기 때부터 시작된 농업의 기계화에 따라 노동력 수요는 감소하였다. 그리고 이민과 더불어 늘어나는 인구는 도시에만 집중되었고, 따라서 이들에게 일자리를 제공할 새로운 산업개발의 필요성이 대두되었다. 국가경제를 발전시키고 새로 유입되는 이민자들을 경제에 편입하기 위하여 산업화가 절실하였다. 하지만 이를 해결해야 할 아르헨티나의 경제는 구조적 모순에 빠져 있었다. 아르헨티나는 농산물을 수출하고 공산품을 수입하는 경제구조를 가지고 있었다. 산업화를 이루기 위해서는 일단 국내에 자본을 축적해야만 하고 당연히 아르헨티나는 농산물 수출로 외화를 벌어들여 자본을 축적하려고 노력하였다.

하지만 문제는 늘어나는 인구과 농업의 경제적 특성이었다. 농업생산은 상대적으로 긴 생산기간이 필요하며 가격변동에 대한 공급탄력성이 낮은 특성을 가지고 있다. 따라서 수요에 맞춰 공급을 늘리기에는 공산품과는 달리 제한이 많다. 늘어나는 인구 덕택에 내수는 늘어났지만, 반대로 수출 물량은 줄어드는 제로섬zero-sum 관계에 놓였다. 수출이 늘수록 내수를 위한 농산품의 공급은 줄어들었고 이는 인플레이션으로 연결되었다. 동시에 수출로 인한 무역흑자는 아르헨티나 산업기반이 미미한 관계로 곧바로 소비로 연결되어 공산품 수입에 낭비되었다. 무역 흑자는 또한 화폐가치를 평가절상하여 아르헨티나 농산품의 가격경쟁력을 떨어뜨렸다. 결국 아르헨티나의 경상수지는 흑자에서 적자로 전환되어 외채를 차입해서만 보전될 수 있었다. 아르헨티나의 경제는 농산품 수출의 한계 때문에 장기적으로 성장하기가 힘들었다. 결국 경제성장의 원동력은 외국자본에 의존하면서, 그 외국자본이 아르헨티나 경상수지 적자를 지속적으로 보전하지 않음으로써 외환위기가 촉발되었다. 따라서 화폐가치 평가절하나 내수의 극단적 긴축 없이는 아르헨티나의 경상수지 적자는 늘어날 수밖에 없는 구조였다. 이렇게 아르헨티나는 주기적으로 외환위기를 겪게 되었고, 외환위기가 일어날 때마다 내수와 공산품 수입이 줄어들고, 줄어든 내수로 늘어난 잉여 농산물을 수출하여야만 다시 경제가 살아나는 악순환에 빠져들었다.

이러한 농산품 수출에 기반을 둔 경제체제는 이미 19세기 말부터 그 한계가 드러나기 시작하였다. 20세기 초반 아르헨티나에서는 보수세력과 진보세력 사이의 대립이 치열하였다. 보수세력은 자유무역주의와 고전경제학에 입각하여 기존의 경제체제를 고수하려 하였고, 진보세력은 산업화를 이루어 유럽을 따라잡으려 하였다. 제1차 세계대전과 제2차 세계대전은 아르헨티나에게 산업화를 도모하기에 좋은 기회였다. 농산품과 원자재의 전 세계적 수요는 폭증하였으나 전쟁으로 공산품 수입이 어려워져 수입대체를 위한 국내 공산품에 대한 수요가 늘어났기 때문이다. 인력면에서도 매우 유리하였다. 전쟁을 피해 아르헨티나로 유입된 유럽

인구는 아르헨티나 경공업을 활성화하는 데 도움이 됐다.[6] 하지만 유럽에서 전쟁이 끝나고 본격적으로 전후복구에 들어가자 산업화의 호기를 놓친 아르헨티나는 다시금 예전의 농산품 수출모델의 모순에 빠져들었다.

당시 정권을 쥔 페론은 산업화를 추진하면서 두 가지 목표를 이루려고 하였다. 첫째, 산업화를 통해 자신의 최대 지지세력인 도시노동자 계층을 늘리고, 토호들과 수출업계가 주축이 된 보수세력을 정치적으로 약화시키려고 하였다. 둘째, 경제적으로는 수출과 내수의 제로섬 관계를 해결하여 경상수지 악순환의 고리를 끊으려고 하였다. 이를 위하여 페론은 수입대체import substitution정책을 실행하였는데, 국내 기업을 보호하기 위하여 공산품 수입을 억제하고 기간산업을 국유화하였다. 이렇게 국내 시장을 보호하여 국산 공산품으로 수입수요를 대체하려고 노력하였지만 페론은 자신의 정치적 이해 때문에 국내소비 후 남은 여분의 농산물만 수출할 수 있도록 하면서 경상수지 악화를 부추기는 모순을 저질렀다.

이렇듯 경제논리가 부실한 페론의 수입대체정책은 경쟁력 없는 기업들을 대거 양산하였으며, 무리한 기간산업의 국유화는 경제의 능률을 떨어뜨렸다. 게다가 내수우선을 위한 농산품의 수출제한은 무역적자를 초래하였다. 완전고용을 위한 팽창적 경제정책과 인위적 임금 인상은 내수를 과대하게 늘려 심각한 경상수지 적자를 유발하였고, 결국 이전보다 훨씬 심각한 경제위기를 초래하였다.

---

6 좋은 예는 볼펜을 발명한 라즐로 비로(LászlóBíró)이다. 그는 전쟁을 피하려고 1940년 아르헨티나로 이민간 헝가리 출신 발명가였다.

1955년 계속되는 경제위기를 이유로 쿠데타를 일으켜 페론을 축출한 보수세력은 페론주의를 배척하며 산업화를 포기하고 노조를 억압하는 등 페론 집권 이전 상황으로 돌아가려고 하였다. 하지만 농산품 수출모델의 기본적 모순을 해결하는 데는 실패하였다. 페론 지지세력이 정치에서 배제된 향후 30년은 정책적으로 페론이 추진한 수입대체정책과 원자재 수출모델 사이에서 방황한 시기였다. 결국 산업화를 이루는 데 실패한 아르헨티나는 기간산업의 국유화를 유지하고 공공부문 확장을 통해 일자리를 인위적으로 창출하고자 하였다. 그리고 대신 농업을 민간부문과 외국자본에 맡기는 방법을 택하였다. 국제경쟁력이 있는 농업의 수출 흑자를 통해 공공부문 일자리를 간접적으로 창출하는 방법을 택한 것이다. 따라서 아르헨티나는 농산물에 대한 수출세export tax를 적용하였으며, 1980년대에 이르러서는 국가재정의 30%를 농산물 수출에 부과된 세금에서 충당하는 지경에 이르렀다.

공공부문 확대는 산업화 실패로 인한 일자리 부족을 해결할 수 있었으나 기존의 경제적 문제인 내수로 인한 경상수지 적자 문제는 지속되었다. 늘어나는 인구와 비대한 공공부문 일자리를 유지하기 위해서는 수출의 증대를 통한 세수 확대가 반드시 필요하였다. 하지만 수출세를 올릴 경우 수출업계의 인센티브를 떨어뜨리고 가격경쟁력을 악화시켰기에 세수 또한 제한되었다. 따라서 공공부문을 유지하기 위해 재정적자는 늘어나고 물가는 치솟았다. 결국 1989년에는 연 인플레이션이 3,080%에 다다르면서 생산활동이 사실상 멈춰버리는 위기를 맞았다.

경제위기는 보편적 복지체제의 몰락을 초래하였다. 경제를 안정시키기 위해 아르헨티나는 공공부문 지출 삭감과 공기업의 민영화를 실행하였다. 특히 복지지출 가운데 큰 비중을 차지하는 연금체제의 개혁에 들어가는 등 정치적으로 민감한 복지체제가 대대적으로 개편되었다. 사실 1948년 페론 정권이 남미에서 제일 먼저 실시한 보편적 복지는 페론의 실권, 군사정권, 민주화, 경제위기를 겪으면서도 유지되었으나 서비스의 질은 점차 떨어졌다. 아르헨티나는 현재 한국보다 의사의 수는 더 많지만(2004년 12만 2,623명 대 9만 5,013명), 보건서비스의 질을 판가름할 수 있는 5세 이하 유아 사망률과 산모 사망자의 수에 있어서는 한국보다 3배 정도 더 나쁘다.

아르헨티나의 몰락은 보편적 복지 때문이라고 하기보다는 20세기 초반 산업화의 기회를 놓치며 일어났다고 할 수 있다. 경제적 정체로 인한 사회갈등을 해소하기 위하여 정치와 사회전반에 포퓰리즘이 등장하였는데, 도리어 포퓰리즘 때문에 장기적 사회갈등이 심화되었다고 할 수 있다. 아르헨티나가 웬만한 선진국과 거의 동시에 보육-교육-노후-의료 등을 무상으로 제공하는 보편적 복지시스템을 세운 것은 분명한 사실이다. 하지만 경제기반을 무너뜨린 주요인은 임금을 생산성 수준보다 높게 책정한 포퓰리즘적 경제정책이었다. 그리고 이러한 비효율성을 유지하려는 강경노조의 제도화도 큰 역할을 하였다.

결론적으로 페론이 추구한 경제정책은 내수를 확장하였으나 수출부문의 경쟁력을 떨어뜨렸으며, 페론에 의하여 정치화된 노조는 경제의 효율성을 저하시켰다. 경제적 몰락의 실제 원인들은 보편적 복지가 아니라 생산성에 비해 지나치게 높게 책정된 임금, 수입대체정책, 비대해진 공공부문과 강경노조의 등장이라고 보는 것이 정확하다. 이렇게 페론의 실정으로 경쟁력을 상실한 경제는 페론이 물러난 지 50년간 제자리걸음을 걸었으며, 페론이 야심차게 추진한 보편적 복지체제는 경제의 몰락으로 복지제공 능력을 사실상 상실하였다고 할 수 있다.

경제성장을 보완하는 복지체제의 필요성

일본, 이스라엘, 스웨덴

요즈음의 무상복지 논쟁은 '복지는 무조건 무상'이라는 잘못된 인식을 확산시켰다. 현재 복지에 대한 논란은 효과적인 복지체계를 만드는 것보다는 누가 (무상)복지의 혜택을 받을 수 있는지, 즉 혜택계층의 범위에 초점이 맞춰져 있다. 복지 지지론자는 흔히 무상복지로 불리는 보편적 복지를 주장한다. 이는 소득과 상관없이 국민 모두가 복지혜택을 얻는 것이다. 즉 지금까지 빈곤층에게만 국한되었던 복지혜택을 개인의 소득수준과 상관없이 전 사회로 확대하는 것을 원한다.

이들과 반대측에 선 사람들은 기존과 같이 일정 소득 이하의 계층에게만 혜택이 제한되는 선별적 복지를 유지하려고 한다. 빈곤층을 구제하는 것이 주 목적인 선별적 복지는 복지혜택을 일부 사회계층에게만 제공한다. 여기서 주요 문제는 복지 수혜계층의 선을 어디에 긋느냐는 점이다. 소득 기준 하위 25%에게만 복지혜택을 준다면 사실상 같은 계층인 하위

26%에게는 형평성이 문제로 작용하게 된다. 이른바 부자에게도 혜택이 돌아간다는 보편적 복지의 형평성 문제가 선별적 복지에도 똑같이 적용되는 것이다.

저성장, 저출산, 양극화로 인하여 최소한 부분적인 복지에 대한 필요성이 빈곤층 외에도 증대하고 있다. 이러한 현실을 감안하면 일단 선별적/보편적 복지 논란보다는 어떻게 하면 현재보다 더 광범위하고 생산적인 복지체제를 실시할 수 있는지 검토하여야 한다. 이를 위하여 사회와 복지체제에서 우리나라와 비슷한 면이 많은 일본의 사례를 살펴보고, 우리나라가 지향해야 할 모델인 스웨덴과 이스라엘의 사례를 통해 앞으로 세워야 할 복지체제의 특성을 논하려고 한다.

가족의존적 복지체제의 한계: 일본

일본은 세계 최초의 비유럽계 선진국가이다. 일본의 경제 수준과 과학기술은 명실공히 세계 최고 수준이지만 복지체계는 남유럽 국가(이탈리아, 그리스, 스페인)에 더 가까운 후진적 체제이다. 남유럽 국가들과 마찬가지로 일본의 복지체계는 가족의존적, 즉 정부가 개인에게 직접적으로 복지를 제공하는 것이 아니라 가족을 통해 간접적으로 복지를 제공한다.

'남성부양자모델'로 불리는 간접적 복지체제는 개인에 대한 복지가 아닌 가족에 대한 복지이다. 주로 가장의 고용보장을 통해 가족구성원 전체의 복지를 보장하며, 보육과 가사를 여성이 전적으로 책임짐으로써 전통적인 가정체제를 유지한다. 따라서 북유럽(스웨덴) 방식의 개인에 대한 복지가 아닌 가족의존적 복지체계는 기본 '복지체제', 즉 고용시장을 통한 1차 분배에 전적으로 의지하며 고용시장에서 소외된 빈곤층에게만 정부의 직접적 도움이 집중된다.

일본은 제2차 세계대전에서 패전한 이후부터 가족의존적 복지제도를 세웠다. 고용보장과 사회보장을 1961년의 '국민개보험개연금체제'를 통해 확립하였고, 고용보장은 농업정책(보조금) 및 중소기업정책을 통해 경쟁력이 떨어지는 부문을 정부가 적극적으로 보호함으로써 완전고용을 달성하였다. 여기서 사회보장은 빈곤층에 대한 생활보호, 근로자, 자영업자, 농민들을 위한 건강보호제도 및 연금제도로 약축될 수 있다.

아시아에서 제일 먼저 선진국에 진입한 일본은 1970년대 들어 고령화라는 도전에 직면하였다. 늘어나는 노인인구를 의식하여 일본 정부는 노인의료 무료화 및 후생연금제도를 실시하였는데, 이로 인한 재정 압박은 필연적이었다. 엎친 데 덮친 격으로 오일쇼크로 인한 경제위기가 도래하자 일본 정부는 재정 건실화를 위해 복지확대에서 복지축소로 정책기조를 전환하였다. 그 결과 고령화 대비 노인부문 복지지출은 증가하였으나 재정 건실화를 위하여 다른 부문의 복지지출은 억제되었다.

오일쇼크 이후 일본 정부의 정책기조는 가족의존적 복지체제를 더욱더 확립하는 것이었다. 이는 가장 중심의 고용체제, 혹은 '남성부양자모델' 확립이었으며, 이 복지체계의 근간은 현역세대의 완전고용 보장이었다. 높은 수준의 임금과 기업 내 복리후생을 받는 남성부양자를 통해 국가는 가족이 있는 이상 개개인의 복지를 책임지지 않아도 되었다. 그리고 복지로 인한 재정 부담 증가를 억제할 수 있었다. 따라서 고령화로 인한 노인 관련 복지지출의 증가에도 불구하고 기업의 완전고용을 통해 일본은 재정의 안정과 복지확대를 이룰 수 있었다.

하지만 여기에는 보이지 않는 문제가 도사리고 있었으며 이는 후에 일본에 더 큰 문제를 가져다주었다. 일단 완전고용을 통한 고용시장의 안정화는 남성에게는 고용을 보장하였지만 반대로 여성에게는 노동시장 퇴출을 의미하였다. 오일쇼크 이후 다른 선진국들의 경우에는 여성의 노동시장 퇴출이 남성보다 많은 경우가 없었다. 실제 1973~1974년 일본 여성의 경제활동참가율은 45.7%까지 떨어졌다. 북유럽과는 달리 고용시장에서 여성이 희생당한 일본에서는 직장을 잃은 여성들이 가정으로 '복귀'하였으며, 따라서 이들은 실업률에도 포함되지 않았다. 이들 '주부노동자'들은 보육 등이 사회화된 북유럽 국가들과는 다르게 국가를 대신하여 보육 및 유아 교육을 담당하였다. 가정 내 여성의 무상노동을 바탕으로 일본 정부는 재정 부담을 던 셈이었던 것이다.

오일쇼크의 여파에서 경제가 벗어난 후에도 이러한 정책기조는 이어져 1980년대에 이르러서 일본 정부는 소득세와 증여세의 배우자특별공제, 국민연금에서 피부양배우자 보험료 면제 등의 제도적 뒷받침을 통하여 남성(만의)부양자모델을 더욱 공고히 만들었다.

하지만 1980년대 말, 1990년대 초반 거품경제의 붕괴로 완전고용이 끝나자 지금까지는 효율적으로만 보였던 가족의존적 복지체제의 맹점이 드러나기 시작하였다. 불경기로 완전고용의 신화가 깨지기 시작하면서 실업률이 상승하였고, 특히 가정 전체의 복지를 책임지는 가장의 실직으로 가족 전체가 빈곤층으로 추락하는 사태가 발생하였다. 한 사람의 실업이 가족 전체를 가난의 수렁에 빠뜨려 복지비용을 급격하게 증가시키는 요인이 된 것이다. 완전고용을 통한 간접 복지의 한계가 드러나는 순간이었다.

기존 복지체계의 문제점이 드러났는데도 일본 정부는 일단 현역세대의 고용안정화에 중점을 두었고, 이는 또 다른 문제를 야기하였다. 남성 위주의 고용시장과 가정에 전가된 보육 및 교육의 책임은 미혼자들이 결혼을 기피하게 만들었다. 설사 결혼하였더라도 예상되는 과도한 보육비용(시간 + 돈)은 젊은 부부들이 출산을 기피하게 만드는 데 일조하였다. 이렇게 장기간 저출산으로 노동인구가 줄어들어 일본의 부양비율이 점점 악화되고 있다는 것은 잘 알려진 사실이다.

과거 민주당의 복지개혁은 남성부양자–정규직–고령자 위주의 복지체계를 개인을 위한 보편적 복지로 탈바꿈하는 것을 목표로 한다. 하지만 엄청난 재정적자에 허덕이는 일본이 보편적 복지에 필요한 재원을 구하기가 마땅치 않은 상황이다. 그리고 실제로 보편적 복지가 결실을 맺기 위해서는 상당한 시간이 소요된다는 점에서 과연 일본 정치가 복지개혁에 대한 합의를 이룰 수 있는지에 대한 의구심이 존재한다.

생산, 복지, 국방의 균형: 이스라엘

복지국가를 지향한 국가들은 거의 필연적으로 '복지국가의 위기crisis of welfare state'를 겪었다. 복지국가의 모델로 여겨지는 스웨덴마저 그 예외가 아니어서 1990년대 초반 대대적인 복지제도 재정비에 들어가기도 하였다. 흔히 복지국가들은 과잉복지 때문에 경제적으로 실패하였다고 여겨진다. 하지만 아르헨티나와 그리스의 예처럼 실제로는 세계화 같은 경제적 요인뿐만 아니라 사회적 · 정치적 요인이 큰 부분을 차지한다.

이스라엘의 건국이념인 시오니즘zionism이 강한 사회주의 성향을 지니고 있었다는 점을 차치하더라도 이스라엘의 경우 복지는 건국 초기부터 경제성장만큼이나 중요한 문제였다. 이스라엘은 국가를 건설하기 위해서 인구증가가 필수적이었고, 이를 위해 유입되는 유럽과 중동지방 출신 유대계 이민자에게 일자리를 제공할 수 있는 주체는 국가밖에는 없었다. 미국이나 남미 국가들과는 달리 이스라엘은 이민자들을 끌어들일 만한 경제적 매력이 없었다. 따라서 복지국가는 시오니즘이라는 민족주의적 이상와 함께 이스라엘에 유대인 이민을 유도하기 위해 반드시 필요한 도구였다.

이와 더불어 이스라엘은 건국 초기부터 주변 아랍국가들에게 침공을 당하는 등 시급한 안보문제를 해결해야만 하였다. 따라서 복지국가와 국방은 이스라엘의 존립 자체를 보장하는 기반이었다. 국가는 주도적으로 경제와 사회의 모든 면에 적극적으로 개입하였다. 노동시장도 예외가 아니어서 건국 초기부터 히스타드루트[Histadrut: 노동연맹General Federation of Labor]와 국가가 공급과 수요를 결정하였다. '히스타드루트'는 노조의 역할과 함께 노동자들에게 국가를 대신하여 복리후생을 제공하는 역할을 맡았다. 이런 주도적인 국가의 개입 아래서 민간부문의 역할은 미미하였다. 1948년 독립 당시 80만 명에 불과하던 인구가 전후 유입된 유대계 이민자들로 1960년에는 250만 명까지 폭발적으로 증가하였다. 늘어나는 인구와 국가의 사회기반 투자는 연 10%의 경제성장률을 이끌었다. 이러한 복지와 국가개발의 선순환 관계는 1973년 욤키푸르Yom Kippur 전쟁까지 이어졌다.

욤키푸르 전쟁은 여러 면에 있어서 이스라엘에겐 하나의 전환점이었다. 1948년 제1차 중동전쟁을 시작으로 1967년 '6일전쟁'까지 이스라엘은 자신보다 인구 규모와 경제면에서 우월한 주변 아랍국가들을 상대로 승승장구하였다. 특히 '6일전쟁'에서 이스라엘은 이집트의 시나이 반도와 가자지구, 요르단의 서안지구, 그리고 시리아의 골란고원을 각각 빼앗아 이스라엘의 영토는 이전보다 3배 이상 확장되었고, 약 100만여 명의 아랍 인구가 이스라엘의 통치하에 있게 되었다. 계속되는 전쟁 승리로 주변 아랍 국가에 대한 우월감이 이스라엘 국민뿐만 아니라 정부의 지도층 사이에도 확산되었고 결국 주변 국가에 대한 경계가 느슨해졌다. 하지만 이집트와 시리아는 절치부심 끝에 1973년 욤키푸르(속죄일) 휴일에 이스라엘을 기습공격하였다. 이스라엘은 초반에 원자폭탄 사용을 검토하였을 정도로 이집트와 시리아의 공세에 밀리면서 막대한 피해를 입었다.

이스라엘은 가까스로 전쟁에서 승리하였으나 패전과 같은 승전이었다. 욤키푸르 전쟁 직후 이스라엘 국방비는 GDP의 37%까지 일시 증가하였고, 이후에도 평균 19%에 달하여 국방비는 전쟁 이전 수준(GDP의 10%)의 2배 정도 높아지는 등 재정부담이 심화되었다. 새로 확장된 영토의 경제기여는 미미하였고 반대로 점령된 지역의 100만여 명의 아랍 인구는 이스라엘에게 또 다른 재정적 부담이었다.

사실 1970년대까지의 이스라엘의 경제성장은 국가 건설과 이민으로 늘어난 인구를 위하여 사회간접기반을 확충하는 데에서 온 공공부문의 성장이었다. 민간부문이 소외된 이러한 비정상적인 경제체계는 중동 산유국들의 기습적인 유가인상으로 촉발된 오일쇼크와 욤키푸르 전쟁의 후유증으로 무너지기 시작하였다. 그리고 해외자본 유입이 줄어드는 데 반해 복지지출은 늘어났다. 이에 따라 복지지출은 국방비와 함께 국가재정을 악화시키는 주범이 되었다. 국가의 부채는 1980년대에 이르러서는 6배 이상 증가하였고 이러한 재정적자는 인플레이션을 유발하여 1973년에서 1985년 사이 연평균 인플레이션은 무려 440%에 달하였다. 악화되는 안보상황과 경직된 이념으로 인한 과대 복지지출이 맞물려 빚어낸 결과물이었다.

악화되는 경제와 안보환경은 정권교체를 촉발하여 1970년대 말 처음으로 정권교체가 이루어졌는데, 사회주의 성향의 '정렬Alignment'이 물러나고 대신 보수적인 리쿠드Likud가 정권을 잡았다. 정권을 잃은 좌파와 당시 주변 세력에 불과하던 우파 사이의 갈등은 상당히 심각하였다. 이로 인한 '정치의 부재'는 이스라엘의 국가적 위기감을 키우는 데 일조하였다.

악화되는 경제상황과 심화되는 사회적 갈등에 따른 총체적 위기를 극복하기 위하여 이스라엘은 대외적으로 안보상황을 안정화시키고 대내적으로는 경제와 복지개혁에 박차를 가하였다. 일단 정치적 안정을 도모하기 위해 이스라엘의 리쿠드(우파)와 노동당(좌파)은 대연정을 실시하였다. 1984년부터 리쿠드와 노동당은 양당이 2년마다 번갈아 가면서 총리자리를 승계하기로 합의하였다. 그리고 심각한 경제위기를 해결하기 위해 양당은 각자의 최대지지 기반에게 희생을 요구하였다. 일단 공공분야를 축소하고 공기업을 민영화하였으며, 노동시장 유연화를 위해 노동시장의 공급과 수요를 조절하던 히스타드루트(노동연맹)는 그 역할이 축소되었다.

대외적으로는 욤키푸르 전쟁 이후 미국과의 동맹의 중요성을 절감한 이스라엘은 중동에서 소련의 영향력을 약화시키려는 미국의 노력에 적극적으로 협조하는 대신 안보와 경제원조를 약속받았다. 이러한 적극적인 친미정책을 통하여 안보와 외교뿐만 아니라 경제부문에서도 이스라엘은 상당한 혜택을 얻을 수 있었다. 국가 재정면에서는 늘어난 미국의 군사원조를 통해 이스라엘은 과대한 국방부담을 덜 수 있었다. 또한 이스라엘은 이집트에게 시나이 반도를 반환하는 대가로 미국으로부터 원유의 원활한 공급을 약속받음으로써 이란혁명으로 야기된 에너지 수급 불안을 해결하였다.

미국과의 긴밀한 관계의 또 다른 혜택은 바로 이스라엘의 군수산업이 견인한 제조업의 성장이었다. 군수산업을 기반으로 한 제조업의 성장은 이스라엘과 같이 자원이 없고 매우 작은 국내시장을 가진 소국에게는 구조적으로 매우 중요한 부분이었다. 미국의 군사적 원조의 일부분은 자국의 무기를 개발하는 데 쓰였고, 미국의 거대 방산업체들은 실전을 통해 검증된 이스라엘의 군수산업과 협업관계를 맺었다. 미국 방산업체들의 국제적 네트워크를 통해 이스라엘제 무기는 전 세계에 수출되었고, 1980년대에 이르러서는 산업에 종사하는 인력의 50%가 군수산업에 종사할 정도로 성장하였다.

군수산업의 발전은 다른 산업에도 파급효과가 컸다. 건국 직후 수출의

27%만 차지하였던 공산품의 비율이 2008년에는 71%까지 증가하였으며, 이 가운데 43%는 고부가가치의 첨단제품이었다. 국제시장에서 얻은 경영노하우, R&D, 그리고 기초연구에 대한 투자는 곧 결실을 맺어 이스라엘의 하이테크산업을 발전시키는 데 이바지하였다.

이스라엘의 경쟁력인 첨단제조업은 단지 경제적 효과뿐만 아니라 이스라엘이 자신감을 가지고 경제개방과 공공부문 개혁을 추진할 수 있게 한 원동력이 되었다. 1980년대에 이르러 이스라엘은 적극적으로 자유무역협정FTA, Free TradeAgreement을 추진하여 1985년 미국과의 FTA를 시발점으로 1992년 유럽연합, 1996년 캐나다, 2000년 멕시코, 2007년 메르코수르(Mercosur: 브라질-아르헨티나 주축의 남미자유무역지대)와 FTA를 체결하였다. 이로써 이스라엘은 내수 기반의 작은 경제에서 세계화된 국제무역국가로 탈바꿈하였다.

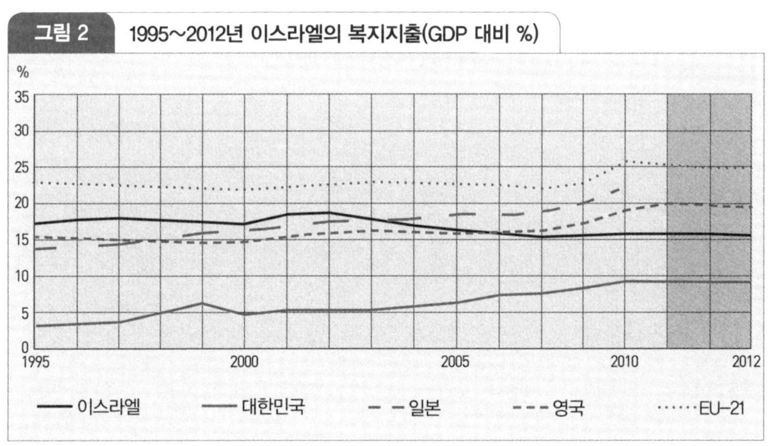

그림 2 1995~2012년 이스라엘의 복지지출(GDP 대비 %)

출처: OECD Social Expenditure Data

적극적 경제개혁과 개방정책을 통해 경제의 체질을 바꾸면서 이스라엘의 경제는 꾸준히 성장하였다. 발전하는 경제와 미국과의 긴밀한 동맹을 통해 안정된 안보상황 덕분에 이스라엘의 국방비는 1985년 GDP의 22%에서 2008년에는 6.5%까지 떨어졌다. 제조업 기반의 탄탄한 경제는 복지에도 긍정적 영향을 미쳤다. 인구면에서 월등히 우월한 주변 국가들 때문에 끊임없이 이민자들을 받아들여야 하는 구조상 이스라엘은 높은 수준의 복지를 제공해야만 인구를 유지할 수 있다(아랍계를 제외한 유대계의 출산율은 낮음).

그런데 줄어든 국방비 부담은 이스라엘이 늘어나는 인구를 위해 복지를 대폭 확충할 수 있게 기여하였다. 냉전이 끝나면서 구 소련에서 유입된 유대계 이민자들로 인구가 20%나 늘어나면서 복지지출도 증가하였다. 하지만 개혁과 개방을 통해 탄탄해진 경제는 갑작스럽게 늘어난 복지비용에도 불구하고 경쟁력을 잃지 않았다. 복지에 앞서 경제의 경쟁력이 우선한다는 점은 통일을 앞둔 한국에도 많은 것을 시사한다.

경쟁력 있는 제조업 기반의 고비용-고복지 국가: 스웨덴

스웨덴은 북유럽의 전통적인 복지강국이다. 스웨덴은 오랫동안 서구 사민주의 복지국가의 전형으로 고부담-고복지 모델을 차용하여 완전고용과 평등한 분배를 추구하였다. 하지만 1990년대 초반의 금융위기로 경제가 마이너스 성장을 기록하자 복지 프로그램을 대폭 축소하고 연금개혁을 실시하기도 하였다. 우리가 흔히 생각하는 스웨덴은 보육, 의료, 교육이 무상으로 제공되는 복지 천국이다. 하지만 실제로 스웨덴 복지의 중점은 일자리에 있다. 국제적으로 경쟁력 있는 산업분야가 전무하다시피 한 남유럽 국가들은 공공부문을 확대하여 일자리를 인위적으로 창출해 내지만 스웨덴 같은 북유럽 국가들은 작은 내수시장으로 인하여(2011년 인구 약 900만 명) 수출에 의존하는 경제구조를 가지고 있다.

복지국가로서 스웨덴의 성공 바탕에는 고용을 보장받는 대신 임금상승을 억제하는 노사협약이 자리잡고 있다. 사실 복지국가라는 이미지에 가려져 있지만 스웨덴은 세계 최고 수준의 공업국가이며 공산품이 수출의 대부분을 차지한다. 스웨덴 경제의 경쟁력은 절대적으로 수출에 의존하지만 복지체제와의 관계는 상호보완적이다. 그러나 이러한 스웨덴 경제에서도 복지는 결국 미래 투자의 일부가 현재의 소비로 쓰인다는 사실에서 자유롭지 못하다. 스웨덴의 산업경제연구소IFN,Research Institute of Industrial Economics에 의하면 1980년에서 2000년 사이 수출의 증가(GDP의 28%에서 42%까지 증가)와 인플레이션의 완화(10%대에서 1%로 하락)로 연간 2% 정도의 추가 경제성장의 효과가 있었으나, 추가로 얻은 경제성장률 중 1%는 같은 기간 동안 있었던 증세와 복지비용의 증가로 사라졌다고 한다. 이렇게 스웨덴의 복지체제는 단순히 사용자가 고가/고품질의 복지서비스를 받는 대신 높은 세금을 부담하는 것으로 설명되지 않는다. 스웨덴 복지체제의 힘은 사실 고도로 발달된 제조업과 자본주의에 근거한다.

스웨덴 복지모델의 시작은 아르헨티나와 마찬가지로 1930년대의 대공황과 겹친다. 1930년 12%였던 실업률이 1934년 34%까지 치솟으면서 1932년 사회민주당(사민당)이 집권하여 현대적 복지사회를 만드는 계기가 되었다. 사민당은 노사 대타협을 바탕으로 복지국가로의 전환을 모색하고 이는 1938년 살트셰바덴 협약Saltsjöbaden Agreement 로 이어진다. 이로써 중앙 차원의 단체교섭이 제도화된다. 살트셰바덴 협약을 바탕으로 스웨덴은 점차적으로 현대복지국가의 토대를 쌓았다. 스웨덴 복지모델의 혁신은 당시 유행하던 사회주의적 이념과 달리 노동자의 삶의 질을 높이면서 기존의 자본주의 체제와의 공존을 모색하였다. 경제학자였던 렌-마이드너Rehn-Meidner의 모델을 따라서 완전고용을 지향하고, 연대임금정책으로 숙련노동자와 비숙련노동자의 임금편차를 축소하는 목표를 추구하였다. 따라서 스웨덴은 선진국 중에서도 비숙련노동자의 평균임금이 높은 편에 속한다.

렌-마이드너 모델은 노동자에게 일방적으로 유리해 보이지만 실제로는 기업의 인건비를 안정시키는 효과가 있었다. 단체교섭을 통해 노동시장 내 임금격차를 줄이는 렌-마이드너 모델은 개별노조의 임금인상 요구를 억제하는 결과를 낳았다. 따라서 기업의 입장에서는 노사협약으로 평균적인 인건비는 높아졌지만, 반대로 개별노조의 노동쟁의가 줄어들어 장기적으로는 인건비 상승이 억제되는 효과가 있었다. 이러한 노동시장의 임금구조는 스웨덴처럼 숙련공의 비율이 높은 제조업 기반의 경제에서는 특히 더욱 빛을 발하였다. 경쟁력이 높은 수출분야는 렌-마이드너 모델로 인해 임금상승이 억제되어 좀 더 유리한 가격경쟁력을 갖추었다. 반대로 경쟁력이 없는 분야는 높아진 임금으로 인해 도태되거나 살아남기 위하여 대대적인 구조조정에 들어가야만 하였다. 렌-마이드너 모델의 중요성은 1990년대 경제위기로 복지와 연금에 대한 대대적인 조정이 있었는데도 노사관계의 프레임만은 달라지지 않은 것에서 알 수 있다.

스웨덴 경제의 또 다른 단면은 민간부문의 부의 집중이다. 노사협약에 따라 규제가 많고 평균임금이 높은 노동시장에 비해 놀랍게도 민간부문은 매우 자유스럽고 정부의 간섭이 없는 편이다. 스웨덴은 스톡홀름 주식시장의 총시가에서 40~50%를 발렌베리Wallenberg라는 단 한 가문이 지배하는 지주회사 인베스터AB Investor AB 소속의 기업들이 차지할 정도로 경영권의 편중이 심하다. 스웨덴의 대표적인 기업들로 우리나라에도 잘 알려진ABB, 사브SAAB, 에릭손Ericsson, 일렉트로룩스Electrolux 등이 인베스터AB가 지분을 갖고 있는 기업들이다.

스웨덴의 경제구조는 혼합경제mixed economy이나 민간부문과 공공부문이 서로 극단적인 성향을 보인다. 발렌베리 가문이 경제를 지배하는 스웨덴은 선진국 중 공공부문이 경제에서 차지하는 비중이 제일 큰(2006년 GDP의 54.3%) 국가이다. 독점자본과 지나치게 큰 공공부문은 각각 국가경제의 경쟁력을 저하시키는 요소들이라고 흔히들 인식된다. 그런데 양 요소가 공존하는 스웨덴은 오히려 세계에서 경쟁력 있는 국가 중 하나로 꼽힌다.[7] 이러한 비대해진 공공부문과 독점화된 민간부문의 모순은 높은 지니계수Gini's coefficient 개선율을 통해서도 드러난다. 스웨덴의 경우 시장에 의한 1차 분배 때 소득불평등을 나타내는 세전지니계수는

---

7 세계경제포럼(World Economc Forum) 세계경쟁력보고서(Global Competitiveness Index)에서 2011년에 3위를 하였다.

표 1 OECD 국가들의 조세와 공적이전을 통한 소득재분배 규모 (단위: %)

	연도	지니계수		재분배 크기(지니계수개선율, %)		
	연도	세전소득	세후소득	전체	조세	공적이전
벨기에	1977	0.481	0.260	45.9	13.1	32.8
덴마크	1992	0.426	0.236	44.6	10.6	34.0
네덜란드	1999	0.440	0.248	43.6	15.3	28.3
스웨덴	2000	0.447	0.252	43.6	8.3	35.3
핀란드	2000	0.430	0.247	42.6	9.8	32.8
독일	2000	0.459	0.264	42.5	12.0	30.5
프랑스	1994	0.485	0.288	40.6	3.5	37.1
노르웨이	2000	0.406	0.251	38.2	9.9	28.3
오스트리아	1994	0.452	0.311	31.2	10.8	20.4
영국	1999	0.500	0.345	31.0	5.8	25.2
캐나다	2000	0.413	0.302	26.9	9.7	17.2
미국	2000	0.469	0.368	21.5	10.7	10.9
12개국 평균		0.444	0.281	36.6	9.8	26.8
한국	1996	0.302	0.298	1.3		
한국	2000	0.374	0.358	4.3		

출처: Malher and Jesuit(2004), 유경준(2003).

0.447로서 한국의 세전지니계수 0.374보다도 높다. 이는 시장에만 소득분배를 맡길 경우 스웨덴이 한국보다 소득불균등이 더 심하다는 것을 의미한다. 하지만 세후지니계수는 0.252 (2000년)으로 낮아지며 총 43.6%의 개선도를 나타낸다.8

8 스웨덴 사회의 고령화는 높은 1차 지니계수의 원인 중 하나이다. 노령인구는 대부분 경제활동을 중단한 상태이기 때문에 1차분배 시 소득이 없다. 따라서 스웨덴의 높은 지니계수는 인구구조상의 문제이기도 하며 반드시 사회적 불평등에서만 오는 것은 아니다.

아르헨티나와 그리스에서 경제를 파국으로 이끌었던 독점자본과 비대한 공공부문의 공존이 스웨덴에서는 도리어 성공적인 모델로 여겨지는 배경에는 스웨덴 사회의 근간인 복지체제가 있다. 즉 소수의 경제적 독점에서 오는 사회갈등을 고비용–고복지체제를 통해 해소하는 것이다. 여기서 유의할 점은 고도의 복지국가체제를 지향하다 실패한 다른 국가들과는 달리 스웨덴의 독점자본은 단순한 경제적 독점이 아닌 제조업 중심의 고부가가치 제품을 수출하는 다국적 기업들이며, 마찬가지로 스웨덴의 복지체제 또한 단순한 소비성 복지가 아닌 국가경쟁력을 최대화하는 '생산적 복지'를 지향한다는 것이다.

이 '생산적 복지' 개념은 1930년대 경제학자 군나르 뮈르달Gunnar Myrdal이 제시한 이론에 근거한다. 뮈르달(1974년 노벨경제학상 수상)은 1930년대에 이미 스웨덴 사회의 빠른 노후화를 인식했으며, 출산율 하락에 따른 생산성 저하를 우려하였다. 뮈르달은 이를 대비하기 위해 여성의 사회진출을 돕는 무상 탁아서비스와 같은 여성친화적 복지체계를 세워야 한다고 조언하였다.

여성의 보다 적극적인 노동시장 참여를 유도하고 노후부양을 책임지는 현역세대를 늘리기 위하여 스웨덴은 강력한 '2인부양자모델dual-breadwinner model'을 택하여 여성의 사회진출을 보장하였다. 이를 위해 국가는 무상 탁아서비스뿐 아니라 아동수당, 가족수당, 부모보험을 제공하였다. 그 결과 스웨덴은 높은 수준의 여성친화적 복지체계를 갖추어 여성의 노동시장 참여가 증가하고 출산율이 안정화될 수 있었다.

'생산적 복지'는 이렇게 장기적 국가경쟁력을 키우는 측면에서 실행되었다. 인구 900만의 소국인 스웨덴의 기업들이 세계를 상대로 경쟁을 하기 위해서는 인적자원의 극대화가 절실하였다. 따라서 완전고용은 추상적인 정치적 이상주의에서 나온 것이 아니라 수출산업에 필요한 인력을 충분히 공급하는 실질적 필요성에 근거하였다.

국가가 아니라 기업이 노동자의 복리후생을 책임지는 미국의 경우 늘어나는 의료비용과 노후비용으로 경쟁력이 상실된 제조업 부문이 급속도로 쇠퇴하였다. 이런 미국의 예에서 볼 수 있듯이 국가가 국민에게 무상으로 제공하는 서비스, 즉 의료, 교육, 보육, 노인요양은 장기적으로 기업의 부담을 줄여 경쟁력을 재고하는 중요한 방안이 된다. 스웨덴이 보편적 복지 외에도 기술발전과 노동자 재교육에 많은 투자를 하는 것에는 이런 배경이 있다. 제조업이 없다면 높은 숙련도의 노동자 또한 필요없고, 따라서 국민에 대한 사회투자는 소비성 복지로 변질된다. 제조업이 거의 전무하다시피하는 아르헨티나와 그리스의 보편적 복지체제가 실패한 것에서 제조업과 성공적인 복지국가의 상관관계를 찾을 수 있다. 스웨덴이 필수적 공공서비스를 국민에게 무상으로 제공하는 것은 국민 모두에게 일정 수준 이상의 삶을 보장하는 것이 주 목적이다. 하지만 스웨덴의 높은 국가경쟁력에서 볼 수 있듯이 무상서비스의 목적은 단지 재분배에만 있는 것이 아니며, 복지와 생산의 선순환적 관계를 유지하는 것에 거시적 목적이 있다고 할 수 있다.

경쟁력 약화와 축소된 복지체제

영국

영국은 산업화를 최초로 이룬 국가답게 복지부문에서 또한 선도적인 역할을 하였다. 산업화를 이룬 나라들이 흔히 겪는 노동계층의 증가에 따른 빈곤과 실업문제, 계급갈등 등을 일찍부터 겪었기에 영국은 20세기 초기부터 노령연금, 건강보험, 실업보험 등의 국가복지정책을 도입하였다. 1930년대의 대공황은 기타 국가들에서와 마찬가지로 영국이 복지국가로 본격적으로 진입하는 분수령이었다. 급등한 실업률과 함께 증폭된 사회갈등을 해결하기 위해 당시 보수당 정부는 사회복지제도를 도입하였고, 제2차 세계대전으로 잠시 중단되었던 보편적 복지국가 건설은 전쟁이 끝난 직후 노동당 집권과 함께 본격화되었다.

스웨덴과 마찬가지로 영국에서도 복지에 대한 사회적 공감대가 형성된 시점은 1930년대 말~1940년대 초반이었다. 1942년 채택된 베버리지 보고서Beveridge Report는 영국이 지향하는 복지국가의 청사진을 그렸다.

베버리지 보고서는 당시 임금노동자에게만 한정되었던 복지적용 범위를 국민 전체로 확대하는 범국민적 복지서비스를 주창하였다. 곧이어 제2차 세계대전이 끝나자 노동당과 보수당은 베버리지 보고서가 그린 복지 청사진을 바탕으로 아동수당, 가족수당, 의료보험과 같은 사회보험과 완전고용을 지향하는 고용시장 정책을 통해 '요람에서 무덤까지'라는 사회보장체계를 완성하였다.

경제선진국에서 복지선진국으로의 변화를 위해 도입된 포괄적 복지체제는 양차 세계대전과 식민지 유지 비용으로 허덕이던 영국 경제의 재정압박을 심화시켰다. 다행히 전후 복구에 따른 전 세계적 경제호황 덕분에 복지국가 건설을 위한 재원을 확충할 수 있었다. 그러나 대대적인 산업 합리화와 개편을 이루지 못한 결과 결국 1976년 심각한 경상수지 적자로 국제통화기금IMF, International Monetary Fund의 구제금융을 받았다. 그리고 1979년에 마거릿 대처Margaret Thatcher가 총리로 취임하면서 복지체제에 대한 대대적인 개혁을 진행하였다. 이른바 높은 임금과 낮은 생산성으로 정의되는 '영국병'을 치유하겠다는 공약을 내걸고 집권한 대처는 전후 정권들이 추진한 복지정책과 경제정책을 폐기하고 급진적 시장주의 개혁을 추진하였다.

영국이 복지국가로서 실패하고 복지를 축소한 대표적인 이유는 노동시장의 비효율로 인한 이른바 '영국병'뿐만 아니라 영국 제조업의 역사적인 쇠퇴와도 밀접한 관계가 있다. 영국 제조업의 낮은 경쟁력은 비단 비효율적인 노동시장의 문제만이 아니었다. 이는 대처 정권의 대대적인 노동시장 유연화 정책에도 불구하고 제조업이 되살아나지 않았다는 점에서 잘 드러난다. 영국 제조업의 쇠퇴는 그 뿌리가 깊다.

영국은 19세기까지만 해도 산업혁명의 선두주자로서 다른국가들에 비해 거의 모든 산업부문에서 우위를 점하였다. 그러나 19세기 말부터 국제경제의 패러다임이 자유무역주의에서 국가 주도의 보호무역주의와 기술경쟁으로 변화하면서 영국은 국제 경쟁에서 뒤처지기 시작하였다. 독일과 미국과 같은 신흥 강대국들의 보호무역주의와 국가가 주도한 적극적인 자본축적에도 불구하고 영국은 기존의 자유무역주의와 시장방임주의를 고수하였다. 결국 이는 과대한 자본유출로 연결되어 영국의 산업은 만성적 투자부족에 시달리게 되었다. 그리고 보수–진보를 떠나 정부의 정책이 완전고용을 추구하는 것으로 바뀌고 경쟁을 배척하고 평등을 추구하는 사회분위기는 노조의 성장과 정치화를 부추겼다. 강성화된 노조는 당연하게도 경쟁력이 뒤떨어진 기업들의 구조조정을 반대하여 결과적으로 영국기업들은 뒤떨어진 경쟁력을 향상시키는 기회를 잃고 모두 도태되었다.

기술과 생산성에서 모두 뒤떨어진 영국의 제조업은 결국 국제경쟁력을 상실하였다. 영국상품은 상대적으로 우위에 있는 자국의 식민지 시장에 과도하게 의지하였고, 식민지를 제외한 세계시장에서는 미국과 독일 등 경쟁국가들과의 경쟁을 사실상 포기하였다. 이렇게 자국의 산업이 급속도로 경쟁력을 상실하는데도 영국의 지도층은 제국을 물리적으로 유지하는 데 더 집중하였다. 따라서 영국은 19세기 중후반부터 시작된 혁신적인 기술혁명과 산업기반의 변화에 대응하지 못하였다. 그럼에도 영국은 점점 시대에 뒤처지게 된 교육체제와 산업기반을 개편하는 데에 등한하였다. 결국 두 번의 세계대전을 치르면서 엄청난 인적 피해와 경제적 부담을 안은 영국경제는 회복불능의 상황에 빠졌다.

이러한 경제적 배경에 비추어보면 제2차 세계대전 직후 영국이 추진한 복지국가 건설은 상당한 무리였다. 복지국가를 건설하는데 복지체제의 지속가능성은 전혀 감안하지 않고 단지 정치적 고려 차원에서 복지국가를 구상하였기 때문이다. 베버리지 보고서의 배경에는 일단 제1차 세계대전 이후 가속화된 국가적 쇠퇴를 되돌리기 위하여 보수세력이 중도로 기울던 노선 변화가 있었다. 당시까지 노동계급과 대립하며 자본계급의 입장을 대변하던 보수세력은 제1차 세계대전의 막심한 피해를 복구하기 위한 범국민적 통합 차원에서 노동계급과의 화해를 모색하였다. 이를 위해 보수당은 노동당의 정책기조를 받아들였고, 제2차 세계대전 중이던 1942년에 이미 전후 복지국가의 청사진을 제시한 베버리지 보고서를 발간하면서 자유주의적 노선을 대대적으로 수정하였다.

제2차 세계대전이 끝난 후에도 좌우 간의 대타협은 계속되어 전후 집권한 보수세력은 보수도 진보도 아닌 '진보우파Right Progressive'라고 불릴 정도로 이념적 정체성이 불분명해졌다. 보수세력은 사회보장제도와 국가기간산업의 국유화 같은 대표적 좌파 정책을 수정없이 받아들였으며, 시장중심의 정책을 좌파의 완전고용과 평등한 소득분배로 대체하였다.

이렇게 보수의 정체성 포기를 바탕으로 성립된 좌우의 대타협은 정치적 안정과 사회적 조화를 가져왔지만 경제적 측면에서는 매우 부정적인 결과를 낳았다. 노동자의 생산성이 전혀 고려되지 않는 완전고용정책과 지나친 소득의 재분배는 생산요소의 최적배분을 막아 인플레이션과 저성장, 즉 스태그플레이션stagflation을 유발하였다. 경제 성장이 멈추자 복지국가를 지탱하기 위해 정부는 세금을 올리고 공공지출을 늘렸다. 그러나 이는 경제상태를 더욱 악화시켰고, 수차례의 외환위기를 거치면서 노동당 정권은 할 수 없이 경제 긴축정책을 실행하였다. 경제위기는 결국 복지체제의 근간인 완전고용정책을 포기하게 만들어 노조의 강력한 반발을 불러일으켰다. 또한 이념과 조직이기주의에 함몰된 노조의 강경노선에 지쳐버린 영국 국민은 결국 마거릿 대처로 대표되는 신자유주의 세력의 신자유주의, 즉 '대처리즘Thatcherism'을 선택하였다.

높은 세금과 경제위기에 허덕이던 중산층의 전폭적인 지지를 업고 집권한 대처의 보수당은 다시 경제에서 국가의 역할을 축소하는 개혁에 착수하였다. 대처의 보수당 정권은 신자유주의 이념에 입각하여 국영기업의 민영화를 추진하고 정부의 재정지출을 감소하였다. 정부의 재정지출 가운데 상당 부분이 복지와 관련된 관계로 복지혜택은 대거 축소되었다. 대처 정권의 복지개혁으로 국가는 복지서비스의 공급과 관리를 책임지지 않고 보조적 지원만을 하게 되었다. 즉 개인의 복지는 개인이 1차적으로 책임지고 국가는 개인이 아프거나 실직했을 경우에만 도움을 주게 되었다. 이로써 영국의 복지정책은 1942년 베버리지 보고서가 주창한 급여자격 요건을 위한 자산조사means test가 없는 포괄적-보편적 복지에서 빈곤층에게 우선적으로 복지가 제공되는 선별적 복지로 전환하였다.

이러한 복지국가의 후퇴와 시장중심적 정책에 염증을 느낀 영국사회는 1997년 선거에서 노동당을 대거 지지하여 정권교체가 이루어졌다. 하지만 새로 집권한 노동당은 기존의 노동당이 아니었다. 참신함을 무기로 노동당을 재집권으로 이끄는 데 성공한 토니 블레어Tony Blair는 기존의 평등 이념을 고수하면서도 시장친화적인 신노동당 노선, 즉 '제3의 길'을 주창하였다. 노동당의 새로운 노선은 복지 패러다임에도 영향을 끼쳐 기존의 보편적 복지는 이른바 '적극적 복지'로 대체되었다. 복지는 더 이상 개인의 권리가 아닌 대가를 지불해야 하는 서비스로 바뀐 것이다. 대처 정권의 선별적 복지가 블레어 정권에서 더욱 진화하여 실업자들에게 적극적으로 일자리를 권장하는 '일하는 복지workfare'로 탈바꿈하였다.

블레어는 베버리지 보고서에서 구상된 국가의 역할, 즉 유일한 복지 제공자 및 관리자 역할이 현실적으로 불가능함을 인정하여 1998년에 출간된 복지개혁 녹서Green Paper에서는 권리보다는 책임과 권리의 균형을 강조하였다. 이에 따라 블레어 정권은 사회서비스 개혁을 실시하여 비영리와 영리 공급자 간의 경쟁을 유도하여 효율적인 서비스 제공을 도모하였다.

보편적 복지국가가 영국의 경제 실정과 맞지 않음을 인정한 것이 블레어의 '제3의 길'이라고 할 수 있다. 이전 보편적 복지체제 아래서 높은 세금에 비해 낮은 혜택을 받은 기억이 생생한 중산층은 보편적 복지국가의 확대를 위해 거의 필수적인 증세에 대해 회의적이었다. 따라서 노동당이 재집권하기 위해서는 증세 없이 복지 공급을 확대하고 동시에 공공분야의 재정 건전성 유지를 약속해야만 하였다. 결과적으로 블레어의 노동당 정권은 대처 정권의 정책 유산인 민영화, 규제개혁, 복지축소를 대거 수용하면서 보편적 복지국가를 복원하려는 계획을 사실상 포기하였다.

거의 한 세기에 걸쳐 진행된 영국 복지국가의 실패는 이전에 논했듯이 정치적 대립 때문이 아니라 영국 경제의 낮은 생산성에 기인한다. 대처의 신자유주의 개혁은 경제능력에 비해 과대한 복지체제를 재조정하는 것이었지 복지 자체를 부정하는 것은 아니었다. 보편적 복지에서 선별적 복지로 전환하였지만 이는 일부 복지분야에만 해당되며 대표적으로 의료보험 National Health Service은 아직까지 보편적인 의료서비스를 제공한다.

하지만 영국의 제조업은 20세기 초반부터 꾸준히 쇠퇴하였으며, 대신에 금융업 등 서비스 산업이 발달하였다. 보수당은 자유무역주의와 시장방임주의를 따라 산업개발과 과학기술에 대한 투자를 등한시하였다. 또한 정권이 노동당으로 넘어간 후에는 기간산업의 국유화와 노동계의 완고한 완전고용 요구로 영국경제의 경쟁력은 더욱 떨어졌다. 사실 놀라운 점은 이렇게 부실한 경제를 기반으로 고비용의 보편적 복지체제를 세우려는 계획이 범국민적인 지지아래 형성되었다는 사실이다. 하지만 복지국가 건설이 본격적으로 시작된 지 30년이 되지 않아서 결국 수포로 돌아갔다는 점은 경쟁력 있는 산업기반 없이 보편적 복지는 불가능하다는 것을 보여준다. 대처의 개혁은 영국의 경제가 감당할 수 없던 고비용-고복지체제를 과감하게 감축하여 중비용-중복지 체제로 전환하였다는 것이 그 요지라고 할 수 있다.

경쟁력 저하 없이 생산성을 최대화하는 복지

경제가 복지를 우선한다는 것이 이번 연구의 제일 중요한 결론이다. 하지만 복지가 경제를 망가뜨린다는 명제 또한 틀리다는 것이 이번 연구의 또 다른 결론이다. 선진국으로 도약하기 위해서는 경제와 복지는 불가분의 관계이다.

경제가 발전하여 성숙단계에 들어가면 성장을 통한 분배가 점차 어려워진다. 발전된 경제일수록 다음 단계로 올라가기 위해 양적인 투자보다는 질적인 투자가 중요하다. 따라서 노동력 같은 생산요소의 투입보다는 기술개발이 더 중요하게 되어 노동력이 생산요소 배분에서 차지하는 비중은 점차 떨어진다. 이는 개인의 경제력과도 관련이 깊어 높은 수준의 교육과 창의력이 개인의 소득에 더욱 큰 영향을 준다. 게다가 경제가 안정궤도에 들어서면서 사회계층 간 이동도 어려워져 계층 간의 격차가 굳어진다. 따라서 대부분의 선진국 경제에서는 1차 분배 직후 소득의 편차가 심하며, 이를 완화하는 조세와 사회서비스 같은 공공부문의 재분배 없이는 사회적－정치적 문제가 생긴다. 이로 인한 사회갈등은 그 자체가 경제성장을 저해하는 요소가 된다. 경제가 성숙하면서 생겨나는 불가피한 계층 간 소득의 격차뿐만 아니라 사회가 진일보하면서 생겨나는 사회적 다양성, 특히 다문화 가정－싱글족 등 가족체제의 변화를 통한 전통적 사회구조의 변화는 가족이라는 기존의 사회안전망의 울타리를 약화시켜 새로운 소외계층을 만들어낸다. 경제적 요소 외에도 이런한 사회 내부의 동력이 새로운 복지수요를 창출하기 때문에 가족의존적인 선별적 복지는 곧 한계에 부딪힌다.

이렇게 사회가 발전하고 경제가 성숙하면서 보이는 기존 복지체제의 한계는 소외계층의 증가뿐만이 아니다. 복지로 실패한 국가들이 공통적으로 보이는 경제적 특성은 여성의 사회진출이 미미하다는 점이다. 이는 국가가 가족중심적인 전통적 사회구조를 복지체제를 통해 고수하려다 저지른 패착이라고도 볼 수 있으며, 특히 일본과 남유럽 국가들의 복지체제가 보이는 특성이기도 하다.

가족의존적 복지의 맹점은 여성이 가사노동을 전담하게 만들어 여성의 사회진출을 어렵게 한다는 점이다. 미혼 여성은 따라서 가정과 직장 사이에 양자택일을 해야 하는 위치에 놓이면서 대부분은 자신의 자아실현을 위해 결혼이나 출산을 늦추거나 포기한다. 사회가 점차 다변화하여 저출산, 핵가족화, 다문화, 싱글족, 아이 없는 부부 등 전통적 가족구조에 속하지 않는 계층이 늘어나는 현상황에서 가족의존적 복지체제를 고수할 경우 복지혜택에서 소외되는 계층이 점차 늘어날 수밖에 없다. 그리고 이에 따라 경제활동인구가 부양해야 하는 인구가 늘어나 장기적으로 국가경제에 부담이 될 수밖에 없다.

가족의존적 복지의 또 다른 맹점은 가장의 고용보장이다. 완전고용은 복지국가들이 기본적으로 추구하는 목표이지만 현실적으로 노동시장의 경직성을 상당히 유발한다. 완전고용을 이루기 위해 일본의 경우 민간부문이 평생직장 개념을 도입하였고, 그리스는 공공부문 일자리를 확충하였다. 하지만 일본의 경우 평생직장은 거품경제의 붕괴로 더 이상 유지할 수 없었고, 그리스의 공무원 집단은 만성적인 정부의 재정적자에 따른 국가부도로 더 이상 유지할 수 없었다. 완전고용을 유지하기 위해 국가는 어쩔 수 없이 팽창위주 정책으로 경제를 운영하여 경제의 장기적 건실성을 해치게 된다. 이렇게 가족의존적 복지는 보이지 않는 암묵적 비용이 상당하기에 잘 고안된 보편적 복지보다 비쌀 수 있다.

경제가 발전할수록 시장의 분배기능이 저하되는 것을 막고 경제의 장기적 경쟁력 향상을 도모하는 것이 선진국형 복지의 목적이라고 할 수 있다. 복지 포퓰리즘의 소비적 복지와 대칭되는 생산적 복지는 산업화를 이룬 국가가 다음 단계로 도약할 수 있게 도움을 주는 사다리이다. 스웨덴의 경제학 대가 뮈르달은 1930년대에 이미 경제적 현상인 저성장과 인구학적 현상인 저출산 사이의 관계를 예견하였다. 뮈르달은 여성의 사회진출 때문에 저출산 현상은 불가피하며 따라서 미래에는 노후세대를 부양하는 현역세대가 줄어들어 경제성장에 영향을 끼칠 것을 우려했다. 그리고 그는 이에 대한 해결책으로 여성을 위한 적극적인 사회서비스를 제공해야 한다고 조언하였다.

현재 상대적으로 건실한 우리나라의 공공부문 재정과 정부의 낮은 복지 관련 지출을 감안하면 저성장으로 인한 고용시장의 문제를 복지 확대를 통해 해결하려는 유혹이 생길 수밖에 없다. 소비적 복지를 통해 일자리를 늘리는 것이다. 하지만 그리스와 아르헨티나에서 보았듯이 결국에는 고용이 경제의 경쟁력을 떨어뜨리는 모순에 빠진다. 복지와 경제성장의 선순환적 관계를 위해서는 산업과 복지 사이의 직접적인 연결고리가 필요하다. 스웨덴의 경우 복지를 통해 개인, 특히 여성들이 적극적으로 경제활동에 참여하도록 유도하였다. 작은 인구 규모의 스웨덴은 이렇게 국가의 인적자원을 최대화하였고, 고비용–고복지 복지체제에도 불구하고 매우 높은 경쟁력을 가진 국가가 되었다.

이를 모델로 삼아 보편적 복지가 일종의 투자로서 경제를 견인할 수 있다고 주장하는 이들이 있다. '제3의 길'을 주창한 전 일본 총리 간 나오토(菅直人)가 좋은 예이다. 간 나오토가 주창한 '제3의 길'의 요지는 복지 지출을 늘려 보육–노후부양 등의 사회서비스 공급을 늘리고, 그 과정에서 고용을 창출하고 내수를 증진하여 일본경제의 새로운 성장동력으로 만들겠다는 것이다. 일본의 저출산과 노령화 문제를 잡고 동시에 저성장까지 해결하겠다는 야심찬 계획이다. 하지만 이 길은 영국이 이미 반세기 전에 지나온 길이기도 하다. 가족의존적인 저비용–저복지의 간접복지에서 북유럽과 같은 고비용–고복지의 보편적 복지로의 변화는 상당한 투자를 요구하며 스웨덴과 같이 50%에 가까운 세율까지는 아니더라도 증세는 피할 수 없다. 일본의 경제성장률이 1990년대 이후 평균 1% 정도라는 것을 생각하면 스웨덴 같은 고비용–복지체제로 단기간 내 전환이 일본 같은 저성장 경제에서 어떤 결과를 낳을지 가늠해 볼 수 있다.

인구가 5,000만 명에 이르는 우리나라 또한 인구 900만 명에 불과한 스웨덴의 복지모델을 무조건 따르기에는 무리가 있을 수밖에 없다. 고비용–고복지체제는 자체로서 성장동력이 될 수 없다는 사실은 고비용 복지체제가 경제성장률을 평균적으로 1% 정도 낮춘다는 스웨덴의 산업경제연구소의 보고서를 통해 알 수 있다. 고비용–고복지체제가 장기적으로 고령화–저출산 문제를 어느 정도 해결할 수 있겠지만 여러 사회적 문제를 해결하려면 수십 년이라는 상당한 시간이 걸릴 수밖에 없으며, 그 동안 복지에 대한 엄청난 수준의 지속적 투자가 필요할 수밖에 없다. 따라서 고복지는 장기적인 경제적–사회적 문제 해결에 어느 정도 기여하겠지만 동시에 경제에 상당한 부담이 될 수밖에 없다.

우리나라는 성공적인 산업화를 바탕으로 선진국 반열에 올라서는 전환점에 도달하였다. 그런데도 사회적 갈등이 늘고 복지 포퓰리즘에 대한 우려가 팽배해진 이유는 경제성장이 정체되면서 개인이 발전할 수 있는 기회도 줄어들고 있기 때문이다. 이 배경에는 정체 상태인 노동시장에 비집고 들어가야 하는 젊은 세대의 고충이 있다. 우리나라가 당면한 이러한 도전은 이전 국가들이 겪었던 문제들과 다르지 않다. 이번 연구에서 드러난 점은 일단 우리나라는 산업화라는 도달하기 힘든 단계를 이미 거쳤기 때문에 산업화 전단계에서 실패를 겪은 아르헨티나와 그리스를 반면교사로 삼기보다는, 강력한 제조산업을 토대로 복지국가를 확장한 이스라엘과 스웨덴을 모델로 삼아야 한다는 것이다. 복지에 대한 사회적 요구를 등한시할 경우 일본과 마찬가지로 장기적 침체에 빠질 것이 거의 확실한 바 복지문제에 대해 더욱 적극적으로 대처해 나가야 할 것이다.

하지만 여기서도 잊지 말아야 할 점이 있다. 첨단기술을 이용하여 세계를 상대로 무한대의 수입을 올릴 수 있는 경제력은 산업화된 국가들만이 누릴 수 있는 특권이다. 이스라엘과 스웨덴은 전 세계적으로 얼마 되지 않는 산업국가이며 동시에 총인구가 각각 1,000만 명에 미치지 못하는 작은 국가들이다. 따라서 고도로 발전한 산업부문이 보편적 복지체제를 유지하기 위해 감당해야 하는 부담이 작다. 이 부분을 간과한 채 보편적 복지를 추구한 영국이 결국 복지국가를 선포한 지 30여 년 후에 고비용―고복지체제를 감당하지 못하고 중비용의 부분적인 선별적 복지체제로 전환한 사실은 우리나라에도 시사하는 바가 크다. 결론적으로 최선의 복지정책은 국가의 산업경쟁력을 저하시키지 않는 범위 내에서 개인의 생산성을 최대화하는 보편적 복지서비스를 제공하는 것이다.

02

그리스

실패한 복지국가 – 왜곡된 분배와 정치 포퓰리즘

김인춘(연세대학교 동서문제연구원 교수)

그리스, 무엇이 문제인가?

그리스는 찬란한 고대 문명을 꽃피운 나라로 알려져 있다. 그런 그리스가 2010년 초부터 심각한 재정위기와 막대한 국가채무, 디폴트(default, 국가채무불이행) 가능성으로 연일 언론에 등장하고 있다. 그리스는 유럽연합EU, European Union 27개 회원국 중 17개 국가의 공통화폐인 유로화를 사용하는 유로존Eurozone 국가이다. 따라서 그리스의 채무위기와 디폴트 가능성은 그리스만의 문제가 아니라 유로존, 나아가 EU 전체의 문제이기도 하다. 그리스의 국가채무 문제는 유럽 금융시장에 큰 충격을 주었고 유로화에 대한 불안을 증폭시켰다. 그리스 문제를 해결하기 위해 EU와 국제통화기금IMF, International Monetary Fund은 2010년 5월에 1차 구제금융으로 1,100억 유로를 지원하였다. 그런데 그 후에 또다시 채무위기가 재발하면서 2011년 7월 EU와 IMF는 2차 구제금융 지원에 합의하였다. 그러나 그리스는 구제금융 조건의 하나인 재정 긴축 목표를 달성하지 못하고 있으며 채무도 제대로 이행하지 못하고 있다.

그리스는 어떤 나라이고, 어떤 원인에 의해서 이런 처지가 되었는가? 물론 그리스 자체의 문제만이 그 원인이라고 할 수는 없을 것이다. 정치적 배경에서 탄생한 유로존의 근본적 한계, 유로존 국가 간 비대칭성의 문제, EU의 신자유주의적 거버넌스governance 문제 등 구조적 요인으로 인해 발생한 비용을 그리스가 감당하는 측면이 있는 것도 사실이다. 그러나 1980년대 이후 심화된 유럽통합 과정에서 많은 나라들이 어려운 도전에 직면하였고 이를 극복하기 위해 노력해 왔다. 그 노력과 성과의 진면목이 2008년 글로벌 금융위기라는 외부의 충격이 가해지면서 여실히 드러나고 있다. 개혁으로 비효율을 줄이고 생산성을 제고해 온 나라들과 그렇지 않은 나라들이 그것이다.

관광국가로 잘 알려진 그리스는 오랜 기간 유럽의 변방이자 최근까지도 EU의 반(半)주변부 국가로 외부의 주목을 크게 받지는 못하였다. 유럽경제는 물론이고 세계경제에도 큰 충격을 준 그리스 '문제'는 무엇인가? 이 글에서는 바로 이러한 그리스 문제를 파악하기 위해 그리스의 사회경제적 발전 과정, 정치, 복지제도의 성격을 살펴보고자 한다. 이를 통해 그리스의 복지국가 경험이 주는 시사점을 살펴볼 것이다.

그리스는 약 1,100만 명의 인구와 수많은 섬으로 이루어진 13만㎢의 영도를 가진 의회민주주의 국가이다. 발칸반도 남단에 위치하여 자연환경이 좋은 그리스는 인구의 98%가 그리스정교를 믿고 있으며, 문화적으로나 인종적으로 동질성이 매우 높은 단일민족 국가에 속한다. 또한 많은 고대 문화유산을 간직하고 있을 뿐 아니라 국토가 아름다운 섬들과

바다로 이루어져 관광객이 연중 끊이지 않는 나라이기도 하다. 여러 면에서 국가 발전을 이루어 사회구성원 모두가 잘살 수 있는 여건을 갖추고 있는 것으로 보인다.

실제로 그리스는 1인당 국민소득이 3만 달러에 달하기도 하였던 나라이다. 그리스는 북 · 서유럽의 부국들보다 국민소득이 낮지만 한국보다는 높으며, 비교적 잘사는 나라에 속해 왔다. 1950년에서 1973년 사이 평균 7%의 경제성장을 달성하였고, 1981년 EU에 가입한 이후에도 서비스업의 급속한 발전, 관광업 등에 힘입어 EU 평균 이상의 괄목할 만한 경제발전을 이루었다. 2001년 유로존에 가입한 후에도 양호한 경제성장을 유지해 왔다. 특히 1990년대 중반부터 2008년까지 평균 4%의 높은 경제성장률을 달성하였다(Pelagidis 2010).

이렇듯 외형상으로는 별 문제 없어 보이고 잘사는 그리스에 어떤 문제가 있었던 것일까? 높은 경제성장에도 왜 재정적자가 늘어났을까? 재정지출의 증가에도 왜 복지국가와 분배의 효과는 크지 않았을까? 이러한 문제들을 이해하기 위해 그리스의 정치와 경제, 복지제도를 검토해 볼 것이다. 또한 경제성장이 일자리와 소득분배를 보장해 왔는지, 포퓰리즘 정치가 어떤 결과를 초래했는지 살펴보고자 한다.

역사적 배경 – 민족적 열망과 내부적 분열

그리스는 1829년 오스만제국(Osman Turk Empire: 지금의 터키)으로부터 독립한 이후 어려운 환경에서도 국가를 건설하고 지속적인 발전을 이루어 왔다. 19세기 후반, 당시 서유럽의 경제 붐에 힘입어 빠른 경제성장을 이루었고, 1896년에는 제1회 근대 올림픽이 아테네에서 개최되어 고대 그리스의 영광을 재현하기도 하였다. 1909년에 등장한 군사정부, 1912~1913년 발칸전쟁, 제1차 세계대전을 거치면서 그리스는 20세기 초 영토의 확장과 함께 정치사회적 격동의 시대를 보냈다. 오스만제국의 쇠퇴와 몰락을 가져온 발칸전쟁과 제1차 세계대전은 그리스에 민족국가적 발전과 부흥의 기회, 즉 대(大)그리스주의의 실현을 가져오는 듯하였다. 그러나 이러한 그리스의 급부상은 1922년, 오스만제국 몰락 후 탄생한 터키공화국과의 전쟁에서 패배하면서 국가적 위기를 맞았다. 그리스는 약 150만 명의 전쟁 난민을 지원하면서 재정압박과 사회혼란이 극심하였다. 이에 더해 1930년대 초 세계대공황으로 농산물 수출이 막히면서 경제적으로 파탄상태에 이르렀다. 결국 그리스는 1932년 국가채무불이행을 선언하였다.

1930년대 들어 그리스는 오랜 정치적 혼란에 실업과 빈곤, 사회불안까지 겹치면서 공산당 세력이 점차 커졌다. 이에 1936년 사회위기 해결과 공산주의 진압을 내건 권위주의 정부가 등장하였다. 뒤 이은 제2차 세계대전에서 독일의 침략을 받아 1941년 5월 파시즘 괴뢰정권이 수립되었고, 그리스의 정치사회적 갈등과 분열은 더욱 심화되었다. 이러한 갈등과 분열은 1944년 독일의 패배와 함께 발생한 우파와 공산주의 세력 간의 내전으로 발전하여 그리스는 국가적 위기에 직면하였다. 제2차 세계대전이 끝난 후 1946~1949년에 재발한 내전은 더욱 격화되어 그리스의 내부 분열을 극대화시켰다.

영국과 미국의 개입으로 내전은 우파의 승리로 끝났지만 그리스 국민의 민족적 상처는 쉽지 아물지 못하였고 지금까지 좌우파 간 사회적 갈등과 분열의 보이지 않는 유산으로 남아 있다. 제2차 세계대전과 내전이 끝난 후 미국과 영국 등 서방은 냉전에 따른 소련 공산권의 서진(西進) 확대를 막기 위해 그리스에 막대한 물적 지원을 하였고 그리스는 1952년 북대서양조약기구NATO에 가입하였다(Featherstone and Katsoudas 1987; Clogg 1987, 2002).

그리스는 오랜 기간 극심한 정치적 혼란을 겪으면서 민주주의의 제도화가 지체되었다. 경제적 어려움과 좌파의 영향력이 강하여 정치사회적 갈등과 분열도 지속되었다. 1952~1963년 그리스의 보수정부는 미국의 지원으로 전후 복구에 매진하였으며 생산기반을 마련하고 피폐된 농촌 생활을 안정시키기 위해 노력하였다. 1964년에 중도좌파 연합정부가 구성되었으나 1965~1966년의 정치적 혼란을 거쳐 군사정권이 1967년부터 1974년까지 집권하였다. 오랫동안 그리스 사회를 분열시켜 왔던 왕당파와 공화파 간의 갈등은 민주화가 이루어진 1974년에 국민투표로 왕정이 폐지되고 민주적 정치구조가 구축됨으로써 일단락되었다. 또한 1975년 헌법 개정으로 공산당이 합법화되었다. 새로운 헌법 하에서 우파의 신민주주의당이 정권을 잡았고 1977년 재집권에 성공하였다.

그리스는 1974년 민주화 시대가 도래하면서 유권자들의 요구가 급속히 분출되었다. 의회민주주의를 통한 절차적 민주주의가 완성되었고, 민주화된 정치 환경에서 다양한 정치 · 사회세력들이 자신들의 이익을 주장하였다. 무엇보다 분배와 복지에 대한 요구가 급격하게 커졌다. 민주화 이후 그리스 정치는 좌우파 양대 정당이 주도하였는데, 우파 정당인 신민주주의당은 고소득층 및 보수세력의 지지를 받아 왔고, 중도좌파 정당인 사회당은 저소득층 및 중간계층, 청년 및 진보세력의 광범위한 지지를 받아 왔다. 정치적 경쟁과 대립이 심화되면서 재정 부담을 동반하는 정치적 포퓰리즘도 커졌다. 그리스 경제는 외형적 성장에도 불구하고 낮은 산업경쟁력과 비효율의 문제를 안고 있었다. 정치적 포퓰리즘은 경제 문제를 악화시켰는데, 그리스 정치가 경제의 구조적 문제를 극복하지 못함으로써 현재 그리스 위기의 중요한 원인을 만들었다.

그리스는 1981년 1월 1일, 당시 서유럽 중심의 유럽공동체EC, European Community에 비(非)서유럽 국가로서는 이탈리아 다음이자, EC 전체로는 열 번째 회원국으로 EC(지금의 EU)에 가입하였다.[1] 이는 경제발전을 이루고 민주화된 국가로서 더 이상 유럽의 변방이 아니라 유럽의 중심국가가 되려는 국가적 의지가 반영된 것이었다. 그리스는 1920년대부터 1970년대까지 전쟁과 반란, 공화정과 군주정의 대립, 독재정권과 공산세력, 비정상적 정치상황 등을 겪었다. 이런 과정 속에서 권위주의적 방식의 국가 발전과 미국 등 서방의 지원으로 민족국가의 위상을 유지하였던 그리스는 EC 가입으로 새로운 발전의 기회를 잡고자 하였다.

1981년 EU 가입과 함께 국가적 차원에서 큰 전환의 계기가 된 것은 좌파 정부의 등장이었다. 1981년 10월 18일 총선거에서 안드레아스 파판드레우Andreas Papandreou가 이끄는 범그리스 사회주의 운동PASOK, Panhellenic Socialist Movement, 즉 중도좌파인 사회당이 승리하여 최초로 사회주의 정권이 수립되었다.[2] 사회당은 1985년 재집권에 성공하였고 1980년대 사회당 집권 시기에 그리스의 복지제도가 급속히 확대되었다. 이는 평등과 분배를 강조하는 사회당의 정체성뿐 아니라 국민들의 강력한 복지 요구, EU 회원국으로서 삶의 질 수준 등에 기인하였다. 당시 EU 회원국들은 잘사는 선진 복지국가들이었다.

1989년에는 연립정부가 구성되었으나 1990년 연정이 붕괴하면서 우파의 신민주주의당이 정권을 잡았다. 그러나 우파 정부의 내부 분열로

---

1 그리스 가입 전 유럽공동체 회원국은 설립 초창기 6개 국가(베네룩스 3국, 프랑스, 독일, 이탈리아)와 1974년에 가입한 영국, 아일랜드, 덴마크가 있었다. 1970년대 말, 1980년대 초 그리스에서 유럽공동체 가입에 회의적 여론이 강했지만 국민투표 없이 정치적 결정으로 가입하게 되었다(Verney 2011 참조).

2 범그리스 사회주의 운동(PASOK)은 민주화가 이루어진 1974년에 창당되었다.

1993년 10월 총선에서 사회당이 압도적인 승리를 거두어 다시 집권하였다. 사회당은 1996년과 2000년 총선에서도 승리하여 1980년대에 이어 1990년대의 대부분, 2000년대 전반까지 계속 집권할 수 있었다. 2004년부터 2009년까지는 우파의 신민주주의당이 집권하였고, 2009년 10월 총선에서 승리한 사회당의 게오르기오스 파판드레우Georgios Papandreou 총리가 2011년까지 집권하였다.[3]

그리스는 좌우 양당정치로 이념적 · 정치적 양극화가 심화되면서 정치적 경쟁 또한 격화되어 왔다. 정권이 바뀔 때마다 전임 정권의 실정과 비리를 폭로하는 것도 다반사였다.[4] 이러한 갈등적, 대결적, 전부 아니면 전무all or nothing의 정치 상황에서 대중으로부터 지지를 얻기 위한 포퓰리즘은 좌우파 정당 모두에게 쉽게 나타날 수밖에 없었다. 또한 그리스에서 포퓰리즘은 최근의 현상이 아니라 역사적으로 뿌리 깊은 정치적 후견주의patronage에 기반하고 있어 쉽게 해결될 문제가 아니다. 오랜 사회적 · 이념적 분열을 겪어 온 그리스에서 기득권 계층의 부정과 탈세, 심각한 빈부 격차, 그리고 전근대적 정치문화로 국가에 대한 국민의 불신과 불만은 매우 심각하다. 재정위기 이후 긴축 등 개혁에 대해 국민의 반발이 심한 것도 이 때문이다.

---

3 2009년 말부터 2011년 11월까지 집권한 사회당 정부의 파판드레우 총리는 과거 안드레아스 파판드레우 총리의 아들이다. 2011년 11월 이후 과도정부의 거국내각이, 2012년 6월부터 중도 좌우파 연정이 집권하고 있다.

4 2010년 초 그리스 재정위기가 표면화된 것도 2009년 말 선거에 승리한 사회당이 전임 우파 정부의 재정통계 비리를 폭로한 것이 한 원인이었다.

사회경제적 발전과 복지 정치

정치적 후견주의와 복지제도 – 포퓰리즘 복지와 특권층 복지

그리스의 복지제도는 후견주의라는 특이한 성격을 가지고 있다. 후견주의는 과거 오스만제국이 그리스를 식민지로 삼았던 시절 식민통치의 전횡으로부터 그리스인을 보호하기 위해 지역 차원에서 운용된 중재 시스템에 그 뿌리가 있다. 그러나 후견주의의 유산은 독립 후에도 지속되어 새로운 정치 시스템의 핵심 요소가 되었다. 이러한 정치적 후견주의는 관료주의의 비효율성과 경직성으로 해결이 어려운 유권자들의 민원을 유력 정치인이 지원하고 보호해 주는 후견인–고객patron-client 관계로 나타났다. 정치인들은 정치권력을 독점하고 특혜를 누렸다.

19세기에 그리스의 국가기구는 이러한 후견주의의 장이 되어 정치인은 자신의 핵심 지지자를 공무원으로 만들면서 공무원의 수가 크게 늘어났다. 1870년대 그리스의 인구 대비 공무원 수는 영국의 7배에 달하였다

(Papadopoulos 1997). 더구나 정권이 바뀔 때마다 정치인들이 공공부문 일자리를 자기 사람으로 채워 넣었기 때문에 다수의 공무원들이 밀려나가고 또 새로 들어오면서 파편화되고 종속적인 관료집단을 만들었다. 이에 대한 불만과 항의의 결과 1911년 공무원의 평생직장을 헌법에서 보장하였다.

20세기 초가 되면서 군부, 변호사, 의사, 기업인, 공무원, 교사 등 새로운 계층이 등장하여 이들이 또 다른 정치엘리트가 되면서 자신들의 정치권력과 특혜를 요구하였다. 정치엘리트가 많아지면서 특권층이 늘어났고, 그 결과 사회적 불합리와 모순, 격차도 커졌다. 주요 정치사회세력 간의 조정과 합의의 부재, 분절적 사회보험제도, 권위주의적 국가, 특권추구적 엘리트 계층이라는 그리스의 국가 성격은 이미 1920년대에 두드러졌다. 이러한 성격은 1934년부터 1974년까지 40년에 걸친 권위주의적 · 개입주의적 (발전)국가주의가 지속되면서 고착화되었다(Featherstone & Katsoudas 1987; Clogg 2002).

그리스 복지제도의 발전은 1917년 복지부의 설립으로 시작되었다. 새로운 중상계층을 위한 사회보험제도가 만들어지면서 1925년 21개였던 사회보험기금이 1933년에는 77개로 늘어났다. 즉 공무원연금, 군인연금, 의사연금, 변호사연금, 교사연금, 언론인연금, 엔지니어연금, 의료보험 등 주요 직업군이 자신들의 사회보험 조직을 새로 만들었다.[5] 이러한

5 이들 전문직의 사회보험 기금은 국가의 지원을 많이 받았고 급여도 매우 높아 '귀족펀드(noble fund)'로 불리고 있다.

복지제도의 직능별 분절화, 파편화는 정치적 지지집단에 대해 특혜를 부여해 온 정치적 후견주의 유산의 결과였다. 뿌리 깊은 정치사회적 갈등과 분열을 가져온 당시의 '국가적 분열National Schism', 즉 왕당파와 공화파 간의 갈등을 완화하기 위해 후견주의적 포퓰리즘이 불가피했지만 그 결과 비생산적이고 왜곡된 포퓰리즘 복지와 특권층 복지라는 제도적 성격이 만들어졌다(Ioakimidis 2000; Petmesidou 1991).

그리스 복지제도의 획기적 발전을 가져온 것으로 평가되는 IKA가 1934년에 도입되었다. IKA는 힘 있는 엘리트 집단이 아닌 일반 노동계층을 위한 국가사회보험제도였다. 당시 대공황의 여파로 수많은 근로자들이 일자리를 잃은 상황에서 국가가 이들의 소득 등 경제적 안전을 보장해 주었던 것이다. IKA는 민간부문의 생산직 및 사무직 근로자와 그 가족을 위한 사회보험으로 당시 전체 인구의 1/3을 대상으로 하였다. 그러나 IKA는 연금, 의료보험 등 기존의 여러 사회보험기금들을 통합하지는 못하였으며, 이에 따라 불평등하고 분절적인 사회보험 시스템은 그대로 지속되었다. IKA는 그리스 전체 인구의 50.5%를 사회보험 대상으로 하고 있는 중요한 공공사회보험 기구이다(Papadopoulos 1997).

제2차 세계대전 이후에는 냉전과 공산주의의 위협을 이유로 민주적 정치사회개혁은 지연되었지만 중요한 복지제도가 도입되었다. 1961년 농민보험제도OGA, Agricultural Insurance Association, 1951년 아동수당, 1972년 대가족수당이 그것이다. 농민보험제도는 농촌인구를 대상으로 하는 사회보험으로 저소득층과 연금권이 없는 사람들에게 기본소득 형태의 연금을 지급하도록 하였다. 소득재분배 효과가 큰 농민보험제도는 일종의 공공부조와 기초연금의 역할을 해 왔다. 이들에게는 의료보험도 적용되고 있으며, 현재 전체 인구의 18.5%를 수혜 대상으로 하고 있다(Social Budget 2006, Ministry of Finance, Greece).

그리스는 1960년대까지 주요 사회보험제도가 도입되었고, 공공부문 근로자, 민간부문 근로자, 농민 등 거의 모든 국민들이 사회보험의 혜택을 받게 되었다. 이러한 그리스 사회보험 시스템은 독일식Bismarckian model을 모델로 하였지만, 그 내용과 운용은 정치적 왜곡과 행정적 비효율로 점철되어 왔다. 분절적 복지제도에 대한 개혁은 이루어지지 않았고 사회보험기금이 수십 개에 이르는 파편화된 복지 시스템이 운용되었다. 정치적 후견주의에서 비롯한 포퓰리즘 복지는 실업수당, 장애수당, 군인수당 등 직능별 단체에 각종 수당을 약속하면서 정치적 지지를 보장받고 선거에서 표를 얻는 수단이 되었다(Symeonidou 1996; Veneieris 2003). 제2차 세계대전과 내전, 그리고 냉전의 영향으로 그리스는 극도로 분열된 사회가 되었으며, 이에 따라 좌우파 정권 모두 지지세력에 대한 후견주의를 더욱 강화함과 동시에 정치적 배제와 억압기제로 활용해 왔다.

경제와 복지국가 – 약한 산업경쟁력과 복지국가의 경제적 기반 약화

그리스는 1930년대부터 국가주도 산업화가 시작되었으며, 경제성장과 수출을 위한 노력에 힘입어 1970년대까지 경제성장률이 비교적 높았다. 1950년대와 1960년대에는 수출중심 산업화와 해외이주가 활발했는데, 특히 1960년대는 연평균 8%의 고성장을 이루었다. 이에 따라 공공지출이 크게 늘었지만 선성장 후분배 발전방식으로 복지지출은 크게 늘지 않았다. 아테네 대학의 아리스티데스 하치스Aristides N. Hatzis 교수에 따르면 그리스는 1929년부터 1980년까지 어려운 정치사회적 환경에서도 연평균 실질 1인당 국민소득 성장률에서 세계 1위 자리를 유지하였고, 평균 경제성장률은 5.2%를 기록할 정도로 부유한 나라였다고 한다(하치스 교수 강연 2011년 8월 9일 자유기업원 주최). 하치스 교수에 따르면 1981년 사회당PASOK이 집권하면서 비효율적인 복지정책과 과도한 규제정책으로 그리스 경제의 경직성이 심화되었다고 한다. 사회주의적 정책으로 그리스의 성장잠재력과 경쟁력이 크게 손상되었다는 것이다. 그러나 1980년대 이후 문제가 커졌다고 하더라도 그리스의 많은 문제는 이미 사회당 집권 오래 전에 시작되었다고 봐야 할 것이다.

제2차 세계대전 후 그리스는 고성장을 달성하였으나 전략산업을 발전시키고 생산성과 효율성을 제고하는 데는 미흡했다. 해운업은 오랜 기간 그리스의 주력산업이었지만 고부가가치의 조선산업을 발전시키지 못한 것이다. 제2차 세계대전 후 미국으로부터의 막대한 지원은 경제재건에 도움이 되었지만 이러한 지원은 의미 없이 쓰였고, 스스로 노력하여 발전하려는 의지는 약했다. 경쟁력 있는 제조업을 발전시키지 못하고, 관광, 해운 등 전통적 서비스 산업에 안주하여 경제의 질적 성장동력을 이끌어 내지 못한 것이다.

그리스는 1981년 우파 정부에 의해 EU에 가입하였고, 그 후 그리스 산업의 대외경쟁력이 약화되기 시작하였다. 개방을 통해 과보호된 국내 산업을 대외 경쟁에 노출시켜 경쟁력을 높이려는 전략 자체는 옳은 것이

었지만 개혁과 대책 없이 이루어진 개방으로 취약한 그리스 국내 산업은 더욱 취약해졌던 것이다.[6]

더구나 그리스는 국가 주도의 개입주의 정책으로 국영기업이 많고 민간기업은 경쟁력을 강화할 기회가 크게 제한되어 있었다. 시장에 대한 과도한 규제로 시장규율이나 시장효율성이 작동되기가 매우 어려웠기 때문이다. 산업보호에 치중하여 산업합리화나 산업구조조정 같은 개혁이 제대로 이루어지지 못한 것이다. 이는 시장효율성을 극대화한 네덜란드나 스웨덴과 비교되는 점이다. 그리스 경제의 구조는 극소수 대기업을 제외하면 대부분 중소기업으로 이루어져 있으며, 극소수의 독점적 대기업은 국민경제보다 대주주(가족)의 이윤을 우선시하였다. 민간부문의 낮은 생산성과 공공부문의 비효율적인 비대화는 외형적 경제성장과는 별도로 국가경쟁력을 약화시키는 요인이 되었다.

그리스는 1981년 EU에 가입한 후에도 경제성장이 지속되었다. 당시 EU 회원국 중 그리스가 가장 덜 발전한 국가였기 때문에 EU의 지원 기금을 많이 받을 수 있었던 것도 도움이 되었다. 1980년대 이후 세계화가 진행되면서 EU는 1980년대 중반부터 유럽 단일시장을 목표로 시장통합을 추진하였다. 그리스 산업은 대외경쟁력을 갖추지 못하였지만 늘어나는 관광 수입, 해운업과 서비스 부문의 성장 덕분에 기업과 인프라에 광범위한 투자가 이루어졌다. 경제호황으로 그리스인들의 생활수준은 전

6 1970년대까지 EU는 (국제)정치적 목적이 더 큰 기구였다. 산업적 이익을 위해 가입할 만큼 유럽연합의 혜택이 크지 않았다. 다만 그리스는 회원국 간의 격차를 줄이기 위한 유럽연합의 지역정책 혜택은 많이 받을 수 있었다.

표 1 주요국의 실질경제성장률(Real GDP growth rate) (단위: %)

국가명	1996년	1998년	2000년	2002년	2004년	2006년	2008년	2009년	2010년
덴마크	2.8	2.2	3.5	0.5	2.3	3.4	−1.1	−5.2	1.7
독일	1.0	2.0	3.2	0.0	1.2	3.4	1.0	−4.7	3.6
그리스	2.4	3.4	4.5	3.4	4.4	5.2	1.0	−2.0	−4.5
프랑스	1.1	3.4	3.7	0.9	2.5	2.5	−0.1	−2.7	1.5
네덜란드	3.4	3.9	3.9	0.1	2.2	3.4	1.9	−3.9	1.8
스웨덴	1.6	4.2	4.5	2.5	4.2	4.3	−0.6	−5.3	5.7
영국	2.9	3.6	3.9	2.1	3.0	2.8	−0.1	−4.9	1.4
유로 17개국 평균	1.5	2.8	3.8	0.9	2.2	3.1	0.4	−4.2	1.8
EU 27개국 평균	1.8	3.0	3.9	1.2	2.5	3.3	0.5	−4.3	1.8

출처: Eurostat.

례 없이 높아졌고 국민의 소비와 국가의 재정지출은 급격히 늘어났다. 정당과 정치인들은 지지를 얻기 위해 복지 등 과도한 재정지출을 계속하였다.

〈표 1〉에서 보듯이 경제성장은 1990년대에도 지속되었다. 이에 사회당 정부는 EU의 공동 화폐인 유로화 도입을 추진하여 2001년 유로존 Eurozone에 가입하였다.[7] 유럽의 경제통합에 적극 참여하는 것이 그리스에 더 큰 경제적 기회를 줄 수 있다고 보았고, 기대한 대로 그리스에 막대한 외국자본이 들어왔다. 그리스에 돈이 많아지면서 그만큼 정부, 기

7 1999년 1단계 유로화 시행 시 참여 국가는 프랑스, 독일, 이탈리아, 네덜란드, 벨기에, 룩셈부르크, 스페인, 포르투갈, 아일랜드, 오스트리아, 핀란드 등 11개국이었다. EU 가입국 중 덴마크, 스웨덴, 영국은 유로화 참여를 유보하였으며, 그리스는 경제 상황이 참가 기준에 미달하여 제외되었다. 그리스는 유로화 가입 기준에 미흡하였지만 재정적자와 국가채무 국가통계 자료를 왜곡해서 무리하게 가입한 것이 드러났다.

업, 개인 등 모든 경제 주체들에게 차입이 용이해졌다. 더구나 유로존 회권국이 되면서 그리스의 국가신용도가 같은 유로존 국가인 독일 수준으로 높아져 저금리로 국채를 발행할 수 있는 엄청난 혜택도 누리게 되었다. 개인은 개인대로, 정부는 정부대로 소비성 지출을 늘렸고 이는 인플레이션과 자산투기 등 거품경제를 만들었다.

저금리로 풍부해진 자금이 성장잠재력이 큰 곳에 투자되지 못하고, 연금 등 현금복지나 공공부문 인건비 등 비생산적 부문에 집중적으로 사용되어 왔다. 정치인들이 자금을 산업투자나 사회투자에 쓰기보다 정권을 잡기 위해 복지 등 소비성 재정지출을 늘리는 데 치중하였던 것이다. 또한 유로화 강세로 그리스의 수출경쟁력이 약화되면서 무역적자가 지속적으로 누적되어 왔다. 그 결과 양적성장에도 불구하고 인플레와 재정적자 심화, 국가채무 증가 등 그리스 경제는 갈수록 나빠졌다. 산업경쟁력과 정부의 정책역량이 뒷받침되지 않은 상황에서 개방과 유로존 가입은 더 큰 문제를 초래하였던 것이다.[8]

1989~1993년 좌우연립정부를 제외하고 사회당은 1981년부터 2004년까지 20여 년 동안 집권하였다. 1993~2004년 집권한 사회당은 경제발전과 공기업 민영화, 사회보장제도 강화, EU와의 긴밀한 관계 등을 주요 정책으로 추진하였다. 성장률이 보여주듯 외형적 경제성장은 달성하였으나 산업 경쟁력 및 경제의 안정성 그리고 사회발전은 크게 향상되지

8 현재 유럽은 그리스에서 비롯된 유로존 위기로 경제적, 정치적으로 분열되어 있다. 그리스에 대한 구제금융을 거치면서 뒤늦게 그리스의 유로 가입 승인을 후회하고 있는 분위기이다.

못하였다. 사회적 갈등과 분열이 지속되었고 국가의 역량이 충분히 제고되지 못하여 정부 정책의 효과성이나 정부 효율성은 EU의 하위 그룹에 속하였다.[9] 비대하고, 부패하고, 비효율적인 그리스 공공부문은 EU 회원국 평균보다 더 많은 공공지출을 하였음에도 경제와 복지 수준은 높아지지 않았고 그 결과 재정적자와 국가채무는 지속적으로 늘어났다.

9 정부의 행정역량 미흡은 EU 공동체지원기금(CSF, Community Support Framework)의 사용 실태에서도 드러난다. 그리스는 생활수준이 낮은 EU 회원국에게 인프라, 보건, 교육 개선 등을 위해 지원되는 제3차 EU 공동체지원기금으로 2000년부터 2006년까지 총 270억 유로를 배정받았다. 그러나 2005년까지 전체 기금 중 35%을 사용하는 데 그쳐 상당액의 기금이 사용되지 않거나 제4차 CSF(2007~2013)으로 넘어간다고 한다.(주그리스한국대사관 자료 http://grc.mofat.go.kr/kor/eu/grc/affair/opening/index.jsp)

1980년대 이후 사회당 정부의 복지정책

사회당 정부의 복지정책 확대와 국가채무 증가

민주화가 시작된 1974년부터 1981년까지 집권한 우파 정부는 권위주의에서 벗어나 기존의 국가주의에 자유주의 성격을 보완하였다. 그렇지만 권위주의 시대와 마찬가지로 후견주의적 관행과 개입주의 경제정책이 지속되었을 뿐 아니라 금융, 운송부문의 부실기업들이 국유화되었으며 주로 정치적 목적으로 재정지출과 공공부문이 확대되었다. 이는 1981년 이후 좌파 정부가 복지를 확대하고 경제규제를 강화하는 배경이 되기도 하였다. 전후 권위주의 통치 기간에 소외되었던 중간계층 및 하층계층이 민주화 이후 사회주의 운동을 적극 지지하면서 범그리스 사회주의 운동 PASOK, 즉 그리스 사회당이 그 세력을 확장하였다.

1981년 10월 그리스 사회당이 역사상 최초로 집권하면서 소득재분배 정책이 본격화되었다. 1982년 최저임금과 평균임금을 올렸고 연금수급액도 인상하였다. 전후 높은 경제성장의 과실을 제대로 갖지 못한 근로계층과 저소득층에 큰 혜택을 주어 소득불평등을 완화시키고자 하였다. 또한 농민뿐 아니라 내전으로 탈출했다 귀국한 그리스인에게도 사회보험을 확대하였다.

사회당은 우파 정당과 마찬가지로 자신의 지지세력에게 특권을 제도화하였다. 모든 노인인구에 기초연금을 지급하였고 1983년에는 국가의료서비스청National Health Service이 설립하여 조세에 의한 보편적·평등적 무상 의료서비스를 제공하기 시작하였다. 그러나 사회당 정부도 300여 개에 달하는 수많은 사회보험기금의 통합을 이루지 못하여 사회보험제도의 심각한 비효율과 파편화 문제를 해결하지 못하였다.

중요한 것은 이러한 복지 확대를 감당해야 하는 경제 여건이었다. 복지가 확대되려면 경제가 성장하여 일자리와 세금이 늘어나야 한다. 그러나 그리스는 전임 우파 정부에 의해 이루어진 EU 가입으로 인건비가 상승하고 국내 산업의 보호가 어려워지면서 국내 산업이 침체되기 시작하였다. 이에 따라 경제성장이 둔화되었고, 복지 확대로 재정이 필요했던 그리스 정부는 돈을 빌려서 지출하였다.

EU 가입으로 저금리의 국채를 쉽게 발행할 수 있게 되면서 1980년대에 국가채무가 크게 늘었다. 1975~1980년 3.1%의 경제성장률이 1980~1985년 0.7%, 1985~1990년 1.4%로 낮아졌다(Eardley 1996; Sotiropoulos 2004). 1980년대 말 실업률은 8%에 달하였다. 이에 사회당 정부는 1985~1989년 경제안정화 프로그램으로 재정지출을 감축하고, 경상수지 적자를 줄이고, 인플레를 낮추려는 정책적 노력을 시도하였다.

그 결과 약간의 성과가 있었지만 선거를 앞두고 1988~1989년 다시 재정 지출을 늘림으로써 경제위기를 초래했다.

1981~1989년 사회당 집권 기간 중 재정적자 또한 크게 늘었다. 사회보험의 확대로 연금수급자가 크게 늘었고 의료보험 지출도 크게 늘어 재정을 압박했기 때문이다. 또 다른 문제는 연금기금의 관리 부실로 기금의 적자가 크게 늘었다는 점이다. 1980년대 평균 18%의 높은 인플레이션으로 현금을 보유하고 있던 연금기금은 엄청난 적자가 발생했고 정부의 대응조치가 늦어져서 높은 이자의 차입금으로 적자를 메웠다. 당시 연금 누적적자의 대부분이 차입금 이자였을 정도로 기금 부실이 심각하였다. 1980년대 말에 재정으로 기금적자를 메워 정부의 재정적자는 더욱 늘어났다(Nektarios 2007; Monastiriotis & Psycharis 2012).

사회당은 평등이라는 이념을 위해 국가주의와 개입주의를 강화하였고 사회당 지지세력에게 특혜를 주는 방식으로 후견주의를 유지하였다. 지지자들을 위한 정치적 목적과 고실업 완화를 위해 공공부문 고용이 크게 확대되었다. 1989년 경제활동인구 5명 중 1명이 공공부문 근로자였으며 막대한 예산이 이들의 인건비로 지출되었다(Papadopoulos 1997). 공공부문 근로자들은 법적으로 고용이 보장되었으며, 이러한 비대한 관료주의와 경직된 공공부문은 경제가 생산적으로 발전하는 데 걸림돌이 되었다. 1981년 EU 가입과 1980년대의 세계화라는 새로운 환경에 대응하고 시장의 활력을 강화해야 했지만, 불합리한 경제개입이 계속되었고 경제개방 문제, 국내경제 침체, 산업공동화 등에 대해 새로운 전략을 세우지 못하고 있었다. 결국 그리스는 경제의 경쟁력과 성장을 위한 구조조정의

기회를 잡지 못하였다.[10]

당초 그리스 사회당은 소득재분배와 사회경제적 불평등 극복을 목표로 집권하였다. 그러나 사회당은 비효율적이고 과대성장한 공공부문, 지지세력에 대한 특혜 부여, 빚더미의 분산된 사회보험기금, 재정적자와 국가채무의 증대 등 고질적이고 구조적인 문제들을 만들어 냈다. 이러한 문제들이 1980년대에 시작된 것은 아니지만 1980년대에 크게 악화되었다는 데 심각성이 있다.

1981년 사회당 정부 집권 초기 국내총생산GDP, Gross Domestic Product의 20%였던 국가채무는 임기가 끝난 1989년 80% 이상으로 급증하였다. 결국 좌파 정부의 정책은 그리스의 오랜 정치적 후견주의와 개입주의의 유산을 극복하지 못한 채, 1980년대에 누적된 심각한 경제문제로 1980년대 말 경제위기의 와중에 실패로 막을 내렸다. 행정기구와 행정력이 뒷받침되지 않은 상태에서 급격한 복지확대는 비효율과 불합리를 키웠다. 또한 1980년대의 침체된 경제 상황에서 소비적 복지확대는 성장잠재력을 약화시키고 재정적자와 국가채무를 늘리는 부작용을 초래하였다. 1980년대의 저성장과 고인플레이션, 효과적인 경제운용 실패 등은 복지국가의 경제적 기반을 약화시켰고 현금복지 중심의 복지제도는 생산적 복지와 성장이라는 선순환을 가져오지 못하였다.

10 물론 새로운 전략을 추진한다고 해서 성공을 보장하였던 것은 아니다. 스웨덴은 1980년대에 금융자유화 등 새로운 전략을 시행하였으나 1990년대 초 경제위기를 초래하기도 하였다.

복지국가와 시장효율성을 위한 개혁 시도와 실패, 1990~2004년

1980년대 말 경제위기 이후 그리스는 보수정당이 집권하여 미국식 시장경쟁과 효율을 강조하는 신자유주의적 정책이 추진되었다. 1990년 집권한 우파 정부는 재정으로 충당되는 사회보험기금의 적자를 줄이기 위해 연금적자를 본격적으로 관리하기 시작하였다. 1990년 매우 관대한 장애연금과 조기퇴직의 불이익이 거의 없는 연금제도를 개혁하여 장애연금 자격을 강화하고 조기퇴직에 대한 불이익 방안을 도입하기에 이르렀다. 또한 민간부문 근로자의 사회보험제도인 IKA의 기금운영 합리화를 위해 부담금 인상과 의료서비스에 대한 이용자 부담제도를 도입하였다. 그러나 전문직 및 공공부문의 관대한 사회보험은 개혁하지 못해 심각한 연금적자 문제를 근본적으로 해결할 수 있는 방안을 마련하지는 못하였다.

이에 그리스 정부는 1991년 5월 노조와 함께 독립적인 연금개혁위원회를 설치할 계획을 세웠다. 그러나 정부는 노조 등 주요 이해관계자와 협의하려던 계획을 포기하고 독자적으로 개혁을 시도하면서 IMF에 그리스 사회보험 시스템에 대한 조사를 요청하였다.[11] 1992년 IMF는 보고서를 통해 연금의 심각성을 지적하면서 비용억제를 강력하게 권고하였다. 이는 그리스의 복지개혁 정책이 공평한 부담을 전제로 주요 당사자 간의 조정과 합의에 따라 이루어지지 못하였음을 보여준다(Pagoulatos 2003; Papadopoulos 1997; Katrougalos 1996; Lyrintzis 2011).

---

11 IMF에 대한 조사 요청은 전임 사회당 정부의 실정이 부각될 수 있는 일이었다. 그리스 정치의 대립적 · 갈등적 상황을 보여주는 사례라 할 수 있다. 이미 당시에도 EU나 OECD 등에서 그리스의 연금개혁을 권고하였다.

IMF의 개혁방안을 노조가 반대하였지만, 그리스 정부는 1992년 9월 사회보험 개혁을 위한 법을 도입하였다. 그리고 이에 따라 기여금 인상, 정부 부담 시스템 도입, 65세 정년제, 연금액 축소 등을 점진적으로 추진하였다. 그 결과 사회보장 지출이 다소 줄어 들어드는 성과가 나타나기도 하였다.[12] 그러나 우파 정부의 연금개혁에도 그리스 특유의 파편화된 사회보험 시스템, 사회보험기금 적자 등 근본적인 문제는 해결되지 못하였다. 그리스 국민들은 외부의 개입에 의존한 우파 정부의 신자유주의적 개혁에 반발하였다. 연금개혁을 큰 무리 없이 추진해 온 국가들에서 보듯이, 효과적인 연금개혁을 위해서는 무엇보다 이해당사자들과의 논의, 정치적 조정과 타협, 사회적 합의가 요구된다. 하지만 정치사회적 갈등 상황에서 정부에 의해 일방적으로 추진된 개혁의 효과는 크지 않았다.

연금개혁에 대한 반발로 정권이 바뀐 만큼 1993년 집권한 사회당 정부는 복지확대가 당면 과제였다. 1993년 사회당 정부는 모든 근로자에게 연금자격을 부여하여 그동안 노동시장의 차별로 연금자격을 갖지 못하였던 사람들에게 복지혜택을 주었다. 이는 불평등한 복지제도를 개선한 것으로 그리스 복지국가의 보편성과 관대성을 강화하는 역할을 하였다. 또한 일부 문제기금의 통폐합이 이루어졌으며 이 과정에서 사회복지 지출이 약간 늘어났다.

그러나 재정적자와 국가부채가 계속 늘어나는 경제상황에서 더 이상

---

12 당시 정부 비판자들은 이러한 통계가 믿을 수 없는 수치라고 주장하기도 하였다. 그리스의 통계 조작 시비는 오랜 관행이었다.

복지제도를 확대하기는 어려웠다. 1990년대 경제정책 및 사회정책에서는 좌우파 정부 간 차이가 거의 없이 유사해졌다. EU는 1992년 마스트리히트 조약Maastricht Treaty으로 신자유주의적 단일시장을 구축하였고, EU 회원국인 그리스는 별 다른 선택의 여지가 없었다. 당시 EU의 시장통합 확대로 많은 회원국들이 신자유주의적 정책을 도입하고 있었고, 그리스 좌파 정부도 신자유주의적 정책을 무시할 수 없었다. 사회당 정부는 전임 우파 정부의 긴축 예산과 인플레이션 억제 정책을 유지하였고, 공공부문의 효율성을 높이기 위한 정책적 노력을 기울였다. 그 결과 근로자와 연금수급자의 실질소득은 크게 줄었고, 특히 공공부문 저임근로자의 실질임금 하락이 컸다. 높은 인플레이션, 취약한 산업경쟁력, 질적 성장 둔화로 일자리와 소득 문제가 계속 악화되고 있었던 것이다.

1996년 선거에서 재집권한 사회당은 노조의 파업과 시위에도 불구하고 보다 엄격한 경제정책을 채택하였다. EU 단일통화가 될 미래의 유로화 가입 기준에 맞추기 위해 긴축과 인플레이션 억제정책을 강화하였다.[13] 사실 그리스는 재정적자와 국가채무가 매우 많고, 높은 인플레이션으로 유로화 가입이 불가능한 상황이었지만, 모든 경제정책 및 사회정책의 틀이 유로화 가입 기준에 맞추어졌다. 그리스 국민들은 실질임금이 하락하는 등 생활수준이 떨어졌지만, 유로화 가입이라는 국가적 목표에 따라 사회당 정부를 믿고 지지했다. 친복지의 사회당 정부는 EU 회원국 중 가장 높은 노인빈곤율을 해결하고자 1996년 빈곤선 이하 수준의 기초

13 마스트리히트 조약은 재정적자 GDP 3% 이내, 국가채무 GDP 60% 이내로 규정하고 있다.

연금을 개선하여 노인보충연금EKAS을 도입하였다.

1990년대 그리스의 복지개혁은 계획대로 추진되지 못하고 실패로 끝났다. 정부는 국민들의 반발로 사회보험 부담금을 올리지 못했고, 연금 지급 연령을 65세로 올렸지만 많은 사람들이 65세 이전에 조기퇴직하여 거의 전액연금혜택을 받고 있었다. 사회급여 산정과 지급액이 재량껏 결정되었기 때문에 정치적 · 후견적 관계에 의해 영향을 받기도 하고 이중 삼중으로 사회급여를 받는 경우도 많았다. 이러한 불합리하고 후진적인 사회급여 시스템을 개혁하려는 노력은 실패하여 여전히 사회보험기금의 적자가 심각하였다. 새로운 노인보충연금까지 도입되어 1990년대 중반 이후 사회보험기금의 재정적자는 더욱 심화되었다.

1997년 정부는 연금개혁의 일환으로 모든 보험기금을 중앙은행에 예치하도록 하였지만 연금위기의 해결책이 되지는 못하였다. 연금지급액을 축소하고 기여금을 올리는 개혁을 제대로 하지 못하여 기금적자가 지속적으로 누적되었기 때문이다. 의료서비스의 경우 1983년 조세로 충당하는 보편적 무상의료제도가 도입되었지만 전문직, 공공부문 등 복지 기득권을 가진 계층은 의료에서도 더 큰 혜택을 받았다. 무상의료제도 또한 민간 · 공공 의료기관이 매우 복잡하게 운영하여 비용 대비 서비스의 질이 낮아졌다(Nektarios 2007; OECD 2011). 비효율적이고 후진적인 복지행정 시스템 또한 사회보험기금의 효율성과 서비스의 질을 떨어뜨리는 역할을 했다. 제도적 · 행정적 난맥으로 막대한 복지지출에도 빈곤인구와 복지 사각지대가 광범위하게 존재하고 있다. 2006년 현재 그리스에는 연금, 의료보험, 실업급여 등 170여 개의 사회보험기금이 있으며 이들 기금에 대한 행정관리가 각 부처마다 비효율적으로 분산 · 중복되어 있다.

〈표 2〉에서 보듯이 그리스의 정부지출 규모는 유럽 평균 수준을 보이고 있다. 그러나 세입이 보장되지 않은 상황에서 막대한 재정지출은 재정적자를 지속적으로 심화시켜 왔다.[14] 〈표 3〉, 〈표 4〉에서와 같이 2000년대 들어서도 재정적자는 큰 폭으로 늘었고, GDP 대비 100%가 넘는 국가채무는 긴축정책에도 불구하고 증세 등 획기적인 대책이 없는 상황에서 갈수록 늘어날 전망이다. 경쟁력이 낮은 산업과 무역적자, 비효율적인 공공부문, 탈세 등 기존의 구조적 문제들 외에도 무리한 유로존 가입(2001년 가입)이 이러한 결과를 가져온 요인 중의 하나이다. 1980년대

표 2 주요국의 GDP 대비 총 정부지출 (Total general government expenditure) (단위: %)

국가명	1999년	2002년	2005년	2007년	2008년	2009년	2010년
덴마크	55.5	54.6	52.8	50.8	51.9	58.4	58.4
독일	48.1	48.1	46.8	43.6	43.8	47.5	46.6
그리스	44.4	45.1	44.0	46.6	49.7	52.9	49.5
프랑스	52.6	52.9	53.6	52.4	52.9	56.2	56.2
네덜란드	46.0	46.2	44.8	45.3	46.0	51.4	51.2
스웨덴	58.1	55.6	53.9	51.0	51.7	55.2	53.0
영국	38.9	41.1	44.1	44.0	47.4	51.4	50.9
유로 17개국 평균	48.0	47.6	47.3	46.0	47.0	50.8	50.4
EU 27개국 평균	46.8	46.7	46.8	45.6	46.9	50.8	50.3

출처: Eurostat.

14 그리스는 1999년 재정 조건에 미달하여 유로 가입에 실패했을 정도로 재정적자가 심각하였다.

표 3 주요국의 GDP 대비 재정수지 적자/흑자 (General government deficit/surplus) (단위: %)

국가명	2000년	2002년	2005년	2007년	2008년	2009년	2010년
덴마크	2.3	0.4	5.2	4.8	3.2	−2.7	−2.7
독일	1.3	−3.7	−3.3	0.3	0.1	−3.0	−3.3
그리스	−3.7	−4.8	−5.2	−6.4	−9.8	−15.4	−10.5
프랑스	−1.5	−3.1	−2.9	−2.7	−3.3	−7.5	−7.0
네덜란드	2.0	−2.1	−0.3	0.2	0.6	−5.5	−5.4
스웨덴	3.6	−1.3	2.2	3.6	2.2	−0.7	0.0
영국	3.6	−2.1	−3.4	−2.7	−5.0	−11.4	−10.4
유로 17개국 평균	0.0	−2.6	−2.5	−0.7	−2.0	−6.3	−6.0
EU 27개국 평균	0.6	−2.5	−2.5	−0.9	−2.4	−6.8	−6.4

출처: Eurostat.

표 4 주요국 GDP 대비 국가부채 (General government gross debt) (단위: %)

국가명	1999년	2002년	2005년	2007년	2008년	2009년	2010년
덴마크	58.1	49.5	37.8	27.5	34.5	41.8	43.6
독일	60.9	60.4	68.0	64.9	66.3	73.5	83.2
그리스	94.0	101.7	100.0	105.4	110.7	127.1	142.8
프랑스	58.9	58.8	66.4	63.9	67.7	78.3	81.7
네덜란드	61.1	50.5	51.8	45.3	58.2	60.8	62.7
스웨덴	64.3	52.5	50.4	40.2	38.8	42.8	39.8
영국	43.7	37.5	42.5	44.5	54.4	69.6	80.0
유로 17개국 평균	71.6	67.9	70.0	66.2	69.9	79.3	85.1
EU 27개국 평균	65.7	60.4	62.8	59.0	62.3	74.4	80.0

출처: Eurostat.

는 물론 1990년대의 대부분, 2000년대 전반부 기간을 집권해 온 만큼 사회당 정부는 이러한 문제들에 적지 않은 책임이 있다 할 것이다.[15]

물론 그리스의 문제들은 역사적 · 문화적 여건과 무관하지 않다. 그리스의 오랜 사회적 분열과 정치적 갈등은 국민들이 국가의 발전과 번영보다 개인의 이익과 입장을 우선하는 사회로 만들었다. 즉 사회적 신뢰, 투명성, 이익조정, 협동의식 등 사회자본이 크게 부족한 사회는 보편적 복지국가를 구축하고 유지하는 데 한계가 있으며 개혁 또한 제대로 추진되기 어렵다. 현재 대다수 국민들이 정치인과 지배계층을 불신하고 그들의 책임을 주장하며 정부의 긴축정책 및 개혁을 반대하고 있는 것은 이러한 정치사회적 배경 때문이다. 국민들의 고통과 부담을 초래하는 정책을 실행하는 데 있어 중요한 것은 사회적 조정과 합의를 이루는 것이다. 1980년대 네덜란드와 덴마크, 1990년대 스웨덴이 막대한 재정적자 문제를 해결할 수 있었던 것은 국민적 합의와 신뢰가 있었기 때문이다. 개방과 신자유주의적 정책에 따른 국내적 불균형과 불평등을 합리적으로 조정하고 개혁의 부담을 모두가 공정하게 나누는 작업이 그것이다. 그리스의 문제는 정치권의 갈등과 포퓰리즘, 사회경제적 기득권의 집단이기주의, 탈세와 지하경제 등의 문제를 극복하지 못하여 개혁과제를 해결할 정치적 협력과 조정, 사회적 합의를 이룰 수 없었다는 점이다.

15 덴마크나 스웨덴은 가입 조건을 충족하고 있지만 자국의 경제체제를 유지하고 고유한 복지모델의 지속을 원하는 국민들의 요구에 따라 유로존에 가입하지 않고 있다.

그리스 복지제도와 특징 – 파편화와 이중구조의 제도

주요 사회보험제도

한 나라의 사회정치적 맥락, 경제적 조건, 고유의 역사와 문화는 복지제도의 성격과 시스템에 중요한 영향을 미친다. 그리스는 독일식 사회보험 중심의 복지제도를 지향하여 연금, 의료보험, 실업보험, 가족수당 등 4개의 주요 사회보험 제도를 구축하였다. 그러나 이러한 사회보험제도는 역사적으로 뿌리 깊은 정치적 후견주의와 포퓰리즘으로 인해 왜곡되어 왔다. 거의 모든 직능별 노조가 좌우파 정치권과 후견적 · 특권적 관계를 맺어 독자적인 연금기금을 만들어 온 결과, 2008년 기준으로 155개의 연금기금이 운용되고 있다.[16] 복지지출의 많은 부문이 연금과 같은 현금복지로 지출되어 왔다.

16 2008년 이후 재정적자가 심해지자 정부가 연금공단을 통폐합하여 13개로 줄었다.

연금제도

1934년에 도입된 IKA가 가장 크고 중요한 공공사회보험이다. 민간부문의 근로자와 그 가족이 조합원이며 현재 인구의 약 50%가 가입되어 있다. 이 보험은 질병, 노령, 임신출산, 장애, 사망에 대해 사회급여를 지급하고 있다. 농민보험제도는 농업인과 그 가족을 대상으로 하는 공공사회보험으로 현재 전체 인구의 약 19%에 적용되고 있다. 그 외에 공공부문 근로자, 금융부문, 자영업자, 교사, 변호사 등 직업별로 연금기금이 구성되어 있다.

이 모든 연금기금은 각각 독립적인 조직과 행정서비스를 가지며 기금의 재정 상태에 따라 사회급여의 양과 질이 결정되고 있다. 재정 상태가 좋은 기금의 수급자는 그렇지 않은 기금의 수급자보다 더 나은 사회급여를 받을 뿐 아니라 연금들 간에 기준이 다양하여 계층, 직업에 따라 연금 차이가 매우 크다. 또한 노동시장 불평등이 사회보험에서의 제도화된 불평등으로 나타나 소득격차가 매우 심각하다. 주로 전문직과 공공부문 근로자들이 노동시장에서는 물론 복지제도에서도 특권을 누리고 있다.

그리스의 연금제도는 막대한 재정지출에도 불구하고 기존의 사회경제적 불평등을 확대재생산하는 역할을 하고 있다. 이러한 연금 '패러독스'는 그리스 특유의 '기득권층 복지credentialism' 제도에 따른 결과이다. 공무원의 경우 사회보험 부담금을 내지 않는 반면, 자영업, 민간부문 근로자 등의 경우 정률급여를 부담하고 있어 사회계층 간 불평등을 심화시켜 왔다. 1990년대 들어 수급자가 크게 늘고 연금액도 인상됨에 따라 연금기금은 위기에 직면하였다. 그리스 정부는 1992년 연금개혁으로 65세 정년, 기여금 인상, 조기퇴직연금에 불이익 부여, 연금액 점진적 축소, 최대 소득대체율 80%로의 하향 등을 도입하였지만 제대로 시행되지 못하였다. 1995년 총 사회지출 중 연금지출이 차지하는 비중이 71.5%에 달할 정도로 그리스의 복지제도는 기형적 모습을 보여 왔다.

그리스인들은 퇴직을 하면 자신이 받았던 가장 높은 연봉의 95%를 연금으로 받았다. 경제협력개발기구OECD, Organization for Economic Cooperation and Development 평균 연금소득대체율 59%에 비해 매우 높은 수준임을 알 수 있다. 2005년 기준으로 그리스 전체 인구의 23%인 약 260만 명이 연금으로 생활하고 있으며, GDP의 11.5%가 연금 지급에 사용되어 OECD 평균 7.2%을 크게 넘고 있다(OECD 2010). 그리스의 GDP 대비 사회보장 비용은 18.0%로 복지강국인 북유럽 국가들보다 높으며 한국(3.7%)에 비해서는 5배 정도 많다. 그리스는 복지지출이 한 가지 기능만 가졌다는 평가를 받을 정도로 연금에만 막대한 복지 예산을 지출해 왔다.

의료보험제도

1983년 국가의료서비스청이 설립되어 원칙적으로 무상의료 시스템이 도입되었다. 그러나 계층별로 의료보험이 다르기 때문에 상층계층은 더 좋은 의료서비스를 받고 있다. 1990년대 들어 고가의 의료기술 도입과 노령화 등의 영향으로 의료지출이 크게 늘었다. 이에 그리스 정부는 1990년대 중반 25%의 환자부담금제도를 도입하였다.

실업급여제도

실업보험제도는 덜 발달하여 급여기간이나 급여수준이 EU 평균에 비해 상당히 낮다. 전통적인 가족복지로 실직자의 생계를 가족이 거의 전적으로 부양해 왔다. 실업급여 조건이 엄격하며 급여 기간은 12개월이다. 급여 수준이 가장 높은 4인 가족의 경우 실업급여의 소득대체율은 1992년 기준으로 그리스 56%, EU 평균은 72%이다(Papadopoulos 1997). 장기실업자는 대부분 비공식부문에 취업하고 있다고 한다.

가족수당제도

그리스에서 가족수당은 다자녀가족에 대한 보편적 가족수당과 소득연계 가족수당이 있다. 그러나 실업급여와 마찬가지로 가족수당과 출산수당은 EU 평균에 비해 매우 낮은 수준이다.

그리스를 포함한 남유럽 복지모델의 특징은 전통적인 가족주의에 기반을 둔 가족복지의 역할이 크다는 것이다. 이에 국가는 가족복지와 일자리 창출에 큰 투자를 하지 않았고 그것이 현재 전적으로 가족 부담으로 돌아오고 있다. 남성 가장에게 임금소득과 사회보험을 보장하여 가족 스스로 복지를 책임지게 하는 강한 남성 부양자 모델은 연금 중심의 사회보험제도와 낮은 여성 고용률, 성별 불평등의 특징을 보여 왔다. 이는 가족복지와 일자리 문제를 최우선으로 중시하는 북유럽 복지모델과 비교된다.

이중구조 복지국가와 기금적자 문제

그리스 복지국가의 핵심적 특징은 사회보장의 불충분과 불평등, 복지급여의 균등성 결여와 비효율성, 전달체계 및 복지행정의 부족과 미발달, 여성에 의한 비공식 보살핌과 가족복지 등으로 볼 수 있다. 그리스에는 직업집단에 따라 300개가 넘는 기금이 있었을 정도로 분산되고 파편화된 사회보험 시스템을 가지고 있다. 사회보험기금의 최종결정 권한은 국가에 있으며, 이들 기금에 대한 정부의 관리감독 부처가 복지부 등 6개 이상 부처와 관련되어 있어 기금의 효율적 관리와 운영을 어렵게 하고 있다. 사회보험기금은 기본적으로 노사와 조합원이 기여금을 책임지게 되어 있다. 그렇지만 1986년부터 기금적자로 정부 지원금이 크게 증가하기 시작하였으며 1980년대 말 기금적자는 GDP의 4.5%에 달하였다. 이에 1990년부터 정부가 기금적자 전액을 지원함에 따라 또 다른 막대한 재정 부담을 야기하여 국가채무를 증가시켰다.

1992년에는 사회보험에 국가부담제도가 도입되어 질병, 출산, 산재, 장애, 노령, 유족연금에 국가가 일정 부분 지원하게 되었다. 기존에는 노사 양측이 사회보험 기여금을 분담해 왔으나 1993년부터 국가가 재정으로 분담금의 일부를 부담하게 된 것이다. IKA 등 적자 기금에 '기금 합리화'라는 목적으로 국가가 지원하면서 방만한 기금 운영을 부채질하였다. 기금적자 전액을 국가가 지원하고 사회보험 기여금도 국가가 일부 부담하면서 도덕적 해이를 심화시켰다. 이러한 제도는 보수정권에서 도입되었는데, 좌우파 정부 모두 정치적 지지를 얻기 위해 재정을 고려하지 않고 복지를 확대한 결과이다.

연금 등 사회보험 기금에 대한 국가의 지원금은 기금에 따라 불균등하게 지급되었다. 민간부문 근로자 보험공단인 IKA의 경우 국가 지원금이 전체 수입의 0.5%를 차지한 반면, 엔지니어 기금에는 전체 수입의 55%, 변호사 기금은 전체 수입의 54%를 각각 차지하였다. 이는 정치사회적으로 힘 있는 집단이 정부로부터 더 많은 지원금을 받고 있음을 보여준다. 한국에서 공무원연금 기금 적자 전액, 국회의원연금 전액이 국가 재정으로 충당되는 상황과 유사하다. '기득권층 복지'라고 불리는 그리스 복지제도가 불평등 완화는 고사하고 얼마나 사회 불평등을 심화시키고 있는지 알 수 있다. 복지제도의 심각한 비효율과 불평등으로 복지지출을 늘릴수록 분배가 악화되는 '복지의 모순과 역설'을 잘 보여주고 있다.

남유럽 복지모델의 특징인 노동시장의 이중구조와 균열된 복지 및 연금 시스템은 사회적 양극화와 경제적 비효율을 가져왔다. 1974년 민주화 이후 그리스는 강력한 복지정책을 추진하였는데, 기존의 균열적 복지 시스템 위에 이루어진 복지확대는 혜택의 차별화를 초래하여 '이중 복지국가'적 성격을 초래하였다. 그리스는 매우 관대한 연금이 발달되어 있으나 공공사회서비스의 수준은 매우 낮다. 사회지출에서 사회보험이 80% 이상을 차지하고 거의가 연금지출로 사용되고 있다. 연금지출 비중이 높아 보육서비스나 노인 돌보기 등 다른 공공사회서비스를 제공하지 못하고 있다. 사회보장은 직업 범주에 따라 분류되어 있으며, 복지혜택은 사회적 지위 및 소득 수준과 밀접한 관련이 있다. 결국 복지를 확대할수록 소득격차는 더 벌어지고 불평등은 더욱 심화되는 이중구조가 문제이다.

그리스 복지제도의 문제점 –
왜곡된 복지, 포퓰리즘, 낮은 경쟁력

왜곡된 복지와 기득권층 복지

그리스는 어떻게 복지지출의 확대에도 불구하고 심각한 소득격차와 양극화에 처하게 되었는가? 쉽게 답하자면 '왜곡된' 복지제도의 비효율과 불평등에서 그 원인을 찾을 수 있을 것이다. 〈표 5〉를 보면 그리스의 사회보장 지출은 유럽에서도 높은 수준에 속한다. 많은 돈을 쓰고도 재분배 효과가 없는, 가장 '나쁜 복지'를 하고 있는 것이다. 국가와 시민사회

표 5 유럽 주요국의 GDP 대비 사회보장 지출 (단위: %)

국가명	2008년	국가명	2008년
영국	23.7	그리스	26.0
프랑스	30.8	포르투갈	24.3
독일	27.8	스페인	22.7
이탈리아	27.8	아일랜드	22.1

출처: Eurostat.

에 대한 정치(정당)의 힘과 영향력이 막강하기 때문에 정치인이 결정하고 정당이 추진하면 모든 것이 다 이루어진다. 반면, 분배'행정'은 후진적이어서 제도와 정책의 효율성과 효과성을 담보하지 못하고 있다. 정치권이 정치적인 목적으로 복지정책을 과도하게 도입한 데 비해 행정체제는 이를 효과적이고 효율적으로 운영할 만한 역량을 갖추지 못하였다. 방만한 공공부문과 비효율적인 조세 시스템은 그리스 복지국가 위기와 재정위기를 초래한 요인이었다.

그리스를 비롯한 남유럽 국가들은 사회보험 중심의 복지제도가 발전하여 왔으나 왜곡되고 이중구조의 파편화된 사회보험제도를 가지고 있다.[17] 그리스는 이러한 성격을 잘 보여주고 있다. 연금 중심의 사회보험제도는 체계화되지 않고 분절성과 복잡성의 특징을 보여준다. 이렇게 여러 개로 분리된 사회보험들로 이루어진 사회보험제도를 가리켜 '모자이크식' 사회보험제도라고 한다(Papadopoulos 1997; Ferrera 1996; Leifried 1993). 앞에서 설명하였듯이 그리스는 많은 사회보험기금들이 적자를 내고 이를 재정으로 충당하면서 재정적자를 심화시켜 왔다. 왜곡된 복지와 기득권층 복지가 경제적 비효율과 사회적 불평등을 확대재생산시켜 온 것이다.

---

17 일반적으로 선진 복지국가는 사회보험제도와 공공부조제도, 그리고 공공사회서비스라는 주요 사회복지제도를 전략적으로 조합하여 국민들에게 경제적 안전과 평등한 사회적 기회를 제공한다. 선진 복지국가가 아니더라도 거의 모든 국가들은 나름대로의 복지제도를 가지고 있다. 이러한 복지제도는 국가마다 그 내용과 특징이 다소 다른데, 크게 나누면 북유럽형, 유럽대륙형, 영미형, 남유럽형, 동아시아형이 있다. 북유럽형 복지모델은 공공사회서비스가 완벽하다는 특징이 있으며 유럽대륙형은 고용과 연계된 사회보험제도가 잘 발달한 것으로 평가된다. 영미형은 보편성과 관대성이 약하고 빈곤층에 대한 공공부조 중심의 복지제도를 특징으로 한다.

포퓰리즘과 막대한 사회복지 지출

그리스의 사회보장지출은 1981년 사회당 집권 이후 복지지출이 급격히 늘면서 1990년 GDP의 20%를 넘었다. 1990년대 들어 약간 억제되었으나 현재까지 25% 전후의 사회보장지출이 이루어지고 있다. 그러나 사회보험 혜택이 정규직에 국한되어 있고 기득권층에 유리하다. 또한 연금만 관대한 왜곡되고 비효율적인 복지제도로 인해 복지재정의 재분배 효과성은 매우 미미하고 효율성도 매우 낮다. 유로존 가입의 부작용, 경쟁력이 낮은 산업구조의 문제도 있지만, 막대한 연금이 복지제도 내에서 뿐만 아니라 재정과 경제에도 큰 부담으로 작용해 왔다. 좌우파를 막론하고 집권정당은 이익집단의 지지를 얻기 위해 각종 보조금, 높은 연금, 고용보호 등의 포퓰리즘 정책을 시행하여 복지지출 수준이 비교적 높으면서도 효과적 복지나 생산적 복지를 만들지 못하였다.

1980년대 이후 그리스는 EU 회원국으로부터 막대한 자금이 유입되어 정부지출이 크게 늘어났지만 저축, 투자, 인프라 등 생산적 부문에 쓰이기보다 주로 소비에 쓰였다. 늘어난 정부지출로 재정적자는 1980년 3% 미만에서 2010년 10%가 넘었고, 국가부채 또한 1980년 GDP의 28% 수준에서 1990년 90%대, 2000년대 들어 100%를 넘고 있다. 국가의 빚이 늘면서 원리금 상환, 이자지급 등으로 재정과 국가채무가 더 악화되어 2012년 그리스 국가 채무는 GDP 대비 189%에 달할 것으로 IMF는 추산하고 있다.

〈표 6〉을 보면 그리스의 현금 사회급여 복지지출이 얼마나 큰지 알 수 있다. 덴마크, 독일, 네덜란드, 스웨덴 등 복지강국들이 사회급여를 줄이

표 6 주요국의 GDP 대비 공공 사회급여 규모
(Social benefits paid by general government) (단위: %)

국가명	1999년	2002년	2005년	2007년	2008년	2009년	2010년
덴마크	16.8	16.4	16.3	14.9	14.8	16.8	17.0
독일	18.6	19.5	19.2	17.2	17.0	18.5	18.0
그리스	14.1	15.4	16.3	17.9	19.3	20.8	20.6
프랑스	17.7	17.5	17.8	17.6	17.7	19.2	19.4
네덜란드	12.1	11.2	10.9	10.3	10.3	11.5	11.7
스웨덴	17.7	16.8	16.8	15.0	14.8	16.4	15.4
영국	12.8	12.8	12.9	12.7	13.1	15.1	15.2
유로 17개국 평균	16.6	16.5	16.5	15.8	16.1	17.7	17.8
EU 27개국 평균	15.9	15.8	15.8	15.1	15.4	17.1	17.1

출처: Eurostat.

고 있을 때 그리스는 계속 늘려 2007년부터 세계 최고 수준을 기록하고 있다. GDP의 20%가 현금 사회급여로 지출되고 있는 것이다. 이러한 복지지출과 방만한 재정운용이 장기간 진행되면서 그리스는 막대한 재정적자와 국가채무가 누적되어 온 것이다. 1990년대 말 유로존 가입 신청을 계기로 복지개혁이 추진되기도 하였으나, 이익집단의 저항과 정치인들의 포퓰리즘으로 인해 효과적으로 추진되지 못하였다. 개혁에 대한 저항은 어디에나 항상 있는 것이므로 그리스의 개혁 실패는 정치권의 의지부족과 준비부족의 문제라 할 수 있다(Tinios 2010).

복지정책의 경제적 효율성과 재분배 효과성이 미미한 가운데 이러한 소비성 복지지출은 국가경제에 부정적 영향을 미쳐왔다. 하치스 교수에 따르면 그리스의 복지정책이 빈곤을 완화하는 효과는 유럽 최하위 수준인 4%에 불과하여 EU 평균인 31%, 스칸디나비아 국가들의 70% 수준과

크게 대비된다(자유기업원 2011).

그리스의 부패와 탈세는 재정위기를 가져온 또 다른 중요한 원인이다. 그리스의 지하경제 비중은 GDP 대비 24.7%로 OECD 평균 13.6%의 거의 두 배에 달하고 있다(기획재정부 2011). 사실, 공공부문의 정실주의와 부패, 기업의 탈세는 그리스 경제를 망치고 정치사회적 불신과 분열을 가져오는 데 결정적인 역할을 하였다. 불합리하고 불평등한 세제 시스템은 그 가운데 하나이다. 방만한 재정운용에 세입까지 부족하여 엄청난 재정적자가 발생하고 국가채무가 늘어난 것이다. 〈표 7〉을 보면 그리스 국민들이 얼마나 세금을 적게 내는지 알 수 있다. 그리스의 GDP 대비 소득 및 재산에 대한 세금 규모는 8% 수준으로 유로존 평균인 11.3%나 강대국인 독일, 프랑스, 영국보다 훨씬 작다. 〈표 2〉에서 보듯이 그리스의 GDP 대비 정부지출 규모는 다른 유럽 나라들과 차이가 없는데 세

표 7 주요국의 GDP 대비 소득 및 재산 세금 규모 (Current taxes on income, wealth, etc.) (단위: %)

국가명	1999년	2002년	2005년	2007년	2008년	2009년	2010년
덴마크	30.1	29.1	31.7	29.9	29.6	30.0	30.0
독일	11.8	10.6	10.2	11.1	11.3	10.8	10.3
그리스	8.8	8.6	8.5	8.0	7.9	8.1	7.6
프랑스	12.0	11.3	11.3	11.4	11.5	9.8	10.5
네덜란드	11.8	11.4	11.4	11.9	11.6	11.8	11.8
스웨덴	21.6	19.4	22.0	21.2	19.8	19.7	19.3
영국	16.1	15.5	16.1	16.6	16.7	15.8	15.6
유로 17개국 평균	12.5	11.8	11.5	12.4	12.2	11.4	11.3
EU 27개국 평균	13.5	12.8	12.7	13.4	13.1	12.3	12.2

출처: Eurostat.

금은 크게 차이가 난다. 법인세에서도 이러한 경향이 있다고 보면 재정 적자가 날 수밖에 없는 구조인 것이다.

보편적 복지국가를 유지하기 위해서는 기업의 부담과 함께 국민의 세금이 반드시 필요하다. 북유럽 복지국가들은 물론 독일, 프랑스에서도 세금부담률이 높고 고용주의 사회보장 분담금도 높다.[18] 복지국가를 제대로 하기 위해서는 국가가 필요한 세금을 걷을 수 있는 역량과 신뢰가 있어야 하고, 부패나 정실주의 없이 세금을 책임 있게 사용할 수 있어야 한다. 또한 복지지출이 모든 국민에게 잘 전달되어 혜택이 골고루 가고 효과가 제대로 나타나는 것이 중요하다. 즉 분배의 효율성과 효과성을 보장할 수 있어야 하는 것이다. 물론 무임승차자free-riding 문제도 관리할 수 있어야 한다(Rothstein 2011). 그리스는 이러한 조건 중 어느 것도 제대로 갖추지 못하고 있다. 국가의 역량, 국가에 대한 국민의 신뢰가 매우 낮다. 복지국가가 실패할 수밖에 없는 구조인 것이다.

낮은 고용률과 노동시장의 이중구조

그리스의 빈곤과 복지문제는 근본적으로 노동시장과 1차 분배의 문제에서 비롯되었다. 복지 이전에 안정된 고용과 임금이 보장되었다면 빈곤과 불평등은 크게 완화될 수 있기 때문이다. '복지의 첫걸음은 고용'이라는 점을 가장 잘 보여주는 사례는 스웨덴이다. 스웨덴에서 강조해 온 고용

18 주요 국가들의 사용자 사회보장세를 포함한 세금부담률에 대해서는 정세은 2011 "복지와 재정 건전성" 국회 경제법 연구회 발표 (2011년 4월 7일) 자료 참조.

활성화와 적극적 노동시장정책은 바로 노동시장에 의한 1차 분배를 최대한 효율적이고 공정하게 하기 위한 것이다. 그리스는 이러한 적극적 노동시장정책이 사실상 부재했고 실업보험제도 또한 매우 제한적으로 운영되었다. 노동시장은 전형적인 남유럽 복지모델의 특징인 보호된 정규근로자와 보호되지 못한 비정규근로자 및 실업자라는 이중구조로 되어 있다(Katrougalos & Lazaridis 2003).

〈표 8〉을 보면 그리스의 고용률은 EU 평균보다 상당히 낮다. 고용률이 낮다는 것은 그만큼 일하는 사람의 수가 적고 세금을 내는 사람이 적다는 것을 의미한다. 실업자 등 그동안 국가가 떠맡긴 복지를 가족이 감당해 왔지만 1990년대 이후 한계 상황에 봉착하였다. 이에 따라 노동시장을 안정시키기 위해 공공부문이 과대인력을 떠안고, 미취업자와 실업자에 대한 사회보장성 지출을 늘리면서 정부지출이 크게 늘어났다. 낮은

표 8 주요국 고용률 (Employment rate, 15~64세) (단위: %)

국가명	1995년	2000년	2002년	2005년	2006년	2007년	2008년	2009년	2010년
덴마크	73.4	76.3	75.9	75.9	77.4	77.1	77.9	75.7	73.4
독일	64.6	65.6	65.4	66.0	67.5	69.4	70.7	70.9	71.1
그리스	54.7	56.5	57.5	60.1	61.0	61.4	61.9	61.2	59.6
프랑스	59.5	62.1	63.0	63.7	63.7	64.3	64.9	64.1	64.0
네덜란드	64.7	72.9	74.4	73.2	74.3	76.0	77.2	77.0	74.7
스웨덴	70.9	73.0	73.6	72.5	73.1	74.2	74.3	72.2	72.7
영국	68.5	71.2	71.4	71.7	71.6	71.5	71.5	69.9	69.5
유로 17개국 평균	58.6	61.4	62.3	63.7	64.7	65.6	66.0	64.7	64.2
EU 27개국 평균	60.7	62.2	62.4	63.5	64.5	65.4	65.9	64.6	64.2

출처: Eurostat.

고용률은 연금 등 사회보장 지출을 늘릴 뿐 아니라 노인인구를 부양해야 할 노동인구가 줄어 연금에 치명적인 영향을 준다(Nektarios 2007).

노동시장과 고용문제를 제대로 해결하지 않으면 아무리 복지를 많이 해도 가계의 소득은 불안정해질 수밖에 없다. 복지에 의한 소득보전은 한계가 있기 때문이다. 그리스의 가계부채는 지난 1990년대 중반 이후 크게 늘어 심각한 문제가 되고 있다고 한다. 1990년대 중반까지 그리스는 가족이 일자리 없는 사람을 부양하는 방식으로 가족복지가 이루어져 왔지만, 1990년대 후반부터 임금과 고용이 불안정해지고, 저임금 일자리가 양산되며, 최근 들어 가족의 주요 자산인 부동산과 주택가격이 폭락하고 있기 때문이다(Papadopoulos 2006). 기업의 경영전략으로 양질의 일자리는 크게 줄고 저임금 근로자가 크게 늘면서 국가가 노동시장에서 비롯된 복지수요를 감당해야 하는 것이다.

실업급여와 직업훈련제도가 발전되지 않은 상태에서 공공부문의 고용보호는 불가피한 것으로 인식되어 왔다. 그러나 공공부문의 과대인력으로 노동생산성은 낮고 이들에 대한 사회보험은 그리스의 복지제도와 연금시스템을 크게 왜곡시키는 부작용을 가져왔다. 반면에 민간부문 근로자는 직장보장이 약하고 복지 혜택도 적다. 2005년 노동시장개혁이 이루어졌지만 제한적인 부문에서 미약한 성과만 나타났다. 저임 공공부문 근로자들은 유연성을 도입하는 노동시장개혁에 저항이 크기 때문이다. 주요 사회집단들이 기득권에 집착하여 노동시장개혁, 연금개혁, 민영화개혁은 여전히 제대로 추진되지 못하고 있다. 이익단체들의 이기주의, 정치권과 국가의 조정능력이 결핍된 상태에서 사회적 합의라는 성과를 내지 못하고 있다. 이는 신뢰와 사회자본이 발전되지 못하고, 시스템보다 정당과 소수의 정치인에 의존하는 이익조정의 한계에 기인한다.

그리스는 복지지출 규모가 1980년대부터 계속 증가해 현재 EU 평균보다 높지만 이 가운데 연금이 차지하는 비중이 EU 회원국 중 가장 높은 66%(2006년 기준)이다. 사회보장급여에서 은퇴자 연금이 차지하는 비중이 90%에 이르는 상황에서 공공사회서비스, 아동수당, 적극적 노동시장정책 등 생산적 부문에 대한 복지와 사회투자는 거의 없어 장기적이고 생산적인 복지를 하지 못하고 있다. 연금 위주의 복지제도로 인해 그리스 청년들은 경제위기로 일자리를 잃고 실업급여나 직업훈련을 제대로 받지 못한다. 그 결과 생산적 복지를 통해 경제와 노동시장을 활성화하고, 그 과실로 다시 복지를 튼튼히 하는 분배와 성장의 '선순환'은 자리 잡지 못하였다. 실업급여 등 사회보험 혜택은 공식부문의 정규노동을 중심으로 이루어져 많은 근로자들이 배제되고 있다.

〈표 9〉에서 보듯이 2008년 이후 재정위기를 겪어 온 유럽 국가들 중에서 그리스의 청년실업률은 스페인 다음으로 높다. 그리스의 노동시장개혁은 무엇보다 정규직과 비정규직, 공식부문과 비공식부문의 격차와 차별을 해소하고 일자리를 늘리는 방향이 되어야 할 것이다.

표 9 유로존 재정위기 국가의 청년실업률(25세 이하) (단위: %)

국가명	2011년	국가명	2011년
스페인	43.5	이탈리아	28.1
그리스	36.1	포르투갈	21.3
아일랜드	31.9		

출처: Eurostat.

시사점

국가의 역량과 경쟁력 있는 복지국가의 중요성

그리스는 왜 스웨덴이나 네덜란드 같은 고복지의 경쟁력 있는 나라가 되지 못하였나? 여러 원인들이 있지만, 특히 그리스는 복지 시스템과 경제 시스템에서 많은 문제점을 가지고 있어 효율성과 경쟁력을 저해하였기 때문이다. 그리스의 비효율적인 국가운영체제, 낮은 경쟁력, 재정적자와 국가채무라는 구조적 문제들이 그것이다. 이러한 문제들은 1995~2008년 경제가 성장하던 시기에는 표면화되지 않았지만, 2008년 세계 금융위기와 같이 외부 충격이 발생하였을 때는 곧바로 나타났다(Pelagidis 2010). 경쟁력 있는 산업과 지속가능한 경제체제, 그리고 좋은 복지국가를 만들어 내지 못했기 때문이다. 그리스는 관광과 해운에 의존해 경쟁력 있는 산업을 발전시키지 못하였으며, 그 결과 양질의 일자리 창출에 한계를 가져와 효율적인 복지국가의 운영에 어려움을 겪고 있다. 고용과 임금은 1차 분배의 안정성을 보장하여 복지국가의 효율성과 효과성을 제고하는 데 크게 기여하기 때문이다.

좋은 복지국가, 즉 경쟁력 있는 복지국가는 투자 성격의 재정지출을 늘림으로써 사회구성원들이 교육, 건강, 일, 안전, 사회적 신뢰, 정치적 자원 등을 더 많이 갖고 누리게 만든다. 좋은 복지국가, 경쟁력 있는 복지국가는 효율적인 복지국가이며, 효율적인 복지국가는 경제성장에 중요한 조건이 된다. 복지와 성장의 선순환은 활력 있는 경제와 효율적인 복지국가를 가능하게 만들기 때문이다. 그리스는 복지예산 비중이 한국의 3배 수준으로 OECD의 평균을 넘고 있다. 복지를 매우 많이 하고 있는 것이다. 그런데도 복지제도의 비효율과 미미한 재분배 효과로 많은 국민들이 사회적으로 소외되거나 배제되어 있다. 즉 '생산적 복지', '혜택이 골고루 가는 복지'가 되지 못한 것이다. 실업과 저임금 일자리의 양산, 과다한 연금지출로 그리스의 복지는 경제적 선순환뿐 아니라 사회적 재분배도 이루지 못하고 있다.

그리스의 이중구조화된 노동시장은 유연성이나 고용증대를 가져오기보다 불평등과 경직성을 심화시켜 왔다. 규제된 노동시장의 안정된 정규근로자는 사회보험에서도 많은 혜택을 보지만 실업자나 비정규직, 비공식부문 등 규제에서 벗어난 노동시장의 근로자는 임금과 사회보험 등에서 매우 불리한 대우를 받고 있다. 노동시장에서의 불평등하고 불공정한 1차 분배는 심각한 소득격차를 구조화하여 빈곤층을 양산한다. 결국 2차 분배, 즉 국가에 의한 복지지출이 늘어난다. 빈곤층에 대한 지원이 커질수록 생산적인 복지부문에 대한 투자 비중이 줄어든다. 비효율적인 복지의 길로 가는 것이다. 유연하고 공정한 노동시장은 대내외적 환경변화에 잘 적응하여 고용과 임금 등에서 좋은 성과를 가져온다. 덴마크와 스웨덴의 적극적 노동시장정책은 유연한 노동이동과 모든 근로자에게 평등한 대우를 보장하고 있다.

그리스는 개혁을 반대하는 비토veto세력이 심각한 문제였다. 복지지출의 합리화와 노동시장의 경쟁력 제고를 제대로 이루지 못한 것이다. 2008년 세계 금융위기 이전까지 그리스는 높은 경제성장으로 이러한 문제의 심각성을 외면하였고, 개혁에 대한 저항을 극복할 수 있는 국가의 역량이 부족하였다. 급진적 정책변화에 대해 노조, 기업 모두 기득권과 보호를 위해 개방과 개혁을 반대하였다. 미흡한 사회안전망, 직장 과보호, 경직적 노동시장 규제, 왜곡된 연금 시스템, 노동시장 이중구조, 공공부문의 비효율과 과보호, 사회적 조정 문제와 비토 등으로 노동시장개혁, 연금개혁, 민영화개혁을 이루지 못하였다. 그리스의 근로자들은 정부 부패와 부유층 탈세가 더 큰 문제라고 주장하며 임금억제와 연금개혁에 반대하고 있다. 사실 그리스의 심각한 부패와 지하경제의 해결 없이는 그 어떤 개혁도 성과를 낼 수 없을 것이다.

복지국가 발전을 저해하는 취약한 산업과 낮은 생산성

그리스 경제의 특징은 취약한 산업구조와 낮은 생산성이다. 그리스 경제의 구조적 취약성은 매우 한정된 산업생산 기반에 근거한다. 과거는 물론이고 현재도 경쟁력 있는 제조업이 없는 형편이다. 산업부문은 과거에도 취약했지만 서비스부문이 커짐에 따라 실질적으로 감소해 왔다. 2000년대 들어서 GDP 대비 산업 비중은 23% 수준으로 서비스부문의 약 70%와 대비되었다. 더구나 경쟁력이 약한 그리스 기업은 국가로부터 막대한 보조금을 받아왔다. 이러한 낮은 생산성은 그리스의 비교적 높은 경제성장률에도 불구하고 궁극적으로 경제의 경쟁력이 떨어지는 결과를 가져왔다. 특히 1990년대 중반 이후 최근 경제위기 직전까지 그리스는 비교적 높은 평균 4%의 경제성장률을 보여 왔다. 그러나 이러한 경제성장은 피상적이고 취약한 성과였다고 한다(Pelagidis 2010). 국내생산의 확장에 따른 견고한 경제성장이 아니라 적자재정 지출과 1990년대의 신용시장 팽창에 의한 성장이었기 때문이다. 더구나 2000년대 들어 유로존 가입 이후 급격한 신용팽창은 소비지출과 주택대출을 증가시켜 경기호황을 가져왔다. 이에 더해 정부의 방만한 재정지출로 국가부채는 급속히 늘어났다.

관광, EU의 구조조정 기금, 해운산업, 공공차입 등에 의한 막대한 '자본유입inflows'은 경제성장률을 높이는 데 기여했으나 실물경제와 경제제도는 내실 없고 경직된 구조로 남아 있었다. 외형적인 높은 경제성장이 낮은 생산성 및 경쟁력과 동시에 나타난 '기이한 그리스 병idiosyncratic disease'은 산업기반이 허약한 그리스에 유로존이라는 보호막이 있었기에 지속될 수 있었다. 2008년 세계 금융위기라는 외부적 충격은 이러한 보호막을 걷어내고 그리스 경제의 본래의 모습을 드러나게 해주었다. 시장에 대한 비효율적인 규제, 높은 행정비용, 기업가정신을 약화시키는 비즈니스 환경, 개혁 비토세력의 존재, 정부의 개혁역량 부족, 부정부패 등은 경제의 경쟁력을 크게 떨어뜨려 왔다. 외형상으로 높은 경제성장률은 제도개혁의 필요성과 시급성을 약화시켰고 혁신과 고부가가치산업에 대한 투자를 지연시켜 왔다.

그리스 경제의 취약한 생산능력과 기술은 투자를 소홀히 한 정부와 기업에 그 원인이 있다. 경제의 경쟁력은 지속적으로 약화되었으며 가계의 빚은 갈수록 늘어나고 수많은 중소기업들이 파산에 직면해 있다. 그동안 방만한 적자 재정지출과 신용팽창으로 경제성장이 이루어져 온 것이다. 그리스 경제의 낮은 경쟁력은 지속적인 경상수지 적자, 높은 인플레이션, 그리스에 대한 미미한 외국자본 투자 등으로 나타났다. 재정적자는 2009년 후반기에 GDP의 6.2%에서 6개월 만에 두 배인 12.7%로 증가하였다. 2008년 이후 경기침체로 인한 낮은 조세 수입과 고질적인 탈세, 실제 부채 수준과 정부지출 수치의 축소 발표, 2009년 선거 승리를 위해 우파 신민주주의당 정부의 엄청난 재정지출과 복지 및 노동개혁 지연 등이 국가채무를 확대해 온 것이다.

'분배의 악순환'을 초래하는 비생산적이고 왜곡된 복지

그리스는 1980년대 이후 분배를 위한 복지정책을 확대하였지만 그 효과는 크지 않은 것으로 나타나고 있다. 일반적으로 분배정책의 효과는 일률적이지 않으며 개별 사회가 처한 구조와 상황에 따라 다양하게 나타나는 것으로 알려져 있다. 분배정책이 성장과 분배에 대한 극단적인 이분법 또는 제로섬zero-sum적인 방식으로 이루어지거나, 지나치게 이념화되고 도덕화되면 객관적이고 실용적인 논의를 어렵게 할 수 있다. 오히려 분배에 대한 지나친 환상과 왜곡된 인식을 확대재생산할 가능성이 높다.

분배정책의 중요성과 필요성은 당연히 인정되어야 한다. 그러나 얼마나 효과를 낼 수 있느냐는 것은 다른 문제이다. 분배정책의 분배적 효과도 문제이지만 경제적 효과도 매우 중요한 문제이다. 분배정책은 경제의 효율성을 높이는 효과와 낮추는 효과 모두를 가지고 있는데, 장기적인 경제적 효과를 극대화하는 것이 분배정책의 정당성과 지속성을 위한 요체이기 때문이다. 경제적 효과 없는 분배정책은 장기적으로 실패할 수밖에 없으므로 분배정책이 지속가능성을 갖기 위해서는 경제의 효율성을 높이는 효과가 있어야 한다. 경제의 효율성을 높이는 대표적인 분배정책 사례는 인적자본에 대한 효과적인 투자와 지원, 공적 사회보험제도라 할 것이다. 출산보호, 보육, 건강관리 등과 같은 인적자본 투자는 경제 효율성과 장기적 발전에 긍정적인 영향을 미친다. 또한 양호한 소득분배는 사회적 갈등을 줄이고 잘 갖추어진 사회안전망은 사회구성원으로 하여금 자원 재분배제도에 대해 우호적인 태도를 갖게 만든다.

양호한 소득분배는 경제 효율성과 성장에 도움이 될 수는 있지만, 지나친 개입과 통제로 평등한 분배가 이루어진다면 이는 장기적으로 경제의 발전이나 분배의 효율성에 도움이 되지 못한다. 분배정책이 지나치게 정치화되면 사람들은 소득분배를 자원배분과 경제 효율성을 위한 제도로 인식하기보다는 정치적 과정에서 임의적으로 결정되는 '나눠먹기'로 여긴다. 선거를 위한 정치적 포퓰리즘이 그것이다. 그 결과, 분배적 갈등은 분배에도 불구하고 오히려 더 악화될 수 있다. 즉 '분배의 악순환'에 빠져 경제적 어려움을 겪는 것이다.

그리스는 높은 수준의 복지지출에도 불구하고 비효율적이고 왜곡된 사회보험제도, 복지와 성장의 선순환 부재, 관료주의와 부패, 개혁에 대한 이익집단의 저항, 개혁 주도세력의 허약함과 이에 따른 갈등 조정능력의 부족 등으로 분배적 효과도, 경제적 효과도 달성하지 못하였다. 그리스의 많은 문제들이 역사적 유산과 관련이 있다 하더라도 이러한 문제들을 극복하지 못한 것은 정치권과 기득권층의 잘못이다. 특히 1980년대 이후 기존의 왜곡된 제도를 고치지 않고 이루어진 사회당 정부의 지나친 복지지출은 문제를 더욱 악화시켰다. 저소득층이나 소외계층에 대한 분배 자체는 바람직하고 정당하지만 이 분배가 소비성 지출로만 이루어진 것이 문제였다. 소비성 지출은 당장은 좋지만 이들에게 사회경제적 기회와 역량을 제고하는 역할을 하는 데는 한계가 있었다. 결국 성장친화적이지 못한 막대한 복지지출은 1980년대 이후 경쟁력 약한 산업, 비효율적인 경제제도에 더해 재정적자와 국가채무를 크게 늘리는 결과를 가져왔다.

정치적 조정과 사회적 합의 부재로 개혁 부진 – 공평한 개혁, 이해관계의 조정, 공정한 부담의 중요성

그리스는 1980년대 사회당 정부의 복지 발전과 1980년대 말 경제위기 이후 신자유주의적인 정책으로 선회하였다. 1981년 EU에 가입한 이후에는 시장개방에 따른 국가의 대외자율성 약화, 국내 경제 관리의 실패

등으로 국가의 위기가 초래되었다. 복지정책의 확대에도 사회 양극화와 분열은 심화되었다. 1990년대 들어 유로존 가입을 위해 복지를 줄여야 하였고 탈규제 정책을 추진하였다. 실업과 노동시장 파편화, 소득 불안정으로 가족이 더 이상 복지를 감당할 수 없게 됨에 따라 정책의 딜레마에 빠지게 되었다. 복지수요가 급속히 늘면서 재정지출이 팽창하였다. 그리스의 2001년 유로존 가입은 급한 재정문제를 해결해 주었지만 그리스 경제에는 '달콤한 독'이 되었다. 그리스는 낮은 이자의 국채 발행으로 돈을 빌려 쓰고 빚을 갚는 파국적인 재정운용을 해 왔다. 경제성장이 뒷받침되지 않고 세금을 제대로 걷을 수 없는 상황에서 그리스의 국가부도 상황은 예정된 수순이었다. 막대한 재정적자와 국가채무가 말해 주듯이 빚으로 국가를 운영해 온 것이다.

그리스 복지국가는 전근대적 후견주의와 주요 정치사회세력 간의 분절적인 관계에 기인한 제도의 불합리와 왜곡이 문제였다(Pagoulatos 2003, Lavdas 1997). 그리스는 정치적 후견주의로 개인 및 집단의 이익만 추구하고 공동의 이익은 생각하지 않는 문화가 팽배해 있다. 이는 부정과 부패, 비효율적인 국가기구, 관료의 무사안일과 경직성에서 비롯된 결과이다. 기득권층 복지credentialism는 일반 국민들의 개혁 저항을 초래하였다. 1990년대 초 그리스노조총연맹GSEE, General Confederation of Greek Workers의 협력으로 노사정 간 논의와 사회적 합의를 위한 여건이 조성되기도 하였으나 결국 상호불신과 의제문제로 결렬되었다. 1993년 사회당이 집권한 후, 노사 간 대화, 노사정 간 대화와 사회적 합의의 제도화를 위해 1995년 노사정 3자 협의기구인 경제사회위원회OKE, Economic and

Social Committee를 구성하였다. 그러나 이 또한 유명무실해졌고 그리스 정부는 1997년 새로운 사회협의기구National Social Dialogue를 설립하였다. 노사정이 고용과 연금문제 개혁에 논의하였으나 합의에 이르지는 못하였다. 2000년에도 노사정 제도화가 시도되었지만 신뢰 부족, 대화 및 합의문화 부재, 노조 내부의 문제 등으로 모두 실패로 돌아갔다. 연금개혁과 노동시장개혁에 대한 노조의 반대가 큰 요인이었다. 물론 이러한 반대를 조정하고 설득하지 못한 정부가 더 큰 문제이기도 하였다.

2002년 연금개혁법으로 비대한 연금 시스템을 개혁하고자 하였으나 성공하지 못하였다. 이에 그리스는 2004년 EU와 국가개혁을 위한 협정을 체결하고 개혁에 매진하였다. 2005년에는 노동시장개혁을 추진하였지만 공공부문 근로자의 개혁 반대로 소기의 성과를 달성하지 못하였다. 국가의 역량과 신뢰가 부족하여 개혁은 물론 효과적인 복지와 재분배를 이루지 못한 것이다. 결국 그리스는 유럽 핵심의 발전된 복지국가가 아니라 유럽의 '반주변부적' 복지국가로 남게 되었다.

네덜란드와 스웨덴에서도 과도한 복지로 재정적자 등 구조적 문제가 발생하기도 하였다. 당시 두 나라는 개혁의 비용과 희생을 모두가 공정하게 부담하면서 지속적인 개혁을 실시하였고, 이에 따라 제도의 유연성과 경쟁력을 강화함으로써 지금은 수준 높은 복지자본주의 모델을 유지하고 있다. 그리스는 제도의 경직성과 비효율, 사회적 합의의 부재로 제도 개혁에 실패해 왔다. 그리스는 EU 회원국이자 유로존 가입국으로 EU

19 유럽화(Europeanization)는 EU 회원국이 EU 차원의 정책과 제도를 얼마나 잘 수용하고 적응하는가를 말한다.

의 유럽화[19] 요구를 이행해야 할 책임이 있는 나라이다. 그런데도 국가의 개혁 역량과 정치적 의지의 부족으로 성과가 가장 적은 국가로 평가되어 왔다(Featherstone 2008). 이러한 배경에는 부패와 탈세, 제도의 비효율과 경직성 등이 자리 잡고 있다. 개혁을 위한 타협의 여지가 있는데도 정치주체들이 선거를 의식해 개혁비토를 극복할 역량을 만들어 내지 못해 왔다.

복지 축소, 고용 유연화, 정부보조금 폐지 또는 삭감 등 가혹한 긴축정책이 사회적 불평등을 심화시키지 않도록 기업의 탈세와 공공부문 비효율에 대한 개혁이 함께 이루어져야 국민들의 저항이 줄어들 수 있을 것이다. 스웨덴은 1990년대 이후 생산적 투자와 시장의 효율성을 높여 성장과 경쟁력을 확보해 왔다. 또한 이익은 특정 집단이 아니라 국민들 모두에게 골고루 돌아가고 부담과 비용 또한 공평하게 나누었다.

포퓰리즘과 비효율, 부패가 초래한 국가채무와 '주권' 위협

복지국가는 막대한 비용을 요구하지만 기본적으로 바람직하고 좋은 것이다. 그러나 이러한 비용을 감당할 수 있을 경제적 조건이 충족되어야 하고, 고세금과 고비용을 효율적이고 효과적으로 관리할 수 있을 경우에만 그러하다. 그리스 사례는 단순한 복지의 확대로 평등과 분배가 보장될 수 없다는 것을 잘 보여준다. 방만한 재정은 심각한 재정적자와 국가채무를 초래해 국가의 '주권'까지 위협받을 수 있음을 그리스 사례에서 볼 수 있다.

그리스에 대한 EU와 IMF의 구제금융은 민영화, 복지 축소, 임금 감축 등 고강도의 재정 긴축을 요구한다. 복지 축소, 공공부문 근로자 감축, 정부기관 축소 및 폐지, 공무원 임금 감축 등이 실행되거나 실행될 예정이다. 재정 긴축은 소득 감소와 복지 축소를 가져오고, 중장기적으로는 교육기회와 교육수준의 저하, 실업 및 고용 가능성 악화, 공공보건 악화, 사회적 불평등 및 양극화 심화, 정치사회적 불안 등 커다란 사회문제를 가져올 수 있다. 그렇지만 재정위기를 해결하기 위해서는 재정적자를 줄이는 것이 급선무이고, 따라서 긴축이 불가피하다고 보는 것이 EU와 IMF의 판단이다. 2010~2012년 그리스의 재정적자 감축 개혁은 그 성과가 나타나지 않고 있다. 오히려 국가채무는 더 늘고 있는 상황이다. 이에 그리스는 자국의 조세 및 재정 결정권을 한시적으로 EU에 위임할 것을 요구받고 있다. 무역적자, 방만한 재정, 세입 부족, 비효율적인 공공부문, 탈세와 부패로 인해 '주권'이 위협받고 있는 것이다.

2010년 이후 재정위기와 긴축정책으로 공공사회서비스와 복지정책을 대대적으로 축소하자, 근로자와 연금수급자, 저소득층, 대학생을 포함한 청년들이 정부의 긴축정책에 반대해 왔다. 이들은 공공부문 일자리 감축, 연금 축소, 민간부문 해고조건 완화, 민영화, 구조조정 프로그램 등이 그리스 국민을 보호하기보다 유럽 은행들을 살리기 위한 것이라고 생각한다. 이러한 반대가 있었지만 그리스 의회는 2010년 5월 연금 감축과 공공부문 근로자의 임금 삭감안을 통과시켰다. 주로 정부의 사회보장 지원에 의존하는 취약계층이 가장 큰 타격을 입을 수밖에 없다. 따라서 고소득층이나 자산가에 대한 증세 없는 긴축정책은 곧바로 저소득층의 소득 감소로 이어지고 빈부격차를 더욱 심화시켜 계층 간의 갈등을 유발할 것이다. 또한 긴축정책은 교육비 인상과 일자리 감소로 청년층의 노동시장 진입을 더욱 어렵게 만들어 청년층의 빈곤문제와 세대 간 갈등까지 야기하고 있다.

그리스에서는 오랜 기간 좌우파를 막론하고 집권 정당은 이익집단의 지지를 얻기 위해 연금 확대, 각종 보조금, 직장 보호 등의 포퓰리즘 정책을 시행해 왔다. 1981년 집권한 사회당은 중산층 근로자와 저소득층의 지지를 얻기 위해 공적연금 지출 확대 및 공공부문 임금 인상을 시행하였다. 1980년대 초부터 재정이 악화되고 인플레이션이 만연한 것은 1975년 이후 민주화 요구를 정치적 포퓰리즘 방식으로 수용해 주면서 시작되었다. 그리스는 경제 성장과 산업 경쟁력이 뒷받침되지 않음에도 고성장 수준의 막대한 지출과 분배를 해 왔다. 공적연금의 경우, OECD 최고 수준인 퇴직 전 임금의 95%를 보장하며 수급권도 확대하였다. 실업률을 낮추기 위해 과도하게 공공부문 일자리를 늘린 것도 재정 적자를 부추겼다. 그 결과 GDP 대비 국가부채가 1980년 22.3%에서 2000년 103.4%로 증가하여 유로화 가입조건을 충족하지 못하였다. 그런데도 2001년 편법으로 유로화에 가입하였고, 이후에도 개혁의 정치는 이루어지지 못하였다.

1990년대 중반 이후 정당 간 정치적 경쟁의 심화로 연금개혁, 노동시장개혁 등의 구조개혁은 지연되었다. 더구나 2000년대 들어 유로화 프리미엄뿐 아니라 세계경제의 호조로 관광, 해운 등 주력산업의 호황이 지속되자 개혁의 필요성과 절박성은 사라졌다(Petmesidou & Mossialos

2006). 유로화 프리미엄 덕분에 낮은 이자로 외채를 조달하면서 힘든 개혁을 외면하였던 것이다. 2004년 이후 우파 정부의 개혁 조치에도 불구하고 실업과 인플레이션 등 경제상황은 개선되지 못하였고 계층 불평등은 심화되어 왔다. 개혁 정책들이 제대로 시행되지 못하였기 때문이다. 그리스 경제는 2000년대 들어 연 3~4%의 성장을 하여 EU 회원국 중 최고의 경제성장률을 보였으나 동시에 회원국 중 최대의 재정적자를 기록해 왔다. 이는 지출만큼 세입을 확보하지 못한 데에다, 생산성 증가에 의한 질적 성장보다 인플레이션에 의존한 양적 성장의 결과였다. 그리스 경제는 1990~1999년 평균 1.8%의 연평균 경상수지 적자를 보였으며, 유로화 가입 이후에는 더욱 악화되어 2000~2008년 연평균 경상수지 적자는 12.3%를 기록하였다. 이러한 적자는 그대로 국가채무로 돌아왔다.

그리스 연금제도는 2005년에 GDP 대비 약 4%의 적자를 기록하였고 근본적인 개혁이 수반되지 않으면 10년 내에 적자가 두 배로 확대될 것으로 전망되고 있다고 한다. 그러나 좌우파 정부 모두 정치적 부담 때문에 본격적인 연금개혁 방안에 대해서는 소극적이었다. 그리스는 비효율적인 관료 시스템과 부패, 개혁에 대한 이익집단의 강한 저항, 개혁 주도 세력의 허약한 힘과 이에 따른 갈등조정 능력의 부족 등이 문제이다. 그리스 정치세력은 경쟁적으로 포퓰리즘 정책을 해 왔으나 이러한 문제를 조정하고 해결하는 데는 정치력을 발휘하지 못하고 있다. 1990년대 초중반, 막대한 재정적자를 극복한 스웨덴의 경험은 그리스에 시사하는 바가 클 것이다. 즉 공평한 개혁, 이해관계의 조정, 그리고 모두에게 공정한 부담이 그것이다.

현재 그리스는 EU와 IMF의 구제금융 조건에 따라 강력한 긴축정책을 시행하고 있다. 경제위기 상황에서의 긴축정책 효과에 대해서는 많은 논란이 있다. 민간부문의 성장 없는 긴축정책은 고용과 성장을 둔화시켜 소득격차를 심화시킬 뿐 아니라 정치사회적 불안을 유발하여 경제를 더욱 어렵게 만들 수 있다는 주장도 있다. 사실, 그리스의 재정적자와 국가채무 문제는 구조적인 성격을 가지고 있어서 단기적인 긴축정책만으로는 해결하기 어렵다. 비효율적인 복지제도와 경직된 경제 시스템을 해결하기 위해서는 개혁과 혁신을 통해 생산성과 효율성을 높이고 투자와 기업활동을 촉진하여 고용을 늘리는 것이 중요하다. 이는 단기간에 이룰 수 없고 신뢰와 사회자본을 포함한 공식·비공식의 제도적 기반이 구축되어야 한다. 사회적 대타협과 같은 방식으로 노사 간, 노사정 간, 비정규직 및 실업자 등 모든 당사자의 이해관계를 조정하고 왜곡된 복지와 불공정한 세금, 노동시장의 이중구조 문제를 해결하는 것이 가장 시급하고 중요한 일일 것이다.

03
아르헨티나

포퓰리즘과 아르헨티나 경제의 몰락

고명현 (아산정책연구원 연구위원)

포퓰리즘은 몰락의 원인 아닌 결과

아르헨티나 경제는 세계경제사에서 그 유래가 없을 정도로 몰락하는 모습을 보여주었다. 아르헨티나는 20세기 초반 유럽의 강대국들보다 월등히 부유하였고 축복받은 지정학적 위치 덕택에 양 세계대전을 피해 갈 수 있었다. 하지만 20세기 후반에 들어서는 '세계의 식량 창고'라는 별칭이 무안하게 굶어 죽는 이들이 생길 정도로 경제가 피폐하고 말았다. 세계 3대 곡창지대 중 하나인 팜파스Pampas, 풍부한 자원, 그리고 노벨상 수상자를 5명(의학 3명, 평화상 2명)이나 배출할 수 있는 월등한 인적자원을 가지고 있는 아르헨티나의 경제적 실패는 그래서 더욱 충격이 크다.

교육, 기술, 자원을 모두 갖추고 있던 아르헨티나를 피폐하게 만든 주범으로 페론주의가 대표하는 포퓰리즘, 즉 복지를 통한 부의 재분배가 거론된다. 페론이 주창한 노동자(만)을 위한 경제, 소득의 인위적 분배, 그리고 선동정치demagoguery는 거의 전설적이었다. 페론이 집권 당시 지지지자들의 대규모 거리집회에서 한 연설을 살펴보자.

> 나는 5년 동안 여러분이 원하는 것이라면 무엇이든 쓰고, 먹고, 심지어는 낭비하도록 방치하였다. 그러나 이제 우리는 의심의 여지 없이 더 이상 낭비하지 않도록 모든 것을 바로잡기 시작해야 한다.

자신의 잘못된 포퓰리즘 정책으로 국가경제가 거덜났음에도 불구하고 실정을 도리어 선심으로 포장할 정도로 페론은 선동의 대가였지만, 그도 집권 10년차에 자신에게 등을 돌린 시민사회와 군부가 협동한 쿠데타로 축출되었다. 그러나 놀랍게도 페론이 추구하였던 보편적 복지국가는 후에 들어선 보수 또는 중도 정권하에서 해체되기는커녕 도리어 더 공고해졌다.

이 같은 점은 아르헨티나 포퓰리즘에 대한 논의에서 흔히 간과되는 부분이며, 이러한 반페론 정권들의 모순된 정책은 우민화된 아르헨티나 국민들이 포퓰리즘에 맛을 들였기 때문인 것으로 설명된다. 하지만 이 같은 논리는 페론주의를 배척하는 국민들이 상당히 많았고 한동안은 다수이기도 하였다는 점과 대치된다. 1983년 군정이 끝난 후 실시된 첫 민선 대통령 선거에서 아르헨티나 국민은 중도주의적 후보를 택하였다. 그리고 그 후임인 정통 페론당 소속 대통령은 도리어 전임자보다 더 높은 수준의 신자유주의적 경제정책을 추구하였다. 이러한 점에 비추어 볼 때 아르헨티나 국민이 항상 포퓰리즘에 선동되어 잘못된 선택을 하였다고 보기는 어렵다.

이렇게 포퓰리즘은 아르헨티나의 경제적 실패를 설명하는 데 빠질 수 없는 감초 같은 존재이다. 하지만 자세히 들여다보면 포퓰리즘이 경제적 실패의 원인보다는 결과에 더 가깝다는 것을 알 수 있다. 사실 아르헨티나의 경제적 실패의 씨앗은 포퓰리즘이 아닌, 산업화를 이루지 못하고 원자재 수출에 의존한 아르헨티나 특유의 경제구조에서 찾아야 한다. 페론이 망명의 길을 떠나서부터 대통령직에 복귀한 1955~1973년 사이 아르헨티나 사회는 페론이 제시한 분배 위주의 포퓰리즘적 정책에 대한 대안을 찾아내는 데 실패하였다. 결과적으로 아르헨티나는 경제뿐만 아니라 정치 · 사회면으로도 극도의 혼란에 빠져들었다. 그만큼 산업화를 통한 선진화 과정을 실패한 아르헨티나 경제의 구조적 문제는 고치기 힘들었던 것이다.

원자재 수출의 경제구조를 바탕으로는 경제 선진화를 이룩할 수 있는 대안이 없는 상황에서, 민주주의 선거 사이클의 맹점을 악용하여 파고든 것이 포퓰리즘이라고 볼 수 있다. 아르헨티나 정치인들은 원자재 수출만으로는 한계에 부딪친 경제성장 문제의 해결보다는 포퓰리즘에 근거한 선심성 복지정책을 펼쳐 자신들의 권력 유지를 우선시하였다. 즉, 아르헨티나의 경제적 몰락은 미래에 대한 비전 제시를 간과한 좌우파 간의 포퓰리즘 경쟁에 의하여 심화되었다고 보는 것이 정확하다.

그렇다고 내부적으로 교정하려는 노력이 전혀 없었던 것은 아니다. 아르헨티나는 역사적으로 포퓰리즘의 광풍이 지나가면 사회 내부에서 온건세력이 (재)집권하여 무너진 경제를 개혁하려고 하였다. 하지만 곧 경제의 구조적 한계로 경제상황이 악화되어 포퓰리즘이 다시 파고들 수 있는 여지가 생겼다. 20세기 후반 아르헨티나의 역사는 결국 한계에 다다른 경제구조를 극복하려는 노력의 실패와 포퓰리즘이 반복되는 사이클로 요약될 수 있다.

근래에 자주 사람들의 입에 오르내리는 복지 논쟁에서는 반면교사의 예로 아르헨티나의 실패 사례가 항상 거론된다. 아르헨티나는 페론이 선동한 포퓰리즘, 이로 인한 선심성 복지지출, 결국 선진국 진입의 실패와 반복되는 경제위기로 귀결되는 역사의 교훈으로 흔히 이야기된다. 하지만 아르헨티나 경제 실패의 역사는 그리 간단하지만은 않다. 아르헨티나의 실패는 단순히 한 인물의 선동정치가 야기한 비극으로 설명하기에는 복잡한 배경이 있다.

19세기의 아르헨티나는 내수보다는 수출을 강조하여 20세기의 한국에 버금가는 경제성장을 이루었다. 그 후 급성장이 멈춘 20세기 초반에는 당시 선진국들의 최신 정책을 받아들여 중남미 최초로 복지국가체제를 도입하는 등 성장과 분배를 동시에 실현하려고 노력하였다. 요즘 우리나라의 상황과 마찬가지로 아르헨티나도 성장의 한계에 부딪친 직후 성장 패러다임을 포기하고 새로운 국가적 비전을 국민에게 제시해야만 하는 상황에 놓인 적이 있었다. 포퓰리즘이 아르헨티나에만 한정된 것이 아님에도 왜 아르헨티나는 그 함정에서 벗어나지 못하였는지를 이번 연구에서 밝혀내어 앞으로 생산적 복지국가를 설계해야 하는 우리나라의 정책입안자들에게 시사점을 제시하고자 한다.

‘영광의 30년(1880~1914년)’

1816년 아르헨티나는 스페인에서 독립하였으나 바로 근대국가의 기틀이 세워진 것은 아니었다. 스페인의 중요 식민지였던 멕시코, 페루, 그리고 콜롬비아(현 콜롬비아와 베네주엘라가 합쳐진 지역)와는 달리 아르헨티나는 남미에서도 최남단에 가깝게 위치하였다. 덕분에 아르헨티나는 식민지들의 독립운동을 분쇄하려는 스페인 본국의 움직임에서 상대적으로 자유로울 수 있었다. 따라서 다른 중남미 식민지들과는 달리 비교적 수월하게 스페인으로부터 독립할 수 있었다. 하지만 독립이 국가의 시작을 의미하는 것은 아니었다.

남미대륙에서도 변방에 위치한 지정학적 고립과 적은 인구는 당시 전근대적이던 아르헨티나 사회를 근대적 국가로 탈바꿈하는 데 장애물로 작용하였다. 그리고 아르헨티나는 독립에 이어 곧바로 근대화세력과 그 반대세력 간의 긴 내전에 빠져들었다. 주로 지방의 토호들이 주축을 이루어 연방국가제를 선호한 지방세력과 부에노스 아이레스를 중심으로 중앙집권체제를 추구한 근대화세력 간의 치열하고도 길었던 내전은 1862년 근대화세력이 승리하면서 막을 내렸다.

강력한 지방 토호세력을 척결한 신진 정치세력은 아르헨티나의 근대화에 매진하여 강력한 국가를 구축하는 데 온힘을 기울였다. 근대적 아르헨티나의 첫 대통령이라고 부를 수 있는 바르톨로메 미트레Bartolomé Mitre는 지방 토호세력 척결 및 농업과 산업의 현대화에 힘을 쏟았다. 그리고 다음 대통령 도밍고 사르미엔토Domingo Sarmiento는 문맹타파와 근대적 교육체계를 확립하고 유럽에서의 이민을 적극 유치하였다. 사르미엔토의 후임자인 니콜라스 아베야네다Nicolás Avellaneda는 파타고니아를 정복하여 아르헨티나의 국토 면적을 거의 두 배로 늘리는 성과를 거뒀다.

이렇게 경제, 교육, 국방 부문에서 근대국가의 토대를 확립한 세력에게서 1880년 정권을 물려 받은 세력은 이른바 '80 세대Generación del '80라는 엘리트 집단인데, 그들은 수도인 부에노스아이레스와 그 주변 지방에 기반을 두었다. 경제개발과 사회안정을 추구한 '80 세대는 전 정권의 정책을 더욱 발전시키고 확대하는 데 중점을 두었다. 이 기간 동안 아르헨티나 정부는 사회간접기반을 확충하는 데 많은 노력을 기울였다. 고등교육에 대한 공격적인 투자는 단기간 내에 아르헨티나 교육 시스템을 유럽 수준에 도달시키는 데 기여하고, 더 나아가 20세기 중반 남미 최초로 노벨과학상 수상자를 배출하는 토대가 되었다. 하지만 경제개발을 중요시하는 '80 세대는 정책의 일관성을 강조하고 정권교체를 피하기 위해 반대세력을 억압하였고, 이는 정치적 자유와 노동운동의 탄압으로 나타났다. 결과적으로 아르헨티나 사회의 정치발전은 이 기간 동안 정체되어 아르헨티나 국민(남성)은 1912년에 이르러서야 보편적 투표권을 얻었다.

정치적 억압을 통해서라도 내부적 안정을 꾀한 것과 마찬가지로 '80 세대는 대외적으로 영국과의 외교적 연대를 통해 안정된 외교 환경을 조성하는 데 노력하였다. 아르헨티나 대통령 훌리오 로카Julio A. Roca는 외교에서도 정치논리보다는 경제적 실리를 추구하였다. 이는 주변국과의 불필요한 마찰을 줄이는 평화외교와 수출을 우선시하는 통상정책으로 나타났다. 이러한 대외기조를 바탕으로 아르헨티나는 대영제국이라는 세계 최대 규모의 단일시장을 지배하던 영국과 긴밀한 외교 관계를 구축할 수 있었다.

이 같은 지도층의 노력은 곧 결실을 맺어 아르헨티나가 경쟁우위를 가진 농업분야는 대영제국이 거느린 거대한 소비시장에 진출할 수 있었다. 그리고 영국의 선진기술과 자본을 받아들여 농업 생산성 또한 기하급수적으로 향상시킬 수 있었다. 영국의 자본은 아르헨티나의 넓은 국토를 연결하는 철도망을 확충하는 데 투입되었고, 유럽에서 새로 들여온 곡물과 가축종자, 신농업기법 등은 아르헨티나가 '세계의 곡식창고Granary of the World'로 성장하는 데 기여하였다.

이렇게 안정된 국내외 환경은 괄목할 만한 경제성장으로 연결되었다. 해외 기술과 자본은 아르헨티나가 가지고 있는 천혜의 생산자원과 상승효과를 이루어 1890년 84만 5,000톤에 불과하던 곡물생산량이 단 15년 만에 800만 톤에 육박하게 되었으며, 1880년 2,516km에 불과하던 철도 총길이는 1914년에 13배에 가까운 3만 3,510km까지 늘어났다.

표 1 아르헨티나의 토지, 인구, 철도망, GDP(1880~1914년)

연도	토지 (Km²)	철도망 (Km)	인구			GDP	
			성장률 (비율 %)	도시인구 (비율)	인구밀도 (Km²당 인구)	밀도 (비율)	개인당 GDP (US$/p)
1880	1,968,797	2,516	3.1	32.1	1.30	−1.92	125.7
1881	1,968,797	2,516	3.1	32.5	1.34	1.60	134.3
1882	2,276,368	2,632	3.1	32.8	1.20	25.92	170.1
1883	2,276,368	3,164	3.1	33.1	1.23	12.10	176.8
1884	2,297,939	3,638	3.1	33.5	1.26	7.07	186.5
1885	2,541,882	4,503	3.1	33.8	1.17	17.27	157.3
1886	2,541, 882	5,836	3.1	34.2	1.21	0.40	153.4
1887	2,541,882	6,689	3.1	34.5	1.25	6.79	203.8
1888	2,541,882	7,571	3.1	34.9	1.29	16.04	211.8
1889	2,541,882	8,158	3.1	35.2	1.33	9.69	176.8
1890	2,541,882	9,432	3.1	35.6	1.37	−8.25	137.0
1891	2,541,882	12,475	3.1	36.0	1.41	−5.37	84.7
1892	2,685,322	13,682	3.1	36.3	1.37	19.43	118.7
1893	2,685,322	13,852	3.1	36.7	1.42	5.94	129.4
1894	2,685,322	14,030	3.1	37.0	1.46	15.29	135.9
1895	2,685,322	14,116	3.1	37.4	1.51	10.86	156.7
1896	2,685,322	14,461	3.1	38.2	1.55	10.62	201.7
1897	2,685,322	14,755	3.0	39.0	1.60	−18.88	148.3
1898	2,685,322	15,451	3.0	39.7	1.65	8.45	160.2
1899	2,685,322	16,413	3.0	40.5	1.70	17.65	189.1
1900	2,685,322	16,563	3.0	41.3	1.75	−11.76	173.9
1901	2,685,322	16,907	2.8	42.1	1.80	8.46	178.5
1902	2,685,322	17,377	2.8	42.9	1.85	−2.02	183.2
1903	2,685,322	18,404	2.8	43.7	1.90	14.31	197.8
1904	2,780,400	19,428	2.8	44.5	1.89	10.66	210.5
1905	2,780,400	19,794	2.8	45.3	1.94	13.28	248.3
1906	2,780,400	20,560	4.6	46.2	2.03	5.03	255.5
1907	2,780,400	22,126	4.6	47.0	2.13	2.11	245.4
1908	2,780,400	23,741	4.6	47.8	2.22	9.80	271.3
1909	2,780,400	24,781	4.6	48.6	2.33	4.93	274.1
1910	2,780,400	27,994	4.6	49.4	2.43	7.27	287.7
1911	2,780,400	30,059	4.0	50.3	2.53	1.80	276.5
1912	2,780,400	31,461	4.0	51.1	2.63	8.17	305.1
1913	2,780,400	32,494	4.0	51.9	2.74	1.04	299.8
1914	2,780,400	33,510	4.0	52.7	2.85	−10.36	260.2

출처: Ferreres (2010)를 기초로 저자 계산

아르헨티나의 1인당 국내총생산GDP, Gross Domestic Product은 1880년 1,000달러에서 1914년 4,000달러까지 무려 4배로 늘어났다(1990년도 미국 달러 기준). 같은 기간 아르헨티나 인구가 약 4배 늘어난 점을 감안한다면 35년이라는 기간 동안 아르헨티나 경제는 약 16배 성장한 셈이다. '80 세대의 개발독재는 현재의 관점에서 봐도 경이로운 경제성장을 이룩하였던 것이다.

하지만 이러한 압축성장은 여러 부작용을 수반하였다. 첫째, '80세대는 내부적 안정을 위하여 교육수준의 향상과 부의 증가를 통해 훌쩍 커버린 국민의 정치참여 욕구를 억압하였다. 당연하게도 이 같은 정책은 정치적 불만을 가중시켜 내부적 안정을 해치는 모순된 결과로 나타났다. 실제로 계속되는 정치적 탄압으로 지방에서 무장봉기(1893년, 1905년 혁명)가 일어나는 등 이 기간 시국은 매우 불안정하였다. 둘째, 해외자본에 대한 지나친 의존과 경제적 교조주의는 자유무역주의에 대한 맹신으로 나타나 경제기반을 다변화하려는 노력을 등한시하게 만들었다. 아르헨티나의 산업구조는 무엇보다도 농업 위주였고 기타 산업분야는 약간의 경공업과 농업에 관련된 부문에 치우쳤다. 이러한 경제적 불균형과 정치적 리스크는 아르헨티나를 전 세계가 곧 겪을 외부 충격에 특히 취약하게 만들었다.

아르헨티나 경제의 첫 시련: 해외발 경제 쇼크

경제적 패러다임의 변화 속도는 느리다. 하지만 정치적 환경은 급격히 변화할 수 있고 예기치 못한 결과를 유발할 수 있다. 제1차 세계대전이 대표적인 경우이다. 1914년 발발한 제1차 세계대전은 아르헨티나의 대외환경을 급격히 악화시켰다. 제1차 세계대전은 국제무역과 자본의 흐름도를 근본적으로 바꾸어 놓았다. 전쟁 중 참전국들이 취한 무역 보호장벽들은 전쟁이 끝난 후에도 폐기되지 않아 영국이 건설한 국제자유무역 시스템에 전적으로 의존하던 아르헨티나 같은 국가들은 장기적이고 커다란 경제적 피해를 입었고, 국제무역 규모가 전쟁 전 수준으로 회복될 때까지는 오랜 기간이 걸렸다.

독일은 연합국 소속 상선단을 공격하였는데 이는 아르헨티나의 대외무역을 위협하였다. 아르헨티나에게 전쟁은 최대시장인 유럽과의 단절을 의미하였다. 게다가 전시 상태에 빠진 참전국들이 전쟁에 생산요소를 총동원한 까닭에 아르헨티나에 대한 외국인 직접투자FDI, Foreign Direct Investment 또한 줄어들었다. 이로 인하여 아르헨티나의 GDP는 1913년과 1917년 사이 19.6% 감소하였다. 이러한 경제위기와 맞물려 30여 년 만에 처음으로 정권교체가 이루어졌다. '80 세대가 대표하는 보수세력은 제1차 세계대전이라는 외부 쇼크를 전혀 예상하지 못하였는 데다 안정적인 경제성장을 선호하는 대다수 국민들의 지지를 확신하였기에 정치적 자율화 차원에서 1912년 선거권을 아르헨티나 성인 남성 모두에게 확대하였다. 하지만 이는 제1차 세계대전으로 촉발된 대외환경 악화와 더불어 1916년 대통령 선거에서 중도좌파 성향인 급진시민연맹당UCR, Unión Cívica Radical의 승리라는 보수세력이 전혀 예상하지 못한 결과를 낳았다.

자유주의적이고 개방적인 경제정책을 펼친 보수세력과는 다르게 UCR은 당시 유럽에서 유행하던 사회주의적 사상을 대거 차용하였다. 아르헨티나 사회 엘리트들이 정당을 일종의 정치참여 도구로 취급하였던 것과는 달리 UCR는 현대적 정당을 지향하여 당 정강을 중심으로 당원들이 규합하는 전국적인 조직으로 구성되었다. 정책상으로는 전 정권과 완전히 반대인 사회주의적 노선을 추구하였으며, 하루 8시간 근무 도입, 기간산업의 국유화, 중립 외교노선을 추진하였다.

제1차 세계대전이라는 외부 충격을 기회로 활용하여 정권교체에 성공한 UCR는 대중적인 정책을 실행하여 사회 안정을 꾀하였다. 일단 정부재정을 확대하고 내수 증진을 목표로 하였다. 공공지출을 최소화하고 작은 정부를 지향하던 보수정권과는 달리 UCR 정권은 정부의 지출 규모를 늘리고 수출보다는 내수에 중점을 두었다. 이를 위해 수출세export tax가 신설되었다. 수출을 포기하고 내수를 진작시키는, 성장위주의 '80 세대와는 정반대의 경제정책이었다.

아르헨티나에게 더욱 위협적인 사실은 세계 자본의 중심이 영국 런던에서 미국 뉴욕으로 옮겨갔다는 것이었다. 영국 중심의 세계를 염두에 두고 경제와 외교정책을 운용하던 아르헨티나의 지도층에게 미국이 주도하는 세계는 생소하였다. 미주 대륙의 국가들 중에서 유럽 못지않은 선진국이라고 자부하고 또 대부분의 중남미 국가들과는 달리 미국의 영향에서 멀리 떨어져 있던 아르헨티나는 미국에 대해 전통적으로 적대적이었다. 게다가 미국은 영국과는 달리 아르헨티나가 비교우위를 점하고 있던 농업 부문에서 강력한 경쟁국이었다. 이러한 점들이 아르헨티나가 미국 주도의 세계질서 개편에 편승하기 어려운 이유였다.

경제적 악순환의 시작: 산업화의 중요성

아르헨티나의 경제 실패를 설명하는 데 있어 포퓰리즘 만큼이나 중요한 요소이지만 전통적으로 전혀 조명받지 못한 부분이 있다. 바로 산업화의 중요성이다. 비교우위 논리에 함몰되어 원자재와 농업으로 경제를 특화하고 산업화 노력을 게을리한 아르헨티나 성장 모델의 구조적 한계는 아르헨티나의 경제적 실패에 대한 논의에서 간과된다. 이러한 아르헨티나 경제체제에 내재된 문제점은 아르헨티나에 주기적으로 찾아오는 경제위기의 배경이며, 아르헨티나가 왜 포퓰리즘의 함정에서 그렇게도 벗어나지 못하였는가를 설명할 수도 있다.

1914년 오랜 경제성장기에 종지부를 찍은 대외환경 악화는 아르헨티나가 여태까지 지켜오던 정책기조에 변화를 가져왔다. 근대화 세력이 내전에서 승리한 이후 아르헨티나는 수출과 개방을 통한 성장정책을 추구해 왔다. 사실 근대화가 시작된 19세기 중반에는 아르헨티나의 내수시장과 인구는 보잘것없었기 때문에 경제발전을 도모하는 것은 곧 해외시장을 통한 성장을 의미하였다. 그리고 19세기 후반의 영토 확장과 해외자본에 대해 친화적이었던 보수세력의 경제정책은 기하급수적인 농업생산의 증가로 연결되었다. 이와 같은 호황 덕분에 아르헨티나는 유럽에서 대규모 이민을 쉽게 유치할 수 있었고, 동시에 유럽보다 상대적으로 높은 임금 수준을 누릴 수 있었다.

인구증가와 임금상승의 상승효과로 내수 또한 급격히 확대되었다. 하지만 이러한 상승효과는 오래 지속되지 못하였다. 19세기부터 가속화된 농업의 기계화는 노동력 수요의 감소를 의미하였다. 따라서 이민과 자연증가로 늘어난 인구는 주로 도시에만 집중되었고, 이들에게 일자리를 제공할 새로운 산업개발의 필요성이 대두되었다. 또한 제1차 세계대전에 따른 경제위기는 원자재 수출에 의존하는 경제모델의 장기적 불안정성을 보여주었다.

경제를 발전시키고 새로 유입되는 이민자들을 경제에 편입하기 위하여 산업화의 필요성이 대두되었지만 이를 가로막는 장애물은 아르헨티나 경제 체제의 구조적 모순이었다. 아르헨티나는 농산물을 수출하고 공산품을 수입하는 경제구조를 가지고 있었다. 산업화를 이루기 위해서는 일단 국내자본을 축적해야만 하는데, 농업에 비교우위를 가진 아르헨티나는 농산물 수출로 외화를 벌어들여 국내 자본을 축적하여야만 하였다. 하지만 문제는 늘어나는 인구와 농업 간의 제로섬에 놓인 경제적 관계였다. 농업생산의 특징은 상대적으로 긴 생산기간과 가격변동에 대한 낮은 공급탄력성이다.

다시 말해서 가격이 급격히 상승하더라도 수익을 올리기 위해 생산을 급히 늘리는 것이 어렵고, 반대로 가격이 폭락하더라도 생산량을 빠르게 줄이기가 힘들다. 따라서 수요에 맞춰 공급을 맞추기에 농업은 제조업과는 달리 제한이 많다. 게다가 농산품은 내수와도 밀접한 관계가 있다. 공산품의 경우 국내소비량이 증가하면 늘어난 수량만큼 더 생산하면 되지만, 농산품의 경우 늘어나는 만큼 수출이 줄 수밖에 없다. 아르헨티나의 경우 이민 등으로 인한 인구 증가와 더불어 농산품 소비량이 증가하면 수출물량이 줄어들 수 밖에 없는 상황, 즉 수출과 내수는 제로섬 관계에 놓였다. 게다가 내수를 억제하고 수출을 늘리면 농산품의 국내공급이 줄어들어 인플레이션을 유발하였다.

내수가 저하되어 무역흑자가 생기더라도 아르헨티나는 자체 제조업 기반이 미약하여 경제성장에 미치는 여파가 크지 않았다. 과학과 기술에 대한 투자가 공업 생산성과 연계되어 있지 않기에 흑자는 투자보다는 소비로 돌려졌다. 이와 더불어 경상수지 흑자는 아르헨티나 화폐인 페소peso의 가치를 상승시키고 인플레이션을 유발하여 아르헨티나 수출품의 대외경쟁력을 떨어뜨렸다. 이 상태가 수년 이상 지속되면서 아르헨티나의 경상수지는 흑자에서 적자로 전환되어 곧 외채를 빌려야만 하는 상태에 빠지게 되었다. 환율 상승으로 인한 경상수지 악화로 경제는 결국 내수에 전적으로 의지하면서 외국자본이 유입되는 동안만 지속될 수 있었다. 그리고 해외 금융기관들이 아르헨티나 경상수지 적자에 대해 융자하는 것을 거부하는 순간 외환위기가 촉발되었다.

아르헨티나는 과학 기술이 투입될 만한 산업 기반이 전무하여 교육에 대한 투자는 결과적으로 낭비되었다. 또한 축적된 자본을 효율적으로 투자할 수 있는 금융체제가 없어 국내자본은 생산적인 분야에 투입되지 않고 주로 수입품과 사치품에 소비되었다. 경제성장을 통해 평가절하나 내수의 극단적 긴축 없이는 아르헨티나의 경상수지 적자는 늘어날 수밖에 없는 구조였다. 아르헨티나는 주기적으로 외환위기를 겪었고, 외환위기가 일어날 때마다 내수와 공산품 수입이 줄어들고, 줄어든 내수로 인하여 늘어난 잉여 농산물을 수출하여야만 다시 경제가 살아나는 악순환에 빠졌다.

개방경제에서 내부로 시야를 돌리다

농산품 수출에 기반을 둔 아르헨티나의 경제체제는 이미 19세기 말부터 그 한계가 드러나기 시작하였다. 한편 아르헨티나의 보수세력은 자유무역주의와 고전경제학, 즉 비교우위에 따른 무역론을 바탕으로 한 경제체제를 고수하려 하였고, 진보세력은 수입대체IS, import substitution 방식의 산업화를 통해 유럽을 따라잡으려 하였다. 20세기 초반 아르헨티나에서는 보수세력과 진보세력 간의 정치적 대립이 치열하였다. 근대화를 이룩한 '80세대를 대체한 UCR 정권이 이전 보수정권과는 180도 다른 정책들을 내놓은 것이 좋은 예이다. 하지만 '위기는 곧 기회'란 말처럼 대외환경의 악화에 따른 위기는 아르헨티나 경제성장을 위축시켰지만 동시에 산업화를 도모하기에는 좋은 기회였다. 농산품과 원자재의 전 세계적 수요는 폭증하였으나 전쟁으로 공산품 수입이 어려워져 수입대체를 위한 국내 제조업 수요가 늘어났기 때문이다. 인력면에서도 매우 유리하였다. 전쟁을 피해 아르헨티나로 유입된 유럽 인구는 아르헨티나 제조업을 활성화하는 데 도움이 되었다.[1] 하지만 유럽에서 제1차 세계대전이 끝나고 본격적인 전후복구에 돌입하자 유럽을 따라잡을 산업화의 호기를 놓친 아르헨티나는 또 다시 전과 같은 제로섬 딜레마에 빠졌다. 아르헨티나에게 1930년대는 19세기 이후 세계를 놀라게 한 아르헨티나의 성장모델이 내외적으로 한계에 도달한 시점이었다. '80세대의 자유무역/개방경제체제는 늘어나는 인구, 내수와 수출 간의 제로섬 관계를 더 이상 극복할 수 없었고, 따라서 새로운 경제 패러다임의 필요성이 대두되었다.

새롭게 대두된 경제모델 전환의 필요성은 기존의 자유주의와는 다른 방향으로 흐를 수밖에 없었다. 이미 제1차 세계대전 이후 자유주의에 기반을 둔 경제 패러다임은 전 세계적으로 쇠퇴하고 있었다. 1930년대의 대공황으로 자유주의적 패러다임은 당위성을 상실하였고, 따라서 아르헨티나 사회 내 보수세력의 영향력 또한 현저히 감소하였다. 아르헨티나

---

1 좋은 예는 볼펜을 발명한 라즐로 비로(László Bíró)이다. 그는 전쟁을 피하려고 1940년 아르헨티나로 이주한 헝가리 출신 이민자였다.

는 기존의 자유주의/보수주의를 대체하는 새로운 패러다임을 찾아야 하였다. 이 부분에 있어서 당시 유럽의 진보적 정치이념과 궤를 같이하던 UCR와 기타 좌파세력이 유리하였다. 시대정신에 더 가까웠던 UCR 등 좌파세력은 기존 자유주의적 정책과 반대되는 급진적 개혁을 추진하려고 하였다. 여기서 국민을 설득할 만한 비전을 제시하지 못하여 다급해진 보수세력은 정권연장을 위해 자유주의와는 거리가 먼 성향을 가졌던 군부의 정치 개입을 유도하는 무리수를 두었다. 국민정서와 거리가 먼 이러한 행동들은 보수세력의 몰락과 페론이라는 희대의 선동가가 등장하는 계기가 되었다.

움츠러든 경제: 개방경제에서 수입대체체제로 전환

제1차 세계대전의 여파가 겨우 가실 무렵 터져 나온 1930년 대공황은 아르헨티나 경제에게 가해진 또 다른 충격이었다. 1920년대는 전쟁으로 만신창이가 된 유럽을 대신하여 미국이 세계경제를 주도하였다. 미국이 주도하는 경제호황은 전과는 성격이 달랐다. '포효하는 20년대Roaring Twenties'의 경제호황은 자동차와 항공기라는 혁명적인 최첨단 기술을 바탕으로 하는 첨단산업이 주도하였고, 무엇보다도 주식시장이 호황을 이끌었다.

아르헨티나에게 영국의 쇠퇴와 1929년에 찾아온 주식시장의 폭락은 대공황의 신호탄이었다. 향후 4년간 미국 GDP의 30%가 증발하였고 실업률은 5%에서 23%까지 치솟았다. 같은 기간 동안 세계 총수요aggregated demand의 3분의 1이 줄어들어 전 세계의 각 나라들은 자국 산업을 보호하기 위해 관세장벽을 높였다. 이러한 보호무역주의는 연합국에게 배상금 지불 의무가 있던 독일과 외채가 많던 기타 국가들의 수출을 막아 해당 국가들의 경제를 더욱 어렵게 만들었다.

아르헨티나는 원자재(농산물)를 수출하고 공산품을 수입하던 특유의 경제구조로 상황이 더욱 심각하였다. 대공황으로 원자재 가격이 하락하여 아르헨티나의 수출액은 1928년 당시 화폐가치로 10억 달러에서 1932년 3억 3,000만 달러까지 3분의 2가량 줄었고, 공산품의 수입 또한 비슷한 규모로 줄어들었다. 수출 감소에 따른 경상수지 적자를 떠나 이는 수출세와 수입관세에 세수를 의존하던 정부의 재정압박을 야기하였다. UCR 정권이 추진하였던 내수와 공공부문 확대는 심각한 저항을 받았고, 곧이어 UCR 정권이 무너지고 20세기 첫 군사정권이 등장하였다.

기다리던 메시아의 등장: 페론의 부상

제1차 세계대전 후 유럽에서는 사회주의 혁명의 바람이 불었다. 러시아에서 일어난 공산혁명과 실패한 독일혁명은 유럽 보수세력의 즉각적 반발과 경계심을 불러일으켰다. 군주제와 교회에 의지하던 전통 보수세력은 전후 전자들의 영향력이 줄어들고 공산혁명의 위협이 증대되자 좌익 이념에 대항할 만한 새로운 이념을 찾았다. 프랑스의 경우 샤를 모라스 Charles Maurras가 주창한 통합주의integralism에 이념적 기반을 두고 좌파 세력에 대항하였다. 통합주의란 사회 모든 계층이 국가 밑에서 함께하는 하나의 유기체이기 때문에 사회 각 계층은 국가의 이익을 위해 화합하여야 한다는 이념이다. 모라스의 통합주의는 국가와 사회의 동질성을 방해하는 이질적 요소들, 특히 국제주의적인 사회주의와 영원한 이방인인 유대인들에 대해 두드러진 적대성을 보였다. 이런 면에서 있어서 통합주의는 독일의 나치즘Nazism, 이탈리아의 파시즘fascism과 그 유사성이 두드러졌다.

프랑스 지식계의 영향 아래 있던 아르헨티나 또한 유럽을 휩쓸던 정치적 변혁의 바람에서 자유롭지 못하였다. 늘어나는 이민과 함께 유럽의 급진사상 또한 꾸준하게 유입되었고, 성장하는 노동자 계급은 점차 자신들의 권리를 찾기 위해 조직화를 꾀하였다. 당시 이민자들은 유럽에 비해 높은 임금에 끌려 아르헨티나로 이주하였음에도 무정부주의 운동과 강경 노동조합(노조)을 조직하는 등 사회불안적 요소였다. 보수세력은 이민자들을 통제하기 위해 아르헨티나 사회 내 강력한 영향력을 가졌던 가톨릭 교회와 연대하여 통합주의를 바탕으로 하는 국수주의를 전면에 내세웠다. 아르헨티나 국민이라는 정체성을 강화하여 이민자들과 함께 유입되는 유럽의 이질적인 급진적 이념과 대항하려는 생각이었던 것이다.' 80 세대처럼 자유주의를 신봉하던 아르헨티나의 전통적 엘리트 계층은 파시즘과 유사한 통합주의의 반자유주의적-반자본주의적 성향을 혐오하였다. 하지만 이들은 노조친화적이며 반시장적인 정책을 펴는 UCR 및 좌파와 맞서기 위해 새롭게 등장한 국수주의자들과 손을 잡았다.

이러한 보수적 종교주의와 국가제일주의의 연대는 근대화 이후 아르헨티나에서 처음으로 군부가 정치에 개입할 수 있는 여지를 만들어 주었다. 국가를 최우선으로 하는 통합주의는 자연스럽게 군대의 위치를 국가 안보뿐만 아니라 국가의 정체성까지 보호하는 수호자의 자리로 격상시켰고, 이러한 국수주의는 젊은 아르헨티나 군 장교들에게 큰 영향을 미쳤다. 군 장교들의 사상은 가톨릭 원리주의에서 파생된 반유대주의와 반시장주의에서 깊은 영향을 받았고, 통합주의와 유사한 베니토 무솔리니

Benito Mussolini의 파시즘에 동조하는 이들도 상당하였다. 이런 성향을 가졌던 대표적인 군인이 당시 육군 영관급 장교였던 페론이었다. 1930년 일어난 첫 군부 쿠데타를 지지한 것에 대한 포상으로 이탈리아로 연수를 떠난 페론은 현지에서 무솔리니 파시즘의 비전과 정책에 깊은 영향을 받았다. 이후 군에 복귀한 페론은 부상하는 영관급 장교들로 구성된 연합장교그룹GOU, Grupos de Oficiales Unidos의 지도자로 추대되었고, 이들은 후에 보수정권을 전복시키는 데 큰 역할을 하였다.

GOU와 통합주의는 국가라는 정체성을 기본적으로 인정하지 않고 전 세계 노동계급 연대를 주창하는 좌파집단에 대항할 만한 이념을 가진 우파집단의 등장을 의미하였다. 이렇게 군부로 대표되는 신보수세력은 근본적으로 아르헨티나의 근대화를 이룬 자유주의적 보수세력과는 정책적 지향점이 매우 달랐다. 1930년 UCR의 이폴리토 이리고옌Hipólito Yrigoyen 정권을 무너뜨리고 등장한 군사정권은 자유주의적 세력과 통합주의적 세력 간의 연대에 밑바탕을 두었지만, 이 두 세력 사이의 유일한 공통점은 좌파세력에 대한 적대감이었다.

이후 GOU가 보수정권을 무너뜨린 1943년까지 13년간 있던 보수세력 간의 갈등은 아르헨티나 사회 내의 혼란상을 심화시켰다. 자유주의와 통합주의의 괴리는 정책적으로는 아르헨티나의 대내외 정책 기조에 혼란을 일으켰으나, 경제적으로는 일단 영국과의 긴밀한 관계가 강조되었다. 대공황 이후 점차 높아져 가는 보호무역주의를 극복하고 당시 세계 최대 시장이던 대영제국과의 경제적 유대관계를 강화하기 위해 아르헨티나는 1933년 영국에 대한 수출을 보장받는 대신 영국에게 무역 혜택을 주기로 하는 로카–런시맨Roca-Runciman 협약을 체결하였다. 하지만 안보 측면에서는 추축국을 심정적으로 선호하는 군부의 입김 때문에 제2차 세계대전이 발발하자 아르헨티나는 전통적 우방이던 영국에 대한 지지를 철회하고 중립노선을 지켰다.

이러한 양 보수세력 간의 이념적 갈등은 UCR 정권의 실각 이후 억눌려 온 민주화 갈망과 경제 양극화 등으로 끓고 있던 아르헨티나 사회 내부의 갈등을 심화시켰다. 1930년 민주정권을 전복한 군부 쿠데타의 표면적 이유가 아르헨티나의 사회적 안정화였지만, 결국 국민의 눈에 보수세력은 자신들의 이익을 추구하고 정쟁만을 일삼는 수구세력으로 전락하고 말았다. 이렇게 보수세력이 정권을 잡은 1930~1943년의 기간은 부패와 탄압으로 얼룩졌지만 아이러니하게도 양 세계대전의 참화를 피했던 경제는 수입대체를 통한 제조업 발달을 통해 점차 호전되었다. 하지만 이는 역설적으로 수입대체를 통한 경제 발전을 이룩할 수 있다는 자신감을 사회 내에 확산시켜 개방적 자유무역주의에 대한 대안을 고려할 수 있는 여지를 제공하였다.

노동조합의 부상

아르헨티나의 역사는 짧지만 아르헨티나 노동운동은 그 유례가 깊으며 유럽의 노동운동과 궤를 같이 한다. 19세기 이전에는 존재하지 않던 국가가 유럽에서와 같은 속도로 노동운동이 발달할 수 있었던 까닭은 다름 아닌 이민이었다. 이민을 통해 당시 여러 유럽 국가들 사이에 팽배해 있던 급진적 이념이 이민자들과 함께 아르헨티나로 고스란히 유입되었으며, 따라서 아르헨티나 경제의 성숙도에 비해 노조는 강경한 성향을 갖추게 되었다. 이민에 의존하여 인구를 늘리고 국가경제를 발전시켜야만 했던 아르헨티나 지도층에게 있어 이민자들은 성장의 엔진이지만 다른 한편으로는 사회의 안정을 해치는 양날의 칼이었다.

오랫동안 지속된 '80년 세대의 권위주의 정권을 평화적으로 교체하고 개혁을 추구하였던 UCR는 1916년 정권을 잡은 후 노동자 계급과 적극적인 연대를 위해 하루 9시간 노동 같은 노동계의 요구를 들어주었으나 다른 한편으로 강력한 비토세력이던 고용주들의 이익 또한 정책에 반영하려고 노력하였다. 물론 어느 편도 들지 않는 UCR의 중립적 정책은 양쪽 다 만족시킬 수 없었다. 결국 노사갈등은 점차 심화되어 전에 볼 수 없던 심각한 폭력사태를 야기하였다. 1919년 실시된 총파업 동안 노동자들과 경찰 간의 무력 충돌이 일어나 전국적으로 700여 명이 사망하였다. 또한 다음 해 아르헨티나 남부지방인 파타고니아에서 농장 노동자들의 대규모 파업사태가 일어나자 군과 경찰은 파업을 강경하게 진압하였고 결국 노동자 1,500여 명이 사망하였다. 이처럼 노사분쟁은 거의 내전 수준으로 격화되었다.

이렇게 격렬해진 노사분쟁의 저변에는 이민자들과 함께 유입된 무정부주의가 깊게 관련되어 있었다. 무정부주의 세력이 주축을 이룬 아르헨티나 노동계는 사회주의 계열의 UCR 정권까지 적대시하였다. 결국 노조와의 타협이 불가능해지자 UCR 정권은 보수세력과 연대하여 노동운동을 강력하게 억압하였다. 하지만 전통적 지지세력을 포기한 정치적 대가는 비쌌다. 노동계의 지지를 받던 UCR는 보수세력의 반발과 강경노조의 공격으로 강경파와 온건파로 분열되고 결국 수권정당으로서의 기능을 상실하였다. 그러자 노조 역시 제도권 정치에서 자신들을 대변할 수 있는 정당을 잃게 되었다. 집권여당인 UCR의 내부갈등이 심화되었고 결국 UCR 내 보수파가 탈당하고 보수세력과 연대하여 정권을 잡게 되었다. 극렬세력이 좌지우지하던 노동운동 또한 큰 피해를 보았다. 노동계급에 친화적이던 UCR가 몰락하자 노조 또한 강경파와 온건파로 분열되고, 노동운동 자체가 지리멸렬한 상태에 놓이게 되었다. 이후 1930년 군부 쿠데타가 일어날 때까지 노동운동은 큰 정치적 역할을 못하게 되었다.

1930년 새로 들어선 군사정권은 노동운동과 민주주의에 대해 적대적이었으며, 반대 정치세력의 인권을 유린하고 폭력적으로 탄압하는 것에 대해 전혀 개의치 않았다. 하지만 역설적으로 군사정권의 폭력적 탄압과 인권유린은 심각한 내부 갈등 때문에 불가능해 보이던 UCR와 노조세력 간의 화해와 단합이 이루어지는 데 결정적 도움을 주었다. 당시까지 무정부주의–사회주의–공산주의 계열 등으로 분열되어 있던 아르헨티나 노동운동은 군사정권의 탄압을 피하고 노동운동을 재건하기 위해 노동연맹CGT, Confederación General del Trabajo이라는 거대 노동조직 아래로 통합하였다.

새로 출범한 CGT는 일단 온건적인 자세를 취해 군사정권과의 마찰을 피하고 대신 규모를 키우는 데 집중하였다. 이러한 노력은 곧 결실을 거두어 아르헨티나 노동인구의 35%가 CGT 계열의 노조에 가입하였다. 이렇게 군부가 정권을 잡은 1930년대는 노동운동이 조용하게 아르헨티나 사회에 자리를 잡고 와신상담을 하던 시간이었다. 결국 국수주의적 신보수세력과 자유주의적 구보수세력 간의 갈등이 때늦은 제2차 세계대전 참전 문제를 빌미로 폭발하였고, 페론이 포함된 신군부가 구보수세력을 축출하면서 노조가 다시 정치에 개입할 여지가 생겨났다.

페론의 등장

1943년 추축국인 독일과 이탈리아에 우호적이던 군부의 입김으로 중립을 지키던 보수정권은 미국의 참전으로 독일의 패색이 짙어지자 추축국에 대한 선전포고를 고려하기 시작하였다. 이에 추축국에 우호적이던 GOU 등 군의 일각은 한편으로 중립노선을 고수하고 다른 한편으로는 기득권을 지키기 위한 보수정권의 부정선거 계획을 막기 위해 결국 그 해 9월 정권을 전복하였다.

새로 들어선 군사정권은 국수주의적 색깔을 띠었고 당연하게도 이전 자유주의적 보수정권과는 분명한 단절을 지향하였다. 이는 노조와의 관계에서도 변화를 의미하였다. GOU의 리더 중 한 명이었던 페론(당시 대령)은 정권과 항상 대립하던 노조와의 화해를 모색하였고, 이는 UCR가 강경파와 온건파로 분열된 이후 제도권에서 상실한 정치 영향력을 되찾자고 노력하던 노조 지도자들의 뜻과도 부합하는 것이었다. CGT의 지도자들은 페론이 신군사정권의 실력자로 부상하자 그와 즉각 회동하여 새 정권에게 CGT의 협조를 약속하는 대신 반대급부로 노조를 적극적으로 포용할 것을 촉구하였다.

정치적 야망이 있던 페론은 이에 공감하여 이전까지 특별한 주무부서가 없던 노동부문을 격상시켜 노동부를 창설하게 하고 자신이 첫 노동부 장관으로 임명되도록 유도하였다. 이전 정권과는 다른 외교정책과 경제정책을 펼치는 데 중점을 두었던 새 정권의 지도자들은 노조의 절대적 지지를 업고 빠르게 부상하는 페론의 야심을 전혀 눈치채지 못하였다. 무솔리니가 이탈리아에서 펼친 파시즘 정책에 깊은 인상을 받았던 페론은 노동자들을 포섭하여 아르헨티나에서 근대화 이후 요원하던 사회 안정화를 이루는 것을 자신의 정치적 매니페스토manifesto로 삼았다. 이를 위해 노동계가 원하는 고용안정과 복지확대를 보장하는 대신 노동계급을 자신의 대권을 위한 지지 기반으로 삼으려고 하였다. 자신의 권력 기반인 GOU의 영향력과 발언권이 군부 내에서 확대되면서 페론은 부통령, 국방부 장관, 노동부 장관을 겸임하는 최고 실세 자리에 올랐다.

하지만 페론의 야망은 곧 군부 내부의 견제에 부딪혔다. 페론의 친노동계급/반자본 발언의 수위는 점차 높아졌으며 대중의 인기 또한 올라갔다. 하지만 페론의 포퓰리스트populist 성향은 자본과 노동을 국가 아래 하나로 규합하여 강력한 국가를 건설하려던 군부 내부의 국수주의자들 및 노조와 대척관계에 있는 자유주의적 보수세력의 강력한 반발을 불러일으켰다. 게다가 1945년 제2차 세계대전에서 페론이 심정적으로 지지하던 추축국이 패망하여 정권 내 페론의 입지는 더욱 약화되고 승전국인 미국과의 관계개선을 도모하는 세력이 부상하였다. 하지만 페론을 지지하는 대중여론이 점점 높아지자 정권의 수뇌부는 페론에게 모든 정부 공직을 사임하도록 강요하였고, 만약의 경우를 대비하여 부에노스아이레스 근교 군 기지에 그를 억류하였다.

하지만 군사정권의 이러한 조치는 도리어 페론의 지지층을 결집시키는 역효과를 낳았다. CGT는 페론의 석방을 요구하기 위해 1945년 10월 17일 대통령궁 앞 광장에 20~30만 명의 지지자들을 집결시켜 정권을 압박하였다. 노조와 페론 지지세력의 대중적 조직력과 규모에 놀란 군부는 페론을 축출한 정권 수뇌부에 대한 지지를 철회하고 대신 페론에 대한 지지로 선회하였다. 노조와 군부의 페론 지지는 정권을 압박하였고 결국 페론은 석방되었다. 후에 '충성의 날Día de la Lealtad'로 명명된 이 날 페론과 노동계급 간의 연대가 기정사실화되었다. 역사가들은 이 날을 페론주의Peronismo/Justicialismo가 공식적으로 탄생한 시점으로 보았다. 풀려난 페론은 UCR 일부 세력과 사회당 계열 세력들을 모아 선거연대를 구성한 후2 이듬해 2월에 치러진 대통령 선거에서 54%의 지지율로 대통령에 당선되었다.

페론의 복지국가

노조의 전폭적인 지지를 업고 권력을 얻은 페론은 당장 아르헨티나를 복지국가로 탈바꿈시키는 개혁에 착수하였다. 일단 1949년 헌법 개정을 통해 사회적 권리, 즉 모든 개인이 최소한의 경제적 복지와 안정을 누릴 특

---

2 노조 중심의 노동당(Partido Laborista), 국수주의적인 독립당(Partido Independiente), 그리고 일부 UCR 계파들과 연대를 바탕으로 1947년에는 정의당(Partido Justicialista)이 창당된다

권이 있음을 명시하였다. 사회정의social justice를 법률의 상위개념으로 만들어 아르헨티나를 본격적인 복지국가로 탈바꿈하려고 하였다. 이에 따라 기존의 선별적 복지체제를 보편적 복지로 전환하면서 인구의 7% 미만이었던 수혜계층이 거의 국민 전체로 확대되었다.

하지만 중요한 점은 페론이 펼친 복지정책은 겉으로는 선진적 모양세를 띠었지만 내부적으로는 후견주의clientelism적 구조를 가진, 전형적인 전근대적 복지체제였다는 사실이다. 이러한 페론주의적 복지정책의 후진성은 국가 복지서비스의 주체가 정부가 아닌 페론의 부인이 운영한 사회재단이었다는 것에서 잘 드러난다. 페론은 기존의 부유층이 각종 자선재단을 통해 사회서비스를 제공한 것을 모델로 삼아 자신의 아내이자 정치적 동반자였던 에바 페론의 이름을 딴 에바 페론 재단Fundación Eva Perón을 통해 국가의 사회서비스를 제공하였다. 에바 페론 재단은 성격상 민간단체이었지만 재정의 많은 부분을 국가와 노조에 의지하였다. 세다가 국가를 통해서 기업에 압력을 가해 재단의 재정을 충당하는 등 여러 전횡을 저지르기도 하였다.

페론이 정권을 잡은 10여 년 동안 에바 페론 재단은 국가를 대신하여 일차적으로 복지서비스를 제공하는 역할을 담당하였고, 특히 공공보건 분야에서 괄목할 만한 성과를 이루었다. 에바 페론 재단은 간호학교를 대폭 확장하여 공공보건 인력을 확충하였고, 보편적 복지로의 전환을 계기로 은퇴자에 대한 주거권 보장과 근로자를 위한 산업안전 개념을 들여오는 등 복지체제의 선구자 역할을 수행하였다. 하지만 교육 민생분야에서는 무상물품 분배 등 이벤트성 행사가 주로 행해졌다. 이렇게 페론이 세운 전통은 21세기까지 이어져 정의당 소속인 현 크리스티나 페르난데스[3] 정권은 빈곤층에게 무료 노트북을 나눠주는 행사를 벌이기도 하였다.

이러한 전근대성에도 불구하고 에바 페론 재단이 펼친 여러 활동은 아르헨티나 국민들 사이에 깊은 인상을 남겼다. 가톨릭 교회가 절대적 영향력을 가진 아르헨티나 사회에서 현대적인 복지서비스보다는 가시적인 부의 분배가 전통적 사회규범에 부합하였고, 정치적으로는 종교계의 지지를 얻는 데 도움이 되었다. 에바 페론의 미모와 소외계층에 대한 헌신적 자세는 종교적 이미지와 겹쳐 그녀가 페론주의의 아이콘으로 자리매김하는 데 큰 역할을 하였다. 그녀가 33세라는 젊은 나이에 요절한 점도 에바 페론의 순수하지만 카리스마 있는 이미지를 강화하였다.

아르헨티나 국민에게는 에바 페론이 페론주의의 얼굴이자 상징이었지만 페론주의 경제이념의 실제적 목표는 노동자들에게 각종 무상서비스를 제공하기에 앞서 일자리를 보장하는 것이었다. 이를 위해 국가는 노동자들에게 고용안정에 더불어 높은 임금을 보장하였다. 페론 정권은 무상교육과 무상의료, 강력한 가격통제 정책과 주거비용(월세)의 안정화를 실시하여 노동자의 실질임금을 높이는 데 주력하였다.

문제는 이러한 인위적인 임금인상의 해택자들은 대부분 도시노동자였다는 사실이었다. 아르헨티나 경제가 경쟁우위를 가진 농업부문을 발전

---

3 크리스티나 페르난데스 데 키르치네르(Cristina Fernández de Kirchiner): 남편은 전임 대통령 네스토르 키르치네르(Néstor Kirchiner)

시키기 위해서는 농촌에 노동력이 집중되었어야 하지만 농촌에는 페론의 지지 기반인 노조세력이 약했기 때문에 정권의 관심에서 멀어져 있었다. 따라서 농업정책 등의 정치적 필요성은 대두되지 않았고 부의 집중은 별다른 제제를 받지 않았다. 게다가 당대에 진행 중이던 제2차 세계대전은 아르헨티나의 대유럽 원자재 수출을 어렵게 하여 농촌경제의 상대적 위기와 도시노동자를 우대하는 복지정책은 농업인구의 이탈을 부추겼다. 이는 과도한 도시화를 부추겨 도시의 실업률을 상승시키고 도시 빈곤층이 늘어나는 결과를 가져왔다. 농촌 인구의 도시 유입은 국가가 경제적으로 보조해야 하는 빈곤계층이 커짐을 뜻하였고, 이로 인하여 국가의 재정부담이 더욱 증가하는 악순환에 빠졌다. 결국 페론이 실각한 1950년대 후반에 이르러서야 아르헨티나 경제인구의 도시 대 농촌 분포 비율은 정상을 되찾았다.

페론의 산업정책

페론의 노동정책은 도시에 근거지를 둔 노조들의 열렬한 지지를 받았지만 노동시장의 경직과 생산성 저하를 초래하였다. 이러한 노동정책은 페론이 추구한 산업정책과도 관련이 있었다. 페론의 산업정책은 1920년대부터 이어진 수입대체 체제를 벗어나지 않았다. 다만 이전 정권의 수입대체 정책이 대공황과 양 세계대전으로 높아진 선진국들의 무역장벽 때문에 불가피한 부분이 있었다면 페론의 산업정책은 정치이념적인 면이 강했다. 페론이 등장하기 이전부터 아르헨티나 사회 전체로 확산된 국수주의적 사상은 외국자본이 건설한 기간산업의 국유화를 부추겼고[4] 페론 정권 정책의 근간인 완전고용과 높은 임금 수준을 보호하기 위해 경공업 상품의 수입을 금지하고 국내 제조업체들에게 저리의 자금을 대여하였다. 높은 임금 수준으로 경공업은 국제경쟁력을 잃었지만 무역보호 장벽과 후한 금융지원 덕택에 아르헨티나 공업생산 수준은 사상 최대를 기록하였다.

또한 국유화된 기간산업을 바탕으로 아르헨티나 역사상 처음으로 국가가 경제에 적극적으로 개입하였다. 국유화와 노동자 우대정책 같은 반자본적인 정책기조는 자연스럽게 해외자본의 탈출 러시로 이어졌다. 해외자본 탈출로 생겨난 기간산업의 빈 공간을 메꾸고 안보 측면에서 무기를 자급자족하기 위해 국가가 나서서 적극적으로 중공업을 육성하였다. 이는 주로 항공산업의 육성으로 이어졌다. 당시 최첨단이던 항공산업의

표 2 아르헨티나의 제조업 발전

연도	1947	1954
기업수	84,440	148,325
종사자	1,023,032	1,167,961
생산량(페소)	3,415,370	4,652,200
총임금(페소)	572,697	821,158
기업당 평균 종업원 수	12.1	7.9
생산성	3,340	3,980
평균 임금(페소)	560	703

출처: Rapoport et al(2000), Table 4.26.를 기초로 저자 작성.

4 페론이 국유화한 대표적인 기간산업으로는 철도와 전화/전신회사를 들 수 있다.

발전을 위해 페론은 나치 출신 독일 과학자와 엔지니어들을 받아들이는 것에 개의치 않았다. 나치 과학자 출신으로 아르헨티나 첨단산업 발전에 일조한 인물로는 항공학의 대가 쿠르트 탕크Kurt Tank가 있었다. 그는 제2차 세계대전 중 2만여 대가 생산된 Fw-190 전투기를 설계하였고 아르헨티나로 이주한 후에는 제트 전투기 설계에 뛰어들어 '풀키FMA IAe 33 Pulqui' 제트 전투기를 개발하였다. '풀키'는 1951년 처녀비행을 가졌으며 이로써 아르헨티나는 세계 8번째로 제트 전투기를 개발해 낸 국가가 되었다.

페론의 산업정책은 단기간 내에 상당한 성공을 거두었지만 문제는 페론의 산업정책은 경제적 실효성이 결여된 나머지 정권 말기 과도한 재정지출로 경제위기가 들이닥치자 그간의 성과들이 순식간에 수포로 돌아가 버렸다는 점이다. 수출경쟁력 없이 정부의 적극적인 지원에만 의존하던 경공업은 정부의 지원이 끊기자 그대로 무너졌고, 페론이 심혈을 기울여 육성한 첨단산업은 공산품 수입금지로 인해 부족해진 공산품 생산으로 전환되었다. 예로 남미 최초로 제트기를 생산한 항공기 공장들은 자동차 공장으로 전환되었고, 쿠르트 탕크 자신은 아르헨티나를 떠나 인도에서 제트 전투기 개발에 일조하였다. 나머지 해외인력들도 본국으로 돌아가거나 미국으로 재이주하였다.

페론과 노동조합

페론에 대한 노조의 절대적 지지에 비추어 볼 때 놀랍지만 페론주의의 정치적 동반자인 노조와의 관계는 전혀 체계적이지 못하였다. 국가복지 체계를 자신의 부인에게 맡겨 권력의 수족으로 사유화하였던 것과 마찬가지로 페론과 노조와의 관계는 전적으로 페론과 자신에게 충성하는 핵심 노조 지도자들과의 개인적인 유대관계에 의존하였다. 실제로 페론주의 정당인 정의당Partido Justicialista과 노조와의 관계가 제도화된 시점은 민정이양이 성사된 1983년이었다.

CGT는 페론이 집권하는 데 큰 역할을 하였지만 모든 권력을 1인에 집중시킨 페론 때문에 노동계의 대표성을 상실하였다. 페론의 집권 기간 동안 아르헨티나 노조는 대통령 비서실 지휘 아래 있었으며, 노동계의 이해를 대표한다기보다 국가조직의 일부분으로 흡수되었다. 무솔리니를 우러러보고 통합주의의 영향을 받은 페론은 노조를 정치동원 도구로 간주하였다.

페론은 자신의 영향권에서 벗어나 독립노선을 추구하려는 노조지도자들을 정권에서 배제시켰고, 자신이 권좌에서 축출되어 해외 망명을 떠났을 때는 국내 지지세력을 통해 노동계에 대한 영향력을 행사하였다. 1969년에는 페론과 결별하고 독자적인 길을 걸으려고 하던 노조 지도자 아우구스토 반도르Augusto Vandor가 급진 페론주의자들에게 살해당하기도 하였다. 이처럼 1960년대 페론과 노조와의 관계는 1974년 페론이 사망하고 1980년대 민주주의가 회복될 때까지 절대적 충성이 강요되는 전근대적인 모습을 보여주었다.

노조를 자신의 권력 도구로 전락시킨 페론은 대신 사회복지분야 예산을 집행할 수 있는 권한을 노조에 부여하였다. 직종별로 여러 노조들은 각자 자체의 노조원들만 책임지게 되었다. 여기에 들어가는 예산은 국가가 제공하였다. 각 노조가 개별적으로 제공하는 보험혜택은 노조의 크기와 정치적 영향력에 따라 달라 노동자들 간 혜택면에서 상당한 차이가 있었다. 또한 국가는 재정만을 책임지고 감독은 노조에게 맡겨 심각한 부패를 야기하였다. 페론이 실각한 뒤에도 이 문제를 개선하려는 국가의 움직임은 항상 노조의 강력한 저항에 부딪혔고, 현재도 이를 개혁하려는 노력은 전무한 상태이다.

갈등 시대: 대안 없는 보수주의와 포퓰리즘 향수 간의 갈등(1955~1973년)

1955년 악화되는 경제상황은 결국 페론의 실각으로 이어졌다. 급진화된 페론의 정책과 페론 자신에 대한 개인 숭배는 보수적인 아르헨티나 중산층들의 강한 반발을 불러일으켰다. 점차 사회주의적 색채를 띠기 시작한 페론의 이념, 즉 페론주의의 등장은 군부마저 그에게서 등을 돌리게 만들었다. 결국 1955년 군부는 쿠데타를 일으켜 정권을 전복하였고, 수백 명의 사상자를 낳은 후 페론은 인접국인 파라과이로 도피하였다.

페론을 축출한 세력은 자신들의 쿠데타를 페론이라는 독재자한테서 자유를 되찾았다는 뜻에서 '해방혁명La Revolución Libertadora'이라고 이름 붙였다. 쿠데타를 주도한 보수세력은 사회와 국가 전면에서 페론과 단절하고 그가 정권을 얻은 1943년 이전으로 돌아가려고 하였다. 일단 새로 들어선 보수정권은 1949년에 개정된 '페론 헌법'을 폐기하고 1853년에 만들어진 기존 헌법으로 대체하였다. 1957년에 개정된 헌법은 노동자가 일할 수 있는 권리를 명시하는 대신 개인의 사회적 권리 부문을 삭제했다. 친페론 성향의 정치세력들의 활동을 금지시켰고, 이에 따라 페론주의자들은 군부와 모든 국가기관에서 설 자리를 잃었다. 정책적으로는 페론이 야심차게 추진한 기간산업 국유화, 노동계급 우대 및 경공업 육성 정책을 하루아침에 되돌려 놓았다.

하지만 이러한 반사적인 반페론주의는 아르헨티나를 안정화하는 데 실패하였다. 1955년부터 1973년까지 18년 동안 민정과 군정을 합쳐 모두 7명5의 대통령이 있었을 정도로 시국은 불안하였고 경제발전은 정체되었다. 군부가 정치에 수시로 개입하고 반대세력을 억누르자 국민의 불만은 높아졌고 이는 정치에 대한 극단적 냉소를 낳았으며, 다른 한편으로는 급진 세력이 등장할 수 있는 여지를 제공하였다. 군부와 페론의 지지세력이 서로를 배척하는 사이에서 양자를 중재할 수 있는 온건세력은 설 자리를 점차 잃게 되었다. 대표적인 경우가 페론의 노조가 아니라 '아르헨티나의 노조'를 지향하려던 노조 지도자 아우구스토 반도르가 페론의 사주를 받은 급진파에게 살해당한 사건이다.

페론은 망명 상태에서 자신의 국내 영향력을 유지하기 위해 유혈혁명을 주장하던 급진세력을 이용하는 것도 마다하지 않았다. 하지만 후에 급진세력이 너무 커지면서 체제를 위협할 정도가 되자 페론은 이들을 공

5 페드로 아람부루(Pedro Aramburu, 1955~1958, 군정); 아르투로 프론디시(Arturo Frondizi, 1958~1962); 호세 마리아 기도(José María Guido, 1962~1963); 아르투로 일리아(Arturo Illia, 1963~1966); 후안 온가니아(Juan Onganía, 1966~1970, 군정); 로베르토 레빙스톤(Roberto Levingston, 1970~1971, 군정); 알레한드로 라누세(Alejandro Lanusse, 1971~1973, 군정)

개적으로 비판하면서 페론주의 내부에서 숙청되도록 하였다.

군부와 페론을 지지하는 급진주의 세력 간에 시가전이 일어날 정도로 사회가 극도의 혼란에 빠지자 시국을 수습하기 위해 스페인에 망명해 있던 페론이 1973년 귀국하여 다시 한 번 정권을 맡았다. 하지만 노령의 페론은 다음해 사망하고 말았고 카바레 무용수 출신인 페론의 셋째 부인 이사벨 페론Isabel Peron이 그의 뒤를 이었다.

갈등 시대의 경제정책

페론 이후 들어선 정권은 제일 먼저 노조와 복지체계를 사유화한 페론의 유산을 청산하려고 하였다. 복지정책은 완전고용 보장 대신 복지서비스 제공에 방점을 두는 방향으로 바뀌었고, 에바 페론 재단과 노조의 몫이던 복지예산은 다시 국가가 관장하였다. 그리고 보편적 복지에서 부분적으로나마 선별적 복지로 회귀하였다. 하지만 한번 시작된 복지정책은 되돌리기가 쉽지 않았다.

페론 정권과 정책적 단절이 가장 극단적인 부문은 복지, 노동 및 산업정책이었다. 내부에서 산업화의 동력을 찾았던 페론과는 달리 보수정권은 산업화를 해외자본에 의존하였다. 페론 정권 아래서 국유화된 기간산업에 대한 투자가 절실하였고 따라서 에너지 및 사회간접자본의 확충이 시급하였다. 정부는 에너지와 자동차 및 운수부문을 전략적 투자분야로 선정하여 해외직접투자FDI, Foreign Direct Investment를 유치하는 데 힘을 기울였다. 한편, 산업화에 필수적인 중간재를 생산하는 제철산업과 기계

산업을 육성하려다 실패하자 중간재의 수입관세를 낮추는 등 적극적으로 경제의 체질을 개선하려고 도모하였다.

하지만 국유화된 기간산업의 해외매각 및 해외자본의 유입은 노조뿐만 아니라 국수주의적 보수세력한테서도 강력한 반발을 불러일으켰다. 군부가 끊임없이 정치에 개입하는 상황에서 힘 없는 민선 대통령들은 개혁을 추진할 수 없었고, 결국 경제개혁을 위한 노력은 실패하고 말았다. 1966년 군부가 국정운영 전면에 나서면서 정치활동 자체가 금지되고 군부는 페론 지지세력을 제압하는 데 국가의 역량을 집중하였다.

페론주의자들이 정치에서 배제된 상황에서 국가와 노동자 사이의 갈등은 심화되었다. 해외자본 및 민영화에 반대하는 노동자들의 대파업과 이들을 무력으로 진압하려던 정부의 충돌이 심해지면서 지방에서 대규모 항쟁이 일어나는 등 국가가 경제에 신경을 쓸 만한 상황이 아니었다.

페론 지지세력은 군부의 강경 방침에 강하게 저항하였다. 일부 급진세력은 페론을 축출한 쿠데타의 주역 중 한 명이던 페드로 아람부루 전 대통령을 납치 살해하는 등 아르헨티나 사회 내부의 갈등은 심화되었다. 의회 해산 등 정치적 억압만으로 사회갈등이 종식되기는커녕 더욱 심화되자 군부는 반정부세력과의 화합을 도모하였다. 군부는 일단 노조를 페론의 영향권 아래서 끌어내기 위해 페론 실각 이후 국가에 예속된 복지예산 일부분의 집행권을 다시 노조에게 되돌려 주는 강력한 재정적 인센티브를 제시하였다. 1968년부터 시행된 사회복지법Ley de Obras Sociales에 근거하여 노조는 조합소속 노동자들의 건강 및 장애보험 예산을 정부 대신 집행할 수 있게 되었다. 노조가 국가를 대신하여 노동자들의 후생을 책임지는 대신 소요되는 재정은 국가가 충당하는 방식이었다. 이는 노조의 관점에서 보면 손해 볼 것이 없는 거래였으며 이는 국가의 복지정책이 페론시대로 퇴보하였음을 의미하였다.

페론 이후 노동자에 대한 장악력이 떨어진 노조 입장에서 노조가 노동자의 복리후생을 책임지는 체제는 당연히 노조의 영향력을 증가시키는 좋은 기회였다. 기업 입장에서도 국가가 재정을 책임지는 것이 유리하였기 때문에 반대할 이유가 없었다. 하지만 장기적으로 정규직 노동자에 대한 고용주의 부담이 높아졌고 이는 노조에 가입된 정규직 노동자와 그렇지 않은 비정규직 노동자 사이의 괴리를 심화시켰다. 정통성이 결여된 군사정권은 노조가 동원할 수 있는 조직된 노동자들에 의한 대규모 시위를 두려워하였기 때문에 이러한 재정적 인센티브는 전체적이고 권위주의적인 사회분위기 아래서도 유지되었다. 정당을 탄압하고 정치를 무시한 군부 강경책의 아이러니한 결말이었다. 노조 또한 엄청난 예산을 집행할 수 있게 되자 페론 정권 때와 마찬가지로 빠른 속도로 부패하였다.

군부에 의한 온건세력 말살, 정치의 실종, 그리고 노조의 부패는 급진세력6의 등장을 부추겼다. 이들은 지방에서는 군부대를 습격하는 등 게릴라 활동을 벌이고, 도시에서는 기업가 납치 및 정부요인 암살 등의 테러를 저질렀다. 대안을 찾을 수 없던 군부는 결국 페론의 귀국을 허용하여 사태를 수습하는 것에 동의할 수밖에 없었다.

---

6 대표적으로 급진 페론주의 세력의 몬토네로스(Montoneros)와 공산주의 계열의 민중혁명군(ERP, Ejército Revolucionario del Pueblo)을 들 수 있다.

페론의 짧은 귀환(1973~1976년)

페론은 18년간의 해외 망명을 마치고 아르헨티나로 돌아왔다. 하지만 돌아오는 날 지지세력의 급진파와 온건파 사이에 총격전이 일어나면서 수백여 명이 사상하는 등 시작은 좋지 않았다. 페론의 지지자뿐만 아니라 대다수의 아르헨티나 국민들도 페론이 돌아오면 아르헨티나 사회가 겪고 있는 여러 가지 문제들이 해결되리라고 기대하였다. 즉 정체된 경제 발전, 심화되는 사회갈등, 그리고 좌우 간의 정치폭력 등이 페론의 귀국과 함께 기적처럼 해결될 것이라는 막연한 기대가 사회 내부에 팽배하였다. 하지만 이러한 국민들의 기대를 저버린 채 페론은 귀국 후 1년 만에 사망하고 말았다. 아르헨티나 국민들에게는 불행하게도 그의 뒤를 이은 이사벨 페론은 대통령이 되기에는 부적격하였다. 카바레 무희 출신이라는 배경도 문제였지만 그녀는 페론의 전 부인 에바 페론 같은 카리스마가 없었으며, 결정적으로는 첨예하게 대립하고 있던 아르헨티나 사회 세력들에 대한 이해가 부족하였다.

노령의 페론과 이사벨 페론은 오랜 기간의 망명생활 동안 국내에 남아 있거나 해외여행이 자유로웠던 측근들에게 의존할 수밖에 없었고 이 같은 관계는 페론의 귀국 후에도 지속되어 페론 부부는 측근들에게 국정 운영을 위임하였다. 페론 부부의 최측근이던 강한 우익 성향의 로페스 데 레가López de Rega는 사실상 정권 실세로 등극하여 이사벨 페론을 대신하여 국정을 운영하였다. 레가는 행정부의 일원(복지부 장관)으로서 복지부 예산으로 운영되는 초법적 암살집단인 '아르헨티나 반공연맹Alianza Anticomunista Argentina: Triple A'을 내세워 좌파와 페론주의 내 반대파 인사를 살해하였다. 사실 이는 페론이 원하던 것이었다. 페론은 자신의 영향력을 유지하기 위해 급진세력을 적절하게 이용하였으나, 자신의 귀국이 가능해지자 국가체제를 위협할 만큼 성장한 그들을 제거하기로 하였다. 그리고 페론 부부의 충실한 집사였던 레가를 통해 조치를 취하였던 것이다.

결국 그때까지 페론을 지지하였던 급진세력은 페론의 귀국 직후 서로 공개적으로 결별하였고, 좌파의 급진 무장세력은 페론이 사망하자 곧바로 국가를 상대로 전면전을 선포하여 군부가 정치에 다시 한 번 개입할 수 있는 여지를 만들어 주었다.

불안한 시국과 함께 경제 상황 또한 마찬가지로 심각하였다. 1973년 오일쇼크의 여파로 인해 아르헨티나 경제 또한 악화되었고, 따라서 페론이 구상하던 기간산업과 금융기관을 국유화하고 노동자의 임금을 올리려는 계획은 포기되었다. 늘어나는 재정적자와 줄어드는 세수 간의 간격을 메꾸기 위해 외채 차입에 의존해 오던 정부는 악화된 대외환경에 이마저도 여의치 않자 결국 통화량 증가에 의존하였다. 하지만 이는 최고 700%의 심각한 인플레이션을 유발하여 경제위기를 심화시켰다.

1976년 결국 군부는 어지러운 시국과 경제위기를 수습한다는 명목 아래 3년 만에 다시 정치에 개입하였다. 이사벨 페론은 가택구금되었고 나머지 정권 관계자들은 수감되거나 살해당하였다. 군부는 곧바로 좌파와 페론 지지세력에 대한 대대적인 척결 계획에 착수하여 반정부단체를 탄압하는 데 군을 동원하였다. 1976년부터 민정이양이 이루어진 1983년 사이는[7] 이른바 '추악한 전쟁La Guerra Sucia'으로 불린다. 이 시기에 최소 9,000여 명에서 최대 3만여 명의 좌익 게릴라, 노조지도자 및 노조원, 페론주의 정치인과 당원, 학생운동가 그리고 그들의 지인들, 심지어는 어린이들까지 군과 경찰에게 납치되었다. 이들은 군이 운영하는 불법구금시설과 수용소[8]에 구금되었고, 대부분은 고문 끝에 살해당한 후 암매장되었다.

이른바 '사라진 이들Los Desaparecidos'과 함께 페론의 포퓰리즘과 복지국가 건설계획은 종말을 고하는 듯하였다. 군사정권은 포퓰리즘 제거를 목표로 선언하고[9] 1930년대부터 지속된 수입대체를 통한 경제쇄국정책을 포기함과 동시 경제개방을 실시하였다. 노조는 국가의 극단적 폭력으로 와해되었고 반정부세력은 살해당하거나 국외로 도피하였다. 하지만 군부의 이러한 극단적 조치도 아르헨티나의 근본적인 경제 및 사회 문제를 해결하지 못하였다. 결국 아르헨티나의 포퓰리즘은 21세기 들어서 다시 한 번 고개를 들었다.

---

7 대부분의 납치-살해-행방불명 사례는 1976~1978년 사이에 집중되었다.

8 불법구류시설은 대부분 군 기지 내에 있었다. 제일 악명 높았던 곳은 해군 정비학교(Escuela Mecánica de la Armada)였다.

9 군부는 자신들의 정권을 '국가재조직과정'이라고 불렀다.

선진화 좌절과 포퓰리즘으로의 회귀 (1976~2011년)

페론주의를 사회 내에서 완전히 축출하기로 결심한 군사정권은 반대세력을 무자비하게 탄압하였다. 페론 이후 아르헨티나 사회에서 일어난 혼란과 경제성장 정체가 노동자를 우선시하는 포퓰리즘 때문이라고 생각한 군사정권은 우선적으로 노조를 공격하였다. 정부는 노동쟁의의 불법화를 선언하고 아르헨티나의 대표적인 노조연맹인 CGT를 해체하였다. 그리고 CGT 지도부 구성원의 대부분을 살해하였다. 군부의 무자비한 탄압과 페론의 죽음으로 구심점을 잃은 노조는 별다른 저항 없이 쉽게 와해되었다.

일단 노조를 제거한 군사정권은 당시 칠레의 아우구스토 피노체트 Augusto Pinochet 정권이 추구한 신자유주의적 경제개혁을 추진하였다. 아르헨티나 경제에서 거시적 안정의 최대 장애물은 임금과 물가상승의 악순환wage-price spiral이라고 본 군사정권은 하루 아침에 임금을 평균 30%

일괄 삭감하고 동시에 임금수준을 동결하였다. 이 조치로 인하여 대다수 국민의 명목소득은 순식간에 하락하였지만, 고용수준은 유지되었으며 물가가 안정되면서 실질소득의 감소는 어느 정도 상쇄되었다. 물가안정과 임금억제를 통해 이루어진 거시지표 안정 덕분에 별다른 부가조치 없이도 기업의 자본투자가 늘어나 경제가 활성화되었다.

일단 거시경제 상태를 안정화시킨 경제당국은 아르헨티나 경제의 체질개선을 위한 야심찬 계획에 착수하였다. 1930년대부터 지속되어 온 수입대체 체제를 포기하고 경제를 개방하는 것이었다. 마르티네스 데 오스 Martinez de Hoz 경제부 장관이 주도한 아르헨티나 경제의 대대적인 개혁은 두 가지를 목표로 하였다. 1차적으로는 관세장벽을 낮추고 수입 자유화를 실시하여 물가를 안정화시킨 다음, 2차적으로는 금융시장을 개방하여 해외자본이 쉽게 국내로 유입되도록 하여 경제성장을 이루는 것이었다. 오스 장관과 친밀한 관계에 있던 국제금융계는 불안정한 아르헨티나 경제에 해외자본이 유입되는 데 큰 도움을 주었다.

하지만 경제보호 속에 있어 온 민간부문과 역사적으로 비대하고 비효율적인 공공부문은 국제경쟁력이 없기는 마찬가지여서 새로 유입된 해외자본은 생산성 있는 투자에 투입되지 않았다. 하지만 그 대신에 신용대출을 증가시켜 고용을 창출하고 소비를 증대시켰다. 그래도 고용안정을 위해 어느 정도 인플레이션은 감수하여야 한다고 생각하던 아르헨티나 국민에게 물가안정과 경제성장을 동시에 이루었다는 사실은 마법과도 같은 일이었다. 군사정권의 성공적인 경제안정은 정권의 무자비한 탄압과 인권유린에 대한 국민의 반감을 어느 정도 상쇄하는 데 성공하였다.

하지만 군사정권의 경제자유화 조치의 부작용도 역시 컸다. 유예기간 없이 전면적으로 실시된 수입개방으로 아르헨티나 국내 제조업은 붕괴하였고 이는 경제에 부담이 되었다. 또 금융시장 개방으로 투기성 단기자본, 즉 이른바 '핫머니 hot money'의 대규모 유입으로 아르헨티나 화폐가 평가절상되자 농업분야 또한 빠르게 국제시장에서 가격경쟁력을 잃어갔다. 소비의 증가와 수출의 둔화에 따른 국제수지 악화는 아르헨티나 경제의 대외의존도를 높였다. 1976과 1983년 사이 아르헨티나의 대외채무는 40억 달러에서 160억 달러로 증가하였다. 1979년 제2차 오일쇼크로 국제금리가 급상승하자 대외차입에 의존하던 아르헨티나 경제모델은 위기에 빠졌다. 결국 1981년 군사정부는 페소화의 전격적인 평가절하를 단행하며 경제자유화 정책을 포기하였다.

경제정책의 실패로 민심이 악화되자 군사정권은 위기감을 느꼈다. 결국 아르헨티나 군부는 어려워진 내부입지를 확고히 하고 정권을 유지하기 위해 상상도 못한 무리수를 던졌다. 바로 남대서양에 있는 영국령 섬 포클랜드 제도[10]를 기습 공격하는 것이었다. 아르헨티나 군은 포클랜드를 지키던 소규모의 영국 수비대를 제압하는 데는 성공하였으나 예상치 못한 영국 정부의 강력한 대항으로 결국 패배하고 만다. 2개월에 걸친 전쟁에서 패배하여 대내외적으로 고립된 아르헨티나 군부는 이듬해 정권을 민간에게 이양하는 수밖에 없었다.

10 아르헨티나에서는 말비나스 제도(Las Malvinas)라고 부른다.

민주화와 경제실정

1983년 아르헨티나는 7년간의 군사독재에 종지부를 찍고 민간 정권이 들어섰다. 새 대통령은 1930년대 이후 한 번도 페론주의 세력과의 선거[11]에서 이겨 본 적이 없던 UCR당 출신의 인권변호사 정치인 라울 알폰신Raúl Alfonsín이었다. 알폰신은 군사정권의 '추악한 전쟁' 때 일어난 인권유린 사례들을 해결하고 관련자들을 처벌하는 데 주력하였다. 알폰신은 취임 즉시 '실종자조사위원회CONADEP, Comisión Nacional Sobre la Desaparición de Personas'를 조직하였으며 CONADEP은 1년여 만에 약 5만 페이지의 조사보고서[12]를 대통령에게 제출하였다.

이 보고서는 실종자들의 명단, 관련 정보, 그들이 불법구금된 장소 그리고 피해자들이 암매장된 대규모 무덤들의 위치들을 명시하였다. CONADEP은 불법구금과 살해를 저지른 관련자가 색출되는 대로 위원회에 출두시켜 낱낱이 실토한 후 법의 처벌을 받게 할 것을 대통령에게 권고하였고, 알폰신은 이를 수용하였다. 이는 후에 과거청산을 위해 세워진 여러 '진실과 화해 위원회'들의 첫 사례가 되었다.

민주화와 함께 군사정권 밑에서 거의 멸절되다시피한 페론주의와 노조도 다시 재건되기 시작하였다. 일단 노조는 정의당과의 관계를 내부규율에 명시화하여 당과 노조와의 관계는 더 이상 당의 지도자(페론)와 노조 지도부와의 사적인 관계에 기반을 두지 않았다. 정치적으로는 노조와 페론주의 세력도 군부만큼이나 1970년대 암흑기에 대한 도의적 책임이

11 1955년 페론이 축출된 이후 페론지지 세력은 정치참여를 금지당하였다.
12 제목은 '다시는 그만(NuncaMás)'이었다.

있었기에 알폰신 정권 초기에는 정부에 대해 반기를 들지 못하였다. 하지만 알폰신 정권의 계속되는 경제 실정에 대한 국민들의 반감이 높아지자 노조는 대대적인 반정부 투쟁을 벌였고 이는 경제위기를 심화시켜 결국 정의당으로의 정권교체를 용이하게 만들었다.

알폰신 정부는 군사정권 말기부터 시작된 재정적자에 따른 외채의 증가, 그리고 이로 인한 인플레이션 현상을 전혀 이해하지 못하였다. 군사정권이 추진한 경제자유화와 통화주의 정책을 반대한 알폰신 정권은 아르헨티나 경제 문제의 본질은 아르헨티나 경제의 낮은 생산성에 있다고 보고 성장위주의 정책을 펼쳤다. 늘어난 외채로 해외 구매능력이 떨어진 상태에서 군사정권 아래서 일어난 산업공동화로 공급능력이 급감하였기에 공급을 늘려야 한다고 보았던 것이다.

이를 위해 알폰신 정권은 대대적인 공공지출과 수입대체정책을 통해 국내생산을 늘리려는 계획을 세웠다. 경제적 효율성을 전혀 감안하지 않은 이러한 경제정책으로 1987년에는 정부예산의 43%가 민간부문의 생산 지원금에 쓰였다. 지원금과 국영기업의 적자까지 합치면 GDP의 약 10%가 매년 허비되어 국가재정은 적자에 시달렸다. 매년 누적되는 재정적자는 외채를 늘리고 인플레이션으로 연결되어 공급부족 문제는 도리어 더 심화되었다.

높은 인플레이션 상황 아래서 수입을 대체하고 임금을 명목상으로만 올리는 알폰신의 경제정책은 공급부족 상태를 더욱 심화시켜 국민의 실질소득은 도리어 더 낮아졌다. 부유층은 인플레이션에 따른 화폐가치 폭락에서 자산을 보호하기 위해 금융자산을 미국달러로 바꾸어 외국으로 빼돌렸으며, 이러한 행태는 심각한 경제상태를 파산상태로 몰아갔다. 화폐 가치가 나날이 떨어져 가는 상황에서 알폰신 정권은 1985년에 대대적인 화폐계획[13]을 추진하였으나 곧 실패로 돌아갔다. 인플레이션을 도리어 부추기는 경제정책을 탐탁지 않게 여기던 IMF는 아르헨티나를 돕기보다는 외채상환을 독촉하였고 당연하게도 경제상황은 더욱 악화되었다.

높은 인플레이션으로 노동자들의 불만이 높아가자 노조는 총파업을 선언하여 정부를 압박하였다. 노조와 정부가 티격태격하는 사이에 인플레이션은 고인플레이션에서 초인플레이션으로 악화되어 알폰신 정권의 마지막 해인 1989년에는 3,080%라는 살인적인 물가상승률을 기록하였다. 결국 UCR는 같은 해 있은 대통령 선거에서 참패하고 알폰신은 경제위기 극복 치원에서 정의당 소속 대통령 당선자 카를로스 메넴Carlos Menem에게 정권을 조기이양하는 수모를 겪었다.

페론주의자의 신자유주의 실험

카를로스 메넴은 페론주의자였지만 동시에 현실주의자였다. 그는 아르헨티나 국민이 페론주의의 근간인 고용안정보다 인플레이션의 해결을 원한다는 사실을 누구보다 잘 인식하고 있었다. 소련이 무너지고 자유주

13 아우스트랄 계획(Plan Austral): 역사적으로 아르헨티나의 화폐였던 페소(Peso)를 대체하는 계획으로 구 화폐 1,000페소 = 신 화폐 1 아우스트랄로 대체되었다. 하지만 극심한 인플레이션으로 인해 불과 7년 후 1만 아우스트랄은 1 페소(신)로 다시 대체되었다.

의의 승리를 선언한 프랜시스 후쿠야마Francis Fukuyama의 《역사의 종언The End of History》이 전 세계 베스트셀러였던 시절 페론주의가 주창하는 '노동자를 위한 정부'는 사회주의와 함께 사라졌다는 것을 메넴은 누구보다 잘 알고 있었다. 그는 일단 알폰신 정권을 괴롭혔던 노조를 장악하는 데 심혈을 기울였다.

페론 사망 이후 첫 페론주의자 대통령이 당선되는 데 지대한 공헌을 한 세력은 바로 노동계였지만 메넴은 노조와 권력을 양분하는 것은 곧 임금 인상으로 인한 인플레이션을 의미한다는 점을 잘 알고 있었다. 메넴은 정의당과 노조와의 관계를 십분 활용하여 노조를 무력화시키고 곧바로 공기업의 민영화를 추진하였다. 이러한 메넴의 정책기조는 국유화와 경제자립체제economic self-sufficiency를 근간으로 한 페론주의 사상에 배척되었지만, 노조의 저항과 선동은 그다지 오래가지 못하였다. 왜냐하면 아르헨티나 국민은 오랫동안의 학습효과를 통해 예전의 페론식 포퓰리즘으로는 더 이상 경제의 위기를 극복할 수 없다는 점을 잘 인식하고 있었기 때문이었다.

이렇게 노조를 무력화한 메넴은 곧 철도, 가스, 에너지, 수도, 항만, 통신, 도로 등 정부가 운영하는 거의 모든 기간 공기업과 국가 인프라infrastructure를 매각하였다. 국가의 자산을 매각함으로써 정부는 국가 인프라의 방만한 운영에 따른 재정적자를 해소하고 매각대금을 통해 공공부채 상환에 필요한 재원을 마련할 수 있었다.

메넴 정권은 한편으로는 민영화를 통해 국가의 재정을 안정화하고 다른 한편으로는 물가안정을 위한 특단의 조치를 구상하였다. 이를 위해 군사정권 말기 중앙은행 총재를 역임한 도밍고 카발로Domingo Cavallo을 다시 등용하여 경제정책의 전권을 위임하였다. 하버드 대학교 출신 경제학자였던 카발로는 즉시 페소와 달러의 환율을 1대1로 고정시키는 태환정책을 실시하였다. 태환정책은 환율을 일정 수준에 고정하는 고정환율에서 한 단계 더 나아가 시중통화량을 중앙은행 외환보유고에 맞게 고정시키는 것을 말한다. 태환정책과 함께 카발로는 바닥에 떨어진 페소의 가치로 인해 암달러가 공용화폐처럼 널리 통용되는 사실을 인정하고 경제의 달러화dollarization를 공식적으로 허용하였다.

카발로의 태환정책은 한마디로 국가의 경제정책 주권을 포기하고 아르헨티나 통화정책을 국제금융시장에 맡기는 것을 의미하였다. 하지만 카발로가 노렸던 것은 정부가 화폐를 대량으로 발행하여 화폐가치를 떨어뜨릴 수 있는 가능성을 원천적으로 봉쇄함으로써 국내외 투자자들과 국민이 페소를 다시 신뢰하게 하는 것이었다. 그가 원했던 대로 태환정책은 성공하여 1990년 2,310%에 이르렀던 인플레이션은 1992년 24.9%까지 떨어졌다.

거시지표 안정은 수십년 만에 처음으로 아르헨티나 경제가 안정적으로 성장할 수 있는 밑거름이 되었다. 태환정책의 성공은 아르헨티나가 국제금융시장에 다시 진입하는 데 도움을 주었다. 해외직접투자는 1991년에서 1995년 사이 두 배로 늘어났고, 1991년부터 1998년 사이 아르헨티나는 연평균 5%의 경제성장률을 기록하였다. 메넴 정권은 신자유주의 정책을 대폭 수용하여 각종 규제를 철폐하였다. 즉 수출을 장려하기 위하여 수출세를 대폭 수정하고, 수출상품 생산에 소요되는 중간재의 수입

표 3 아르헨티나의 거시경제적 환경(1980~1998년)

연도	실질 GDP	소비자물가지수	실업률	노동생산성
	1980년이 100일 때의 지수	연%	%(총경제인구)	1980년이 100일 때의 지수
1980	100	100.8	2.55	100
1981	95	104.5	4.75	95
1982	92	164.8	5.30	94
1983	95	343.8	4.70	99
1984	97	626.7	4.55	98
1985	91	672.2	6.10	92
1986	97	90.1	5.55	95
1987	99	131.3	5.85	98
1988	98	343.0	6.30	96
1989	91	3,079.5	7.60	88
1990	89	2,314.0	7.45	86
1991	99	171.7	6.45	90
1992	108	24.9	6.95	96
1993	114	10.6	9.60	101
1994	121	4.2	11.45	109
1995	117	3.4	17.50	109
1996	124	0.2	17.20	115
1997	134	0.5	14.90	117
1998	139	0.9	12.91	117

출처: Ferreres(2010)와 Graña & Kennedy(2008)를 기초로 저자 계산

관세를 철폐하고 수입절차를 간소하는 등 경제의 국제경쟁력 제고에 노력하였다. 1980년과 1990년 사이 아르헨티나 GDP는 실질적으로 마이너스 성장을 기록하였다는 점에 비추어 보면 아르헨티나의 1990년대 경제성장은 더욱 의미가 깊다.

이러한 태환정책의 성공에도 불구하고 통화정책의 경직성은 아르헨티나 경제가 대외환경 변화에 대해 취약함을 뜻하였다. 융통성 있는 통화정책은 경기변동 사이클의 여파를 줄이는 데 필요하다. 하지만 카발로의 태환정책은 통화정책을 사실상 포기하였기 때문에 환율의 변동이 시중통화량을 통해 그대로 실물경제에 전달되었다. 즉 아르헨티나 경제에는 완충지대가 없었던 것이다. 해외자금의 국내유입은 경제를 활성화시켰지만 동시에 화폐가치를 상승시켜 국내생산물의 해외경쟁력을 떨어뜨렸다.

1995년 멕시코의 경제위기가 남미 전체로 파급되어 국가리스크가 급등하자 아르헨티나 경제는 자금의 해외반출로 경제가 급격히 위축되었다. 경제가 마이너스 성장률을 기록하고 기업 도산과 실업이 급증하였다. 하지만 1995년도 대통령 선거에서 메넴이 재선에 성공함으로써 아르헨티나 국민의 신자유주의 정책에 대한 지지가 다시 한 번 확인되었다.

그런데 태환정책의 경직성은 1997~1998년 사이에 일어난 러시아와 아시아 금융위기로 다시 한 번 위기를 맞았다. 1991년부터 실시된 달러와 페소의 1대1 고정환율은 물가를 안정시키는 데 성공하였지만, 1995년과 1998년에 일어난 외환위기의 전 세계적 여파는 중앙은행의 외환보유고를 떨어뜨려 시중통화량도 함께 줄었다. 통화증발에 따른 실질적인 경제적 긴축으로 실업률은 17%까지 육박하였다.

극심한 경제불황에도 불구하고 1999년 대통령 선거에서 여야가 모두 태환정책 유지를 약속할 정도로 아르헨티나 국민은 태환정책을 확고히 지지하였다. 하지만 2001년의 경제불황으로 10년 만에 세 번째 경제위기가 찾아오자 아르헨티나 국민은 인내력을 상실하고 말았다. 긴축정책에 대한 대규모 시위로 유혈사태가 일어나자 델 라 루아De La Rúa 대통령은 하야하였다. 2003년 대통령 선거까지 2명의 임시 대통령이 있었을 정도로 아르헨티나는 사회와 경제적 혼란이 극심하였다. 2002년 태환정책은 폐기되고 아르헨티나는 1,320억 달러의 대외채무에 대해 모라토리엄moratorium을 선언하였다.

페론주의로 회귀

2003년 선거에서 페론주의자인 네스토르 키르치네르가 승리하면서 아르헨티나는 본격적으로 신자유주의 정책을 버리고 포퓰리즘 정책으로 되돌아갔다. 다행히 2003년에는 대외환경이 호전되어 경제는 다시 성장하기 시작하였다. 환율이 태환정책 대비 3분의 1 수준까지 떨어지면서 아르헨티나 수출경쟁력은 호전되었고 때마침 국제 원자재 가격 또한 상승하면서 아르헨티나 경제는 빠르게 안정되었다.

경제적 성과를 바탕으로 대중의 절대적 지지를 얻은 키르치네르는 신자유주의와 분명한 선을 긋고 포퓰리스트 정책을 추진하였다. 일차적으로 거시경제 안정은 경제정책의 최우선 목표가 아니라 '사회안정'임을 선언하고 임금을 일괄적으로 인상하는 조치를 취하였다. 이는 물가인상으로 이어졌지만 여론을 호도하기 위해 경제통계를 조작하는 것도 서슴지 않아 소비자물가지수 조작을 반대하는 관료들을 해임하는 등 포퓰리스트적 행태를 보였다. 자신을 비판하는 언론과 공개적으로 충돌하고 활발해진 수출 덕분에 내수용 쇠고기가 품귀현상을 빚자 "아르헨티나 국민은 굶주리고 있다"며 6개월간 쇠고기 수출을 금하는 등 상식과는 거리가 먼 기행을 보이기도 하였다.

이러한 실정과 상당한 수준의 인플레이션에도 불구하고 국제시장의 높은 원자재 가격 덕분에 키르치네르는 복지지출을 늘리고 연금자와 노동자들의 임금을 올려줄 수 있었다. 이를 바탕으로 얻은 국민적 지지는 그가 원하는 후임자를 선택할 수 있게 해주었고 키르치네르는 자신의 부인을 후임자로 삼았다. 그 결과 2007년 선거에서 크리스티나 페르난데스 데 키르치네르가 손쉽게 승리하였다. 부인을 통해 섭정을 도모한 키르치네르는 2010년 심장마비로 사망하였지만 그의 포퓰리스트적 정책은 유지되었다. 결국 페론주의적 정책의 최종적 단계로 민영화 정책을 되돌리는 민간기업의 국유화가 시작되었다. 여러 사기업들이 점진적으로 정부의 간섭과 통제에 시달렸으며 그 정점은 아르헨티나 석유공사YPF, Yacimientos Petrolíferos Fiscales의 국유화였다. 1940년대 페론의 시대로 빠른 속도로 회귀하고 있는 아르헨티나의 현재 모습이다.

자원의 개발보다 분배에 힘쓴 아르헨티나

아르헨티나의 비극은 19세기 말 근대화 세력이 도입한 경제모델을 한 세기가 지나서도 능가하지 못하였다는 점에 기인한다. '80년 세대가 제시한 아르헨티나의 비전은 사람이 아닌 끝없이 펼쳐지는 비옥한 토지에 토대를 두었다. 아르헨티나의 경제성장은 전통 경제이론을 그대로 적용한 토지, 해외 자본, 그리고 이민을 통한 노동 생산요소에 기초하였다. 또한 기술과 자본은 전적으로 유럽과 미국에 의존하였다. 하지만 초기의 폭발적인 성장기가 끝나고 새로운 농토가 고갈되자 아르헨티나 지도층은 갈림길에 놓였다. 새로운 선진국으로의 도약은 양적인 성장이 아닌 질적인 성장을 요구하였지만, 아르헨티나의 경제성장은 1930년대 대공황으로 국제수요가 급락하기 이전에 이미 둔화되기 시작하였다고 봐야 한다. 이미 1900년대에 파타고니아 정복의 완결과 함께 아르헨티나의 국경선은 사실상 고착되어 개척할 만한 새로운 땅은 더 이상 남아 있지 않았다. 게다가 아르헨티나의 대표적 수출품인 쇠고기와 곡물의 생산방식이 점차적으로 자본집약적으로 변모하였다. 따라서 성장이 둔화되던 아르헨티나에 계속 도착한 이민자들은 농업에 흡수되지 않고 도시에 남아 서비스 업종에서 일자리를 찾았다.

이때 자리 잡은 경제모델은 국내소비량을 빼고 남은 잉여생산물의 대외수출이었다. 제조업의 국제경쟁력이 없는 상태에서 해외시장의 수요는 아르헨티나 경제를 좌지우지하였다. 해외시장에 대한 의존이 지나치자 아르헨티나 경제는 외부충격에 매우 민감하였다. 결국 1930년대부터 1940년대 말까지 지속된 전 세계적 경제 정체기 동안 아르헨티나 경제도 마찬가지로 정체되었다. 20여 년 가까이 계속된 세계경제와 국제무역의 불황으로 아르헨티나 지도층 또한 교체되었다. 제1차 세계대전 직전까지의 정권은 경제성장에 그 중점을 두었다면 그 이후 들어선 정권은 농업에 특화된 경제에서 진일보한 산업화를 모색하기보다 외부충격에서 아르헨티나를 보호하기 위한 자급자족으로 방향을 돌렸다. 자원이 풍부한 아르헨티나는 공산품의 수입대체에 성공하여 일자리를 제공하고 경상수지를 안정화하는 것을 목표로 삼았다.

내부로 눈길을 돌리면서 아르헨티나의 새로운 지도층은 대외환경 변화에 둔감해졌다. 하지만 그 사이 세계의 중심은 유럽(대영제국)에서 미국으로 옮겨갔다. 이 점은 아르헨티나한테는 심각한 변화였다. 농업생산성이 높은 아르헨티나와 제조업에 비교우위를 둔 유럽은 서로를 보완할 수 있는 윈-윈win-win인 경제관계를 구축할 수 있었다. 하지만 식량 자급자족을 넘어 농업분야에도 경쟁력이 있던 미국과 아르헨티나는 세계시장에서 경쟁자의 관계였고, 따라서 미국과의 관계는 항상 불안정하였다. 이러한 상황은 21세기에 이르러 중국이 경제적 · 정치적으로 급부상함으로써 해소되었다. 아르헨티나는 중국과의 긴밀한 유대를 통해 20세기 초반 유럽과 가졌던 관계를 중국과 가질 수 있게 되었다.

1940년대부터 페론이 야심차게 추진한 산업화는 한계에 다다른 농업을 대신하는 데 실패하였다. 1930년대부터 20세기 말까지 계속된 원자재 가격의 장기적인 하락 추세는 농업 기반의 아르헨티나 경제를 어렵게 하였다. 게다가 산업화를 추구할 수 있는 주체가 아르헨티나에는 없었다. 아르헨티나를 근대화한 초기 보수세력은 원자재 수출에 경제성장의 역점을 두었기 때문에 산업화에 대한 의지나 노하우가 없었다. 이후 등장한 신진 정치세력(페론주의와 UCR로 대표되는 사민주의)은 산업화를 통한 근대화와 노동자 계급 발전을 도모하였기 때문에 민간분야의 자본 축적보다는 국가 중심의 경제발전과 노동자의 권리 추구에 방점을 두었다. 아르헨티나의 산업화는 국가 중심의 경제발전을 가리키게 되었고, 농업을 제외한 민간부문에서는 노동자의 경우 노조를 통하여, 그리고 기업가 집단은 보호무역주의를 통하여 국가의 간섭과 보호를 동시에 받았다.

거의 반세기에 걸쳐 지속된 페론과 반페론세력 간의 갈등의 바탕은 결국 정부가 자생능력이 결여된 민간부문을 대신하여 어떤 방식으로 고용을 창출하느냐였다. 이를 위해 페론이 제시한 모델은 민간분야를 국가에 완전히 귀속시켜 공급과 소비를 국가가 조절하는 사회주의적 모델이었다. 물론 페론의 패착은 아르헨티나의 실제 경제능력을 훨씬 뛰어넘는 혜택을 국민에게 약속하였고 이를 제공하기 위해 경제의 기본적 경쟁력까지 해쳤다는 데 있다. 게다가 페론의 정치성향은 다분히 전근대적이어서 국가 내 여러 세력 간의 관계유지를 위해 국가기관의 역량보다는 페론 자신의 카리스마에 의존하였다. 삶의 질을 비약적으로 향상시키겠다고 국민에게 약속했다는 점에서 페론의 포퓰리즘과 동구권의 공산주의는 비슷하였다. 다만 차이점은 공산주의의 경우 국가에게 실제로 약속을 지킬 것을 촉구한 이들은 소리없이 사라졌으나 페론은 자신이 스스로 정권을 포기하고 망명의 길을 걸었다는 점이다.

페론을 축출한 반대세력도 민간부문에 대한 해답을 찾지 못하였다. 반페론주의자들은 새로운 비전을 제시하기보다는 근대화를 이룬 '80년 세대의 경제 패러다임으로 회귀하려고 하였다. 수출을 늘리고 복지를 축소하여 19세기의 작은 정부를 지향하였다. 하지만 문제는 페론 밑에서 비대해진 공공부문이 아니라 민간부문의 경쟁력 제고였다. 늘어난 인구는 새로 들어선 정권에게도 페론이 약속한 삶의 질 향상을 기대하였지만 새로운 성장동력이 고갈된 상황에서 작고 효율적인 정부는 국민이 원하는 답이 아니었다. 결국 보수정권조차도 페론이 도입한 복지체제를 기관화하여 대부분 존속시킬 수밖에 없었다. 정통성이 부족한 관계로 시국 안정을 위해 노조에게 복지예산 집행권 일부를 넘기는 등 페론 정권 때보다 더 후퇴하는 모습까지 보였다.

1970년대 이후 아르헨티나에 등장한 일련의 정권들은 페론 이후 경제체제를 각각 모색하였다. 케인스Keynes주의부터 신자유주의까지 실험되었으나 모두 실패하였다. 문제는 공공부문의 확대 또는 축소를 통해서만 경제를 되살릴 수 있다는 믿음이었다. 알폰신은 공공부문의 투자확대를 통해 경제를 살리려고 하였으나 정부의 재정적자는 초인플레이션을 유발한 주범이었다. 메넴은 반대로 국가가 바로 경제성장의 장애물이라고 생각하여 정부의 규모를 대폭 축소하고 시장을 활성화하는 신자유주의 정책을 펼쳤다. 하지만 이는 인플레이션을 잡는 데는 유용하였지만 아르헨티나의 장기적 성장에는 도움이 되지 않았다. 이는 메넴 정권 아래서 거시지표는 안정되었지만 실업률이 꾸준히 상승한 것에서 볼 수 있다.

2001년 경제위기 후 아르헨티나는 다시금 페론주의로 회귀하였다. 공공부문을 확대하고 복지에 국가재원을 집중한 키르치네르 정권 아래에서 경제는 성장했으나 방만한 재정운영 등으로 다시금 아르헨티나 경제는 어려움에 처하였다. 아르헨티나 경제처럼 국제 원자재 가격이 높아야만 유지되는 체제에서 복지를 통한 재분배는 상당수의 국민이 의지할 수 있는 유일한 경제수입의 원천이다. 따라서 아르헨티나의 포퓰리즘은 과다한 복지비용의 문제가 아니라 국가의 개입과 간섭으로 민간부문이 거의 성장동력 구실을 못하고 있는 데 기인한다.

20세기 중반 아르헨티나가 산업화에 실패한 이유는 경제성장이 정체되어 새로운 성장동력을 모색해야 하는 상태에서 자국민에 대한 투자를 등한시하고 대신 해외자본에서 미래 성장의 엔진을 찾으려고 했기 때문이다. 아르헨티나는 국내 인적자본에 대한 무관심으로 두 번의 세계대전을 피해 아르헨티나로 도피한 유럽의 고급인력을 활용하여 산업화를 추진할 수 있는 좋은 기회를 놓치고 말았다. 개개인의 능력에 대한 불신은 기술에 대한 낮은 투자, 사회 전반에 만연된 부패, 기업가에 대한 불신, 그리고 사회학자 맥스 베버Max Weber가 '프로테스탄티즘의 윤리(근면, 검

약, 노동의 가치)'로 부른 생산적 가치에 대한 냉소로 나타난다.

중국의 부상이 아르헨티나 경제를 살릴 것이라고 예측한 전직 경제부 차관 후안 야츠Juan Llach에 의하면 아르헨티나의 실패는 자원의 풍부함과 개인의 부를 혼동하는 데 있다. 즉 자원을 개발하여 부가가치를 높이는 것이 부의 창조라는 생각을 못하고 자원에 대한 재산권 분배가 우선이라고 생각한다는 것이다. 이러한 부의 창조, 즉 생산적 활동에 대한 불신은 정치적 이념 스펙트럼 전체에 광범위하게 퍼져 있다고 야츠는 지적한다.

국가가 경제발전의 주체라는 고정관념에서 탈피하지 못하면 개인의 경제활동이 부의 원천이라고 납득하지 못한다. 분배를 담당하는 국가의 위치는 매우 중요해지며 개인이 주체인 민간부문은 활성화되지 못한다. 각 개인이 국가에 대한 의존에서 탈피하여 자발적인 경제동력이 되어야만 아르헨티나는 그 엄청난 잠재력을 발휘할 수 있을 것이다.

04
일본

일본의 사회경제적 변화와 복지정책 – '가족의존적' 복지국가의 위기

김성원 (도쿄경제대학교 교수)

고족(孤族)화하는 가족의존적 국가

'고족의 나라' 일본

2010년 연말부터 2011년 초에 걸쳐 일본 〈아사히(朝日)신문〉에 세간의 이목을 집중시키는 기획기사가 연재되었다. 그 제목은 '고족(孤族)의 나라'였다. 지금까지 사회의 최소단위로 인식되어 왔던 부모와 자녀로 구성된 가족이 줄어들고, 개인으로 구성된 '고족'이 늘어나고 있는 일본의 현실을 심층 보도하는 기사였다.

일본에서 '고족화'라고도 불리는 단신세대의 증가현상은 이미 오래 전부터 진행되어 왔지만, 2010년에 실시된 국세조사(5년마다 실시)의 결과, 〈그림 1〉에서 보이는 것처럼, 역사상 처음으로 단신세대가 다른 세대유형(부부세대, 부부+자녀세대, 한부모세대, 그 외 세대)의 수를 넘어선 것으로 밝혀졌다. 다른 나라에서는 보기 힘든 현상인데, 이러한 '고족화'는 앞으로 보다 더 급속히 진행될 것으로 예상되어, 2030년대에는 50~60대 남

그림 1 세대 유형별 비율의 추이

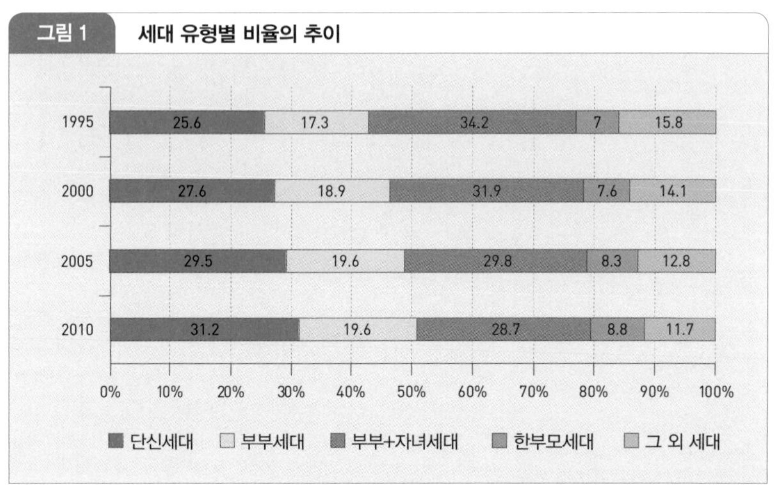

출처: 통계국, 〈평성 12년 국세조사〉(統計局《平成22年国勢調査》,
(http://www.stat.go.jp/data/kokusei/2010/index.htm)

성의 1/4이 단신세대, 50대 남성의 1/3이 미혼자가 될 것이라고 한다.

기사에 따르면, '고족화' 현상에 따라 현재 도쿄에서 매일 10명 정도가 고독사하고 있으며, 전국적으로 보았을 때 매년 3만 2,000건의 고독사가 발생하고 있다. 이 때문에 '혼자 살다 혼자 죽는 사회, 일본'이라고 불릴 정도이다. 직장과 지역사회는 물론 가족이나 친척 등과 모든 인연이 끊어졌다는 의미에서 '무연사회'(島田, 2011; 橘木, 2011)라는 말까지 등장하고 있다.

이렇듯 '고족'의 증가는 지금까지 예상하지 못하였던 심각한 사회문제들을 초래하고 있는데, 그 문제들을 상세히 밝히고 있는 기사가 보도되면서 일본사회에 큰 충격으로 다가온 것이다. 아래의 몇 가지 기사 제목만 보더라도 그 문제들의 단면을 파악할 수 있다.

- "가족에게 의지하는 시대는 끝났다"(2010년 12월 26일자)
- "55세, 차 속에서 인생을 마감하다"(2010년 12월 26일자)
- "혼자서 환갑, 상해에서 결혼했지만……"(2010년 12월 26일자)
- "39세 남성, 굶어죽다"(2010년 12월 30일자)
- "은둔생활에서 벗어나고 싶어서……"(2011년 1월 4일자)
- "가족의 인연을 구매합니다"(2011년 1월 26일자)
- "효도를 대행합니다"(2011년 1월 27일자)

위의 기사들이 주로 '고족화'와 관련하여 단신세대, 특히 단신 고령자 세대에서 발생하고 있는 문제를 다루고 있는 것이라면, 그것이 또 다른 한편에서 관련되어 있는 문제가 저출산이라고 할 수 있다. 얼마 전 한국의 한 일간지에서는 이를 다루는 연재기사가 실렸다. 2011년 7월 〈조선일보〉의 "저출산 20년, 일본이 비어간다"라는 기획기사이다. 출산율이 1.57명으로 떨어진 이른바 1989년의 '1.57쇼크' 이후 일본에서는 각종 정책들이 쏟아졌지만 저출산을 막기에는 역부족이었으며, 그 후 출산율의 하락현상이 계속되고 있는 일본사회의 문제를 보도하는 기사였다.

기사에 따르면 지속적인 저출산의 진행으로 1980년에 2,800만 명이었던 0~14세 인구가 30여 년 만에 1,700만 명으로 줄었고, 이로 인해 초등학교가 같은 기간에 3,000개 이상 문을 닫았다. 1990년에 200만 명이 넘던 18세 인구는 최근 120만 명으로 급감하여, 앞으로 10년 내에 4년제 대학은 100여 개, 2~3년제 단기대학은 200개 이상이 문을 닫을 것이라 예측되고 있다. 이러한 상황 속에서 아동과 청년층을 대상으로 하는 오락·레저산업도 급격히 쇠퇴하고 있는데, 예를 들어 전국의 동물원 관람객은 1970년대의 반 이하로 급격히 줄어들었다고 한다. 산부인과 또한 20년 동안 40% 이상 감소하여 '출산난민'이 출현할 정도이다. 주로 4인 이상의 세대를 대상으로 하였던 집들이 매년 20만 채 이상 비어 가고 있고, 현재 도쿄에만 이미 80만 채 가까운 빈집이 흉가로 변해 가고 있다.

최근 일본에서는 1990년 초의 거품경제 붕괴와 그 후 20여 년 동안 지속되고 있는 경기침체의 원인을 경제학이 아닌 '저출산'이라는 인구학적 요인으로 설명하는 시각도 있다. 그런 시각에서 출간한 《장기불황의 정체: 경제는 '인구변동'에 의해 움직인다》(藻谷, 2010)라는 책이 베스트셀러가 되기도 하였다.

'고족'을 배제하는 사회시스템

위와 같은 '고족화'는 결혼을 하는 사람들과 출산을 하는 사람들이 감소하여, 혼자 사는 사람들이 늘어나고 있다는 것을 의미한다. 물론 결혼과 출산은 개개인의 자유로운 선택의 문제이지, 옳고 그름의 문제는 절대 아니다. 중요한 것은 사회의 전체적인 시스템이 그러한 선택의 자유를 어느 정도 포섭하고 있는지의 문제일 것이다. 다시 말해 법과 세제 등의 각종 제도, 경제정책과 사회정책 등의 각종 정책들이 '고족'이 아닌 가족만을 전제로 하고 있다면 '고족'을 선택한 사람들은 그들 각종 제도·정책에서 배제되어 버린다. 배제된 사람들이 그렇지 않은 사람들에 비해 불안정한 생활에 처하는 것은 당연한 일이다. 배제된 사람들이 소수라면 큰 문제가 아닐 수 있지만 다수가 된다면 기존의 제도 · 정책은 개혁의 대상이 되어야 한다. 개혁이 이루어지지 않는다면 사회 전체는 큰 위기에 빠질 것이다.

위의 신문기사들은 직접적으로는 '고족화'가 초래하는 문제의 실태를 보도하고 있지만, 그 이면에서 간접적으로 지적하고 있는 부분이 바로 '고족'을 배제하고 있는 기존 일본의 사회시스템일 것이다. 즉 일본사회가 지금까지 구축해 온 여러 제도들과 정책들은 가족을 전제로 하는 것이었는데, 오늘날 그 가족의 구조와 기능이 급격히 변해가고 있는 상황 속에서 종래의 제도 · 정책들이 이에 적절히 대응하지 못하고 위와 같은 심각한 문제들을 일으킨다고 할 수 있는 것이다.

이 글에서는 가족을 전제로 한 일본의 사회시스템을 '가족의존적' 복지국가라는 틀 속에서 파악하면서 오늘날 일본이 직면하고 있는 문제를 밝히고, 그 문제 해결을 위한 최근의 개혁 동향을 살펴보고자 한다. 제2절에서는 전체적인 배경으로서 제2차 세계대전 이후 일본에서 복지국가가 형성되어 온 역사적 과정과 그것이 갖는 '가족의존적' 특징을 검토한다. 제3절에서는 일본의 '가족의존적' 복지국가가 위기에 직면하고 있는 상황을 살펴보면서, 그 위기의 원인과 실태를 밝힌다. 제4절에서는 2009년 정권교체를 통해 등장했던 민주당 정권의 개혁정책을 살펴보고, 그 가능성과 한계를 생각해 본다. 마지막으로 제5절에서는 위와 같은 일본의 '가족의존적' 복지국가의 경험이 한국에 시사하는 바를 간단히 언급하면서 글을 마치고자 한다.

'가족의존적' 복지국가의 형성

복지국가의 역사적 전개

복지국가의 형성과 확대

1945년 8월 제2차 세계대전은 일본의 패배로 끝났다. 패전 직후 일본은 그야말로 혼란과 궁핍으로 사회 전반적 위기에 직면하였다.

전쟁을 통해 이미 전체 도시의 반에 가까운 도시가 불에 타 수많은 전재민과 부랑자가 발생하였는데, 전쟁 직후에는 거기에 식민지와 점령지로부터 돌아온 민간인과 군인 등이 더해져 사회적 혼란이 극도에 달하였다. 많은 생산시설이 파괴되었으며, 군수(軍需)산업은 정지되었고, 민수(民需)산업의 생산재개 또한 기대하기 힘든 상황 속에서, 그들 대부분이 실업자로 전락하지 않을 수 없었다. 당시 실업자에 대한 정확한 통계자료는 없지만[1] '국민총기아상태' 혹은 '총슬럼화'(右田 · 高澤 · 古川編, 2001:

296)라고 이야기될 정도로 대량의 실업자와 빈곤자가 발생하였다. 겨우 일자리를 유지하고 있던 노동자들도 임금 수준이 큰 폭으로 하락하여 "임금으로서의 의미를 잃어버렸다"(丸山など編, 1960: 99). 전쟁에 따른 식량난과 극심한 인플레이션inflation이 거기에 박차를 가해, 일본 국민들 대부분이 기아 상태의 궁핍한 생활에 처하였다.

이러한 사회 전반적 위기에 직면하여 일본정부는 신속하게 대응하지 않으면 안 되었다.[2] 일반적으로 그 대응에는 실업자와 빈곤자를 직접 구제하는 사회보장정책과 경제의 재건을 통해 일자리를 확대하는 고용보장정책이 있을 수 있다. 제1차 세계대전 이후 서구의 많은 국가들이 이 두 가지 정책을 두 축으로 하는 복지국가를 건설하였는데,[3] 일본 또한 제2차 세계대전 직후의 위기에 대응하기 위해 사회보장과 고용보장을 통한 복지국가의 길로 들어섰다.

우선 사회보장 분야를 보면, 가장 먼저 이루어진 것이 공공부조제도의 개혁이었다. 전쟁 전에 고령자와 아동, 장애인 등 노동 능력이 없는 사람만을 대상으로 하였던 구호법(1929년 제정, 1932년 시행)을 폐지하고, 새롭게 생활보호법을 제정하였다(1946년 제정, 1950년 개정). 이로써 노동 능력

---

1 당시의 실업자 수에 대한 몇 가지 추계자료가 존재한다. 1945년 말에 작성된 '일용노무자실업보험요강'을 보면 433만 명이라고 되어 있다. 후생성의 추계에서는 1945년 12월 당시의 실업자수를 500만 명 정도로 추계하고 있다. 추계치가 가장 높은 경제기획청 자료를 보면 1,300만 명으로 되어 있다. 한편, 공공부조 개혁을 위한 후생성의 조사에서는 1945년 12월 당시, 총 세대의 8.8%에 해당하는 1만 601세대, 304만 5,357명이 요보호대상이라는 조사결과를 발표하고 있다(田多, 2009: 58).

2 당시의 빈곤 · 실업문제에 대한 대처는 일본 정부의 주도적인 대응의 측면도 있지만 미군정의 주체인 연합군 총사령부(GHQ, General Headquarters)의 민주화 정책과도 깊게 관련되어 진행되었다(田多, 1994=2008 제1장 제2절 참조).

3 흔히 복지국가체제는 '완전고용'과 '사회보장제도'로 구성된 국가체제로 설명된다(Mishra, 1990)

의 유무와 관계없이 빈곤에 처한 국민이라면 누구든지 그 대상이 될 수 있는 현대적인 의미의 공공부조제도를 정비하였다. 이와 더불어 전쟁 전에는 없었던 실업보험제도를 1947년에 도입하였다.[4] 이 두 제도를 통해 단기실업자에 대해서는 실업보험의 보험원리로 대응하고, 장기실업자와 빈곤자에 대해서는 생활보호의 보조원리로 대응하는 실업 · 빈곤대책의 기본 틀을 마련하였다.

한편, 의료와 연금 등의 사회보험 분야에서는 전쟁 전부터 시행하였던 피고용자 대상의 건강보험제도(1938년)와 후생연금제도(1941년)를 개정하여 대상자의 확대를 도모함과 동시에, 새롭게 공무원 및 사립학교 교사를 위한 몇 가지 피고용자 사회보험제도를 신설하였다.[5] 이로써 직업에 따라 운영되는 분립형의 사회보험제도가 성립되었다. 이어 1950년대 후반에는 전쟁 전의 국민건강보험제도(1939년)를 개정(1958년, 1959년 시행)하고 국민연금제도를 창설(1957년 제정, 1961년 시행)함으로써, 다른 피고용자 사회보험제도에 가입하지 못하는 농민과 자영업자 등을 이들 제도에 포함시켰다. 이와 같은 과정을 통해 일본 사회보장제도의 집대성이라고 할 수 있는 전 국민을 대상으로 하는 이른바 '국민개보험 · 개연금체제'가 확립되었다.

다음으로 고용보장의 분야에서는 우선 일자리를 유지하고 있는 노동

---

4 실업보험이 도입된 것은 1947년 12월인데, 이에 앞서 동년 4월에 노동기준법이 제정되어 이에 따라 산재보험제도(노동보상보험제도)가 창설되었다.

5 1953년에 사립학교교직원공제조합(1955년 시행), 1954년에 국가공무원공제조합(1958년 시행)과 시정촌직원공제조합(1955년 시행), 1956년에는 공공기업직원등공제조합(1956년 시행), 1958년에는 농림어업단체직원공제조합(1959년 시행)이 창설되었다.

자들의 임금 수준을 확보하는 등 노동 조건의 악화를 방지할 필요가 있었다. 이를 위해 1945년에 노동조합법을 제정함으로써 노동3권을 승인하였고, 1946년에는 노동관계조정법, 1947년에는 노동기준법을 제정하였다. 1959년에는 최저임금제도가 도입되었다.

한편, 일자리를 잃은 실업자들을 위한 고용확대정책으로 '완전고용'을 기축으로 하는 장기경제계획 · 경제자립5개년계획(1955년)을 비롯한 각종 경제성장계획을 실시하였다. 1955년경부터 중화학공업 중심의 고도경제성장이 시작되어, 특히 제조업 분야의 일자리가 대폭 확대되면서 전쟁 후의 과잉인구가 여기에 대거 흡수되었다. 이후 농업정책과 중소기업정책 등이 정비되어 구산업의 보호를 통해 완전고용을 넘어 이른바 일본 특유의 '전부고용' 실현이 적극적으로 추진되었다.

위와 같이 일본은 전쟁 직후의 대량실업 · 빈곤의 위기에 직면하여, 사회보장정책으로서 공공부조와 각종 사회보험제도를 통해 실업자와 빈곤자를 구제하였다. 그리고 이와 함께 고용보장정책으로서 정부 주도의 경제성장정책과 중소기업 · 농업보호정책 등을 통해 고용안정과 일자리 확대를 추진함으로써 일본은 복지국가의 길로 들어선 것이다. 1956년 경제백서에서 "더 이상 전후(戰後)가 아니다"라고 선언한 것, 그리고 1961년 '국민개보험 · 개연금체제'가 확립된 것을 기점으로 일본에서 고용보장과 사회보장을 두 축으로 하는 복지국가가 형성되었다고 할 수 있다.

이후 1960대 초반 일본은 본격적인 고도경제성장기에 들어간다. 이 시기 양호한 경제성장을 배경으로 한편에서는 완전고용이 지속됨과 동시에 근로자들의 임금 상승과 기업복지의 확충 등 고용현장에서의 노동조건 · 환경이 개선되었다. 그리고 다른 한편에서 사회보장제도는 국고보조의 확충을 통한 각종 급여 수준의 향상이 이루어져 복지국가의 확대국면에 돌입하였다.

1970년대 이후 복지국가의 변용

그런데 1970년대에 들어서면서 일본은 그때까지 경험하지 못한 두 가지의 새로운 도전에 직면하였다. 하나는 '고령화 사회'로의 진입이며, 또 하나는 서구에서 시작된 '복지국가의 위기'이다. 여기서 주목해야 할 것은 전자가 복지국가의 확대를 요구하는 도전이라면, 후자는 그의 억제를 요구하는 도전이라는 점이다. 양립하기 힘든 이 두 가지 도전이 함께 등장하면서 1970년대 이후의 일본 복지국가 전개에 큰 영향을 미쳤다.

우선 고령화의 문제를 살펴보면, 일본은 1970년대에 65세 이상의 고령자가 전 인구의 7%를 넘어 '고령화 사회'로 돌입하였다. 서구에 비하면 매우 늦었지만,[6] 그 후 급속한 고령화가 진행되어 1980년에는 9%를 넘기고, 1994년에는 14%를 넘겨 세계에서 가장 빠른 속도로 '고령화 사회'에서 '고령사회'로 전환하였다.

이러한 급속한 고령화의 진전이 사회보장제도의 확대 압력으로 작용하였다. 1960년대 이후 고도경제성장을 배경으로 확대 국면에 들어선 일본 복지국가는 1970년대에 들어서 고령자세대를 위한 여러 제도들을 확

---

6 참고로 서구 선진국들의 고령화 사회로의 진입 연도를 살펴보면, 가장 빠른 프랑스가 1864년, 노르웨이가 1885년, 스웨덴이 1887년, 이탈리아가 1927년, 영국과 오스트리아가 1929년, 독일이 1932년, 미국이 1942년이다.

충하기 시작하였다. 의료에서는 70세 이상의 고령자에 대해 의료보험의 자기부담분(30%)을 공적비용으로 조달하는 노인의료비 지급제도, 이른바 '노인의료의 무료화'가 실시되었으며, 의료비의 자기부담분이 월 3만 엔을 넘을 경우 그 초과분을 상환하는 고액요양비 지급제도가 도입되었다. 또한 연금에서는 후생연금액이 2만 엔(1969년)에서 5만 엔(1973년)으로, 그리고 9만 엔(1976년)으로 대폭 인상되었고, 국민연금의 금액도 함께 개선되었다(1973년 5만 엔). 더불어 물가상승에 연금액을 연동시키는 물가슬라이드 제도도 도입되었다. 1970년대 이러한 제도의 도입과 개혁은 사회보장 비용의 확대를 수반하는 것이었는데, 그 이후에도 급속히 진행된 고령화 속에서 1990년대에는 고령자 보건복지 10개년 계획, 이른바 '골드플랜Gold Plan'이 전개되었고, 이를 기반으로 2000년부터 개호보험제도가 실시되면서 의료와 연금뿐만 아니라 개호를 포함한 고령자 관련 비용을 중심으로 사회보장 비용이 지속적으로 증가하였다.

다른 한편, 1970년대 세계를 강타한 오일쇼크oil shock를 계기로 서구에서 시작된 '복지국가의 위기'가 일본에도 영향을 미쳤다. 일본에서 처음으로 그 영향이 가시화된 것이 1976년에 일본 정부가 발표한 '쇼와(昭和) 50년대 전기 경제정책'이다. 이를 보면 여전히 복지국가의 확대를 위한 사회보장의 확충을 목표하면서도, 동시에 국민의 복지 향상은 정부의 역할뿐만 아니라 개인, 가족, 기업의 역할, 그리고 사회적 · 지역적 연대를 근거한 상호부조가 필요하다는 점을 강조하고 있다. 이러한 정책 이념을 공식화하는 형태로 1979년 '신경제사회 7개년 계획'에는 개인의 자조 능력, 가정과 지역사회 등의 연대, 저복지 · 저부담 등을 강조하는 이른바 '일본형 복지사회론'이 제창되었다. 이러한 움직임의 귀결이 1981년에 설치된 '제2차 임시행정조사회'와 그 답신인데, 이를 서구에서 발생한 '복지국가의 위기'의 일본판이라고도 말한다(武川, 1999: 278).

이와 같은 '복지국가의 위기'로 인해 1980년대에 들어 사회보장제도에 대한 국고보조의 삭감과 급여 수준의 인하 등 적극적인 억제정책이 진행되었다. 의료에 대해서는 1983년에 노인의료의 무료화가 도입 10년 만에 폐지되었고, 1984년에는 건강보험의 피보험자 본인 급여율이 인하되었다. 연금에 대해서도 1985년에 국민연금을 개혁하여 기초연금을 도입함으로써 재정부담의 완화를 도모하였다.[7] 1994년에는 연금지급 개시연령이 기존의 60세에서 65세로 연장되었다. 이후에도 의료와 연금에서 급여율 인하와 보험료의 인상이 몇 번의 법 개정을 통해 진행되었다. 1980년대 초반 이후 '복지국가의 위기'의 등장을 계기로 나타난 억제정책은 1990년대를 거쳐 오늘날까지 계속 이어지고 있다.

위와 같이 1970년대 이후 한편에서는 '고령화 사회'로의 진입을 배경으로 사회보장제도의 확대정책을 추진하고, 다른 한편에서는 '복지국가의 위기'의 등장을 배경으로 억제정책을 동시에 추구하였다. 이러한 확대정책과 억제정책의 동시 진행은 '후발복지국가'로서 일본이 경험한 독특한 특징이라고 할 수 있는데(武川, 1999; 金成垣, 2008; 金成垣編, 2010), 여

7 이전의 일본 연금제도는 농민이나 자영자가 가입하는 국민연금제도와 노동자가 가입하는 각종 피고용자 사회보험제도로 분립되어 있었다. 1985년의 개혁을 통해 일본 국내에 거주하는 20세 이상의 사람들이 모두 가입하는 국민연금제도를 1층에 두어 이를 기초연금으로 하고, 그 위 각종 피고용자 사회보험제도를 두는 2층 체제로 변경되었다. 이는 국민연금제도의 재정문제를 해결하기 위한 것이었는데, 이 개혁을 통해 국민연금에 필요한 재원을 각종 피고용자 사회보험제도의 재정으로 충당하게 되었다.

기서 중요한 것은 그러한 경험 속에서 다음과 같은 특징을 갖는 복지국가를 만들어 갔다는 점이다. 즉 사회보장 비용을 억제하기 위해 현역세대에 대한 사회보장을 최소화하는 대신 그들에 대한 강력한 고용보장정책을 추진하고, 거기서 억제된 사회보장 비용은 은퇴하여 고용과 임금의 혜택을 받지 못하는 고령자세대에 집중적으로 투입하였다. 이러한 방법으로 복지국가의 확대와 억제라는 두 가지 상반되는 압력에 대응한 것이다. 그리고 가장 중요한 것은 현역세대를 위한 강력한 고용보장과 고령자세대에 충실한 사회보장을 추진하기 위한 전제조건으로서 '남성부양자 모델'의 가족제도를 굳건히 유지하였다는 점이다. 1970~1980년대 이후 진행된 이러한 정책적 대응이 서구 국가들과는 구별되는 일본 복지국가의 특징으로 자리를 잡았는데,[8] 이들 특징을 국제비교의 시점에서 조금 더 구체적으로 살펴보자.

8 비교복지국가론에서 일본의 특징이 명확히 지적되는 경우는 많지 않다. 1990년 에스핑 앤더슨(Esping-Andersen, 1990)의 복지국가유형론이 등장한 이래, 일본에서도 이 이론에 근거하여 일본의 특징을 분석하는 연구가 활발히 전개되었다. 1995년의 우즈하시(埋橋)의 연구가 그 시작이라고 할 수 있는데, 그는 일본의 경우 자유주의와 보수주의의 두 가지 특징이 혼합적으로 나타나고 있다는 점을 지적하면서 "에스핑 앤더슨의 분석틀 안에서 일본 복지국가체제의 성격을 완전하게 논할 수 없으며, 그 특징을 확정지을 수도 없다"(埋橋, 1995: 13)라고 말하였다. 실제로 그 후 활발히 전개된 일본에 대한 비교복지국가 연구의 결과들을 보면, 에스핑 앤더슨의 세 가지 유형 중 어느 한 유형에 정확히 맞아 떨어지지 않으며, 두 가지 혹은 세 가지 유형의 특징을 동시에 소유하고 있다는 견해가 지배적이다. 최근 미야모토(宮本)가 그간의 논의를 정리하면서 다음과 같이 언급하였다. "일본은 이 세 가지 유형 속에 어떻게 자리매김할까? 제도 구조만을 보면 사회보험이 조합으로 분리되어 있고, 개호나 육아에 대해 가족의 부담이 크다는 점에서 유럽의 보수주의 체제와 공통점이 강하다고 할 수 있다. 그러나 사회보장비 지출은 보수주의, 예를 들어 독일이나 프랑스 등에 비해 훨씬 적으며 이 점에서 보면 미국 등의 자유주의에 가깝다고 할 수 있다. 한편 고용 상황, 특히 거품경제가 붕괴된 1990년대 전반 이전까지의 실업률에 한정에서 살펴보면 사회민주주의 국가만큼이나 양호한 상태이다. 이러한 상황에서 볼 때 일본은 이 유형론 속에서 자리매김하기가 매우 힘들다는 것을 알 수 있다"(宮本, 2008: 18-19).

일본복지국가의 구조적 특징

현역세대에 대한 강력한 고용보장

우선 현역세대의 고용을 보장하기 위한 대표적인 제도로서는 호송선단방식(護送船團方式)[9]의 행정지도를 통한 대기업의 장기고용 관행, 토건업계를 지원하는 공공사업, 영세한 유통업과 중소기업의 보호정책 등을 들 수 있다. 대기업의 장기고용 관행은 1960년대를 통해 이미 확립되었으며, 1970년대에 들어서는 공공사업을 적극적으로 확대하고, 이와 더불어 영세중소기업 보호정책을 추진함으로써 완전고용이 추구되었다.

특히 〈그림 2〉에서 보듯이 일본의 공공사업비는 1970년대 이후 서구의 다른 국가들보다 일반적으로 2~3배 정도 높은 수준을 유지하였다. 1970년대 후반 이후 다른 서구 국가들에서 사회간접자본 정비가 일단락되어 공공사업비가 줄어드는 상황에서 일본만이 그 증가를 지속하였다. '국토균형발전'이라는 명목하에 진행된 공공사업을 통해 각 지역에서 건설업을 중심으로 한 고용이 확보될 수 있었다(宮本, 2008: 76-78). 〈그림 3〉에서 보듯이 1970년대의 오일쇼크를 계기로 고도경제성장이 끝난 서구 선진국에서는 1980년대 이후 높은 실업률로 고전을 면치 못하고 있을 때, 일본에서 "완전고용 이상의 이상(理想)적인 상태"(上野, 1990: 257)인

9 호송선단방식이란 원래 제2차 세계대전 중에 해외의 점령지에 물자를 운송하는 선단이 순조롭게 항해를 할 수 있도록 해군이 이를 보호하는 방식을 일컫는 용어이다. 이것이 일본의 산업정책의 특징을 비유하는 용어로 사용되는데, 즉 특정 산업을 보호관청이 보호하여 다른 산업으로부터의 진입이나 외국기업의 진출을 억제함으로써 안정된 산업질서를 유지함과 동시에 산업 전체의 경쟁력과 수입력을 향상시키는 산업정책을 말한다.

2~3%대의 실업률을 유지할 수 있었던 것은 이와 같은 공공사업의 확대를 통한 고용보장정책이 있었기 때문이라고 할 수 있다.

위와 같은 고용보장은 단지 실업률을 낮추는 역할만을 한 것이 아니

그림 2 주요국의 GDP 대비 공공사업비의 추이

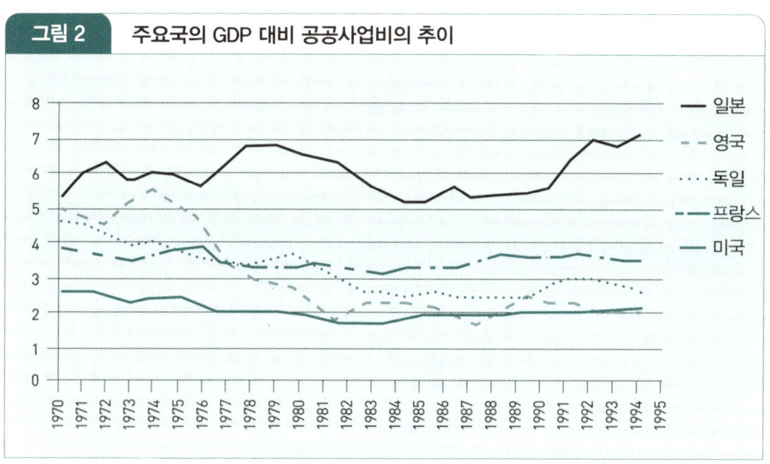

출처: OECD, National Accounts, 2000. 내각부, 《국민경제계산연보》(内閣府, 《國民経済計算年報》)

그림 3 주요국의 실업률 추이

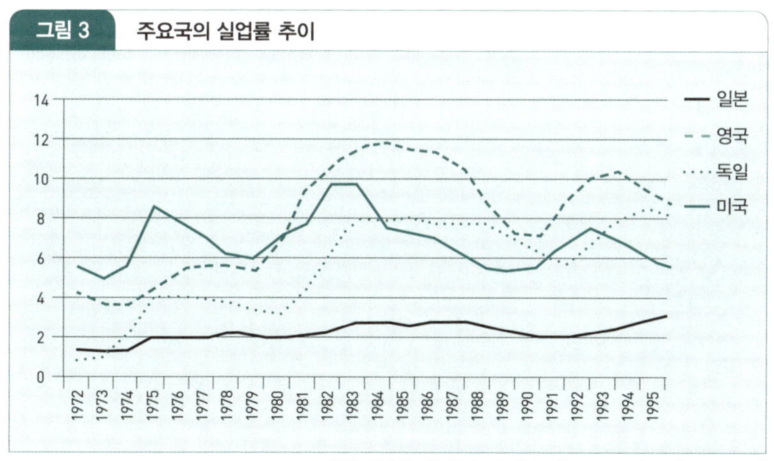

출처: OECD, StatExtracts (http://stats.oecd.org/Index.aspx)

다. 그와 연계하여 제공된 높은 수준의 임금과 기업 내의 복리후생 등이 현역세대의 안정된 생활을 보장하는 중요한 역할을 수행하였다. 고용된 노동자의 임금은 가족임금 혹은 생활임금의 명목으로 가족의 부양비용을 포함한 이른바 '연공서열제' 방식의 높은 수준이었다. 그리고 이와 함께 각종 부양수당이 지급되어 가족 전체의 생활을 보장하였다.

그뿐만 아니라 기업복지의 관점에서 전개된 복리후생 또한 노동자들의 생활안정을 위해 중요한 역할을 하였는데, 그중 핵심적인 요소가 주거 관련 제도였다. 실제로 1960~1970년대를 거치면서 사회보장제도의 발전과 반비례하여 법정외 복리지출 중 의료 · 보건 관계 비용은 줄어들지만, 주거 관련 비용의 비중은 지속적으로 증가해 왔다(金子, 1991). 〈표 1〉에서 보듯이 법정외 복리지출 중 50% 정도가 주택수당과 월세보조, 내

표 1 법정외 복리후생비의 구성비 추이 (단위: %)

항목	1991년	1995년	1998년	2002년	2005년
주거	41.1	46.3	47.9	49.5	49.9
의료 보건	8.3	5.6	6.8	6.8	6.7
식사	10.8	10.6	9.9	10.8	9.1
문화 체육 오락	11.4	8.6	8.6	7.1	6.0
민간보험제도 장려	8.7	8.4	7.1	6.9	10.5
산재부가급여	1.9	1.7	2.2	1.5	2.3
경조사비	3.0	3.4	3.3	3.2	3.2
저축장려 등	2.8	3.9	2.8	3.5	2.5
그 외	11.9	11.6	11.3	10.6	9.9
계	100.0	100.0	100.0	100.0	100.0

주: '그 외'에는 종업원 환영비용, 주식투자지원, 보육시설비 등이 포함된다.
출처: 후생노동성, 〈평성 18년 취로조건종합조사보고〉 (厚生労働省, 〈平成18年就労条件総合調査報告〉, http://www.mhlw.go.jp/toukei/saikin/old/r-chingin.html)

집마련지원 등의 주거와 관련된 비용으로 사용되었다.

그 결과, 위와 같은 고용보장은 실질적으로 사회보장을 대체하는 기능을 하였다. 이 사실을 증명하고 있는 것이 〈표 2〉이다. 이는 1980년대 중반에 각국의 조세 · 사회보장을 통한 재분배 실시 전과 후의 지니계수(Gini's coefficient)를 비교한 것인데, 일본의 경우, 재분배 전과 후의 소득격차가 크지 않음은 물론, 지니계수가 재분배 전의 단계에서 이미 상대적으로 낮았다는 점이 눈에 띈다. 다른 국가들과 비교하였을 때 현역세대의 생활에 대해 사회보장의 역할이 매우 적은 반면, 그 대신 고용을 통한 임금이 상대적으로 중요한 역할을 수행하고 있음을 알 수 있는 대목이다.

표 2 주요국의 소득재분배 전과 후의 지니계수

국가명	소득재분배	1980년대 중반	2000년대 중반
일본	소득재분배 전(a)	0.309	0.362
	소득재분배 후(b)	0.276	0.310
	a-b	0.033	0.052
스웨덴	소득재분배 전(a)	0.347	0.375
	소득재분배 후(b)	0.224	0.242
	a-b	0.123	0.133
독일	소득재분배 전(a)	0.360	0.393
	소득재분배 후(b)	0.254	0.272
	a-b	0.106	0.121
미국	소득재분배 전(a)	0.376	0.420
	소득재분배 후(b)	0.326	0.346
	a-b	0.050	0.074

출처: Michael Forsteer and Macro Mira d'Ercole, "Income Distribution and Poverty in OECD Countries in the Second Half of the 1990s", (OECD Social, Employment and Migration Working Paper No. 22), revised data on Decenber 2006. 宮本, 2009: 41에서 재인용

또 이와 관련해서 <표 3>을 통해 일본 사회보장 지출의 구성내역을 살펴보면, 다른 선진국들과 비교해서 가족 혹은 주거와 관련된 비용이 극단적으로 낮음을 알 수 있다. 이 또한 위에서 언급한 가족임금과 복리후생 등의 제공과 무관하지 않다. 노동자에 대해 가족임금이라는 상대적으로 높은 수준의 임금과 부양수당이 제공됨과 동시에 주거 관련 비용 등 복리후생이 제공됨으로써, 이러한 고용보장이 억제된 사회보장 기능의

표 3 주요국의 GDP 대비 정책분야별 사회지출 구성비(2005년) (( )안은 구성비)

항목	일본	스웨덴	독일	영국	미국	OECD 평균
노령	8.6 (46.2)	9.6 (32.7)	11.2 (41.9)	6.1 (28.6)	5.3 (33.3)	7.0 (34.0)
유족	1.3 (7.0)	0.6 (2.0)	0.4 (1.5)	0.2 (0.9)	0.8 (5.0)	0.7 (3.3)
근로무능력 관련 (장애, 산업재해 및 질병)	0.7 (3.8)	5.6 (19.0)	1.9 (7.1)	2.4 (11.3)	1.3 (8.2)	2.3 (11.2)
보건	6.3 (33.9)	6.8 (23.1)	7.7 (28.8)	7.0 (32.9)	7.0 (44.0)	6.2 (30.1)
가족	0.8 (4.3)	3.2 (10.9)	2.2 (8.2)	3.2 (15.0)	0.6 (3.8)	2.0 (9.7)
적극적 노동시장 프로그램	0.3 (1.6)	1.3 (4.4)	1.0 (3.7)	0.5 (2.3)	0.1 (0.6)	0.6 (2.9)
실업	0.3 (1.6)	0.3 (1.0)	1.7 (6.4)	0.3 (1.4)	0.3 (1.9)	–
주택	–	0.5 (1.7)	0.6 (2.2)	1.4 (6.6)	–	–
기타	0.3 (1.6)	0.6 (2.0)	0.2 (0.7)	0.2 (0.9)	0.6 (3.8)	0.7 (3.3)
계	18.6 (100.0)	29.4 (100.0)	26.7 (100.0)	21.3 (100.0)	15.9 (100.0)	20.6 (100.0)

출처: OECD, Social Expentidure Database(http://stats.oecd.org/Index.aspx).

많은 부분을 대신해 온 것이다(金子, 1991; 宮本, 1997). 1990년대 초반까지 완전고용이 실현되어 왔었다는 점을 고려하면, 위와 같은 고용보장이 국민들의 실질적인 생활보장으로서 충분한 기능을 수행해 왔다고 할 수 있다.

위와 같이 현역세대에 대한 고용보장이 사회보장의 기능을 대체하면서 사회보장 지출을 억제하는 데 큰 역할을 하였다고 할 수 있는데, 실제로 〈표 4〉에서 보이는 것처럼 서구의 다른 선진국들과 비교하였을 때 낮은 사회보장 비용을 유지해 오고 있다.

고령자세대에 편중된 사회보장

물론 현역세대에 대한 고용보장이 아무리 강력히 추진된다 하더라도 그것이 퇴직 후의 생활을 보장하는 것은 아니었다. 고령자세대에 대해서는 고용보장이 아닌 사회보장이 필요한 것이다.

일본에서 고령자세대에 대한 사회보장이 사회적으로 관심을 끌게 된 것은 위에서 지적한 것처럼 1970년대에 고령화 사회로 진입한 이후인데,

표 4 주요국의 GDP 대비 사회지출 추이 (단위: %)

국가명	1980년	1985년	1990년	1995년	2000년	2005
일본	10.4	11.2	11.3	14.3	16.5	18.6
스웨덴	27.2	29.5	30.2	32	28.4	29.1
독일	20.4	20.8	20.1	26.8	26.6	27.2
미국	13.2	13.1	13.5	15.4	14.5	15.8
OECD 평균	15.6	17.2	17.5	19.5	18.9	19.8

출처: OECD, Social Expentidure Database(http://stats.oecd.org/Index.aspx).

이를 전후로 한 사회보장 급여비의 변화를 살펴보면, 〈표 5〉에서 보이듯이 그 내역이 '의료'와 '연금' 등의 고령자세대를 위한 지출에 편중되어 가고 있음을 알 수 있다. 1990년대 이후에는 위에서 언급한 골드플랜과 개호보험의 시행으로 '복지와 그 외'에 포함되는 개호비용이 급속히 증가하였다.

이러한 사실을 다른 서구국가들의 사회보장 지출과 비교해 보면 일본의 특징을 명확히 발견할 수 있다. 위에서 제시한 〈표 3〉을 통해 경제협력개발기구(OECD, Organization for Economic Cooperation and Development) 기준의 사회지출의 내역을 보면, 일본의 경우 연금, 유족

표 5 사회보장 급여비의 추이 (단위: 억 엔, %)

연도	합계	의료	구성비	연금 · 복지 그 외		구성비	
1950	1,261	646	51.2	615		48.8	
1955	3,893	1,919	49.3	1,974		50.7	
1960	6,553	2,942	44.9	3,611		55.1	
연도	합계	의료	구성비	연금	구성비	복지 그 외	구성비
1965	16,037	9,137	57.0	3,508	21.7	3,392	21.2
1970	35,239	20,758	58.9	8,562	24.3	5,920	16.8
1975	117,693	57,132	48.5	38,831	33.0	21,730	18.5
1980	247,736	107,329	43.3	104,525	42.2	35,882	14.5
1985	356,798	142,830	40.0	168,923	47.3	45,044	12.6
1990	472,203	183,795	38.9	240,420	50.9	47,989	10.2
1995	647,243	240,520	37.2	334,986	51.8	71,738	11.1
2000	781,191	259,953	33.3	412,012	52.7	109,225	14.0
2005	879,150	281,094	32.0	462,930	52.7	135,126	15.4

출처: 사회보장 · 인구문제연구소, 〈사회보장통계연보〉(社会保障 · 人口問題研究所, 〈社会保障統計年報〉
(http://www.ipss.go.jp/site-ad/index_Japanese/security AnnualReport.html)

표 6 주요국의 GDP 대비 대상별 현금급여 내역(2005년) (단위: %)

	일본	스웨덴	독일	영국	미국	한국	OECD 평균
연금	9.9	10.2	11.6	6.3	6.1	1.7	7.7
현역세대에 대한 지출	2.1	10.2	6.6	7.5	2.8	1.8	5.0

출처: OECD, Social Expentidure Database(http://stats.oecd.org/Index.aspx).

관련, 보건 등 고령자 관계비용이 다른 국가들에 비해 매우 높게 나타나는 것을 알 수 있다. 이러한 사실은 사회보장 지출의 현금급여 부분을 고령자세대를 위한 지출과 현역세대를 위한 지출로 나누어 본 〈표 6〉에서 다시 한 번 확인된다. 일본의 고령자세대를 위한 지출은 OECD 평균 이상인 반면, 현역세대를 위한 지출은 그 절반에도 미치지 못하는 미미한 수준에 머물러 있다.

이렇듯 현역세대의 생활보장은 완전고용과 함께 가족임금, 복리후생 등의 고용보장정책에 맡겨져 있었으며, 이를 통해 억제된 사회보장제도는 그 대부분이 고령자세대의 생활보장을 위한 것이었다고 할 수 있다.

전제로서의 '남성부양자 모델' 가족

위와 같이 일본 복지국가는 서구 선진국과는 사뭇 다른 모습을 가지고 발전해 왔다. 여기서 한 가지 중요한 점을 지적하자면, 위와 같은 일본 복지국가의 구조적 특징, 특히 현역세대에 대한 강력한 고용보장이 사회 전체적으로 기능하기 위해서는 '남성부양자 모델'의 가족제도가 필요하였다는 점이다. 왜냐하면 여성의 사회진출을 억제하지 않는 한 실질적인 완전고용의 실현은 불가능한 것이었으며, 동시에 완전고용이 남성노동자를 중심으로 실현된 상황에서 그들에 대한 고용보장이 노동자 본인뿐만 아니라 가족을 포함한 국민 전체에 대해 사회보장의 기능을 대체하기 위해서는 노동자로서의 여성이 아닌 피부양자로서의 여성의 지위가 필요했기 때문이다.

실제로 1970~1980년대에 실현된 완전고용은 남성부양자 모델을 유지하는 형태로 실현되었다. 1973년의 오일쇼크 직후의 경제위기 속에서 급격한 고용조정이 이루어졌는데, 1973~1974년 사이에 남성의 경제활동 참가율은 0.8%밖에 떨어지지 않았지만, 여성의 경제활동 참가율은 2.5%나 떨어져 역사상 가장 낮은 수치인 45.7%를 기록하였다. 당시 다른 선진국들의 상황을 보면, 여성의 노동시장으로부터의 퇴출이 남성보다 많은 경우는 없었다(大沢, 2007: 60).

오일쇼크 이후의 변화에도 주목해야 한다. 1970년대 이후 서구에서는 여성의 노동시장 진출이 증가하면서 남성부양자 모델이 붕괴되기 시작하고, 이와 더불어 오일쇼크을 계기로 한 고도경제성장의 종언으로 고실업시대로 들어서게 된다. 물론 일본에서도 오일쇼크의 여파가 지난 후 여성의 노동시장 진출이 다시 회복된다. 하지만 그들 여성은 어디까지나 피부양자로서 주부의 역할과 동시에 육아기 이후에 새롭게 파트타임part time 노동자로서의 역할을 하는 이른바 '주부노동자'(上野, 1990: 206) 혹은 '준(準)전업주부'(落合, 2004)이었다. 이들은 직장을 잃어도 가정으로 복귀하면 되었으며, 당연히 실업률에도 포함되지 않는 존재가 되는 것이다. 1973년의 오일쇼크에 따른 경제위기 속에서 나타난 서구의 고실업과는 달리, 일본에서는 여성의 '주부노동자화'를 통해 남성의 고용을 보장하는 형태로 완전고용이 지속적으로 실현되어 올 수 있었다고 할 수 있다.

이후 1980년대에 들어서면서 이러한 남성부양자 모델을 유지하기 위한 제도적 노력이 본격화되었다. 배우자의 법정상속분의 인상(1980년), 증여세의 배우자 특별공제(1985년), 국민연금에서의 피부양배우자 보험료 면제와 유족후생연금 비율의 인상(1985년), 소득세의 배우자 특별공제(1987년) 등이 바로 그 대표적인 것이다.

이들 정책으로 혜택을 받는 것은 당연히 피부양배우자가 있는 가족, 즉 가사노동을 담당하는 전업주부 혹은 주부노동자가 있는 남성부양자 모델의 가족이다. 이들 정책은 남성부양자 모델에 대한 '과도'한 배려라고도 평가된다(大沢, 2007: 61). 1990년대 이후에는 남성부양자 모델에 대한 반성이 조금씩 등장하지만 이에 대한 적극적인 개혁은 이루어지지 않았으며, 오히려 '남성부양자 모델의 고착'(大沢, 2007: 72-89) 현상이 강해졌다. 비교 복지국가 연구에서 일본이 전형적인 '남성부양자 모델'의 특징을 지니고 있는 것은 잘 알려진 사실이다.

이렇게 형성된 남성부양자 모델 속에서 주부로서의 여성에게 부여된 것이 바로 육아 및 개호 등의 역할이었다. 육아에 관해서는 1970~1980년대를 통해 흔히 이야기되었던 '3세 신화', 즉 "세 살까지는 엄마가 직접 키우지 않으면 아이에게 나쁜 영향을 미칠 수 있다"라고 하는 가족 이데올로기의 확산에서 알 수 있는 것처럼, 최근까지도 육아는 전적으로 주부에게 맡겨지고 있다. 개호에 관해서도 마찬가지였다. 연금제도의 성숙으로 고령자의 경제적 자립은 가능했지만, 개호 등의 서비스에 관해서는 2000년 개호보험이 실시되기 전까지 거의 모든 부분이 주부의 몫으로 전가되어 온 것이다.

이렇듯 가정 내에서 주부들이 육아와 개호 등의 서비스를 수행함으로써 부양자로서의 남성노동자의 안정된 고용과 소득이 노동자 본인뿐만 아니라 가족구성원 전원에게 파급될 수 있었다. 이는 분명 가족서비스를 적극적으로 사회화시킨 스웨덴 등 북유럽의 국가들과도 다른 모습이며, 동시에 가족수당 등의 현금급여를 통해 가족서비스를 유지하였던 독일 등 서유럽의 국가들과도 다른 모습이다. 〈그림 4〉에서 보듯이 다른 서구 국가들과 비교해 보았을 때, 일본의 사회보장 지출 중 가족 관련 급여가 극단적으로 낮은 것이 이를 증명하고 있다고 할 수 있다.

이상과 같이 1970년대 이후 여성의 주부화를 통해 남성노동자 중심의 완전고용이 실현되었고, 그러한 남성부양자 모델을 유지하기 위한 각종 제도개혁이 동반되면서 남성노동자의 고용보장이 그 가족에게도 파급될 수 있는 구조가 만들어졌다. 이로써 사회보장 비용을 억제할 수 있었으며, 그러한 구조 속에서 억제된 사회보장 비용은 고용과 소득에 의지하지 못하고 가족의 기능이 상대적으로 약해지는 인생 후반에 집중적으로 투입되었던 것이다.

지금까지 본 절에서는 제2차 세계대전 후 일본 복지국가의 형성과 발전, 그리고 1970년대 이후의 변용을 살펴보면서 그 특징을 살펴보았다. 서구국가들과 구별되는 일본 복지국가의 특징을 한마디로 정리하면, 현역세대에 대한 강력한 고용보장과 고령자세대에 편중된 사회보장, 그리고 그 전제로서의 '남성부양자 모델'의 가족이라고 할 수 있다. '남성부양자 모델'의 가족을 유지하지 않는 한 복지국가정책이 그 기능을 충분히

그림 4 주요국의 GDP 대비 가족관계 급여(2010년) (단위: %)

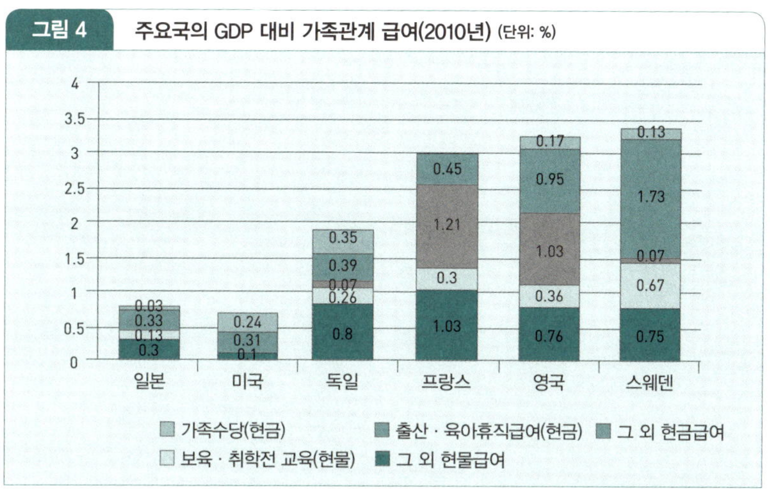

출처: OECD, Social Expentidure Database (http://stats.oecd.org/Index.aspx).

발휘하지 못하였다는 의미에서 1970년대 이후 일본이 구축해 온 복지국가를 '가족의존적' 복지국가라 이름 붙일 수 있을 것이다.

'가족의존적' 복지국가의 위기

1980년대의 성공과 1990년대 이후의 위기

한계에 직면한 일본 복지국가

1979년에 일본의 경제적 성공과 미국의 실패를 비교한 에즈라 보겔Ezra Vogel의 저서 《세계 제일 일본: 미국을 위한 교훈(Japan as Number One: Lesson for America)》이 출판되면서 해외의 다양한 학문 분야에서 일본 모델에 관한 연구가 전개되었다. 1980년대의 높은 경제성장률과 낮은 실업률, 높은 사회적 안정과 낮은 조세부담률 등 서구와는 다른 일본의 사회경제구조에 대한 연구가 사회과학 연구자들 사이에서 큰 관심을 불러일으켰던 것은 잘 알려진 사실이다. 1970년대의 오일쇼크 이후 서구의 많은 국가들이 저성장과 고실업을 경험하고 있을 때, 일본만이 지속적인 고성장 · 저실업을 유지하였던 사실이 관심의 대상이 되었던 것이다. 일본 내에서는 이른바 '국민 총 중류 사회'라는 표현에서 전형적으로 나타나고 있는 것처럼 모든 국민들이 중류의식을 가지고 풍요로운 사회 일본을 구성하고 있다는 인식이 지배적이었다. 학계에서도 제2차 세계대전 직후의 '국민 총 기아 상태'에서 활발히 진행되었던 빈곤과 불평등, 격차 등에 관한 연구와 조사가 점차 사라져 1970~1980년대를 지나면서 '빈곤을 잃어버린 일본', 혹은 '빈곤연구의 빈곤'이 지적될 정도이었다(岩田, 2007: 23). 이와 같은 사실은 앞 절에서 지적한 일본 복지국가의 구조적 특징이 적어도 1980년대까지는 충분히 양호한 성적을 내었다는 것을 시사한다고 할 수 있다.

그런데 일본은 1990년대 초반 이후 거품경제가 붕괴되면서 저성장시대로 들어섰다. 1990년대에 경기침체를 극복하기 위한 여러 가지 개혁정책이 추진되었지만 경기가 회복되지 않으면서 2000년대 초 '잃어버린 10년'이 이야기되기 시작하였다. 그 후 '잃어버린 10년'으로부터 탈출하기 위하여 적극적인 개혁정책이 시도되지만, 이 또한 가시적인 성과를 내지 못했을 뿐만 아니라, 오히려 2008년의 미국발 경제위기 등의 여파로 일본 경제는 더욱 힘들어졌다. 이에 따라 2000년대 말부터 '잃어버린 20년'이 이야기되고 있는 상황이다. 일본 국내의 학계에서는 2000년대 초반 이후 그때까지 보이지 않았던 불평등과 격차에 관한 조사와 연구가 일일이 열거할 수 없을 정도로 활발히 전개되고 있다.[10] 1990년대 초반까지

10 여기에서 최근 일본에서 진행되고 있는 불평등 혹은 격차에 관한 논의를 간단히 소개하겠다. 격차사회에 대한 논의 중 가장 빠른 시기에 등장한 연구는 1994년의 오타케(大竹)의 논문 〈1980년대의 소득 · 자산분배〉(大竹, 1994)인데, 이 논문에서는 1980년대에 일본에서의 고령화의 진

양호한 성적을 내고 있었던 일본 복지국가 더 이상 적절히 기능하지 못하고 있음을 보여주고 있다. 무엇이 문제인 것일까?

일반적 상황과 일본의 특수한 현실

물론 최근의 경기침체는 일본만의 문제가 아니다. 더불어 기존의 복지국가가 거듭된 개혁정책의 시행에도 불구하고 제대로 적절한 대안이 등장하지 못하고 문제를 증폭시키고 있는 것도 많은 선진국에서 공통적으로 보이는 현상이다.

일반적으로 보았을 때, 세계 경제는 1980년대 이후 미국과 영국을 중심으로 한 신자유주의 정책의 확산, 1980년대 말 1990년대 초의 동유럽

행이 소득격차를 초래하고 있다는 것을 밝혀내고 있다. 이후 1998년의 《일본의 경제격차》(橘木, 1998), 2000년의 《불평등사회 일본》(佐藤, 2000)이 베스트셀러가 되면서 소득격차의 심화와 중류계급의 붕괴에 대한 논의가 본격적으로 등장하기 시작하면서, 이전의 '국민 총 중류 사회'에 대한 인식에 변화를 가져왔다. 특히 위 저서에서 사토(佐藤)는 상층 화이트칼라층으로의 한정적인 직업이동을 지적하면서 1990년대 이후 일본의 계층격차가 고착화되고 있는 상황을 분석하고 있다. 한편 교육문제와 관련하여 2001년의 가리야(苅谷, 2001)의 저서 《계층화 일본과 교육위기》에서는 학력저하 경향이 출신계층 간의 학력격차를 초래하고 있으며, 최근의 학력저하는 계층격차와 밀접하게 관련된다고 주장하였다. 한편 이와 같은 1990년대 후반 이후의 격차 확대와 중류계급의 붕괴론에 대해 다른 한편에서는 '과잉반응'이라는 연구결과도 나오고 있다. 세야마(盛山, 2003)는 계층 그 자체는 이전부터 존재하고 있었으며 최근 계층 간 격차가 확대되고 있다는 논의는 신빙성이 없다고 주장하고 있다. 또한 이시다(石田, 2000, 2002)는 출신계급과 도달계급의 세대 간 이동 추세를 분석한 결과 고도경제 성장기 이후 불평등이 진전되었다 혹은 후퇴되었다고 하는 일관된 계층변화는 인정되지 않는다고 말한다. 마쓰우라(松浦, 2002) 또한 소득뿐만 아니라 소비, 자산에 대해서도 격차의 정도를 산출하여 1990년대의 불평등도에 큰 변화가 보이지 않는다는 점을 밝혀내고 있다. 이와 같이 한편에서는 1990년대 이후의 중류계급의 붕괴와 불평등의 증가를 주장하는 연구와, 다른 한편에서는 그러한 주장의 신빙성에 대해 의문을 던지는 연구가 진행되면서 《논쟁 격차사회》(文春新書編集部編, 2006)라는 상황이 전개되고 있다. 중류계급이 붕괴되었는지 아닌지, 불평등이 증가했는지 아닌지, 혹은 이들 문제가 이전부터 존재했던 것인지 최근에 새롭게 등장한 문제인지 등에 관해서는 많은 논쟁은 있지만 적어도 1980년대까지 거의 존재하지 않았던 격차사회에 대한 논의가 최근 활발하게 진행되고 있는 것 자체를 보면 예전 '국민 총 중류 사회'로 불렸던 일본의 경제사회적 상황이 크게 달라지고 있음을 확인할 수 있다.

사회주의 국가의 붕괴에 따른 세계화의 급속한 진행 등으로 더 이상 일국 중심의 복지국가 정책을 추진하는 것이 힘들어졌다. 이러한 상황 속에서 복지국가 정책의 두 축이라고 할 수 있는 고용보장과 사회보장이 붕괴되기 시작한 것이 사실이다.

우선, 세계화로 종래의 선진국들만의 경쟁구도에 저임금노동을 무기로 한 개발도상국들이 참여하기 시작하여 국제경쟁이 심화되면서, 그때까지의 고용보장정책이 약화되기 시작하였다. 심화된 국제경쟁에서 살아남기 위해 선진국들은 노동비용의 삭감이 불가피하게 되어, 노동시장의 유연화정책 등 각종 규제 완화정책을 추진함에 따라 저임금노동과 불안정 고용의 확산을 장려하거나 묵인하게 되었다. 불확실한 국제경쟁 속에서 기업들은 신규채용을 최소화하거나 인원삭감 등을 통한 경영효율화를 추구하게 되어 실업률 또한 증가하였다. 정규직을 중심으로 한 안정된 고용의 보장은 과거의 혹은 일부의 노동자들에 국한된 이야기가 되어 버렸다고 할 수 있는 것이다.

고용이 불안정해지면 당연히 이를 연계로 추진되어 왔던 사회보장정책 또한 큰 타격을 받는다. 실제로 많은 선진국들에서 주로 정규직 노동자들을 대상으로 운영되었던 사회보험제도는 비정규직 노동자들의 증가로 그 기능을 제대로 발휘하지 못하게 되었을 뿐더러, 보험료 수입의 감소로 제도적 기반마저 흔들리고 있다. 더불어 심화된 국제경쟁 속에서 기업의 경영부진 등으로 정부의 세수입은 당연히 줄어들고, 이 때문에 사회보험 이외의 제도들에 들어가는 비용도 삭감 압력에 놓이게 되었다. 과거 안일한 경제성장의 예측 속에서 늘려온 국가부채는 한계에 도달하여 더 이상의 부채는 허용되지 않으며, 경제침체 속에서 증세 또한 힘들어졌다. 고용의 불안정화로 사회보장을 필요로 하는 저소득층과 빈곤층이 증가하였지만, 재정악화 때문에 사회보장제도를 통한 대응은 힘들어지게 되었다. 재정악화를 피하기 위해 기존의 복지수혜자들을 노동시장으로 복귀시키는 '근로연계복지(workfare)' 정책이 추진되지만, 이들 정책을 통하여 그들이 돌아간 노동시장은 이미 충분히 불안정해져 있는 상황이다. 저소득과 빈곤문제는 해결되지 못하고 오히려 '근로빈곤층(working poor)'을 양산하는 정책개혁이 진행되고 있는 것이다.

위와 같이 선진국들이 경험하고 있는 일반적 상황은 일본에서도 예외가 아니다. 일본경제단체연합회가 거품경제 붕괴 후 1995년에 발표한 〈새 시대의 '일본적 경영'〉에서 그때까지 철저히 지켜왔던 장기고용 관행을 축소하겠다는 의지를 표명하면서, 그 후 비정규직 노동자가 급속히 증가하였다(1996년 남 9.3%, 여 39.6% → 2007년 남 18.3%, 여 54.0%). 공공사업 또한 1990년대 후반 이후에 대폭 축소되면서(1996년 GDP 대비 6.4% → 2007년 3.2%), 거기에 고용되어 있던 건설업 취업자 수가 급감하고, 이와 함께 실업률도 크게 증가하였다.

비정규직 노동자와 실업자들은 당연히 기존의 높은 수준의 임금과 복리후생 등 고용보장의 혜택에서 배제되었으며, 이들이 의존할 수 있는 사회보장제도 또한 미비한 상황 속에서 이들의 생활은 급격히 불안정한 상태가 되었다. 이에 대처하기 위한 사회보장제도의 개혁이 요구되었지만, 위에서 언급한 다른 선진국들과 유사한 상황 속에서 진행된 제도개혁은 문제해결의 실마리를 찾지 못하고 오히려 악화시키는 방향으로 전개되면서 빈곤과 불평등, 격차에 관한 문제가 사회적으로 이슈화되기에 이른 것이다. 1990년대의 '잃어버린 10년'을 지나 2000년대의 '잃어버린 20년'이 진행되고 있는 것이 바로 이와 같은 상황이라고 할 수 있다.

위와 같이 선진국들 사이에서 공통적으로 보이는 세계화의 영향에 따른 복지국가의 한계가 일본에서도 유사한 형태로 등장하고 있는 것은 사실이지만, 거기에는 일본 특유의 중요한 문제가 한 가지 존재한다. 바로 일본의 '가족의존적' 복지국가를 밑에서 지탱하고 있던 가족의 구조와 기능이 급격히 변화하고 있다는 점이다. 글의 첫머리에서 언급한 '고족화'의 문제인데, 이를 단적으로 보여주고 있는 것이 미혼율의 증가와 이로 인한 급속한 저출산의 진행 등 젊은 층에서 나타나고 있는 가족형성의 회피 현상이다.

여기서 주목해야 할 것은 가족형성 회피의 원인이 바로 '가족의존적' 복지국가라는 서구와 구별되는 일본 복지국가의 구조적 특징에 있다는 것이다. 즉 일본 복지국가를 밑에서 지탱하고 있었던 '남성부양자 모델'의 가족에게 전가된 과중한 부담을 피하는 방향으로 가족형성의 회피가 진행되고 있는데, 이와 더불어 그러한 가족형성의 회피가 이번에는 가족을 전제로 구축되어 온 일본 복지국가의 심각한 위기를 초래하는 악순환을 만들어 내고 있는 상황이다. 위에서 지적한 선진국들 사이에서 일반적으로 나타나고 있는 고용보장과 사회보장의 동요와 더불어 급속히 진행되고 있는 가족형성의 회피현상이 오늘날 일본 복지국가를 위기로 몰아넣고 있다고 할 수 있다. 거품경제가 붕괴된 후의 고용보장과 사회보장의 동요에 관한 상세한 분석은 필자의 다른 논문을 참조하길 바라며(김성원, 2011a; 2011b), 이하에서는 그 두 가지 정책을 밑에서 지탱하고 있었던 가족의 변화에 초점을 맞추어 일본 복지국가의 위기적 상황을 살펴보도록 하겠다.

가족형성 회피: 미혼화와 저출산

결혼과 출산의 감소

일본에서 나타나고 있는 가족형성 회피 현상을 표면적으로 보여주고 있는 결혼과 출산에 관한 시계열적 자료를 통해 그 장기적 추세를 살펴보자.

우선 미혼화 현상이다. 이는 혼인건수와 혼인율의 변화에서 확인할 수

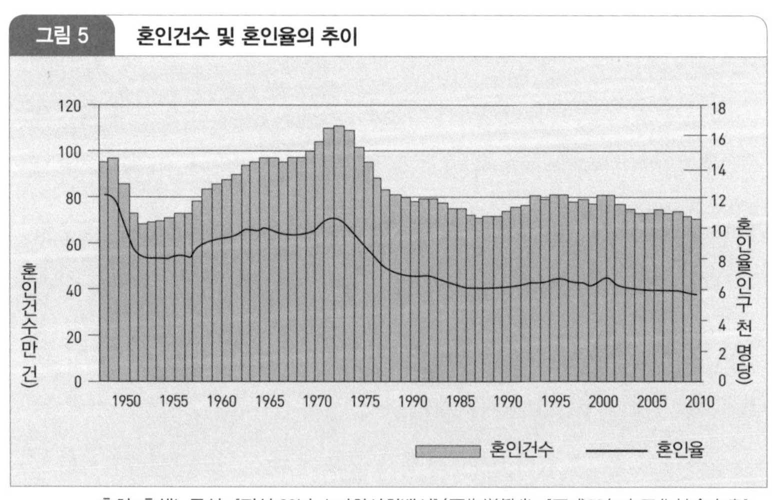

그림 5 혼인건수 및 혼인율의 추이

출처: 후생노동성, 《평성 23년 소자화사회백서》(厚生労働省, 《平成23年少子化社会白書》, http://www8.cao.go.jp/shoushi/whitepaper/index-w.html)

있는데, 이를 보여주는 것이 〈그림 5〉이다. 그래프에서 보이는 것처럼 제2차 세계대전 직후의 제1차 베이비붐baby boom 시기(1947~1949년)에 태어난 사람들이 25세 전후에 이른 1970년대 전반을 제2차 베이비붐 시기(1971~1974년)라 하는데, 이때의 결혼건수는 연간 100만 건을 넘고, 혼인율도 10.0%을 웃도는 상황이었다. 하지만 그 후 혼인건수와 혼인율 모두 저하 경향으로 전환되어, 1980년대 이후 결혼건수 70만 건, 혼인율 5~6%대로 떨어져 그 수준을 지속적으로 유지하고 있다. 2010년의 혼인건수는 70만 213건으로 전년도보다 7,521건 감소하였으며, 혼인율도 전년도의 5.5%에서 0.1%가 떨어져 최저를 기록하였다. 1970년 초반과 비교하면 절반에 가까운 수치가 된 것이다.

그림 6 연령별 미혼율의 추이

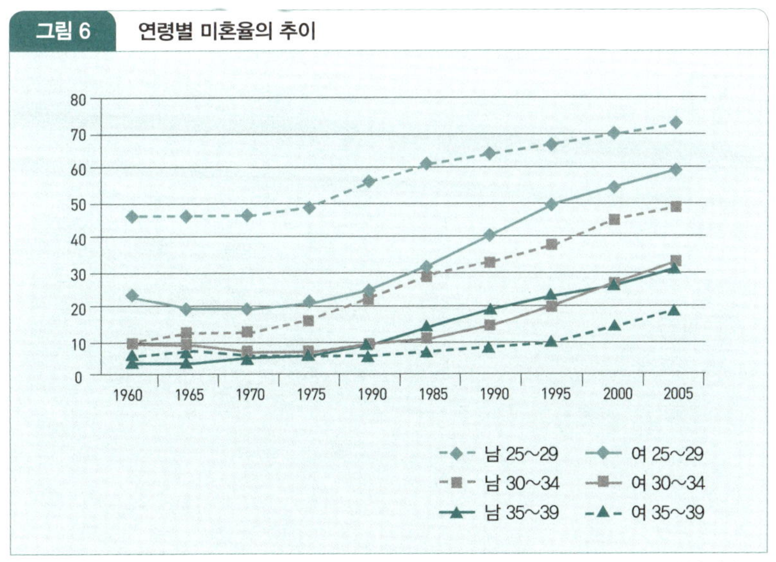

출처: 후생노동성, 《평성 23년 소자화사회백서》(厚生労働省, 《平成23年少子化社会白書》, http://www8.cao.go.jp/shoushi/whitepaper/index-w.html)

이와 더불어 그간 미혼율도 급격히 상승해 왔다. 〈그림 6〉을 통해 25~39세의 미혼율을 보면 1970년대 이후 남녀 모두에서 가파르게 상승하고 있음을 알 수 있다. 1975년과 2005년 사이에 남성에서는 25~29세가 48.3 → 71.4%, 30~34세가 14.3 → 47.1%, 35~39세가 6.1% → 30.0%로 상승하고 있고, 여성에서는 25~29세에서 20.9% → 59.0%, 30~34세에서 7.7% → 32.0%, 35~39세에서 5.5% → 18.4%로 상승하고 있다. 〈그림 7〉은 지난 30년간의 생애미혼율을 나타낸 그래프인데, 남성은 1975년 2.12%에서 2005년 15.96%로 7배 이상 증가하였고, 여성의 경우는 같은 기간 4.32%에서 7.25%로 2배 가까이 증가하였다.

위와 같은 자료들을 통해 1970년대를 거치면서 미혼화 현상이 급속히 전개되고 있는 상황을 파악할 수 있다.

그림 7 생애미혼율의 추이

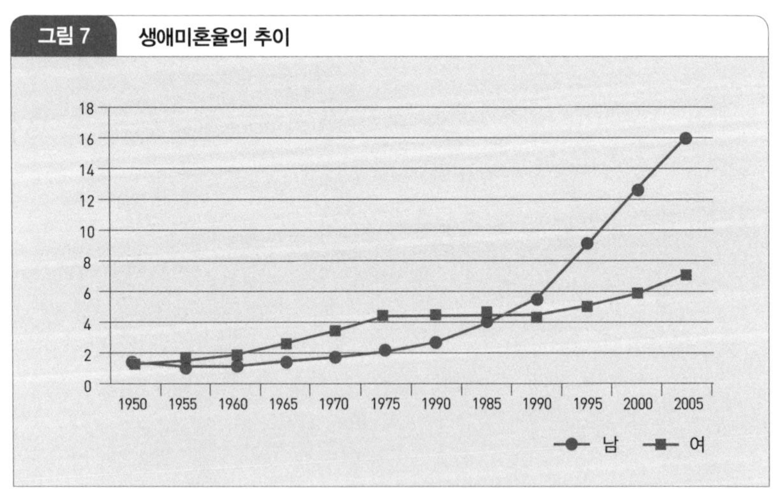

출처: 후생노동성, 《평성 23년 소자화사회백서》(厚生労働省, 《平成23年少子化社会白書》, http://www8.cao.go.jp/shoushi/whitepaper/index-w.html)

다음으로, 저출산 문제를 살펴보자. 다른 서구 국가들과는 달리 혼외출산이 적고[11] '결혼'과 '출산'이 밀접하게 관련되어 있는 일본에서 위와 같은 미혼화 현상은 곧바로 저출산과 직결되고 있는데, 이는 〈그림 8〉을 통해 확인할 수 있다. 출생아수의 추이를 살펴보면 제2차 세계대전 직후인 제1차 베이비붐 시기(1947~1949년)에 약 270만 명이었던 것이 제2차 베이비붐 시기(1971~1974년)에는 약 210만 명이 떨어져, 1975년에는 200만 명, 1984년에는 150만 명 이하로 내려간다. 이후, 1990년대 초반까지는 일관적인 감소 경향을 보이는데, 1990년대 들어와서는 1970~1980년대의 일관적인 감소와는 달리 감소와 증가를 반복하지만, 전체적인 경향으로는 감소 추세에 있다고 할 수 있다. 2010년 현재 출생아수를 보면 107만 1,306명으로 제1차 베이비붐 시기의 약 40%, 제2차 베이비붐 시기의 약 50%로 감소한 상황이다.

여성이 일생 동안 출산하는 자녀의 수도 제2차 세계대전 후 지속적으로 감소하였다. 제1차 베이비붐 시기의 합계특수출생률(여성 1명이 생애에 출산하는 자녀수 추산치)은 4를 넘어, 자녀의 수가 평균 4~5명, 많게는 7~8명이 있는 가족이 일반적이었다. 그 후 1950년대 이후 급속한 저하가 진행되면서 합계특수출생률은 2 전후까지 떨어졌다. 1966년의 '히

11 일본의 혼외출산 비율은 1980년에 0.8%, 2008년에 2.1%이다. 참고로 다른 서구 선진국의 경우를 보면, 2008년 기준으로 프랑스가 52.6%(1980년 11.4%), 덴마크가 46.2%(33.2%), 영국이 43.7%(11.5%), 미국이 40.6%(18.4%), 독일이 32.1%(15.1%)로 일본이 다른 국가들에 비해 극단적으로 혼외출산이 낮다는 것을 알 수 있다. 이러한 의미에서 '결혼'과 '출산'이 밀접히 관련되어 있다고 할 수 있다. 한편, 이 글에서는 분석하고 있지 않지만, 혼외출산과 저출산과의 상관관계도 무시할 수 없다. 즉 혼외출산의 비율이 높은 국가일수록 높은 출생률을 보이고, 반대로 혼외출산의 비율이 낮은 국가일수록 낮은 출생률을 보이는 경향이 있다. 이 때문에 일본의 저출산 문제를 논할 때 낮은 혼외출산의 비율을 지적하는 연구도 많이 보인다.

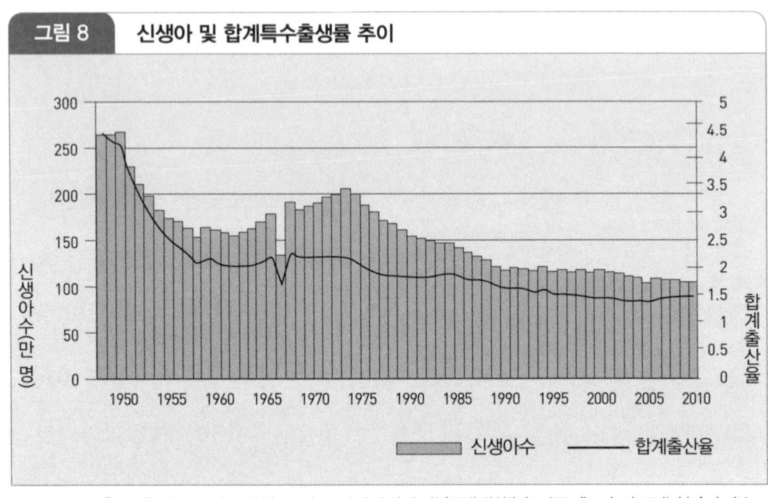

그림 8 신생아 및 합계특수출생률 추이

출처: 후생노동성, 《평성 23년 소자화사회백서》(厚生労働省, 《平成23年少子化社会白書》, http://www8.cao.go.jp/shoushi/whitepaper/index-w.html)

노에우마'(丙午: ひのえうま) 해에 일시적으로 1.58로 떨어진 것을 제외하면[12] 1960년대를 통해 2를 전후로 한 출생률이 지속되었다. 이 시기에 이른바 '두 자녀 규범'(落合, 2004)이 일본사회에서 주류가 되었다고 할 수 있다. 1970년대에 들어서면서 제2차 베이비붐 시기인 1973년에 출생률이 2.16으로 약간 상승하지만, 그 후에 저하 경향으로 전환하였다. 1974년에는 인구치환 수준인 2.08을 밑돌게 되었고, 1989년에는 1966년의 '히노에우마' 해의 출생률 이하인 1.57을 기록하면서 이른바 '1.57쇼크'를 경험하였다. 이때부터 일본에서 '소자화(少子化)'라 불리는 저출산 문제가

12 일본에서는 불교에 근거한 풍습으로 인해 60년에 한 번씩 돌아오는 '히노에우마' 해에 아이를 낳지 않는 이른바 '히노에우마 신앙'이 있다. 20세기에 들어서 1906년과 1960년이 '히노에우마' 해였으며, 이 해에 출생률이 급격히 떨어지는 경향이 있었다.

세간의 주목을 받게 되었다. 그 후 저출산의 감소 경향은 멈추지 않았고, 2003년에는 '초소자화'라 할 수 있는 수준인 1.3을 밑도는 1.29를 기록하였으며, 2005년에는 일본 역사상 최저 수준인 1.26을 기록하였다. 2009년 현재 1.39로 2005년 이후 약간의 회복 경향이 나타나고 있지만, 일본이 다른 선진국들과 비교하여 최하위권의 낮은 수준에 머물고 있는 것은 잘 알려진 일이다.

가족형성 회피의 원인

위와 같은 미혼율의 증가와 이로 인한 저출산의 진행은 젊은 층에서 가족형성을 회피하는 경향이 강해지고 있음을 말해 준다고 할 수 있다. 그렇다면 왜 그러한 경향이 나타나는 것일까? 엄밀히 하자면 미혼율의 증가와 저출산의 진행은 별개의 문제로 파악해야 하지만, 일본의 경우 위에서 언급한 것처럼 결혼과 출산이 밀접히 관련되어 있기 때문에 그 두 가지를 동일한 문제로 파악해도 큰 문제가 없을 것이다.

저출산 문제를 중심으로 생각해 보면, 많은 연구자들이 지적하는 것처럼 크게 두 가지 요인을 생각해 볼 수 있다. 하나는 경제의 발전이고, 또 하나는 여성의 사회진출 증가이다.

우선 경제발전이 저출산을 초래하는 이유로는 농업사회에서 공업사회로의 전환에 따른 노동력으로서 자녀의 역할 변화, 의료기술의 발달과 식량사정의 개선에 의한 영유아기 사망률의 감소 등을 들 수 있다. 〈표 7〉은 세계 161개국의 합계특수출생률을 보여주는데, 이를 보면 발전도상국의 합계특수출생률은 선진국에 비교해서 높다는 것을 알 수 있다.

표 7 주요국의 합계특수출생률(2007년)

국가명	TFR	국가명	TFR	국가명	TFR	국가명	TFR
아프가니스탄	7.07	파키스탄	3.89	영국	1.90	스위스	1.45
기니비사우	7.07	가나	3.84	노르웨이	1.90	독일	1.39
니제르	6.95	파푸아뉴기니	3.79	덴마크	1.85	스페인	1.38
부룬디	6.80	아이티	3.75	스웨덴	1.85	일본	1.34
우간다	6.67	짐바브웨	3.69	아르메니아	1.70	한국	1.26

농업사회의 경우 공업사회에 비교하여 상대적으로 많은 노동력이 필요하며, 더불어 의료기술의 미발달이나 열악한 식량사정으로 영유아 사망률이 높기 때문에 발전도상국에서 출생률이 높게 나타나는 것이라고 할 수 있다. 선진국에서는 경제발전을 통해 이러한 현상들이 약화되면서 출생률이 감소하는데, 일본에서 1950년대에 나타난 저출산 현상이 바로 그와 같은 배경하에서 진행된 것이라고 할 수 있다.

한편, 경제발전은 일반적으로 여성의 고학력화를 동반하며, 이에 따라 여성의 사회진출이 증가한다. 여성의 사회진출은 당연히 육아나 개호를 포함한 가사에 소요되는 시간의 감소로 이어지는데, 이에 따라 저출산이 진행되는 것이다. 〈그림 9〉에서 보이는 것처럼 1970년대 이후에 선진국에서 공통적으로 나타나는 저출산은 이러한 배경하에 진행되고 있는 것이라 할 수 있다.

위와 같이 경제의 발전과 여성의 사회진출이 저출산의 일반적인 요인으로 인식된다. 하지만 그 두 요인 중 후자, 즉 여성의 사회진출에 관해서는 유보해야 할 부분이 있다. 위의 〈그림 9〉을 조금 상세히 들여다보면

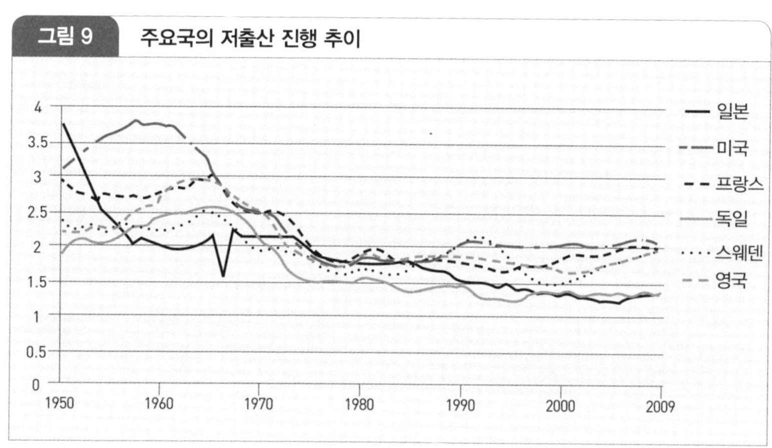

그림 9 주요국의 저출산 진행 추이

출처: 후생노동성, 《평성 23년 소자화사회백서》(厚生労働省, 《平成23年少子化社会白書》, http://www8.cao.go.jp/shoushi/whitepaper/index-w.html)

선진국들 사이에서 1980년대까지 어느 정도 수렴 경향이 보이던 저출산의 진행이 1990년대를 지나면서 분산되는 경향이 나타난다. 다시 말해 합계출생률이 감소에서 증가 경향으로 돌아서 출생률이 2 가까이까지 상승한 나라도 있으며, 지속적으로 감소하여 1.5 이하로 떨어진 상태를 유지하는 나라도 있다. 특히 일본의 경우, 위에서 지적한 것처럼 선진국들 중에서 최하위권을 기록하고 있다.

이러한 사실에 대해 많은 연구자들이 지적하고 있는 것이 1980년대를 기점으로 한 여성의 사회진출과 저출산의 상관관계의 전환이다.[13] 즉 여성의 경제활동참가율과 합계특수출생률의 상환관계를 분석해 보면 1980년대 중반까지 여성의 경제활동참가율이 증가하면 할수록 합계특수출생

13 이에 관해서는 오카자와 · 오부치(岡沢 · 小渕, 2010), 다카하시(高橋, 2005), 겐조(権丈, 2004)의 연구에서 상세히 분석되어 있다.

률이 떨어지는 경향이 있었다. 하지만 1990년대에 들어 그러한 경향이 약화되면서 오히려 여성의 경제활동참가율이 증가하면 할수록 합계특수출생률도 함께 증가하는 경향으로 전환된다. 다시 말해 1980년대를 기점으로 여성의 사회진출과 저출산의 상관관계가 마이너스에서 플러스로 전환된 것이다. 그때까지 가정 내에서 사적으로 이루어져 왔던 육아나 개호 등을 포함한 가사노동이 많은 부분 사회화되면서 여성의 사회진출이 더 이상 출산을 억제하는 요인으로 작용하지 않게 된 것이라고 할 수 있다

그런데 일본의 경우는 그 상관관계가 반대의 경향을 보이고 있다는 점에 주목해야 한다. 〈그림 10〉의 왼쪽 그래프는 일본에서의 여성경제활동참가율(WLPR, Woman Labor force Participation Rate)과 합계특수출생률(TFR, Total Fertility Rate)의 시계열적 변화를 그려 본 것이다. 위에서 지적

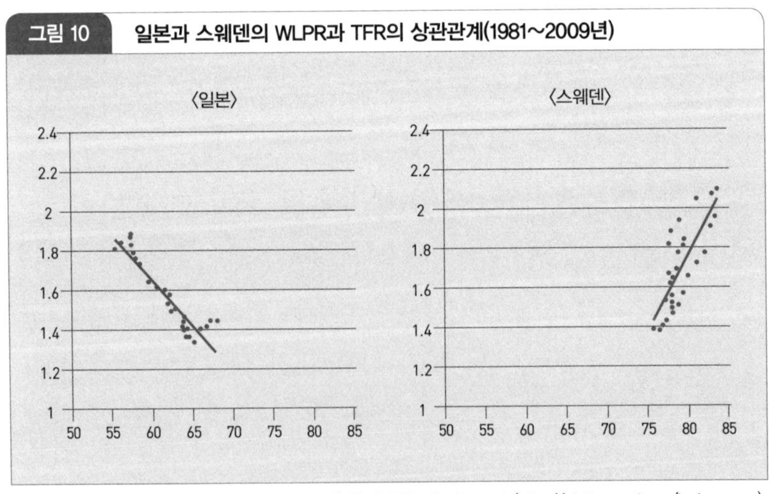

그림 10 일본과 스웨덴의 WLPR과 TFR의 상관관계(1981~2009년)

출처: OECD, StatExtracts(http://stats.oecd.org/Index.aspx).

한 다른 선진국들 사이에서 공통적인 경향과는 대조적으로 일본에서는 양자의 관계가 마이너스의 상관관계를 지속적으로 유지하고 있음을 알 수 있다. 다른 선진국들과는 다르게 1980~1990년대를 지나면서도 가사노동이 사회화되지 않고 여전히 가족이 담당하는 상황에서 여성의 사회 진출의 증가가 저출산으로 이어지고 있는 것이다. 오른쪽 그래프를 통해 선진국 중 여성의 경제활동참가율이 가장 높고, 육아나 개호 등의 가사노동이 가장 적극적으로 사회화되어 온 스웨덴과 비교해 보면 그 차이를 명확히 알 수 있다. 선진국들 사이에서 스웨덴이 높은 출생률을 자랑하고 있는 것은 잘 알려진 사실이다.

이를 다른 각도에서 보여주고 있는 것이 〈그림 11〉이다. 이는 여성의 연령대별 경제활동참가율에 대해 스웨덴과 일본의 경향을 비교한 것이

그림 11 일본과 스웨덴의 연령대별 경제활동참가율(1995, 2010년)

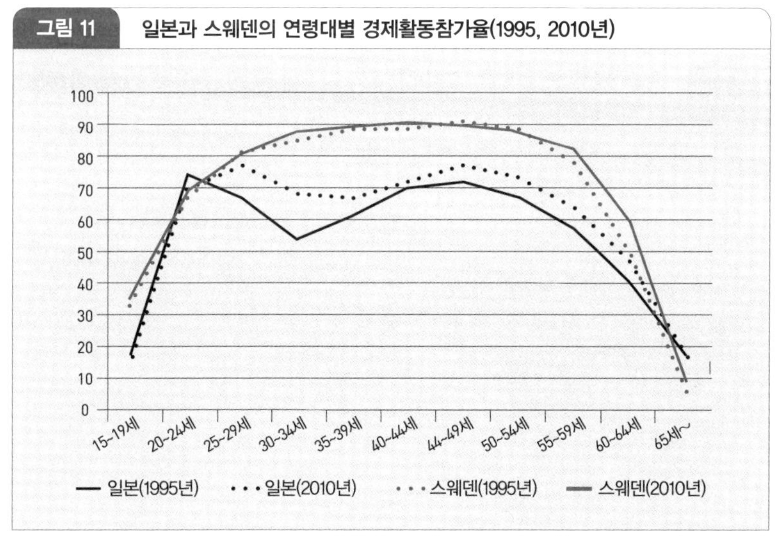

출처: OECD, StatExtracts(http://stats.oecd.org/Index.aspx).

다. 여기서 보이는 것처럼 일본 여성의 연령대별 경제활동참가율은 스웨덴과 비교할 때 최근까지도 명확한 M자형 곡선을 유지하고 있다. 일과 가정의 양립이 곤란한 일본 여성들의 상황을 보여주고 있다. 즉 일본 여성들이 직업을 유지하기 위해 출산을 포기할까, 아니면 출산을 위해 직업을 포기할까라는 양자택일의 상황, 다시 말해 출산을 선택할 경우 직업은 포기해야 하며, 반대로 직업을 유지할 경우 출산은 포기해야 하는 상황에 놓여 있는 것이다. 출산과 직업을 동시에 선택할 수 있는 스웨덴의 상황과 비교하면 일본에서 출생률이 감소하는 것은 당연한 결과라 할 수 있다.

여기에 한 가지 더 추가하자면 일본의 과중한 교육비도 저출산의 주요한 이유가 되고 있다. 〈그림 12〉는 주요국의 GDP 대비 학교교육비 중 공적부담과 사적부담의 내역을 보여주고 있는데, 일본이 학교교육비의 사

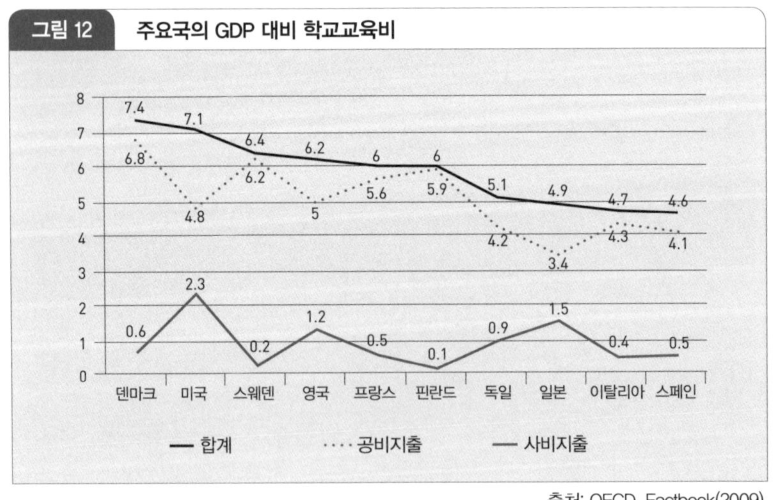

출처: OECD, Factbook(2009).

적부담이 미국 다음으로 높은 것으로 나타나고 있다. 학원이나 가정에서 이루어지고 있는 사교육비가 포함되지 않기 때문에 정확한 교육비 부담을 알 수는 없지만, 이러한 사실을 통해 일본의 학교교육비에서 사적부담이 상대적으로 얼마나 과중한지를 확인할 수 있다. 〈그림 13〉을 통해 가계지출의 내역을 보아도 다른 국가들에 비해 일본에서 교육비에 들어가는 지출이 높은 상황이 확인된다. 실제로 최근 내각부에서 실시한 가족정책에 관한 설문조사에서 '교육비의 지원, 경감'의 필요성이 가장 높게 나타나고 있는데(내각부, 2011), 이는 과중한 교육비 부담이 저출산 문제를 초래하는 중요한 요인이 되고 있음을 간접적으로 증명하고 있다고 할 수 있다.

일각에서는 1990년대 초의 거품경제 붕괴 후 진행된 고용보장의 붕괴가 결혼과 출산을 저해하는 직접적인 요인이라고 지목하기도 한다. 예를

그림 13 주요국의 가계소비지출 내역

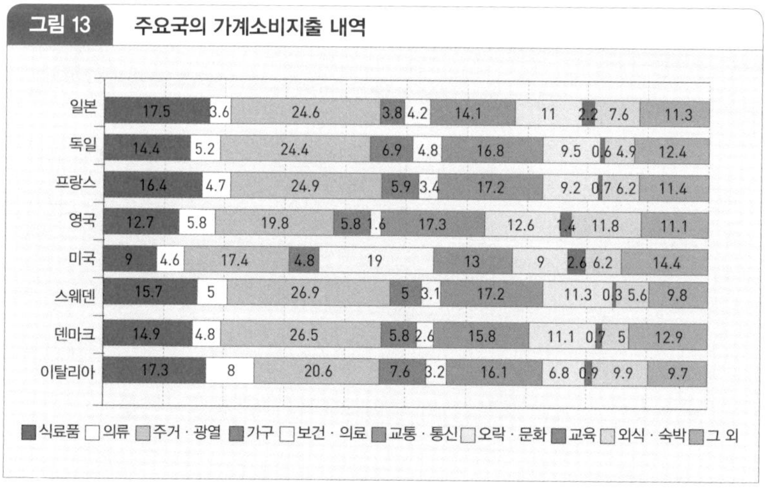

출처: OECD, National Accounts(2009).

들어 〈그림 14〉에서 보이듯이, 고용상태에 따라 유배우자 비율의 차이가 현격이 드러나는 것이 사실이다. 하지만 여기서 중요한 것은 고용상태와 상관없이 출산과 육아, 교육 등에 대한 비용이 사회적으로 충당된다면, 다시 말해 그들 서비스를 가족이 전적으로 맡는 것이 아니라 이를 사회화시키는 가족정책이 충분히 정비되어 있다면, 고용보장의 붕괴와 미혼 · 저출산의 상관관계 또한 약화될 것이 분명하다. 그렇지 못한 일본이기 때문에 양자의 상관관계가 밀접하게 나타나고 있다고 할 수 있는 것이다.

부연하자면, 위의 몇몇 도표들에서도 확인되는 것처럼, 일본에서 발생하고 있는 미혼화와 저출산 문제는 거품경제 붕괴 후에 급격히 등장한 것이 아니라 1970년대 이후의 장기적인 추세로 파악해야 할 것이다. 미

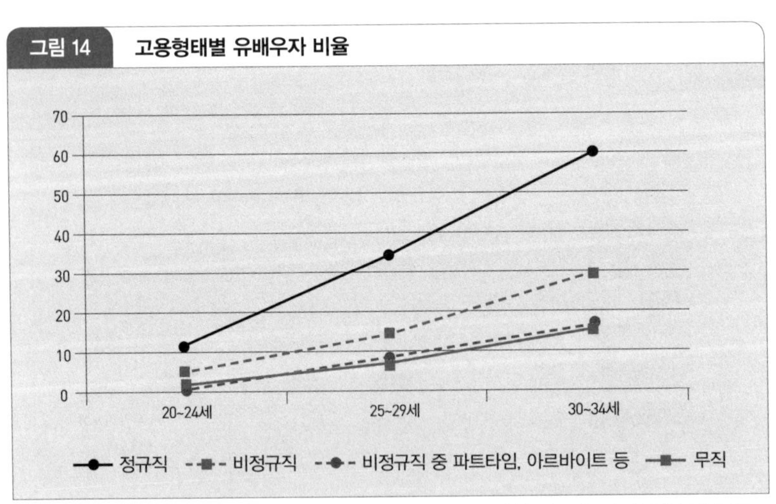

출처: 후생노동성, 《평성 23년 소자화사회백서》(厚生労働省, 《平成23年少子化社会白書》, http://www8.cao.go.jp/shoushi/whitepaper/index-w.html)

혼화와 저출산의 원인으로 고용의 불안정화를 무시할 수는 없지만, 그 자체가 문제의 직접적인 원인으로 작용하고 있다고 보기는 힘들다. 가족에게 전가되어 왔던 과중한 부담이 미혼화와 저출산의 보다 더 근본적인 요인으로 인식되어야 할 것이다.

앞 절에서 설명한 것처럼 일본은 1970년대를 지나면서 '가족의존적' 복지국가를 구축해 왔다. '가족의존적' 복지국가의 구축을 통해 육아와 교육 등에 대한 서비스를 사회화하려는 노력은 이루어지지 않았으며, 그들 서비스의 대부분이 가족 내에서 여성의 무상노동을 통해 이루어져 왔다. 이로 인해 국가의 사회보장 지출을 억제할 수 있었지만, 반대로 가족의 부담이 과중되면서, 그 부담을 회피하는 형태로 급속한 결혼의 감소와 저출산 현상이 진행되고 있는 것이다. 일본에서 나타나고 있는 가족형성의 회피현상에서 핵심적인 원인이 바로 '가족의존적' 복지국가라는 사회시스템의 구조에 있다고 말할 수 있을 것이다.

'가족의존적' 복지국가로부터의 이탈

위와 같은 가족형성의 회피경향이 지속되면서 글의 첫머리에서 언급한 것처럼 최근의 정부조사에서 단신세대의 수가 다른 유형의 세대 수를 넘어서, 가족이 아닌 '고족' 중심의 사회가 도래하게 되었다. '고족'사회의 도래로 발생하는 여러 가지 사회문제들에 관해서는 이미 신문기사를 통해 소개하였는데, 여기서 주목하고자 하는 것은 '고족'의 증가가 바로 기존 일본의 '가족의존적' 복지국가로부터의 이탈을 의미하는 것이라는 점이다. 복지국가의 여러 제도와 정책들이 가족을 전제로 설계되어 온 이상, '고족'은 그들 제도 · 정책에서 이탈될 수밖에 없고, 이로 인해 생활상의 리스크risk가 증폭되는 상황에 놓이는 것이다.

그 단면을 보여주고 있는 것이 최근 일본 사회에서 주목받고 있는 불평등 · 격차의 문제이다. 앞서 언급했듯이 2000년대 초반 이후 그때까지 거의 보이지 않았던 불평등 · 격차에 대한 논의가 급속히 전개되면서, 소득격차의 심화와 중류계층의 붕괴를 밝히는 조사와 연구들이 활발히 진행되었다. 이를 배경으로 2000년대 후반에 일본 정부에서는 1970년대 이후 중단하였던 빈곤조사를 실시하였는데, 그 결과 2006년 시점에서 상대적 빈곤율이 15.7%로 OECD 회원국 중 하위권인 것으로 드러났다. OECD의 보고서에 따르면 2005년 일본의 상대적 빈곤율은 14.9%로 OECD 회원국 중 네 번째로 높았는데, 2006년에 더 악화된 것이다. 아동의 빈곤율은 2006년 14.2%로 OECD 회원국 중 여덟 번째로 높았고, 한부모 가정의 빈곤율은 57.3%로 OECD 회원국 중 가장 높은 수치를 보였다. 1980년대까지 이야기되었던 '국민 총 중류 사회'라는 말이 무색할 정도였다. 이러한 사실이 일본 사회에 큰 충격을 안겨 줬으며 현재 학계에서도 큰 반향을 일으키고 있다.

불평등 · 격차 문제에 대한 연구가 진행되기 시작하였던 초기에는 거품경제 붕괴 이후의 경기침체가 그 중요한 요인으로 지적되는 경우가 많았다. 하지만 그 후 많은 연구들의 진행 속에서 경기침체의 배후에 있는 저출산 문제를 보다 더 근본적인 요인으로 지적하는 견해가 설득력을 갖게 된다(白波瀨, 2005; 白波瀨編, 2006; 藻谷, 2010; 盛山, 2011). 즉 결혼을 하지 않거나 출산을 하지 않는 단신세대들의 증가가 일본 사회에 불평등과 격차를 증대시키고 있다는 점이다. 다시 말해서 부모와 자녀로 구성된 표준세대에서 이탈한 비표준세대들이 종래의 복지국가 정책에서 배제되면서 기존의 표준세대와 빠르게 증가하고 있는 비표준세대 사이의 불평등과 격차가 증폭되고 있는 것이다.

이에 대한 대표적인 연구로 시라하세(白波瀬, 2005; 白波瀬編, 2006)를 들 수 있다. 세대구조별로 본 불평등과 경제적 리스크의 차이, 단신세대의 경제상황 등을 매크로 데이터macro data를 통해 분석한 결과, 다음과 같이 결론짓고 있다.

> "본 연구에서 주목해야 할 것은 지금까지의 여러 제도들의 전제가 되었던 '표준모델'의 세대가 그 타당성을 잃어가고 있다는 점이다. 구체적으로는 부부와 미혼의 자녀로 구성된 핵가족, 혹은 노부모와 동거하는 자녀로 구성된 가족이 감소하고 있으며, 개인 혹은 무자녀의 부부로 구성된 세대, 한부모 세대가 증가하고 있다. 본 연구를 통해 가족과 함께 생활하지 않는 세대가 그렇지 않은 세대에 비해 경제적으로 불리한 상황에 놓여 있는 것이 명확해졌다. …… 비표준세대의 증가에 대해 단지 사람들의 삶의 방식이 다양해졌다거나 가족의 형태가 다양해졌다고 말하기에는 표준모델로부터의 이탈로 발생하는 경제적 리스크는 너무나 크다고 할 수 있다."(白波瀬, 2006: 76, 222)

이와 같은 시라하세의 분석 결과에 대해 거의 전적으로 동의할 수 있다. 표준세대를 전제로 구축된 '가족의존적' 복지국가 속에서 증가하는 비표준세대의 생활 불안은 커질 수밖에 없는 것이다.

여기서 다시 한 번 강조하고자 하는 것은 최근 일본 사회의 불평등 · 격차 문제를 초래하고 있는 비표준세대 증가의 원인이 바로 1970년대 이후 일본이 구축해 온 '가족의존적' 복지국가에 있다는 점이다. 다른 선진국들에 비해 가족에게 과중한 부담이 전가되어 온 결과, 가족형성의 회피가 진행되어 단신세대가 증가한 것이다. 그리고 그러한 비표준세대의 증가로 기존의 '가족의존적' 복지국가가 제대로 기능하지 못하면서 심각한 불평등 · 격차 문제를 발생시키는 악순환을 초래한다고 할 수 있다. 오늘날 지난 수십 년 동안 일본에서 구축 · 정착시켜 온 '가족의존적' 복지국가에 대한 개혁이 절실히 요구되고 있는 상황이다.

'가족의존적' 복지국가의 행방

2009년의 정권교체

1990년대 초부터 2000년대 초의 '잃어버린 10년'을 지나 '잃어버린 20년'이 이야기되기 시작한 2009년 8월의 총선거에서 그간 반세기 이상을 유지해 온 자민당의 장기집권이 무너지고 새롭게 민주당 정권이 등장하였다. 여기서 정권교체를 둘러싼 정치경제적인 상황을 상세히 논할 여유는 없지만,[14] 그 배경에 위와 같은 '가족의존적' 복지국가의 위기가 존재하고 있었던 것에 주목할 필요가 있다.

즉 1990년대 이후 자민당 정권에서 '가족의존적' 복지국가의 문제를 해결하기 위해 여러 시도들을 전개하였지만, 그것이 거품경제 붕괴 후에 나타난 고용보장의 붕괴와 맞물리면서 큰 효과를 발휘하지 못하였다. 이

14 이 점에 관해서는 김교성 외(2010: 217-220)에서 최근 일본의 정치적 상황에 대해서 간단히 기술하고 있다.

로 인해 한편에서는 기존의 고용보장 혜택을 받는 층에서 여전히 '남성부양자 모델'의 가족형태가 고착되고, 다른 한편에서는 고용보장에서 배제된 비정규직 노동자와 실업자들을 중심으로 가족형성의 회피가 지속되면서 양자 간의 불평등 · 격차 문제를 심화시키는 상황이 전개된 것이다. 이전까지 이야기되는 일이 거의 없었던 불평등 · 격차 문제가 사회적으로 이슈화되어 자민당 정권에 대한 비판으로 이어졌고, 이것이 정권교체의 계기를 제공하였다고 할 수 있다.

그렇다면 2009년에 등장한 민주당 정권의 개혁정책은 어떠하였을까? 다음에서는 앞 절에서 검토한 '가족의존적' 복지국가의 특징과 그 위기적 상황을 염두에 두면서 민주당 정권의 개혁정책의 의미와 가능성, 그리고 한계를 살펴보도록 하겠다.

개혁정책의 의의와 가능성

〈표 8〉은 민주당이 2009년 선거 당시, 그리고 정권교체 이후에 제시한 주요 개혁정책들을 정리한 것이다. 민주당 정권이 등장한 이후, 기존 자민당의 신자유주의적인 정책에 불만을 가지고 있었던 측에서는 민주당이 제시하는 정책들에 대해 기대를 하면서도, 한편에서는 많은 비판을 제기하였다. 그중 가장 크게 비판의 대상이 되었던 것이 위의 여러 정책들 사이에 일관된 이념이나 원칙이 보이지 않는다는 것이었다. "이들 정책은 명확한 이념을 가지고, 그 이념에 따라 논리적으로 정비되었다기보다는 필요한 것들을 나열한 것 같은 인상이 강하다"(武川, 2010: 45), "지

금과 같이 사회보장제도 전체를 관통하는 시나리오가 없다면 개별정책의 목표가 불명확해지며, 팔방미인적, 총화적인 정책으로 전락할 우려가 있다"(駒村, 2010: 10) 등의 지적이다.

실제로 위의 정책들은 민주당 내에서 오랜 고민과 토론을 통해 제시된 것이라고는 할 수 없으며, 정책개혁을 위한 싱크탱크think tank나 정책 브레인의 명확한 이념 제시가 있었던 것도 아니다. '일본형 제3의 길'이 제

표 8 민주당의 고용/사회보장 관련 정책내용과 이행상황

정책분야	내용	이행상황
고용	· 제조업 파견노동 금지 · 정규 · 비정규직의 균등처우 · 최저임금 인상	심의 중 파트타임 노동법 성립 부분 실시
실업	· 구직자 지원제도 도입 · 비정규직 노동자 고용보험의 확대적용 · 주택수당	실시 확정(2011년 10월부터) 실시 실시
연금	· 최저보장연금제도 도입 · 연금기록문제 해결 (연금수첩, 사회보장공통번호 도입)	미실시 실시 예정
의료	· 의료보험의 일원화 · 후기고령자 의료제도의 폐지 · 출산일시금 증액	미실시 미실시 미실시
개호 장애	· 개호노동자의 임금 인상 · 요양병상 폐지계획 동결 · 장애인 자립지원법의 폐지	실시 중 연기 실시
양육지원	· 어린이수당 제도의 도입 · 출산일시금 증액 · 생활보호제도의 모자가산 재도입 · 대기아동수 삭감을 위한 보육소 정비 · 고등학교 수업료 무료화	실시 후 잠정 폐지 실시 실시 실시 실시

출처: 민주당정책집INDEX(http://www.dpj.or.jp/policy/manifesto/seisaku2009/index.html), 김성원(2010a, 2010b)

시된 적은 있지만 그 내용에는 전혀 새로운 것이 들어 있지 않았으며, 오히려 자민당과의 차별성을 약화시키는 이념으로 평가되면서 더한 비판의 대상이 되었다. 위의 몇몇 연구자들이 지적하는 것처럼 민주당의 개혁정책은 그때까지의 자민당 정권이 간과하거나 혹은 무시하고 있었던 현재 일본 사회에서 필요로 하는 정책들을 단지 짜깁기한 것에 불과하다고 평가할 수 있는 것이다.

하지만 앞 절에서 분석한 유사 복지시스템의 붕괴 상황을 근거로 위의 정책들을 살펴보면 그 안에서 중요한 원칙을 발견해 낼 수 있다. '현재 필요로 하는 정책들'이라고 하는 것은 분명 '가족의존적' 복지국가의 붕괴를 배경으로 등장한 것이라고 생각하기 때문이다. 이 점에 관해서 조금 더 자세히 살펴보자.

앞서 일본의 '가족의존적' 복지국가의 특징에 대해 현역세대에 대한 강력한 고용보장과 고령자세대에 편중된 사회보장, 그리고 그 전제로서의 '남성부양자 모델'의 가족이라고 하였다. 이러한 일본 복지국가에는 한 가지 중요한 원리가 존재한다. 즉 복지의 공급 측인 국가와 수요 측인 국민 사이에 가족을 매개로 하는 '간접적'인 관계가 성립한다는 것이다. 다시 말해서 국가가 국민에게 직접 복지를 공급하는 것이 아니라, 고용을 보장함으로써 거기서 얻어지는 높은 수준의 가족임금과 기업의 복리후생이 가족이라는 통로를 통해 노동자 본인뿐만 아니라 그 피부양자를 포함한 국민 전체에 간접적으로 전달되는 시스템인 것이다. 이미 언급한 것처럼, 그 결과 국가가 직접 제공하는 사회보장제도는 다른 서구 선진국에 비해 상대적으로 매우 낮은 수준이며, 그 상대적으로 낮은 수준의 사회보장제도는 현역세대가 아닌 고용에 의지하지 못하고 가족의 역할이 약화되는 인생의 후반기에 집중된다. 최근 부양자와 피부양자로 구성된 가족이 줄어들고 단신세대가 늘어나고 있다는 것은 종래의 가족을 통한 간접적인 복지공급이 더 이상 유효하게 기능하지 못함을 의미하는 것이다. 이것이 '가족의존적' 복지국가라는 측면에서 본 오늘날 일본 사회의 위기라고 할 수 있다.

위와 같은 일본 복지국가의 특징과 현재의 위기를 토대로 이들 정책을 살펴보면, 민주당 정권이 명확하게 인식하고 있다고는 할 수 없지만, 분명 기존의 '가족의존적' 복지국가로부터의 탈피를 시도하고 있는 것을 알 수 있다. 이를 한마디로 표현다면, '가족을 전제로 한 간접적인 복지공급'에서 '개인을 전제로 한 직접적인 복지공급'으로의 전환이다.

그 가장 대표적인 정책이 양육지원 정책분야에서 보이는 어린이수당 제도의 도입이다. 1972년에 이와 유사한 제도인 아동수당 제도가 도입되었지만, 거기에는 소득제한이 존재하였고, 급여 수준 또한 충분하지 못하였다. 그러한 이유로 학계에서는 지속적으로 개혁을 요구하였지만, 기업이 제공하고 있는 가족수당 제도가 실시되고 있다는 이유로 받아들여지지 않았다.

하지만 2009년 정권교체 후, 소득제한 없는 보편주의적인 제도로 월액 2만 6,000엔(이후 1만 3,000엔)의 어린이수당이 도입되었다. 부모의 고용상태와 관계없이 아동에 대한 복지책임을 국가가 직접 수행한다는 취지이다. 이 제도가 대상으로 하는 것은 '피부양자로서의 자녀'가 아닌 '개인으로서의 아동'이라는 의미에서, 가족을 전제로 하지 않은 새로운 제도라고 할 수 있다. 어린이수당 외에도 출산일시금의 증액, 모자가산제도의 재도입, 보육소의 정비, 고등학교 수업료 무료화 또한 유사한 맥락에서 이해될 수 있다.

고용 정책분야에서 제시하고 있는 개혁안에서는 제조업분야의 파견노동금지, 정규직 노동자와 비정규직 노동자의 균등처우, 최저임금 인상 등에서 보이는 비정규직 노동자들의 처우개선에 대한 개혁정책에 주목해야 한다. 이들 정책에서는 과거의 고용보장을 강화하려는 측면도 보이지만, 여기에서 주의해야 할 것은 과거로의 회귀는 아니라는 점이다. 과거 비정규직 노동자들은 가족이라는 틀 안에서 정규직인 세대주에 의해 부양되고 있다는 것이 전제되어 낮은 임금이 용인되었으며, 사회보장을 통한 사회적 보호도 미비하였다. 하지만 민주당이 제시한 파견노동의 금지, 정규직과 비정규직의 균등처우, 최저임금의 인상 등의 정책에서는 과거와는 달리 피부양자로서가 아닌 독립적인 생활자 개개인으로서의 비정규직을 상정하고 있는 것이다. 이 또한 '가족을 전제로 한 간접적인 복지공급'에서 '개인을 전제로 한 직접적인 복지공급'으로 전환을 시도하는 개혁정책이라고 할 수 있다.

실업 정책분야의 개혁안들도 마찬가지이다. 그 대표적인 것으로 구직자지원 제도가 도입되었다. 이 제도는 고용보험에 가입하지 못하거나, 수급기간이 만료되어 고용보험의 급여를 받지 못하는 실업자를 대상으로 하는 제도이다. 직업훈련을 받는 조건으로 최대 2년간 월액 10만 엔(약 135만 원)을 지급한다. 2011년 예산안에 826억 엔(일반회계와 노사보험료에서 반반 부담)이 정식 편성되어, 2011년 10월부터 실시되고 있다. 중요한 것은 그 대상에 지금까지 고용보험에서 배제되어 왔던 청년 실업자 · 비정규직 노동자들과 주부 파트타임 노동자 등이 포함되어 있다는 것이다. 고용 정책분야의 개혁안과 마찬가지로 이들을 피부양자로서가 아닌 개개인으로서의 직접적인 정책대상으로 설정한 것이라고 해석할 수 있다. 고용보험의 확대적용이나 긴급특별조치사업으로서 주택수당의 도입[15] 또한 동일한 문맥에서 이해될 수 있을 것이다.

위와 같이 2009년에 집권하였던 민주당 정권은 '가족을 전제로 한 간접적인 복지공급'에서 '개인을 전제로 한 직접적인 복지공급'으로의 전환을 시도하였다. 물론 위의 〈표 8〉에서 제시하고 있는 것처럼 실행에 옮겨진 부분도 있고, 반면 재정확보의 곤란으로 국회에서 표류 중인 정책들도 있으며, 2011년 3월 동북지역에서 발생한 3.11대지진의 여파로 실행이 힘들어진 정책들도 있다. 특히 어린이수당의 경우, 실시 전뿐만 아니라 실시 후에도 재원 마련이 문제가 되어 큰 논쟁이 있었는데, 3.11대지진 후 피해복구를 위한 재원 마련을 위해 결국 잠정폐지에 이르게 되었다. 2010년의 참의원선거에서는 '소비세 5%에서 10%로의 인상'을 내걸었던 민주당이 패배함으로써 위의 개혁안들의 실행이 더욱 불투명해지는 상황도 발생하였다.

하지만 2011년 9월 현재의 시점에서 민주당 정권의 개혁정책을 실패라고 단정 지을 수는 없다. 3.11대지진 이후, 저출산(고령화) 문제를 비롯

15 이 제도는 주거를 잃었거나 혹은 잃을 우려가 있는 실업자에게 최대 9개월간 월세를 지원하는 제도이다. 금액은 지역에 따라 차이가 있으며, 생활보호제도에서 지급되는 주택부조의 기준에 따른다(도쿄의 경우, 5~6만 엔 정도).

하여 이로 인해 초래되고 있는 기존 복지국가정책의 한계를 극복하기 위한 개혁정책의 필요성이 절박해지면서 다시 증세 논의가 활발히 전개되고 있는 상황이다. 민주당은 과거의 '가족의존적' 복지국가의 유산을 청산하기 위한 힘든 도전을 감행하였다고 할 수 있다.

시사점

위와 같은 일본의 '가족의존적' 복지국가의 경험이 한국에 시사하는 바는 무엇일까? 마지막으로 이 점에 관해 간단히 언급하면서 이 글을 마치고자 한다.

한국의 경우, "최선의 복지는 경제성장이고, 최선의 사회안전망은 가족이었다"(이혜경 · 다케가와 2006: 29)라고 말하는 것처럼, 적어도 1990년대 말 국제통화기금 IMF, International Monetary Fund 경제위기를 경험하기 전까지 경제성장을 최우선으로 하면서 복지정책의 추진은 매우 미흡하였으며, 복지에 대한 욕구는 가족이 전담하는 상황이 지속되어 왔다. IMF 위기 이후 복지정책이 적극적으로 추진되어 '복지국가의 초고속 확대'(김연명편 2002)가 이루어졌지만, 이는 분명 '남성부양자 모델'을 전제로 한 이른바 '고전적 복지국가'의 확대에 불과하였다. 저출산 문제가 본격적으로 논의되기 시작한 2003~2004년 이후 한국의 복지국가가 전제로 하고 있었던 '남성부양자 모델'에 대한 비판이 제기되면서 이를 개선하기 위한 정책적 노력이 미흡하나마 진행되고 있기는 하다. 하지만 오늘날 한국의 합계특수출생률은 일본보다도 훨씬 낮은 상태로 OECD 국가들 중 최하위에 머무르고 있다는 사실은 새삼 지적할 필요가 없을 것이다.

여기서 한국이 일본보다 더욱 '가족의족적' 복지국가라는 점에 주목해야 한다. 여성의 경제활동참가율은 일본보다 조금 높은 상황이지만 거기서 나타나는 연령대별 경제활동참가율은 일본보다 더 명확한 M자형 곡선을 그리고 있다. 가족관계급여의 수준 또한 일본보다 훨씬 낮은 상황이며, 육아와 개호 등 가사노동의 사회화는 일본보다 더디게 진행되고 있다. 교육비에 대한 사적부담 또한 OECD 국가들 중 최고 수준을 기록하고 있다. 미혼화 · 만혼화와 저출산 등 가족형성의 회피현상이 타의 추종을 불허할 정도로 급속히 진행되고 있는 것은 너무나 당연한 일이라고 할 수 있는 것이다.

현재 한국이 일본보다 훨씬 더 강한 '가족의존적' 복지국가의 모습임에는 틀림없다. 하지만 일본에서 '가족의존적' 복지국가의 결과로 저출산이 심각한 사회 문제로 등장한 1980년대 말 이래 이미 20년이 넘게 가시적인 정책효과를 보지 못하고 있는 점을 고려하면, 한국의 경우 아직 그 개선의 여지는 충분히 있다고 판단한다. 이를 위해서는 일본에서 현재 추진 중인 혹은 추진하고자 하는 개혁정책, 즉 '가족을 전제로 한 간접적인 복지공급'에서 '개인을 전제로 한 직접적인 복지공급'으로의 전환이 매우 시급한 상황이라고 할 수 있다. 이러한 정책전환이 이루어지지 않는다면 일본과 같이 '잃어버린 20년'을 경험하게 될 것이며, 반대로 정책전환이 순조롭게 진행된다면 '잃어버린 10년'을 끝으로 새로운 사회구상이 가능할 것이다.

글의 첫머리에서 언급한 것처럼 결혼과 출산 등 가족의 형성은 개개인의 자유로운 선택의 문제이다. 이 글에서 논의한 일본의 경험은 그러한 선택의 자유를 배제하고 있는 '가족의존적' 복지국가가 가족형성의 회피현상을 보다 더 강하게 진행시켜 왔음을 알 수 있었다. '가족의존적' 복지국가의 문제는 가족형성을 원하지 않는 사람들을 배제하는 시스템이라는 점만이 아니다. 그 시스템 속에서 가족형성을 원하는 사람들조차 그 형성을 힘들게 해 왔던 점이 바로 '가족의존적' 복지국가의 핵심 문제인 것이다. 이러한 시스템으로 인해 사회 전체에 불평등과 격차, 빈곤의 문제를 불러일으키고 있음은 다시 지적하지 않아도 될 것이다.

05

이스라엘

국가안보와 사회복지의 조화

암논 아란 (Amnon Aran, 런던시티대학교 교수)

국가안보와 사회복지의 창의적 균형

이스라엘은 1948년 건국된 이래 중동이라는 주변의 적대적인 환경 때문에 많은 어려움을 이겨내야만 하였다. 이스라엘은 그동안 일곱 차례의 전쟁과 두 번의 대규모 무장봉기, 즉 팔레스타인에 의한 1987~1992년의 1차 인티파다Intifadah와 2000~2005년에 일어난 2차 인티파다를 겪었다. 뿐만 아니라 테러에 의한 공격과 국경 침입을 지금도 수시로 받고 있는 상태이다. 최근 들어서는 이란의 핵 무장이 안보를 위협하는 새로운 요인으로 떠오르고 있다.

유대 민주국가인 이스라엘은 이러한 어려운 여건을 극복하기 위해 건국 초기부터 인구를 늘리는 정책을 꾸준히 취하였다. 그 결과 국가 설립 당시에는 80만 5,000명에 불과하던 인구가 급격히 늘어났다. 그중에서도 유대인 이민을 통한 인구증가정책은 이스라엘을 설명할 때 빼놓을 수 없는 국가적 특성이다. 특히 건국 후 20년간 수많은 이민자들이 유입되었고, 또 동구권이 몰락한 직후인 1990년대에도구소련에서 유대인들이 물밀듯이 밀려와 정착하였다.

하지만 이같은 이민자의 대량 유입으로 이스라엘 정부는 사회복지적인 측면에서 많은 과제를 안았다. 이 글에서는 이런 역사적 사실을 배경으로 이스라엘이 어떻게 국방비 지출과 사회복지비 지출의 균형을 맞추기 위해 노력해 왔는지를 살펴볼 것이다. 이스라엘은 천연자원과 인적자원이 모두 부족하기 때문에 이런 문제는 쉽사리 해결할 수 있는 것이 아니었다. 그래서 정책 결정자들과 통치자들은 국가안보와 사회복지라는 두 마리 토끼를 모두 잡기 위해 다른 국가보다 더욱 창의력을 발휘해야만 하였다.

이 글에서는 세 시기로 나누어 이스라엘의 국방예산과 복지예산의 관계를 살펴볼 것이다. 첫 번째 시기는 건국 이후 국가 기반을 공고하게 다지는 시기로 복지예산과 국방예산이 적절한 균형을 이룬 기간이다. 두 번째 시기는 욤 키푸르Yom Kippur 전쟁이 발발한 1973년부터 비상경제안정화계획EESP, The Emergency Economic Stabilization Plan이 나온 1985년까지로, 이 시기에는 두 분야의 균형이 붕괴되었다. 세 번째 시기는 1985년부터 현재까지로 복지예산과 국방예산의 균형이 다시 회복된 기간이라고 할 수 있다. 그런데 나중에 살펴보겠지만 이 균형은 매우 아슬아슬하고 불안정한 상태이다.

이 글에서는 위의 세 시기마다 사회복지 분야와 국방분야를 별도로 분석하는 한편, 각 시기에 이스라엘이 당면했던 안보 환경과 사회적 조건, 경제구조와 경제력 등을 언급할 것이다. 이를 통해 이스라엘이 복지비와 국방비의 균형을 이루기 위해 어떤 것들을 지속적으로 추진해 왔고 어떤 것들을 상황에 맞게 변화시켜 왔는지 살펴볼 것이다. 또한 마지막 결론 부분에서는 1948년 건국부터 현재까지 두 분야의 균형을 맞추기 위한 국가의 전략과 정책을 구성해 온 지속적인 요소와 변동적인 요소를 요약해서 정리할 것이다.

건국 이후 국방 및 복지 예산의 균형

건국 이후 국가 기반 공고화의 시기: 이스라엘의 정치경제구조

건국 이후 이스라엘의 정치경제구조는 그 이전 영국이 위임통치를 하던 기간에 형성된 특성들을 대부분 물려받았다. 위임통치 기간 동안 유대인들의 이주와 정책에 깊이 관여한 것은 유대인 정착촌인 이슈브Yishuv 및 시온주의Zionism 운동 단체들이었다. 이들은 자본이동과 토지 매입 등에 깊이 관여하였다. 또한 아랍 근로자들이 장악하고 있는 노동시장 여건을 바꾸기 위해 유대인 근로자들에게 각종 보조금과 복지 서비스를 제공하였다.

1948년 건국 이후에도 이스라엘 경제는 이슈브 및 시온주의 운동단체가 경제의 주축을 이루었다. 이들은 또한 자신들을 정치적으로 조직화해 이스라엘 정부에 깊숙이 관여하였다. 이는 경제 전반에 관한 정부의 개입정책으로 나타났다.[1] 정부는 이스라엘의 최대 고용주이자 최대 고객이었다. 도로, 항만, 전력 송전 시설, 수도시설 등 대규모 기간시설에 투자하고, 이민자들을 위한 주거, 교육, 의료시설 등에도 투자를 하였기 때문이다. 반면 기업들은 재무부의 승인이 있어야만 채권이나 주식을 발행할 수 있었고, 외환 거래도 통제되었다. 또한 정부는 자본유통을 규제하고 관리하였으며, 각종 기금과 보조금을 할당하고 분배하는 데도 관여하는 한편 임금과 물가도 통제하였다.[2]

정부 이외에 이스라엘 경제의 또 다른 중심축은 공공부문과, 노동자총연맹인 히스타드루트Histadrut 같은 단체였다. 특히 히스타드루트는 이스라엘 경제에서 많은 역할을 담당하였다. 먼저 지주회사인 헤베라트 오브딤Heverat Ovdim을 통해 대규모로 일자리를 창출해 사회 전반의 임금 기준을 좌우하였고, 복지서비스도 제공하였다. 특히 정부는 과격한 노선을 표방하는 노조를 견제하는 수단으로 히스타드루트를 이용하기도 하였다.[3] 히스타드루트는 1948년부터 1977년까지 이스라엘을 다스린 두 정당, 즉 마파이Mapai 당, 얼라인먼트Alignment 당과도 긴밀한 정치적 관계를 유지하였다. 이를 통해 히스타드루트는 경제정책 과정에서 정부 다음으로 막강한 영향력을 행사할 수 있었다.[4] 그래서 일각에서는 히스타드루트를 단순한 노동조합이 아닌 '반(半)자치, 준(準)정부기관'으로 보기도 한다.[5]

1 마이클 샬레브,《자유화 및 정치경제의 변혁》, p. 130.
2 마커스 E. 부용, 《평화 사업: 팔레스타인-이스라엘 분쟁에서 돈과 권력》(런던: I.B. 타우리스 출판, 2004년), p. 26.
3 마이클 샬레브, 《이스라엘에서 노동과 정치경제》 (옥스퍼드: 옥스퍼드 대학교 출판부, 1992년), p. 209.
4 이라 샤란스키, 《이스라엘의 정치경제》 (뉴브런즈윅: 트랜잭션 출판, 1987년), p. 11.
5 게르손 샤피르, 레브 L. 그린버그, 〈경제 자유화와 히스타드루트 영역의 붕괴〉, 샤피르, 펠레드(편), 《신 이스라엘》, p. 104.

이 시기에 이스라엘 경제를 움직인 세 번째 축은 건국 이전 시기에 산업성장 과정에서 형성된 민간분야였다.[6] 민간분야는 다시 두 그룹으로 나뉘는데, 첫 번째 그룹은 하포알림Hapoalim 은행, 레우미Leummi 은행, 이스라엘 디스카운트Discount 은행, 쿠르Koor, 크랄Clal 등으로 이루어진 5대 핵심 대기업이었다. 이들은 정부와 밀착해 거의 모든 산업분야에 문어발식으로 관여하였다. 정부도 이들에 직 · 간접적으로 온갖 특혜를 제공하였다. 이들에게 유리한 기업환경을 구축하기 위해 보조금을 제공하였으며, 수출을 촉진하고 수입 대체품 생산을 장려하기 위해 인센티브incentive도 주었다.[7] 그 결과 이런 상황에 길들여진 대기업들은 세계시장에서 경쟁력을 갖추려 하기보다는 정부의 재정지원을 얻는 데 더 열중하였다.[8] 한편 민간분야를 구성하는 두 번째 그룹은 중소기업들이다. 하지만 이들은 정부, 히스타드루트, 대기업의 그늘에 가려 별다른 빛을 보지 못하였다.[9]

안보 환경

이런 경제구조 아래서 이스라엘은 복지예산과 국방예산의 균형을 이루기 위해 노력했으나 결코 만만치 않은 과제였다. 건국 이후 처음 20년 동안은 두 분야 모두에서 큰 어려움에 직면하였다. 먼저 안보 측면에서는

---

6 영국 위임통치 시절 이미 이스라엘 GDP에서 산업이 차지하는 비중은 1948년의 경우 15%에서 30%로 증가하였다.

7 마이클 샬레브, 《이스라엘에서 노동과 정치경제》, p. 209.

8 마커스 E. 부용, 《평화 사업》, p. 27.

9 마이클 샬레브, 《자유화 및 정치경제의 변혁》, p. 131. 마커스 E. 부용, 《평화 사업》, p. 30.

두 가지 유형의 위협에 부딪혔다. 첫째 유형은 '상황적인' 것으로 비조직적인 팔레스타인인들이 이스라엘 군과 민간인을 겨냥해 수시로 국경 근처에서 자행하는 게릴라식 공격과 테러 활동이었다. 두 번째는 '근본적인' 것으로 주변 아랍국가들에 의한 안보 위협이었다. 특히 이것은 이스라엘 국가 자체를 파괴할 목적으로 전투기를 동원한 지상군의 공격 형태를 띠기 때문에 첫 번째 위협보다 훨씬 가공할 만한 것이었다. 이스라엘과 아랍국가들 사이의 인구 수, 국토 면적, 경제력의 현격한 차이를 감안하면 특히나 더 위협적이지 않을 수 없었다. 또한 아랍 국가들과의 충돌은 휴전 상태에서 몇 년에 한 번씩 전쟁이 발발하였기 때문에 좀처럼 긴장을 늦출 수가 없었고 대처하기도 쉽지 않았다. 이스라엘은 1948년의 독립전쟁을 시작으로, 1956년 카데시Kadesh 작전/수에즈Suez전쟁, 1967년 6일 전쟁, 1969~1970년 소모전War of Attrition까지 건국 후 20년간 네 번의 큰 전쟁을 치른 바 있다.

이런 안보 상황 속에서 이스라엘 정책 결정자들은 국방을 최우선 과제로 삼을 수밖에 없었다. 이는 국방예산에도 반영되어, 1956년부터 1975년까지 이스라엘 국방비는 연간 평균 15~16%씩 증가하였다. 특히 1956년 카데시 작전/수에즈 전쟁 당시에는 100%나 증가하였으며, 1967년 6일 전쟁 때는 77%, 1970년 소모전 기간에는 39%나 늘어났다. 건국 후 처음 20년간 이스라엘의 국방예산은 평균적으로 국내총생산GDP, Gross Domestic Product의 약 10%를 차지하였다.[10]

---

10 갈리나셀레즈네프, 람 벤-데이비드, 로니 타드모르, 나타샤 레즈닉, 〈1950~2009년 이스라엘의 국방비〉, 통계청, (예루살렘: 2001년), pp. 8~9.

사회복지에 대한 수요

이 시기에는 국가안보에 대한 위협뿐 아니라 급격한 인구증가에 따른 복지수요 증가라는 문제도 안고 있었다. 건국 당시 80만 5,000명이던 이스라엘의 인구는 4년 만에 두 배로 늘어났고, 1960년대 말에는 215만 400명에 이르게 되었다. 이 중 이민자 수는 97만 1,000명에 달하였다.[11] 이민자 대다수는 홀로코스트Holocaust에서 살아남은 사람들이거나 1948년 발발한 독립전쟁의 여파로 이슬람 국가에서 쫓겨난 북아프리카와 아시아 출신의 유대인들이었다. 이들은 출신 지역뿐 아니라 사회경제적 계층도 다양하였고, 대부분 가난한 사람들이었다.

이런 상황에서 이스라엘 정부는 이민자들에게 생산적인 일자리와 주거지를 제공하는 것을 복지정책의 주요 목표로 삼았다. 그러나 이민자들을 대거 흡수하면서 생긴 과제는 단순히 경제적인 것에 국한되지 않고, 심각한 정치적 문제이기도 하였다. 유대인으로 구성된 국가를 건설하겠다는 이스라엘의 건국 이상과, 독립 후 초기 20년간 집권한 마파이 당의 이념은 이민자 흡수, 다양한 출신의 유대인들 간의 사회격차 해소, 경제적인 발전을 통해 주거, 교육, 의료 등 기본적인 사회보장 혜택을 제공하는 것이었다.[12] 그러나 이런 야심 찬 계획과 그에 따라 요구되는 예산에 비해 이스라엘 정부의 가용재원은 턱없이 부족하였고, 게다가 주변 국가

---

11 통계수치 출처: 댄 벤-데이비드(편), 《국가현황 보고서: 사회, 경제, 정책》 (텔아비브: 타웁 이스라엘 사회정책 연구소, 2009년), p. 24(히브리어).

12 모세 산바르, 〈이스라엘의 정치경제 1948~1982년〉《이스라엘의 경제, 사회정책: 1세대》(보스턴: 전미대학언론(University Press of America) 출판, 1990년), p. 1. 라파엘 로터, 니라 샤마이, 〈사회정책과 이스라엘 경제, 1948~1980년〉《이스라엘의 경제, 사회정책: 1세대》, p. 153.

들의 위협에 대처해야 하는 안보 상황 때문에 재원의 상당 부분을 국방비로 지출할 수밖에 없었다.

국방예산과 복지예산의 균형 달성

이런 격동의 시기에 이스라엘은 어떻게 국방비와 사회복지비의 지출에 균형을 이룰 수 있었을까? 그것은 건국 후 20년간 이스라엘 정부가 정치적으로 강한 결속력을 갖추는 데 성공하였기 때문이다. 이스라엘의 최대 정당인 마파이 당은 의회Knesset에서 충분한 의석을 확보하며 1967년까지 집권하였다. 그 결과 마파이 당은 전반적인 경제정책에서 일관성과 확고한 추진력을 발휘할 수 있었다. 그것은 국방예산과 복지예산을 집행하는 과정에서도 나타났다. 이 시기의 정부 예산은 주로 무기구입 등 안보 관련 분야와 새로 유입되는 이민자들의 정착 지원, 아랍 지역으로의 국경 확대, 지속적으로 늘어나는 이민자들을 감당할 수 있는 경제 인프라infrastructure 구축, 외국의 원조와 차관에 대한 의존으로부터 탈피하는 데 집중되었다.

마파이 당 집권 시기에는 국가 정책을 강력하게 펼칠 수 있었기 때문에 경제성장률이 연평균 10%에 달하였고, 이를 토대로 국방 및 복지 수요를 충당할 수 있었다. 급증하는 인구와 정부의 인프라 투자가 높은 경제성장률을 달성하는 데 원동력이 되었다.[13] 그러나 괄목할 만한 경제성

13 야키르 플레스너, 《이스라엘의 정치경제: 이념에서 정체까지》 (알바니: 뉴욕주립대학교 출판부, 1994년) pp. 14~15.

장에도 불구하고 복지와 안보를 포함한 모든 경제수요를 충족시키기에는 역부족이었다. 그래서 정부는 다양한 경로를 통해 외부에서 자본을 유치하기시작하였다. 먼저 민간투자를 활성화하기 위해 일련의 특별법을 제정하였다. 1952년 시행된 자본투자법Capital Investment Law이 한 예로, 이것은 이후 여러 차례에 걸쳐 확대 · 개정되었다. 자본투자법과 기타 관련법을 통해 정부는 인가 받은 기업들에 대해 각종 세제혜택과 투자장려금, 장기저리대출 등을 제공하였다.[14]

국내 민간기업에 대한 투자장려정책과 더불어 외국인의 투자를 유도하는 조치도 취하였다. 이스라엘 정부는 전 세계에 흩어져 있는 디아스포라diaspora 유대인들이 이스라엘의 경제 발전에 더 많은 자금을 지원하도록하기 위해 1951년 이스라엘 채권협회Israel Bond Organization를 설립하였다. 채권협회는 건국 이전 시기부터 설립되어 활동하고 있던 유대인 공동체UJA, United Jewish Appeal와 파운데이션펀드Foundation Fund같은 단체들의 기능을 확대한 것이었다. 이들 단체는 이민자들의 정착을 돕고 빈민층을 지원할 목적으로 외부에서 재원을 끌어들이는 일을 해왔다. 전 세계 유대인들이 지원하는 자금 외에도 미국정부가 원조 및 차관 형태로 적극적으로 도와주었다. 1950년대 중반 이래 미국으로부터의 원조 및 차관, 전 세계 유대인들이 보내온 송금액의 합계는 연 평균 2억 달러에 달하였다. 이뿐만이 아니었다. 홀로코스트가 발생한 지 10년이 지나기 전인 1953년 이스라엘이 전 세계 유대인들을 대표해 독일로부터 배상

---

14 모세 산바르, 〈이스라엘의 정치경제 1948~1982년〉, p. 5

금과 보상금을 받기로 결정하면서 이스라엘의 재정적인 기반은 더욱 탄탄해졌다. 1953년부터 1967년까지 독일정부로부터 받은 이 '현금소득'은 이스라엘 경제의 든든한 버팀목이 되어 주었다. 1953년에는 6,000만 달러에 불과했던 독일의 배상 및 보상금은 매년 증가해 1961년에는 1억 9,900만 달러에 달하였다.[15]

이처럼 1948~1973년의 기간 동안 이스라엘은 주변 아랍국가들로부터 국가의 존재 자체를 위협당하는 심각한 안보 상황에 처해 있었고, 사회경제적인 과제도 만만치 않았다. 그러나 여러 긍정적인 요소들이 결합하면서 안보와 복지 분야의 균형을 적절히 유지하는 데 성공하였다. 즉 민간 자본의 유입, 상대적으로 낮은 금리, 전 세계 유대인들의 기부금과 독일로부터의 배상금 및 보상금, 미국의 지원 등에 힘입어 난관을 이겨낼 수 있었다. 또 정치적으로 결속력이 강하고 효율적인 정부가 존재하였기 때문에 급변하는 사회환경과 지정학적인 불안정에도 불구하고 가용재원을 활용하여 복지와 안보 지출의 균형을 이룰 수 있었던 것이다.

---

15 통계 수치 출처: 스튜어트 라이저, 《이스라엘의 무기산업: 소국가의 외교정책, 무기 거래 및 군사전략》 (뉴욕 홈즈 & 메이어 출판, 1989년), p. 18~19.

복지 및 안보 환경의 변화

안보 환경의 변화

1973~1985년에 이르는 두 번째 시기는 안보 환경의 변화를 포함해 새로운 변수들이 많이 발생한 기간이었다. 1973년 이스라엘과 이집트-시리아 사이에 벌어진 욤 키푸르 전쟁이 끝난 후, 이스라엘은 이집트와 1974년 제1차 시나이Sinai 협정, 1975년 제2차 시나이 협정을 체결하였다. 이로써 아랍권과 이스라엘 사이의 분쟁 가능성이 크게 줄어들게 되었다. 시나이협정문에는 이스라엘이 이집트와 평화협정을 체결한 대가로 1967년 전쟁 당시 이스라엘이 점령했던 시나이 반도 일부 지역에서 부분적으로 철수한다는 내용이 명시되어 있었다. 1977년에는 다시 이스라엘과 이집트가 캠프 데이비드Camp David 평화협상에 착수해 마침내 1979년 평화협정을 체결하기에 이르렀다. 이로써 이스라엘의 안보 환경은 크게 개선되었다. 최대 적대국인 이집트가 사실상 분쟁 국가에서 제

외되면서 아랍국가들로부터의 '근본적인' 안보 위협이 상당히 줄어들었던 것이다.

이런 긍정적 효과는 이스라엘과 시리아 및 요르단과의 관계 개선으로 더욱 강화되었다. 이스라엘과 요르단의 관계는 1967년까지는 분쟁과 협력이 반복되는 상황이었다. 그러나 이런 양상은 1967년 전쟁 이후, 특히 팔레스타인해방기구PLO, Palestine Liberation Organization가 요르단의 후세인Hussein 국왕의 권좌를 위협했을 때 이스라엘이 후세인 국왕을 지지하면서 바뀌었다. 1970년부터 1971년까지 PLO는 후세인 국왕을 몰아내려고 시도하였고, 이는 PLO 게릴라군과 후세인 국왕군 사이의 수차례 군사적 충돌로 이어졌다. 1년 넘게 계속된 교착상태는 후세인 국왕군이 PLO의 저항을 물리치고 마침내 PLO를 요르단에서 남부 레바논으로 추방하면서 막을 내렸다. '검은 9월'로 알려진 이 교전에서 만약 1만여 명의 PLO 게릴라군이 목숨을 잃었다.

이 전쟁에서 이스라엘은 후세인 국왕의 정권을 무너뜨리려는 PLO를 시리아가 지원하지 못하도록 저지하여 후세인 국왕군에 힘을 실어 주었다. 이후 이스라엘 지도층은 후세인 국왕과 그의 핵심 정치 군사 관료들과 정기적으로 밀실회담을 열었고,이런 관계개선으로 1973년 욤 키푸르 전쟁에서 양국간 분쟁을 피할 수 있었다.16

한편 시리아는 이집트 다음으로 이스라엘의 강력한 적대세력이었고 양국 간에 외교관계도 없었다. 욤 키푸르 전쟁 이후 두 나라 사이의 직접

16 밀실회담은 나이젤 애쉬톤, 《후세인 국왕: 정치인생》 (뉴헤이븐: 예일대학교 출판부, 2010년) 특히 pp. 121~210.

적인 충돌은 크게 줄었지만 간접적인 충돌은 계속 이어졌다. 특히 1970년대 중반 레바논이 내전에 빠졌을 때 두 나라는 이 지역에서 대리전을 치르는 양상을 보였다.[17]

아랍-이스라엘 사이에 국가간 교전은 줄어들었으나, 대신 비국가 조직인 PLO에 의한 분쟁이 등장하였다. 이런 변화는 두 가지 이유 때문이었다. 첫째는 이스라엘이 1967년 전쟁을 통해 점령한 지역인 서안지구, 가자Gaza 지구에 자신들의 점령촌을 세웠고, 둘째로는 그 결과 이 지역에서 쫓겨난 아랍인들이 PLO를 설립해 자신들의 대표기구로 삼은 것이었다. PLO는 이스라엘의 민간인과 군인을 겨냥해 국경 근처에서 게릴라 공격과 테러 공격을 감행하였고, 이는 이스라엘에 제한적이지만안보를 위협하는 요인으로 작용하였다.

미국과의 관계

이스라엘의 안보 환경이 긍정적으로 변화한 데는 국가간 교전은 감소하고 대신 PLO와의 비국가적인 분쟁이 증가한 것뿐 아니라, 1960년대 말에서 1970년대 초에 시작된 미국과의 관계 변화도 크게 일조하였다. 닉슨 독트린Nixon doctrine에 따라 미국은 중동 지역에서 자국의 이익에 유리한 방향으로 힘의 균형을 유지하려고 하였다. 여기에는 PLO를 비롯한 아랍의 과격주의를 억제하고 중동 지역에 대한 소련의 개입을 경계하는

---

17 예외적으로 1982년 제1차 레바논 전쟁에서는 이스라엘과 시리아가 직접 출동했다. 그러나 1973년부터 1985년까지는 전반적으로 간접충돌이 주를 이뤘다.

것이 포함되었다. 이런 정책의 일환으로 닉슨 대통령과 국가안보보좌관인 헨리 키신저Henry Kissinger는 미국이 이스라엘에 무기를 공급하고 경제적 · 정치적 지원을 강화해야 한다고 주장하였다. 결국 중동에서 소련을 몰아내려는 미국의 이익과 이스라엘의 이익이 일치했던 것이다.[18] 앞에서 언급한 1970년 '검은 9월' 전쟁에서 미국과 이스라엘이 요르단의 후세인 국왕을 정치적으로 비호하기 위하여 협력하였던 것도 닉슨–키신저의 접근법을 따랐기 때문이었다.[19]

이스라엘과 미국의 협력은 이스라엘의 안보 환경에 큰 영향을 미쳤다. 그 과정에서 미국의 군사적 · 경제적 지원에 대한 이스라엘의 의존도도 크게 늘어났다. 미국은 장기적으로 이스라엘에 무기공급을 비롯한 군사원조를 하기로 하였고, 경제적 지원도 병행하기로 하였다. 그 결과 경제지원액이 1971년에는 전년도에 비해 9배나 증가하였으며, 이는 이스라엘 경제의 핵심축이 되었다.[20] 그러나 양국 관계가 이른바 '특별한 관계'로 발전한 것은 1970년대 중반부터였다. 이츠하크 라빈Yitzhak Rabin 총리가 이끄는 얼라인먼트 당은 1975년 이집트와 제2차 시나이 협정(시나이 지역에서 이스라엘 군의 재배치를 위한 협정)을 맺으면서 미국에 대해 협력

---

18 아비 숄라임, 《철의 장막: 이스라엘과 아랍세계》(런던: 펭귄 출판, 1999년), pp. 309~310. 아브네르 야니브, 《핵무기 없이 전쟁억제: 이스라엘 전략의 정치》 (워싱턴 DC: 렉싱턴 북스 출판, 1987년), p. 156.

19 윌리엄 B. 콴트, 《평화 과정: 1967년 이후 미국의 외교와 아랍–이스라엘 분쟁》 (워싱턴 DC: 브루킹스 연구소 출판, 2001년), p. 110. 아브네르 야니브, 《핵무기 없이 전쟁억제: 이스라엘 전략의 정치》, p. 156.

20 미국의 대이스라엘 무기 공급 증가는 모르데하이 가지트, 〈미국으로부터의 군사조달〉, 가브리엘 셰이퍼(편), 《의존의 역학구조: 미–이스라엘 관계》 (런던: 웨스트뷰 출판, 1987년), pp. 104~111 참조. 미국의 경제지원은 레오폴드 예후다 라우퍼, 〈미국의 이스라엘 지원〉, 가브리엘 셰이퍼(편), 《의존의 역학구조: 미–이스라엘 관계》, p. 131.

각서를 체결하도록 요구하였다. 이 협력각서에는 "군수품을 비롯한 이스라엘의 국방과 관련된 요구사항, 에너지 및 경제적인 필요에 대해 미국이 지속적이고 장기적으로 지원한다"라고 명시되어 있었다.[21]

그리고 1979년에는 메나헴 베긴Menachem Begin이 이끄는 리쿠드Likud당이 이스라엘-이집트 사이에 평화협정이 체결된 것을 계기로 미국에 협력각서의 개정을 요구하였다. 이스라엘이 사회복지와 안보 지출의 균형을 이루는 데 협력각서가 전략적으로 매우 큰 영향을 미치기 때문이었다. 개정된 협력각서에는 이집트와의 평화협정이 깨질 경우 미국이 지원을 약속하며, 또한 이스라엘의 군사적 · 경제적 필요에 대해 미국이 지속적으로 '대응'한다고 명시되어 있었다. 그리고 미국이 이스라엘에 15년간(1994년까지) 원유 공급을 보장한다는 내용도 담고 있었다.[22] 이 마지막 조항은 이스라엘의 주요 원유수입국이었던 이란이 1979년 혁명 이후 이스라엘과의 모든 관계를 단절함에 따라 더욱 중요하게 되었다.

1980년 11월 로널드 레이건Ronald Reagan 대통령이 취임하면서 미국과 이스라엘의 전략적 관계는 한층 견고해졌다. 전임 카터Carter 행정부는 국제관계에서 지역적 관점을 적용한 반면 레이건 행정부는 글로벌적인 시각을 견지하였기 때문이다. 냉전시대의 역학관계, 즉 소련을 비롯한 공

---

21 양해각서 전문은 존 무어 노튼(편), 《아랍-이스라엘 분쟁: 읽기자료 및 문서》 (프린스턴: 프린스턴 대학교 출판부, 1977년), pp. 1219~1223.

22 아비 슐라임, 《철의 장막: 이스라엘과 아랍세계》, p. 380. 양해각서 전문은 이스라엘 외무부 홈페이지 아래 주소 참조: http://www.mfa.gov.il/MFA/Peace%20Process/Guide%20to%20the%20Peace%20Process/US-Israel%20Memorandum%20of%20Agreement, 원유 공급은 http://www.mfa.gov.il/MFA/Peace%20Process/Guide%20to%20the%20Peace%20Process/Memorandum%20of%20Agreement%20between%20the%20Governments%20of 참조 (두 사이트 모두 2002년 7월 20일 접속)

산권과의 대결 구도 속에서 각국과의 외교정책을 조율했던 것이다. 이런 시각에서 볼 때, 이스라엘은 '전략적으로 중요한 자산'으로 인식되었고,[23] 이는 1981년 11월 30일 양국이 맺은 전략적 협력에 관한 양해각서에 명백히 반영되었다. 이 양해각서는 이스라엘이 국제적인 비난을 무릅쓰고 골란Golan 고원을 점령했을 때 잠시 집행이 중단되었으나 1983년 재개되었다.[24] 양해각서에는 이스라엘에 유리한 몇 가지 조항이 있었다. 첫째, 양해각서를 통해 양국 사이의 긴밀한 군사, 정보 협력의 수단이 마련되었고, 둘째,이스라엘에 미국의 군사시설을 배치하게 되었다. 이는 이스라엘에게 유사시 자신들을 돕는 지원군이 존재한다는 확신을 심어주었다. 셋째, 미국이 이스라엘의 군사분야 연구개발R&D에 적극 협력하기로 하였다. 대신 이스라엘은 유사시 미국과 협력하며 이스라엘 군사시설에 미군이 신속히 주둔할 수 있도록 협조하기로 약속하였다.[25]

국내적인 변화: 군수산업의 등장

이스라엘의 안보 환경이 긍정적으로 변화된 데는 국내적인 요인도 있었

---

23 윌리엄 B. 콴트, 《평화 과정: 1967년 이후 미국의 외교와 아랍-이스라엘 분쟁》, p. 246.

24 1975년 양해각서 전문은 이스라엘 외무부 홈페이지 아래 주소 참조: http://www.mfa.gov.il/MFA/Foreign%20Relations/Israels%20Foreign%20Relations%20since%201947/1974-1977/112%20Israel-United%20States%20Memorandum%20of%20Understanding (2007년 8월 13일 접속), 1979년 양해각서 전문은 http://www.mfa.gov.il/MFA/Peace%20Process/Guide%20to%20the%20Peace%20Process/US-Israel%20Memorandum%20of%20Agreement 참조 (2007년 8월 13일 접속)

25 아비 슐라임, 《철의 장막: 이스라엘과 아랍세계》, p. 392. 양해각서 전문은 〈전략적 협력에 관한 미국 정부와 이스라엘 정부 간 양해각서〉, 메지니 메론(편), 《이스라엘의 외교관계: 기밀문서》 제7권, 1981~1982년 (예루살렘, 1988년), pp. 200~202 참조.

다. 그것은 특히 군수산업 측면에서 일어났다. 1967년의 '6일 전쟁' 전까지만 하더라도 이스라엘은 프랑스 등 외국으로부터의 무기 수입에 전적으로 의존하였다. 당시 프랑스와 이스라엘은 이집트의 가말 압델 나세르 Gamal Abdel Nasser 대통령의 정책에 대해 공통적으로 적대감을 갖고 있었다. 즉 나세르 대통령은 알제리가 프랑스로부터 독립하도록 후원하였으며, 이스라엘을 아랍 세계의 주적이자, 제국주의를 확대하기 위한 발판으로 인식했던 것이다. 프랑스의 무기 공급은 이스라엘이 공군과 탱크부대를 유지하고 발전시키는 데 중추적인 역할을 하였다.

그러나 양국 관계는 1967년 전쟁 직전 갑자기 단절되었고, 프랑스는 이스라엘에 무기금수조치를 취하였다. 갑작스런 무기공급 중단에 당황한 이스라엘 정부는 당시에는 걸음마 단계이던 자국의 군수산업을 발전시키기로 결정하고 금속산업과 전자산업에 대규모의 자금을 투입하였다.[26] 이스라엘 정부가 이런 결정을 내리던 시기는 전 세계 군수품 시장이 번창하던 기간과 겹쳤다. 전 세계적으로 무기거래 규모는 1969년과 1978년 사이에 두 배 이상 증가하여, 1969년 94억 달러이던 것이 1978년에는 191억 달러(물가상승률 배제)로 늘어났다. 개발도상국의 무기 수요도 1970년과 1980년 사이에 300%나 늘어났다.[27] 이스라엘은 국제 군

---

26 이스라엘-프랑스 관계의 부침은 스튜어트 라이저, 《이스라엘의 무기산업: 소국가의 외교정책, 무기 거래 및 군사 전략》, pp. 38~75.

27 ACDA, 〈전 세계 군사지출과 무기 거래, 1968~1977년〉, p. 8. 앤드류 P. 피에르, 《무기 판매의 글로벌 정치》에서 인용 (프린스턴, 뉴저지: 프린스턴 대학교 출판부, 1982년), p. 9 . SIPRI 1980년 연감, p. xxvii. 아론 클리먼, 《이스라엘의 글로벌 영향력: 외교 수단으로서의 무기 판매》(퍼가몬-브라세이스: 국제 국방 출판, 1985년), p. 146 인용. 클리먼에 따르면 1960년대 말부터 1979년까지 개도국의 무기 수입은 62억 달러에서 190억 3,000만 달러로 증가했다. 아론 클리먼, 《이스라엘의 글로벌 영향력: 외교 수단으로서의 무기 판매》, p. 131.

수물자 시장에 제한적으로접근할 수밖에 없었지만 세계적으로 수요가 늘면서 틈새 시장을 노릴 수 있게 되었다.[28]

1973년부터 1980년대 중반까지 국가 주도의 군수산업은 이스라엘 경제의 중심축으로 발전하였다. 이스라엘의 군수물자 수출은 1973년에는 전체 수출의 15%를 차지하는 데 그쳤으나 1980년대 중반에는 약 25%까지 증가하였다. 같은 기간 군수산업이 전체 고용에서 차지하는 비중도 19%에서 25%로 늘었으며, 전체 산업노동자의 절반이 군수산업에 종사하였다. 또 군수산업은 금융, 법, 감사, 상업 서비스 등 관련 분야에서 간접적으로 일자리를 창출하는 데 기여하였다.[29] 엄청난 수출과 더불어 미국의 다국적 기업인 GTE, CTC, 맥도널더글러스McDonnell Douglas 등이 군수산업에 직접투자를 하면서 이스라엘의 군수산업은 최대 외화벌이 산업으로 자리 잡았다.[30]

사회환경의 변화

이번 단락에서는 이스라엘의 사회적 변화를 조명한다. 국가 기반 공고화 시기가 끝나는 1973년 무렵이 되자 대규모의 이민자 유입도, 고도 경제

---

28 이스라엘이 직면한 제약은 상당했다. 이스라엘의 적국들은 개도국의 무기 수요를 대부분 부채질했고, 서방국들은 자국의 군수산업을 선진화시키기 위해 보호무역주의 경제정책을 실시했다. 1970년부터 1984년까지 세계 시장에서 이스라엘 군수품 수출이 직면한 기회와 제약은 아론 클리먼, 《이스라엘의 글로벌 영향력: 외교 수단으로서의 무기 판매》, pp. 129~214 참조.

29 슐로모 스비스르키, 《점령의 대가》, (텔아비브: 아드바 센터, 2005년), p. 68(히브리어).

30 알렉스 민츠, 〈군수산업공단〉, 모세 리삭(편), 《이스라엘 사회와 방위 시설》 (런던: 프랭크 카스 출판, 1984년), pp. 111~112, p. 123. 이스라엘 경제에서 군수품 수출의 역할 증대는 아론 클리먼, 《이스라엘의 글로벌 영향력: 외교 수단으로서의 무기 판매》, pp. 53~66 참조.

성장도 정체상태에 들어갔다. 이에 따라 사회복지정책도 국가 발전에 초점을 맞췄던 것으로부터, 그 과정에서 발생한 사회적인 문제들을 해결하는 쪽으로 초점이 옮겨졌다. 그런 문제 중 하나가 이민자들의 사회경제적 격차였다. 1970년대 초 이스라엘의 사회 계층은 이민자들이 이스라엘에 거주한 기간, 원래 출신국가에서 가져온 기술, 그들이 이스라엘 경제구조에 적응하는 정도 등에 따라 결정되었다. 이는 1972년 이스라엘 통계청 조사를 비롯한 각종 자료를 보면 잘 알 수 있다.1973년 이스라엘의 엘리트 계층은 대부분 서구에서 건너온 중상위층 시온주의자들, 즉 아시케나지Ashkenazi 유대인들로 전체 인구의 15~20%를 차지하였다. 아시케나지 유대인들의 위상은 이들의 사회경제적 지위를 보면 잘 알 수 있는데, 이들은 이스라엘의 정치,경제, 사회, 문화를 주도하였다. 또한 자기들 스스로도 이스라엘의 공익에 기여하는 주요한 사회 계층이라고 인식하였다.

그 다음 사회 계층은 사무직, 생산직 중산층 노동자들로 북아프리카와 아시아에서 건너온 이민자들, 즉 미즈라히Mizrachi의 약 40%와, 일부 아시케나지 유대인(이들은 사회 계층적 이동이 상대적으로 더 용이하다), 소수의 이스라엘계 팔레스타인인들로 구성되어 있었다. 그 아래 사회 계층은 미즈라히 유대인들 가운데 약 50%(대부분 북아프리카 출신)와 도시에 거주하는 아시케나지의 약 30%, 그리고 대부분의 이스라엘계 아랍인들로 구성되어 있었다.특히 이스라엘계 아랍인들은 1966년 12월까지만 하더라도 군사 당국의 관리와 통제하에 있었으며 정치적 권리는 행사할 수 있었지만, 공공분야 특히 외교정책 관련 분야에서는 종사할 수 없었다. 사회의 최하위 계층은 1967년 전쟁 이후 이스라엘군이 점령하고 있던 지역에 거주하는 비이스라엘 국적의 팔레스타인인들이었다.[31] 노동자들이 받는 임금도 위에서 열거한 사회 계층의 순서에 따라 차이가 있었다.[32]

1973~1985년까지 이스라엘의 사회환경에 영향을 미친 또 다른 요인은 이스라엘이 서안지구와 가자지구에 있는 팔레스타인 거주지역을 점령하고 이를 고착화시킨 것이었다. 이스라엘은 이 지역을 정치적·사회적·군사적·경제적으로 통제하기 위해 이스라엘 국방군IDF, Israel Defense Forces과 이스라엘 내무보안국GSS, General Security Service을 배치하였다.[33] 또 점령지에서의 PLO 활동을 막기 위해 군대를 배치하였으며, 이스라엘 국경을 넘어서 요르단과 레바논 영토에까지 들어가 PLO 활동을 추적하기도 하였다.[34] 특히 1977년부터 리쿠드 정부는 서안지구의 정치, 경제, 인구학적 특성을 바꾸기 위해 유대인 정착촌 프로젝트를 확대하였다. 정착촌 프로젝트를 확대하면 역내에서 국가를 건설하려는 PLO의 시도를 저지할 수 있을 것이라고 생각하였기 때문이었다.[35] 이에 대

---

31 이스라엘 노동시장의 인종 구성은, 노아 르윈 엡스테인, 모세 세묘노프, 〈이스라엘 노동시장에서 인종에 따른 사회 계층 이동〉, 《전미사회학회지》 제51권, 3번, 1986년 6월, pp. 344~346. 아미르 벤-포랏, 〈이스라엘 사회 계층〉, 노아 르윈-엡스테인, 모세 세묘노프, 《이스라엘 계층화, 계급, 인종 및 성별》 (런던: 트랜젝션 출판, 2004년), pp. 107~114 참조. 레비 야길, 《또 다른 이스라엘군》 (텔아비브: 예디옷 아크로놋, 2003년), p. 95(히브리어).

32 라파엘 로터, 니라 샤마이, 〈사회정책과 이스라엘 경제〉, 1948~1980년 모세 산바르, 〈이스라엘의 정치경제〉, p. 163.

33 이스라엘의 점령지 정책 수립과 실행에서 안보기관의 역할은 슐로모 가지트, 《함정에 빠진 바보들: 이스라엘의 점령지 정책 30년》 (런던: 프랭크 카스 출판, 2003년), pp. 25~34 참조.

34 영토를 협상카드로 사용→샌들러 슈무엘, 《이스라엘 국가, 이스라엘 땅: 외교정책의 국가통제주의적, 인종민족주의 측면》 (웨스트포트, 코네티컷: 그린우드 출판, 1993년), p. 189 참조. 이스라엘은 점령지에서 PLO의 정치·군사적 활동을 저지하는 핵심수단으로 군사력을 이용→베니 모리스, 《정당한 피해자: 시온주의자-아랍 분쟁의 역사》 (텔아비브: 예디옷 아크로놋), pp. 321~323, pp. 345~346 참조. 마크 테슬러, 《이스라엘-팔레스타인 분쟁의 역사》 (인디애나폴리스: 인디애나 대학교 출판부, 1994년), pp. 472~474 참조.

해 일각에서는 리쿠드 정부의 정착촌 확대 노력은 향후 해당지역을 이스라엘 영토에 편입시키려는 시도라고 주장하였다.[36] 이스라엘 정부는 도심과 연결되는 유대인 정착촌 건설을 위해 막대한 보조금을 투입하였고, 이 정착촌은 최저비용으로 높은 생활수준을 영위하고자 하는 유대인들에게는 좋은 기회를 제공하였다.[37] 점령지 흡수, PLO과의 전쟁, 유대인 정착촌의 대규모 확장은 곧 서안지구와 가자지구 점령이 이스라엘 경제에 큰 부담이 되었다는 뜻이기도 하였다. 실제로 이 기간 동안 민간 및 군사분야에서 지출된 금액은 연 평균 50억 셰켈(Shekel, 이스라엘 새 통화)에 달하였다.[38]

복지 및 안보 환경의 변화와 경제운용의 문제점

이스라엘의 사회 및 안보 환경은 급변했지만 경제구조는 거의 변하지 않았다. 정부는 계속해서 경제의 주축이었고, 강력한 노동자단체인 히스타드루트도 입지에 큰 변화가 없었다. 기업들은 자본을 만드는 과정에서 여전히 정부에 의존적일 수밖에 없었다.

---

35 실질적 조치는 마크 테슬러, 《이스라엘-팔레스타인 분쟁의 역사》, pp. 519~528 참조.

36 일란 펠레그, 《베긴의 외교정책 1977~1983년: 보수주의로의 이동》 (웨스트포트, 코네티컷: 그린우드 출판, 1987년), p. 110.

37 마크 테슬러, 《이스라엘-팔레스타인 분쟁의 역사》, p. 545 참조.

38 이스라엘 점령지 비용에 대한 공식적인 수치는 알기 어려우나 이스라엘의 유력지 〈하레츠〉는 2003년 이스라엘 경제에 미치는 점령지 비용에 대한 보고서를 낸 바 있다. 이 보고서에서 가장 최근에 인용한 내용은 아키바 엘다, 《이스라엘의 주택위기에 대한 비난 정치》 참조.http://www.haaretz.com/misc/article-print-page/blame-politics-for-the-israeli-housing-crisis-1.375094?trailingPath=2.169,2.225,2.227 (2011년 7월 27일 접속)

이러한 경제구조는 이전 25년간의 시기와 비교하면 여러 난관을 극복하는 데 장애로 작용하였다. 특히 복지예산과 국방예산의 균형을 이루는 데 불리하였다. 세계 경제의 지형이 변화한 것도 변수로 작용하였다. 욤 키푸르 전쟁 이후 아랍의 주요 산유국들은 미국이 이스라엘을 지원한 것에 대한 항의 표시로 이스라엘에 원유수출을 금지하는 한편 서방에 대한 원유수출을 제한하였다. 그 결과, 유가는 세 배나 뛰었고, 대부분의 선진국 경제는 침체에 빠졌다. 개발도상국들은 자국의 원자재 가격인상으로 이런 상황에 대응하였다. 1979~1980년에는 이란 혁명으로 또 한 번의 에너지 위기가 있었고, 원자재 가격도 급등하였다. 에너지 위기와 원자재 가격 급등으로 인한 공급차질은 다른 어느 나라보다 이스라엘 경제에 큰 타격을 주었다.[39]

원유와 원자재 위기는 욤 키푸르 전쟁의 후유증으로 고생하던 이스라엘 경제에 엎친 데 덮친 격이었다. 이스라엘은 욤 키푸르 전쟁을 치르면서 상당한 액수의 외화를 쏟아부었고, 군사동원으로 많은 생산인력을 잃었으며, 이는 국내 생산에 큰 손실을 초래하였다. 게다가 전후에는 군사력을 보충하기 위해 대규모 재정투자가 불가피해 국방예산이 GDP의 37%를 차지하였다. 1970년대 말에는 국방예산이 GDP의 19%로 점진적으로 줄긴 했지만 지속적인 국방비 지출은 이스라엘 경제에 타격을 주었다. 아랍국가들과의 재래식 전쟁 가능성이 줄어들면서 안보 환경은 개선

---

39 아사프 라진, 에프라임 사드카, 《현대 이스라엘 경제: 불안과 약속》 (시카고, 일리노이주: 시카고 대학교 출판부, 1993년), p. 18.

되었지만, 국방비 지출은 크게 줄지 않았던 것이다.

하지만 이스라엘 정부는 사회복지예산을 전체 예산의 15~20% 수준으로 유지하기 위해 노력하였다. 복지예산의 주요 지출 부문은 사회보장(전체 사회복지예산의 5%에서 7.5%로 증가), 교육(5%에서 7.5%로 증가), 보건(사회복지예산의 3.5~5.5% 차지), 개인복지혜택(사회복지예산의 0.6~2.4% 차지)이었다. 그러나 복지예산의 많은 부분은 여전히 이민자 흡수와 주거 지원에 쓰였다. 물론 이 부문은 국가 기반 공고화 시기에 비하면 많이 줄었다.[40]

이처럼 막대한 사회복지 지출과 늘어나는 국방비를 충당하기 위해 이스라엘 정부는 공공 지출을 확대하는 정책을 시행하였다. 1967년 전쟁 이전에는 GDP의 29.5%이던 공공지출이 1973년 전쟁 이후에는 GDP의 39.9%로 늘어나 1984년까지 이 정도 수준이 유지되었다. 하지만 공공지출을 급격하게 늘릴 당시 이스라엘의 상황은 국가 기반 공고화 시기보다 좋지 않았다. 구체적으로 보면, 건국 후 25년간 이스라엘 경제는 두드러진 성장세를 보였으나 이후 이민자수가 감소하고 인프라 투자가 줄어들면서 경제성장률도 급격히 하락하였다. 또한 1960년대 말이 되자 그동안 정부가 값싼 자본을 유치하기 위해 의존했던 장기대출과 전 세계 유대인들의 자금지원이 정체기를 맞았고, 가장 중요한 자금원이던 미국의 원조와 독일의 보상금 지급도 중단이 예정되면서 정부의 재원은 더욱 여유가 없게 되었다.[41] 미국의 원조는 이스라엘 국방예산의 약 6.5%를 차지할

---

40 사회복지예산과 국방예산은 댄 벤-데이비드(편), 《국가현황 보고서》, p. 53 참조.

만큼 늘어났지만, 경제성장률이 하락하고 외부 자금의 유입이 감소함에 따라 이스라엘 경제가 입은 타격을 상쇄하기에는 역부족이었다.

이 때문에 1973~1984년까지 국방비와 사회복지비 지출은 이전 시기처럼 외부 자본에 기댈 수가 없었다. 그럼에도 정부는 복지 및 국방예산을 과거만큼 유지하고자 하였고, 정부에 이어 국내 경제의 가장 중요한 두 축이었던 히스타드루트와 대기업(특히 은행들)들도 만족시키려고 하였다. 결국 이스라엘 정부는 줄어든 외부 자본을 충당하기 위해 차관에 의존하게 되었는데, 1973년 6%이던 차관은 1984년에는 거의 20%까지 증가하였다. 차관이 늘면서 1985년 국가 부채는 GDP의 284%까지 급증하였다.[42] 당시 이스라엘의 채무상환액은 교육, 보건, 복지, 주거에 대한 복지예산과 맞먹을 정도였다.[43]

1973~1984년의 10년 동안 고삐 풀린 이스라엘 경제를 방증하는 사례는 지속 불가능한 채무상환액뿐만이 아니었다. 과도한 공공분야 적자 외에도 빈번한 이스라엘 파운드의 평가절하, 정부가 비용을 감당함으로써 대출자에게 유리하게 작용하는 대출정책 등도 문제였다. 마이클 샬레브는 이런 정부 정책에 대해 다음과 같이 평가하였다. "1973년 이후 내재해 있던 스태그플레이션stagflation을 악화시키면서도 대형은행과 대기업의 배는 더 불리는 모순적인 결과를 초래하였다."[44]

이런 정책은 국가경제에도 엄청난 파장을 불러일으켰다. 1973~1985

---

41 마이클 샬레브, 《이스라엘에서 노동과 정치경제》 (옥스퍼드: 옥스퍼드 대학교 출판부, 1992년), pp. 203~204.
42 벤-데이비드, 〈이스라엘의 예산 분배〉, p. 51.
43 벤-데이비드(편), 《국가현황 보고서》, p. 53.
44 마이클 샬레브, 〈자유화 및 정치경제의 변혁〉, p. 133.

년 사이에 물가상승률은 440%까지 치솟았으나, 국민총생산GNP, Gross National Product은 1973~1980년 사이에는 연간 겨우 0.81% 상승하는데 그쳤고, 1981~1986년에는 고작 2%만 늘어났다. 수입한 잉여물자는 1973년 15억 달러에서 1985년에는 39억 7,000만 달러까지 증가하였으며 1970~1986년 사이에 외채는 6배나 증가하였다.[45]

정부 결속력의 약화

경제가 급격히 침체되고 그에 따라 국방비와 사회복지 지출의 균형이 깨지면서 국내 정치 환경에도 변화가 생겼다. 앞에서 설명했듯이, 1948~1973년까지 이스라엘을 다스린 주요 정당인 마파이 당과 얼라인먼트 당은 전반적으로 경제와 관련해 정책적인 합의를 이루어 냈다.

그러나 1973년 이후 마파이 당과 얼라인먼트 당의 우세는 보수파 메나헴 베긴이 이끄는 우파 정당인 리쿠드 당의 도전을 받았다. 결국 리쿠드 당은 1977년 총선에서 승리를 거두었다. 리쿠드 당은 마파이 당, 얼라인먼트 당과 달리 안정적인 연정을 구성하기 위해 초정통파 종교정당들에 매달려야만 하였다. 종교정당들의 지지층은 대부분 복지혜택 수혜자였기 때문에 리쿠드 당으로서는 복지예산을 삭감하기가 쉽지 않았다. 예산을 삭감하였다간 정당들이 연립정부에서 빠지고 리쿠드 당은 의회 과반수를 잃어버리게 될 것이기 때문이었다. 뿐만 아니라 리쿠드 당은 지속 불

---

45 경제위기 속 군수품 수출의 역할은 스튜어트 라이저, 《이스라엘의 무기산업》, p. 121, p. 123 참조.

가능한 경제구조를 개선해야 하는 과제에 직면해 있었다. 노동자총연맹인 히스타드루트와 대부분의 대기업은 얼라인먼트 당과 정치적 유대관계가 돈독하였다. 따라서 리쿠드 당이 이 분야에 대한 정부의 자금지원이나 보조금을 삭감할 경우, 심각한 노동쟁의가 뒤따를 것이 불을 보듯 뻔하였다. 경제 개혁의 발목을 잡는 이런 정치구조는 실로 심각한 문제였다.

결론적으로 1973년 이래 아랍국가들과의 대규모 전쟁이 발발할 가능성이 줄어들었다는 점에서는 이스라엘의 안보 환경은 크게 개선되었다. 또 미국과의 전략적 동맹관계도 긍정적인 요소로 작용하였다. 그러나 1973년 욤 키푸르 전쟁의 여파로 이스라엘은 가용한 외부 재원이 줄어들고 경제성장률이 하락하고 있는 상태에서도 국방비 지출을 늘릴 수밖에 없었다. 세계적인 원자재 가격 폭등과 에너지 위기는 상황을 더욱 악화시켰다. 따라서 이스라엘 정부는 사회복지지출 수준을 과거처럼 유지하고 국방비를 늘리기 위해 차관에 의존할 수밖에 없었고 그 결과 GDP에서 차지하는 국가채무의 비중이 급증하였다. 게다가 마파이 당의 쇠퇴로 정치적 결속력과 효율성이 떨어지면서, 상황에 대처하는 정부의 능력도 약화되었다. 그 결과 이스라엘은 1985년 경제 위기를 맞게 되었고, 이는 "국가의 정통성과 경제적인 생존 자체를 위협하는 요인이 되었다."[46] 이런 상황에서 사회복지와 국방비 지출의 균형을 유지하기는 힘들 수밖에 없었다.

---

46 마이클 샬레브, 〈자유화 및 정치경제의 변혁〉, p. 133.

안보 환경 개선과 복지비 증가

이스라엘 경제구조의 변화: 국가주도경제에서 세계화된 경제로

1984년 총선 이후, 얼라인먼트 당과 리쿠드 당이 연립정부를 구성하면서 이스라엘 정부는 당면한 경제 문제들을 해결할 수 있는 정치적 기회를 잡았다. 두 당의 연정 합의서에는 시몬 페레스Shimon Peres, 이츠하크 샤미르Yitzhak Shamir 양당 지도자가 2년마다 총리직을 교대로 맡을 것을 명시하였다. 이스라엘의 두 주요 정당으로 구성된 연립정부는 정치적으로결속력이 있었고 경제 문제를 해결할 능력도 갖추었다.

외부적 요인도 경제 위기를 극복하는 데 도움이 되었다. 국제통화기금IMF,International Monetary Fund과 이 기구가 확산시킨 워싱턴 컨센서스Washington Consensus47가 그 예이다. IMF는 워싱턴 컨센서스를 통해 각국

47 조셉 E. 스티글리츠, 《세계화와 세계화에 대한 불만》 (런던: 펭귄 출판, 2002년), p. 53.

이 재정긴축, 민영화, 시장자유화 정책을 추구하도록 촉구하였다. 에마 머피에 따르면 "1990년 3월 IMF는 이스라엘이 자본시장과 노동시장을 자유화하고 민영화 과정에 속도를 낼 것을 촉구"하였으며 "당시 이스라엘 정부는 소련 출신 이민자 정착을 지원하기 위해 IMF에 200억 달러에 달하는 차관 요청을 고려하고 있었기 때문에 차관을 받으려면 IMF의 조건을 무시할 수 없었다."[48]

경제 위기와 위기를 극복하려는 연립정부, IMF가 제시한 조건 등이 복합적으로 작용해 비상경제안정화계획EESP, Emergency Economic Stabilization Plan이 나왔다. 이 계획은 정부가 1973~1985년 동안 사회 · 경제적 세력들에게 빼앗긴 주도권을 되찾도록 도와주었고, 경제 개혁의 원동력이 되었다. 그 결과 EESP는 이스라엘의 정치경제를 이끌어온 정부, 히스타드루트, 대기업이라는 3대 축을 무너뜨렸다. EESP는 그동안 정부가 부담해 왔던 히스타드루트와 같은 사회단체에서 지는 의무를 시장에 넘기도록 하였다. 또한 정부도 자기 역할을 의도적으로 축소하면서 경제의 다양한 부문들을 세계화시키는 조치를 실시하였다.[49] EESP로 인해 이스라엘의 재정정책 및 통화정책은 국가의 정치적인 목표가 아닌, 글로벌 금융기관이 정의한 글로벌 경제의 표준에 맞춰 수립되었다. 이에 따라 공공지출이 큰 폭으로 감소하여, 1985년 국내생산의 75%를 차지하던 공공

48 에마 머피, 〈이스라엘의 경제 자유화를 가로막는 구조적 장애물〉, 《중동저널》, 제48권, 1번, 1994년, p. 74.

49 마이클 샬레브,〈자유화 및 정치경제의 변혁〉, p. 148. 에마 머피, 〈이스라엘의 경제 자유화를 가로막는 구조적 장애물〉, pp. 70~71.

지출은 1987년에는 62%, 1994년에는 54%로 줄어들었다.[50]

EESP는 재정개혁 및 통화개혁을 통해 이 분야의 세계화를 촉진시켰을 뿐 아니라 무역시장과 자본시장의 개혁을 통해 경제활동의 세계화에도 기여하였다. 이에 따라 수출보조금이 1985년부터 단계적으로 줄어들었다. 1970년부터 1984년까지 GNP의 평균 3%에 달했던 수출보조금은 1990년대 들어서는 완전히 폐지되었다. 수입제한도 해제되어 무역이 더욱 세계화됨에 따라, 1990년대 GNP에서 무역이 차지하는 비중은 종전의 50%에서 70%로 증가하였다.[51]

앞에서 설명했듯이 이스라엘 정부는 1985년까지는 사실상 자본의 흐름을 장악했었다. 그러나 EESP를 통해 이스라엘은 정부의 역할을 축소하고, 자국의 자본시장을 세계 경제에 개방하였다. EESP에 따라 외환통제가 완화되면서 전 세계 금융시장에 대한 접근성이 확대되었다. 기업들도 해외 주식시장, 외국 은행 및 외국인직접투자FDI,Foreign Direct Investment를 통해 자본을 유치할 수 있게 되었다. 기업들은 또 부동산과 금융분야를 제외하면 자사 지분의 40%까지 해외에 투자할 수 있게 되었다. 규제가 완화되면서 기업들은 해외에서 창출한 수익의 50%까지는 해외에 재투자할 수 있었다. 1994년부터 1996년까지 이스라엘 기업들은 10억 달러에 달하는 외국기업의 지분을 사들였다. 또한 은행들이 국가기관에 의무적으로 투자해야 하는 금액의 비중도 65%에서 50%로 감소하였

---

50 공공지출의 감소와 공공지출 감소가 국방예산에 미치는 영향은, 마이클 샬레브, 〈자유화 및 정치경제의 변혁〉, p. 134. 에마 머피, 〈이스라엘의 경제 자유화를 가로막는 구조적 장애물〉, p. 71 참조.

51 마이클 샬레브, 〈자유화 및 정치경제의 변혁〉, pp. 137~138.

다.[52]

금융과 무역이 세계화되면서 정부는 지출을 줄일 수 있었고, 새로운 외부 자금원을 확보하게 되었다. 이는 민간분야에도 긍정적으로 작용하였다. 앞에서 서술하였듯이, 이스라엘의 민간부문은 그동안 정부가 배분하는 자본에 전적으로 의존할 수밖에 없었다. 이 때문에 이스라엘 민간부문은 "영리를 추구함에도 불구하고 또 다른 정부기관에 불과"하였다.[53] 그러나 무역과 금융의 세계화 덕분에 기업들은 세계 금융시장으로부터 자본을 유치할수 있었고, 정부와 국가가 배분하는 자본에 대한 의존도를 크게 낮출 수 있었다.[54] 이에 따라, "민간분야에 대한 이스라엘 정부의 직간접 대출은 1987~1990년의 3년 사이에 57.6%에서 29.7%로 감소하였다."[55]

무역과 금융의 세계화가 낳은 또 다른 중요한 효과는 정부나 국가와 무관한 자본에 대한 접근성을 제공함으로써 민간기업들이 자율성을 확보하게 되었다는 점이다. EESP는 좁게는 히스타드루트, 넓게는 노동 관련 부문에 큰 타격을 주었지만, 민간기업들에게는 경제성장의 동력으로 부상하는 계기가 되었다.[56] 그 결과, 산업이 수출에서 차지하는 비중

---

52 마이클 샬레브, 〈자유화 및 정치경제의 변혁〉, p. 140, pp. 142~143. 에마 머피, 〈이스라엘의 경제 자유화를 가로막는 구조적 장애물〉, p. 75. 게르손 샤피르, 〈정치사업: 세계화 및 남아프리카와 이스라엘/팔레스타인에서 평화 찾기〉, 이스라엘 어페어즈, 제5권, 2,3번 1999년, p. 114.
53 게르손 샤피르, 요아프 펠레드, 〈서론〉, p. 8.
54 게르손 샤피르, 요아프 펠레드, 〈이스라엘 기업의 세계화와 평화 프로세스〉, pp. 255~256.
55 게르손 샤피르, 〈정치사업: 세계화 및 남아프리카와 이스라엘/팔레스타인에서 평화 찾기〉, p. 114.
56 노조와 히스타드루트가 입은 타격→게르손 샤피르, 레브 L. 그린버그, 〈경제 자유화와 히스타드루트 영역의 붕괴〉, pp. 103~127 참조.

은 1950년의 27%에서 2008년에는 71%까지 증가하였다.[57] 더욱 결정적인 것은 수출에서 첨단기술산업이 차지하는 비중이 1990년의 30%에서 2008년에는 43%로 현저히 늘어났다는 점이다. 이와 함께 공산품이 차지하는 비중도 늘면서 이스라엘 경제는 더욱 견실하고 혁신적이 되었으며 더 많은 FDI를 유치하게 되었다. 1990년대 초반까지만 하더라도 정치경제구조 때문에 FDI는 미미한 수준이었으나 경제 및 안보 환경이 변하면서 사정이 달라졌다. 즉 1990년 6억 달러에 불과하던 FDI는 2000년에는 55억 달러, 2008년에는 105억 달러로 크게 늘어났다.[58]

EESP가 정치경제에 초래한 또 다른 큰 변화는 노동시장에서 일어났다. 1993년 이후 이스라엘의 봉쇄정책으로 팔레스타인 노동자 수가 줄어들자 정부와 노동집약적 산업들은 이를 보충하기 위해 동아시아 및 동유럽으로부터 외국인 노동자들을 받아들였다. 하지만 이들 노동자들의 대부분은 법적 권리나 사회적 권리를 행사하지 못하였다.[59] 이렇게 유입된 외국인 노동자들은 노동집약적 산업현장에서 팔레스타인 노동자들을 대체했을 뿐 아니라 점차적으로 이스라엘 노동자들도 대체하기 시작하였다. 1990년대 말, 외국인 노동자수는 31만 2,000명(팔레스타인 노동자 수는 9만 8,000명)으로 이스라엘 전체 노동력의 14%를 차지하였다. 외국인

---

57 통계 수치는 이스라엘 통계청 및 이스라엘 은행 참조. 벤-데이비드(편), 《국가현황 보고서》, p. 33에서 인용.

58 통계 수치는 이스라엘 통계청 및 이스라엘 은행 참조. 벤-데이비드(편), 《국가현황 보고서》, p. 35에서 인용.

59 리브카 리치먼, 캠프 아드리아나, 〈국가와 비국가 주자: 이스라엘의 노동 이동 정책 분석〉, 다니 필크, 우리 람(편), 《재산의 힘: 글로벌 시대 이스라엘 사회》 (텔아비브: 예디옷 아크로놋, 2005년), pp. 222~227.

노동자들의 대거 유입은 팔레스타인과 유대인 노동자들을 대체했을 뿐 아니라 전반적인 임금 수준도 떨어뜨리는 효과를 불러왔다. 그 결과 이스라엘 노동자들은 점점 늘어나는 비노조 노동시장에서 경쟁해야만 하였다.[60] 결국 2000년, 이스라엘 정부는 노동시장에서 외국인 노동자의 수를 줄이기 시작하였고, 2010년 외국인 노동자 비중은 약 13%로 소폭 하락하였다.[61]

안보, EESP 그리고 냉전의 종식

EESP 도입은 이스라엘의 국방비 지출에 큰 영향을 미쳤다. 이전에는 이념적 근거나 정치적 근거, 각 당이나 국가의 목표에 근거해 국방예산을 책정하였기 때문에 군수산업 부문뿐 아니라 사회 전체가 분수에 맞지 않는 지출을 하는 것이 가능했다.[62] 하지만 EESP가 도입되면서 국방예산은 점차 시장의 힘이 정한 재정적 요소를 고려해서 책정되었다. 1986년부터 1990년 사이 GDP 대비 국방비는 22%에서 15%로 줄었다. 이런 추세는 지속되어 1995년에는 11%로, 2010년에는 6.5%까지 떨어졌다.[63] 국가 전체 예산에서 국방예산이 차지하는 비중도 1985년 23%에서 2007

60 마이클 샬레브, 〈자유화 및 정치경제의 변혁〉, pp. 144~145. 우리 람, 《이스라엘의 세계화: 텔아비브의 맥월드, 예루살렘의 지하드》, p. 64.
61 통계 수치: 이스라엘 은행, 벤-데이비드(편), 《국가현황 보고서》, p. 222에서 인용.
62 아론 S. 클리먼, 루벤 페다처, 《이스라엘의 재무장: 1990년대 군사조달》 (텔아비브: 재피 전략 연구소, 1991년), p. 51.
63 통계청, 〈이스라엘의 국방지출 1950~2009년〉, p. 9.

년에는 15%까지 감소하였으며, 이후 그 수준을 계속 유지하고 있다.[64] 국방예산의 감소는 미국산 무기구입 감소로 이어졌지만 이스라엘에 대한 미국의 지원은 계속 늘어났다. 그 결과, 1990년대에 "미국의 원조 대 무기판매의 비율은 2:1로 이스라엘에 유리한 구조였다"라고 마이클 샬레브가 말하였다. 1980년대 중반 이후 이스라엘에 대한 미국의 지원에서 이런 원조의 비중은 크게 증가하였다.[65]

전략적 환경의 개선

국방비가 줄고 미국의 지원 가운데 원조 비율이 증가한 까닭은 단순히 EESP가 도입되었기 때문만은 아니었다. 이스라엘의 전략-안보 환경이 크게 개선된 까닭도 있었다. 그것은 1980년대 중반 소련의 글라스노스트glasnost와 페레스트로이카perestroika 정책과 함께 시작되었다. 이는 곧 소련이 이스라엘과 대립하는 아랍국가들 및 PLO에 대해 정치적·군사적 지원을 크게 줄인다는 것을 의미하였다. 이후 소련이 붕괴하면서 아랍국가들은 후원국을 잃어버렸지만, 반대로 이스라엘의 우방인 미국은 초강대국이 되었다.[66] 게다가 중동 지역에서 일어난 변화도 소련의 붕괴가 이스라엘의 안보 환경에 불러온 긍정적 효과를 더욱 배가시켰다. 즉 1990년 8월 미국이 주도하는 연합군이 이라크 사담 후세인Saddam

---

64 벤-데이비드, 《국가현황 보고서》, p. 55.
65 마이클 샬레브, 〈자유화 및 정치경제의 변혁〉, p. 138.
66 갈리아 골란, 《소련의 대 중동정책: 제2차 세계대전에서 고르바초프까지》 (캠브리지: 캠브리지 대학교 출판부, 1990년)

Hussein의 쿠웨이트 침공을 물리친 뒤, 이라크에 강력한 제재를 가함으로써 이라크의 군사력을 크게 약화시켰다. 그리고 1994년에는 이스라엘과 요르단 사이에 평화협정이 체결되었다. 사담 후세인이 이끄는 이라크가 크게 약화된 데다 이스라엘이 요르단과 평화협정을 맺으면서 아랍 연합군이 동부 전선에서 이스라엘을 공격할 가능성은 사실상 사라져 버린 것이다.

PLO와의 관계 변화도 이스라엘을 둘러싼 안보 환경을 개선시켰다. 1987년 이래 이스라엘은 팔레스타인 무장봉기인 인티파다의 위협을 받아왔다. 하지만 1990년대 초반, 특히 PLO가 사담 후세인의 쿠웨이트 침공을 지지하면서 인티파다는 힘을 잃어갔다. 결국 1992년 이스라엘과 PLO 관료들은 외교협상에 착수하였고, 1년여에 걸친 비밀협상 끝에 이스라엘과 PLO는 상호의 존재를 인정하고 분쟁에 종지부를 찍는 원칙 선언Declaration of Principles에 합의하였다.[67]

이처럼 안보 환경이 개선되다 보니 국방 관련 기관들은 EESP가 부과하는 조건에 맞춰 국방비 지출을 조정할 수밖에 없었다. 그 결과, 앞서 언급했던 국내 군수산업의 범위와 특성도 크게 줄어들게 되었다. 예컨대 이스라엘이 자체 개발한 전투기 라비Lavi의 생산과 정밀유도 미사일 개발 등 대규모 방위산업 프로젝트가 취소되었으며, 미국산 F-16전투기 등 무기구입도 감소하였다.[68] 국가 지원이 끊긴 이스라엘의 군수산업

---

67 DOP가 탄생하기까지 자세한 외교 전략 분석은 데이비드 마코브스키, 《PLO와 화해》 (볼더, 콜로라도: 웨스트뷰 출판, 1996년) 참조.

68 아론 S. 클리먼, 루벤 페다처, 《이스라엘의 재무장: 1990년대 군사조달》 (텔아비브: 재피 전략연구소, 1991년), p. 51.

체들은 새로운 시장을 개척해야만 하였다. 이들은 터키 및 인도, 중국 등 아시아 국가들과의 관계를 개선함으로써 매출을 올려, 줄어든 정부의 재정지원을 보충할 수 있었다.[69]

사회복지비 지출

안보 환경 개선과 함께 1980년대 중반 이후 실시된 경제 개혁은 사회복지 문제를 해결하는 데 큰 도움이 되었다. 안보 환경의 긍정적 변화 덕분에 국방예산은 크게 감소하였고, 전체 예산에서 차지하는 부채 비중도 1980년대 중반 19.4%에서 2000년에는 약 10%로 떨어졌다. 이처럼 채무와 국방예산이 줄다 보니 국가재정에 여유가 생겼고, 이를 토대로 1990년대 구소련에서 이스라엘로 이민 온 100만여 명의 유대인들을 흡수할 수 있었다. 이민자의 대량 유입으로 이스라엘 인구는 거의 20%가 증가했지만 경제구조가 견실해지고 성장을 거듭한 덕에 사회복지비 지출을 늘릴 수 있었다. 예를 들어, 전체 예산에서 복지분야가 차지한 비중은 1985년의 18%에서 1999년에는 39%로 늘어났으며, 1985년 GDP의 1% 미만이던 이민자 정착지원금 비중도 1992년에는 GDP의 7%로 증가하였다. 하지만 1992년 이후 정착지원금은 계속 줄어들어 2010년에는 다시 1985년 수준으로 돌아갔다.[70]

---

69 이스라엘, 중국, 인도의 교역량 증가는 암논 아란, 《이스라엘의 PLO 외교정책: 세계화의 영향》(서섹스: 서섹스 학술 출판사, 2009년), p. 101 참조.

70 통계청, 이스라엘 재무부, 벤-데이비드(편), 《국가현황 보고서》, p. 545에서 인용.

불안정한 균형?

이스라엘은 2008년 세계적인 금융위기를 아주 잘 극복하였다. 낮은 실업률(2009년 7.5%에서 2011년 6.5%로 하락)을 유지하였고, 비록 2009년에는 마이너스 성장률을 기록했지만 2008년과 2010년, 2011년에는 4.5~5.5%의 성장세를 유지하였다.[71] 그러나 현재 이스라엘 경제의 호황은 장기적으로 보면 반드시 낙관적이기만 한 것은 아니다. 사실 장기적 전망으로 볼 때 이스라엘 경제의 기초는 탄탄한 편이 아니다. 경제의 취약성은 이스라엘이 향후 사회복지비와 국방비 지출의 균형을 유지할 수 있는 능력에 심각한 영향을 주기 때문에 이런 취약성을 살펴보는 것은 매우 중요하다.

문제의 핵심은 이스라엘의 노동력에 영향을 끼치는 인구구조의 변화이다. 역사적으로 이스라엘의 생산인구는 세속적 유대인(secular Jews), 국교파 유대인(national religious Jews)이었고, 최근 들어서는 이스라엘계 아랍 기독교인들(Christian Israeli Arabs)이 가세하고 있다. 이스라엘 사회에서 이스라엘계 아랍인(Israeli Arabs, 특히 이슬람교도)과 초정통파 유대인들(ultraorthodox Jews)은 노동참가율이 낮기 때문에 경제용어로 설명하자면 비생산인구이다. 이들은 또한 여러 가지 이유로 교육적인 혜택을 제대로 받지 못하여 현대 노동시장에는 부적합한 비숙련 노동자가 될 수 밖에 없었다. 이런 상황에서 전체 인구에서 이스라엘계 아랍인들(특히 이

71 통계청 수치, 트레이딩 이코노믹스(Trading Economics) 사이트 인용. http://www.tradingeconomics.com/israel/gdp-growth-annual, (2011년 7월 21일 접속)

슬람교도)과 초정통파 유대인들이 차지하는 비율은 이스라엘이 현재의 경제 성장을 유지하고 궁극적으로 사회복지와 안보지출의 균형을 이루는 능력에 영향을 미칠 것이다.

향후 인구구조 추세를 알기 위해서는 초등교육을 받는 아동의 비율을 보면 된다. 이스라엘에서 초등교육체계는 사회구성과 관련이 깊다. 최근 연구에 따르면 1960년에는 이스라엘계 아랍인/초정통파 유대인 학교에서 교육을 받는 아동 비율이 15%였으나, 1980년에는 26%, 2008년에는 45%까지 증가하였다. 세속적 유대인, 종교적 유대인, 초정통파 유대인과 이스라엘계 아랍인들의 최근 출생률을 감안하면 이스라엘계 아랍인/초정통파 유대인 학교에서 교육 받는 아동 비율은 2040년이 되면 78%에 달할 전망이다.[72] 이런 추세는 현재 첨단산업에 부적합한 비숙련 노동자들의 급증을 의미하기 때문에 이스라엘 경제에 부정적 영향을 미칠 가능성이 높다.

물론 이런 인구구조 추세와 이스라엘계 아랍인들과 초정통파 유대인들이 받는 부실한 교육이 반드시 지속될 필요는 없다. 정치적 결단, 예를 들어 아동 복지혜택을 줄이면 이 집단의 출생률이 줄어들 수도 있다. 또한, 정부가 이스라엘계 아랍인들과 초정통파 유대인들이 현대 노동시장에서 잘 적응할 수 있도록 준비시키고 교육서비스를 제공한다면 의미 있는 변화가 생길 수 있다. 그러나 현재 이스라엘의 정치체계는 이런 변화를 실행에 옮길 준비가 되어 있지 않다. 국가 기반 공고화의 시기에는 집

---

72 벤-데이비드(편), 《국가현황 보고서》, p. 190에서 인용.

권당인 마파이 당과 얼라인먼트 당이 정치적인 결속력을 갖추고 있어서 정책적인 합의를 쉽게 이끌어 낼 수 있었다. 하지만 1977년부터 1992년까지 이스라엘의 정당체제는 결속력이 부족하였고, 리쿠드 당은 주로 우익성향의 민족주의-초정통파와 연정을 구성하였다. 물론 이 시기에도 가끔은 노동당과 리쿠드 당이 연정을 구성해 EESP와 같은 급진적인 사회경제적 개혁을 이루어 내기도 하였다.

그러나 1992년 이래 이스라엘의 정치체제는 점차 분열되었다. 거의 모든 주요 사회단체가 정당을 꾸렸고 그 결과 노동당과 리쿠드 당은 패권을 잃고 이스라엘의 정치체제는 각 이익집단의 정치적 이익에 따라 좌우되는 상황이 되었다. 그렇다보니 정치적으로 합의를 이루기는 점점 더 어려워졌다. 따라서 위에서 말한 인구구조 추세를 뒤집고 가장 비생산적인 사회계층의 증가를 막는 정치적 결정이 나올 가능성은 현재로서는 매우 희박하다. (경제적 측면에서) 가장 비생산적인 집단의 증가와 정치체제의 약화는 사회복지비와 국방비 지출의 균형을 깰 수 있는 가장 큰 장애요인이다.

이스라엘의 내부 문제는 외부 요인으로 인해 더 악화되고 있다. 2000년 이후 실시된 몇 차례의 국제적인 여론조사 결과, 이스라엘은 전 세계에서 가장 부정적인 국가 이미지를 가지고 있는 것으로 나타났다. 예를 들어, 최근 실시된 BBC 여론조사를 보면 이스라엘보다 국가이미지가 나쁜 나라는 이란, 북한, 파키스탄뿐이었다.[73] 이스라엘은 경제, 정치, 군사

---

73 라하브 하르코프, "여론조사: 가장 부정적인 국가 이미지를 갖고 있는 나라들 중 이스라엘," 예루살렘 포스트, http://www.jpost.com/International/Article.aspx?id=211095, (2011년 7월 27일 접속)

적으로 외부 세계에 대한 의존도가 아주 높은 상태이기 때문에 이런 부정적인 국가 이미지는 결코 도움이 되지 않는다. 이런 부정적인 여론이 확산되어 각국 국민들이 자국 정부에 대해 이스라엘에 불리한 경제정책을 실시하라는 요구를 할 경우 이스라엘은 사회복지비와 국방비 지출의 균형을 이루기가 더욱 어려워질 것이다. 물론 이런 시나리오가 가까운 미래에 실현될 가능성은 적지만 국내의 인구구조 변화와 마찬가지로, 부정적인 국제 여론도 장기적으로는 이스라엘에 큰 부담으로 작용할 것이다.

인구구조의 변화와 비판적인 국제여론의 극복

이 글은 사회복지비와 국방비의 균형을 유지하려는 이스라엘의 노력을 세 시기로 나누어 역사적 관점에서 살펴보았다. 국가 기반 공고화의 시기(1948~1973년)에는 국방과 복지 예산 사이에 탄탄한 균형을 일궈 낼 수 있었다. 그러나 두 번째 시기(1973~1985년)에는 이 균형이 붕괴되었고, 세 번째 시기(1985년부터 현재)에는 다시 균형을 회복했으나 현재 이 균형은 매우 불안정한 실정이다.

이스라엘이 사회복지비와 국방비 지출의 균형을 이루는 과정에서 변하지 않은 몇 가지 중요한 요소가 있었다. 먼저 외부로부터의 자금 확보가 필수적이었다. 이스라엘 내수시장은 규모상 안보와 복지지출을 감당하기에 충분한 자금을 창출하지 못하였기 때문에 외부 자금 유치가 필요하였다. 앞에서 서술했듯이 전 세계에 흩어져 있는 디아스포라 유대인들의 송금, 독일정부의 배상금, 미국정부의 지원 등 외부에서 흘러들어오는 자금은 국가 기반 공고화의 시기에 높은 사회복지 혜택과 국방비 지출을 감당하는 핵심적인 역할을 하였다. 외부로부터 들어오는 자금이 풍족하였기 때문에 이민자들을 대거 흡수하고 인프라를 구축하면서, 동시에 안보문제와 관련된 난관과 과제도 극복할 수 있었다.

마찬가지로 1990년대 초에 FDI와, 수출주도형 경제를 통해 창출된 자금은 구소련에서 건너온 대규모 이민자들을 정착시키고 복지혜택을 제공하며, 냉전 종식 이후 발생한 안보문제 해결에 필요한 국방비 지출을 감당하는 데 큰 힘이 되었다. 반대로 1973~1985년 시기처럼 외부로부터 들어오는 자금이 고갈되어 버리는 경우에는, 사회복지비와 국방비 지출의 균형이 무너졌다.

정치적 결속과 효율적인 정부도 변하지 않는 중요한 요소임이 입증되었다. 국가 기반 공고화의 시기에서 설명한 대로, 마파이 당과 얼라인먼트 당이 집권했을 때 정부의 강한 결속력과 높은 효율성은 이스라엘이 경제 성장세를 십분 활용하는 데 필수적인 역할을 하였다. 당시 집권 정부들은 이민자 수 증가에 힘입은 높은 경제성장률(특히 1960년대 초까지)을 활용해 복지와 안보의 균형을 이루었다. 마찬가지로 이스라엘 경제가 거의 붕괴할 당시인 1984년, 리쿠드-얼라인먼트 연립정부는 EESP를 수립하고 실시함으로써 경제 붕괴를 막고 복지-안보 균형을 다시 회복할 수 있었다. 반면 1973년부터 1985년에는 얼라인먼트와 리쿠드 정부는 분열되었고, 다른 군소정당에 대한 의존도가 증가하였다. 그 결과, 이스라엘 정부는 복지혜택 수혜단체와 강력한 노동조합의 요구를 저지할 의

지도, 능력도 점차 잃어갔다. 10년의 세월이 지나면서 이런 정치적 취약성은 결국 이스라엘의 무질서한 경제정책을 초래하였다.

그러나 사회복지비와 국방비 지출의 균형을 유지하는 이스라엘의 능력이 고정적인 요인에 의해서만 결정되었다고 생각하면 오산이다. 이스라엘의 안보 환경은 역사적 관점에서 보면 큰 변화를 겪었다. 국가 기반 공고화의 시기에 이스라엘의 안보 환경은 다른 국가들과의 관계에 의해 주로 결정되었다. 이 때문에 특히, 이스라엘과 아랍국가들이 더 비싸고 선진화된 무기에 투자하면서 국방비 지출은 꾸준히 증가하였다.

그러나 1979년 이후에는 아랍-이스라엘 분쟁에서 국가간 분쟁보다 팔레스타인, 이란, 대리국가들과의 분쟁이 이스라엘의 안보 환경에 더 많은 영향을 미치기 시작하였다. 더욱이 1990년대 이후 이스라엘은 PLO와 정치회담을 시작하였고, 사담 후세인 정권의 붕괴를 직접 눈으로 보았으며, 요르단 등 아랍국가들과의 수교를 확대하였다. 그 결과, 국경 동쪽으로부터의 침략 위협은 사실상 사라졌다. 물론 팔레스타인의 테러공격과 이란의 핵무장에 의한 안보 이슈는 여전히 남아 있다. 하지만 국방비 지출 측면에서 볼 때 이런 문제들은 아랍-이스라엘 분쟁에서 국가간 전쟁이 계속 진행될 경우에 치러야 할 대가보다는 덜 심각한 문제이다.

안보 환경 개선이 사회복지비와 국방비 지출의 균형에 기여한 긍정적인 효과는 이스라엘의 경제구조가 변화하면서 더 강화되었다. 이스라엘 경제는 강력한 노조인 히스타드루트와 핵심 대기업들, 정부가 주도하는 경제체제로부터 수출중심, 시장 주도의 글로벌 경제로 거듭나면서 경제가 새롭게 성장하기 시작하였다. 그리고 그에 따른 결실을 토대로 복지비와 국방비를 실질적으로 늘리고 지출의 균형도 유지할 수 있게 되었다.

그러나 향후에는 외부자금 확보, 정치적 결속, 안보 환경 개선, 정치경제 구조의 변화 등 앞에 언급한 요인들만으로 사회복지비와 국방비 지출의 균형을 이룰 수 없을지도 모른다. 특히 이스라엘 사회에서 가장 비생산적인 인구의 비중이 늘면서 앞으로의 전망을 낙관할 수만은 없는 실정이다. 1990년대 이후 이스라엘 정부는 정치적으로 분열된 데다 단명하면서 이런 심각한 잠재 위협을 극복할 수 있는 조치를 취하지 못하였다. 또 이스라엘의 팔레스타인 정책에 대해 국제사회(특히 서유럽)의 비난 여론이 확산되면서 이것이 각국 소비자들이나 정부의 이스라엘에 대한 제재로 이어질 경우, 어려움은 한층 커질 것이다. 결국 인구구조 변화와 비판적인 국제여론이라는 두 가지 핵심적인 난제를 제대로 다룰 수 있는 이스라엘 정부의 역량이, 국방비와 사회복지비 지출의 균형유지를 결정하는 데 핵심적인 역할을 하게 될 것이다.

06

스웨덴

스웨덴 복지정책의 경쟁력 – 일하고 성장하는 복지

김인춘(연세대학교 동서문제연구원 교수)

스웨덴,
한국 복지의 희망인가?

최근 한국은 복지국가에 대한 논의가 매우 활발하며, 정치권에서 사실상 복지확대 경쟁을 하고 있다. 불과 2011년까지만 해도 상대적으로 진보적인 세력이 복지확대를 주장하면 보수적인 세력은 이러한 주장을 반대하거나 유보하는 모습을 보였다. 그러나 2011년 8월 서울시 무상급식과 관련한 주민투표를 거치고 2012년 대통령 선거를 치르면서 정치권의 주요 세력은 한결같이 복지를 강조하고 있다.

물론 조건이 되고 가능하다면 복지확대는 좋은 일이다. 그러나 복지확대와 재정팽창의 부작용으로 어려움을 겪는 나라들을 보면 무조건 복지를 확대하는 것이 반드시 좋은 것만은 아닐 수 있다. 그렇다면 '좋은 복지국가'를 어떻게 이룰 수 있을까를 깊이 고민하여야 할 것이다. 많은 사람들은 복지국가로 유명한 스웨덴이 이런 고민에 답을 줄 수 있으리라고 생각하는 경향이 있다. 이들은 더 나아가 스웨덴을 한국 복지의 희망이라고 보고 있다. 이것은 물론 스웨덴 복지국가가 평등과 삶의 질은 물론이고, 성장과 효율성도 달성하고 있기 때문일 것이다. 그렇다면 이제는 스웨덴이 어떻게 복지국가를 발전시켰고 스웨덴 복지국가의 특징은 무엇인지에 대해서 기본부터 이해가 필요한 시점이다.

스웨덴은 유럽의 북쪽에 위치한 강소국으로 우리에게 수준 높은 보편적 복지국가로 잘 알려져 있다. 스웨덴은 포괄적이고 관대한 소득보장제도와 공공 사회서비스로 모든 개인의 인간다운 삶을 보장하고 있다. 이를 위해 국민은 세금을 많이 내고 정부는 막대한 복지지출을 하고 있다. 고세금 · 고지출 · 고복지를 하고 있는 것이다. 중요한 것은 스웨덴이 세계 최고 수준의 세금과 복지지출에도 불구하고 경제면으로 매우 성공한 나라라는 점이다.

전 세계로부터 권위를 인정받고 있는 스위스의 국제경영개발원IMD, International Institute for Management Development이 매년 국가경쟁력 순위를 발표하는데, 스웨덴은 그동안 평균해서 5위 전후의 높은 자리를 차지해왔다. 스웨덴의 경제성장 또한 유럽에서 가장 성공한 집단에 속해 있으며 최근 수년 동안 노사 분규나 심각한 사회 갈등도 거의 일어나지 않았다. 2008년 세계 금융위기와 2010년 유럽 재정위기에도 스웨덴은 복지 축소 없이 높은 경제성장을 달성하고 있다. 이는 한국뿐 아니라 세계의 많은 나라들이 원하는 바가 아닐까 싶다.

스웨덴 복지국가는 스웨덴 고유의 역사와 문화, 경제발전 과정, 정치사회적 갈등과 타협의 산물이다. 스웨덴은 오늘날의 보편적 복지국가를 만들기 위해 1930년대부터 1970년대까지 많은 제도와 법, 정책을 만들어 왔다. 역사상으로 스웨덴 복지국가 모델은 장기간 집권한 사회민주당(사민당)이 주도하여 구축하였다. 그러나 사민당에 의해서만 발전되어 온 것이 아니고 복지국가 발전의 초기부터 우파인 농민당과의 연합정부 등 좌우파 간의 합의로 복지정책을 발전시켜 왔다(Steinmo 2010, 이하 저자명 및 발간연도 표시 부분은 뒤의 참고문헌 참조 바람).

또한 복지국가에 대한 기업과 자본가의 협력도 매우 중요하였다. 이들은 투자와 세금을 통해 일자리와 재정에 기여하였다. 사회적 타협으로 임금과 복지의 수준을 정하고 일자리를 만들기 위한 고용정책도 산업정책과 동시에 추진되었다. 사민당 정부는 '고용이 복지의 첫걸음'이라는 인식을 가지고 기업의 성장과 생산성을 중요시하였다. 이는 실업으로 많은 사람들이 빈곤에 빠지고 인간다운 삶을 살 수 없었던 1930년대 대공황 시기에 스웨덴 복지국가가 제 궤도에 올라 발전한 것과 관련이 있다. 스웨덴은 이념이 아닌 매우 현실적인 관점에서 개인의 행복과 국가의 발전을 위하여 구체적인 복지 방안을 모색하였던 것이다.

스웨덴은 복지정책의 효율성과 성장친화성을 중시해 왔다. 고용을 중시하면서 노령, 질병, 출산, 실업 등으로 일할 수 없는 사람에게 소득을 보장해 주는 보편적인 사회보험과 공공부조를 제도화하였다. 1960년대부터 크게 늘어난 재정지출은 보육서비스, 교육 및 직업훈련, 보건의료 등 투자 성격의 부문에 집중되었다. 현금을 직접 주는 현금복지보다 국가가 보육, 교육 및 직업훈련, 보건 등의 공공 사회서비스를 제공하는 사회서비스 복지를 강조하였다. 이로써 일할 수 있는 사람에게는 일자리를 마련하여 성장에 기여하고 더 많은 사람이 세금을 낼 수 있게 한 것이다.

공공 사회서비스를 통해 사회 전반으로 안전도를 높여 실업급여, 병가 및 산재급여, 공공부조와 같은 소비적 재정지출을 최소화하였다. 성장과 고용을 극대화하고, 고숙련의 인적자본으로 생산성을 높이는 효율성 높은 복지가 스웨덴 복지모델의 핵심이었다.

우리에게 스웨덴은 복지천국으로 알려져 있다. 그러나 스웨덴 복지국가는 하루아침에 우연히 만들어진 것이 아니다. 짧게 잡아도 1930년대부터 1970년대까지 50여 년에 걸쳐 만들어졌다. 정부와 정당은 물론 노사 등 주요 정치사회 집단이 충분한 토론과 합의, 경쟁과 조정을 통해 정책과 법, 제도를 만들었다. 복지는 공짜가 아닌, 개인 스스로의 노력과 책임으로 가능하다는 국민의식도 중요하였다. 더 많은 사람이 일을 하고 기꺼이 세금을 부담하는 것이 그것이다. 즉 '일하지 않고 세금 내지 않으면 복지는 없다'는 것이 기본 원칙이며, 도덕적 해이와 무임승차를 최소화하였다. 공정한 책임과 부담, 필요와 권리에 의한 혜택은 스웨덴의 효율성 높은 복지국가를 지탱해 온 원동력이었다.

스웨덴 복지국가를 부러워하기 전에 그들이 어떻게 복지국가를 만들었는지, 스웨덴 복지국가의 성격은 어떠한지, 어떻게 운영하고 개혁했는지를 알아야 할 것이다. 그런 후에 우리의 현재 위치를 가늠하고, 어떤 시사점을 얻을 것인지를 고민해야 한다. 과연 우리는 많은 세금을 부담할 준비가 되어 있는지, 고용문제를 어떻게 해결할 것인지, 제도를 어떻게 잘 설계할 것인지, 복지와 분배 효과를 최대화할 수 있는 정책이 무엇인지, 투명하고 효율성 있는 복지행정이 가능할 것인지 등이 그것이다.

예산만 많이 늘리고, 한국에서 무상복지로 잘못 표현되고 있는 일반 조세수입을 원천으로 하는 복지만 한다고 좋은 복지국가가 되는 것은 아니다. 또한 보편적 복지정책만이 좋은 복지정책인 것도 아니다. 스웨덴도 최근 선별적 복지를 확대하여 보편적 복지와 선별적 복지를 함께 하고 있다. 복지정책은 제한된 자원을 효율성 있고 투명하게 배분하는 것이 기본이다. 따라서 분배의 효과뿐 아니라 성장의 효과를 최대화하는 것이 복지국가의 실패를 막는 길이다. 스웨덴은 이러한 문제들을 다른 나라에 비해 잘 해결해 왔다는 점에서 충분히 참고의 대상이 될 수 있다.

스웨덴 복지국가의 발전 – '국민의 집'과 보편적 복지국가

스웨덴 복지국가는 세금으로 모든 국민에게 소득보장과 다양한 공공사회서비스를 제공해 왔다. 국가의 빚이 아니라 국민의 부담으로 복지를 해온 것이다. 스웨덴 복지제도의 근간은 1928년 사민당의 한손Per-Albin Hansson 당수가 주창한 '국민의 집Folkhemmet, People's Home' 개념에 있다. 국가는 국민의 집과 같은 역할을 통해 노동자와 실업자, 빈곤층을 보호하여 삶의 질을 일정 수준으로 보장하고 평등한 사회적 권리와 기회를 갖도록 해야 한다는 것이다. 이러한 평등적 · 보편적 복지 사상은 1930년대 이래 지금까지 스웨덴 복지국가의 이념으로 자리 잡아 왔다(Esping-Andersen 1988).

스웨덴 복지국가는 사민당이 집권한 1932년 이후 한손 수상(재임 1932~1946년) 정부가 빈곤추방과 인간적인 삶을 보장하려는 계획으로부터 본격화되었다. 실업자들을 보호하기 위해 1934년 실업보험제도가 도입되었고, 1935년에는 연금지급액이 상향되었다.[1] 1938년 사회복지위원회가 구성되었고, 평등주의적 보편주의 원칙하에 연금, 가족수당, 의료보험, 산재보험 등이 확대되거나 새로이 도입되었다. 당시 스웨덴도 대공황의 영향을 받아 실업과 빈곤문제가 심각하였는데 이를 해결하기 위한 정책이 중요하였다. 일반 국민들의 생활여건 전반을 향상시키기 위해 적극적인 고용정책, 주택건설보조금제도, 특별실업보험제도 등 스웨덴식 뉴딜New Deal 정책이 시행되었다. 당시 이러한 개혁적인 사회정책의 재원은 소득세, 상속세, 재산세의 누진율을 크게 높임으로써 충당되었다.[2]

사민당 정부가 복지개혁을 추진하는 과정에서 정치상으로 강력했던 보수 성향의 농민당과의 연정, 즉 1933년의 '적녹연정Red-Green Coalition'이 중요한 역할을 하였다. 이념과 노선이 다른 정당과 연합하여 복지정책을 발전시켰던 것이다. 또한 1938년에는 정부의 적극적인 역할에 힘입어 살트셰바덴Saltsjöbaden노사대타협이 이루어지면서 스웨덴 복지국가가 발전하는 데 중요한 기반이 되었다(Pontusson 1992; Steinmo 2010).[3]

이 글은 《선진4국과 우리나라 사회보장체계 비교연구》(보건복지부 · 한국보건사회연구원, 2011) '제2장 스웨덴 사회보장체계'(김인춘)에 주로 의존하여 작성되었음을 밝힌다.

1 스웨덴 복지정책은 1891년 자발적인 건강보험에 대해 국가가 기여금을 지원하면서부터 시작되어 1901년에 고용주 책임을 강제한 산재보험법이, 1913년에는 연금제도가, 1931년에는 병가보험이 각각 도입되었다.

2 이 시기에는 중간계층 이상이 경제적 부담을 대부분 담당하였는데 부유한 개인 사업가의 경우, 80%가 넘는 소득세, 누진적 재산세, 강제적 사회보험부담금 등으로 연소득의 100%가 넘는 세금을 징수받기도 하였다. 반면 법인세는 낮은 수준에서 유지하여 기업의 자본을 투자로 유도하였다. Pontusson and Swenson(1996), Steinmo(2010) 참고.

3 스웨덴이 1930년대에 복지개혁을 추진할 수 있었던 또 하나의 중요한 요인은 20세기 전후의 당시 세계화 시기에 높은 경제성장을 달성하여 자본축적이 이루어져 있었고 제1차 세계대전에 개입하지 않았기 때문이다. Magnusson(2000), Whyman(2003) 참고.

당시 막대한 부를 이룬 대자본과도 타협하여 이들을 복지국가의 우군으로 만들었던 것이다. 스웨덴 사민당이 사회주의 이념에 치우치기보다 민주주의와 복지, 효율성과 성장을 중시하는 실용 노선을 견지하였기 때문이다. 스웨덴 사민당은 역사상 중요한 국면이었던 1930년대에 점진적 개혁주의와 복지국가주의, 자본계급과의 협력 등을 추구함으로써 지지기반을 확고히 하고 경제성장과 복지국가의 기반을 마련하였던 것이다.

제2차 세계대전이 끝난 후 스웨덴은 1938년 사회복지위원회의 보고서를 기반으로 복지개혁을 추진하여 1950년대 초에 복지제도의 기본 형태를 완성하였다. 1946년 연금개혁을 시작으로 1947년 아동수당법, 1949년 산업재해보상법, 1954년 주택수당법, 그리고 1955년에는 병가보험법이 도입됨으로써 보편적인 사회보험제도가 구축되었다. 1955년에는 국민 모두에게 거의 무료에 가까운 의료서비스를 제공하는 제도가 시작되었다.

스웨덴 복지국가 모델은 1930년대 스웨덴 경제학자 군나르 뮈르달 Gunnar Myrdal의 '생산적 복지' 개념으로부터 많은 영향을 받았다(Carlson 1990). 뮈르달의 '생산적 복지' 개념은 저소득층에 모든 급여를 나누어 주는 현금복지체제 대신, 모든 국민에게 생활에 필요한 서비스를 국가가 직접 제공하는 공공 사회서비스 중심의 복지국가 전략이었다. 보건의료, 교육, 보육, 노인요양, 장애인보호와 같은 서비스를 정부가 직접 운영 · 제공함으로써 일정 수준 이상의 삶을 모두에게 보장하는 것이다.

이러한 공공소비로 스웨덴은 영미모델은 물론, 독일, 네덜란드 등 유럽대륙모델에 비해 공공 사회서비스 인프라infrastructure 수준이 높고, 실업수당 중심의 소극적 노동시장 정책보다 교육, 훈련 중심의 적극적 노동시장 정책이 더 발전되어 왔다. 사회구성원 모두가 능력을 키우고 일을 할 수 있도록 지원하는 것이다.

일반적으로 팽창적 재정지출과 완전고용은 인플레이션inflation을 유발하여 경제적 부작용을 초래하기 쉽다. 스웨덴 또한 이러한 문제에 직면하였다. 이에 스웨덴은 1950년대에 정책혁신을 이룸으로써 복지정책의 생산적 기능을 제고하여 복지국가의 정치 · 경제적 기반을 강화하였다. 바로 렌-마이드너Rehn-Meidner 모델로 이는 연대임금으로 임금격차를 줄이고 임금인상을 억제함으로써 생산성이 높은 기업의 성장을 도와 산업합리화를 촉진하는 것이다.

산업합리화로 발생한 실업자의 교육훈련과 재취업을 위한 적극적 노동시장정책은 고용을 중시하는 스웨덴 복지국가의 핵심 축으로 작용하였다. 이는 고용이 임금소득자들에게 가장 중요한 복지의 원천일 뿐 아니라, 복지국가의 재정 기반을 견고히 하는 데에도 중요한 역할을 하기 때문이다. 임금과 사회보험비용 등 스웨덴의 높은 노동비용은 노동으로 배분되는 사회적 자원의 규모를 크게 함으로써 그 자체로 중요한 재분배 역할을 해왔다. 즉 고용을 통해 공정한 임금을 받고 다양한 사회보험을 적용받는 자체가 중요한 복지정책이자 재분배정책인 것이다.

1960년대까지 스웨덴은 서유럽국가들뿐 아니라 경제협력개발기구OECD, Organization for Economic Cooperation and Development 내에서도 뛰어난 경제 성과와 높은 수준의 복지를 동시에 성취해 왔다. 낮은 실업률을 유지하여 복지 수혜 대상자를 가능한 한 감소시키는 전략을 추진해 왔다.

적극적 노동시장정책이라는 제도적 장치를 통해 복지비용을 최소화하면서 조세 수입을 극대화하는 데 성공하였다. 그리고 이로써 포괄적이고 관대한 사회복지제도가 갖는 재정비용 문제를 어느 정도 해결할 수 있었다.

스웨덴은 높은 노동비용만큼 노동생산성의 증가를 가져오게 함으로써 기업의 경쟁력을 유지하고 고용을 늘려서 복지국가와의 선순환을 이루어 냈다. 스웨덴에서는 국가의 복지정책에 의한 2차 분배뿐 아니라 노동시장에 의한 1차 분배가 중요한 역할을 해왔다. 1930년대부터 중시해 온 완전고용정책, 1950년대 이후의 연대임금제도에 의한 임금조정이 임금격차를 축소시켜 사회적 평등과 소득안정에 기여해 왔다.

특별히 중하층에게만 유리한 복지정책을 한 것도 아니었다. 1950년대 후반 큰 정치적 논란이 되었던 소득비례연금ATP, Allmnna Tillggs Pension의 도입(1959년)은 화이트칼라 등 중간계층에게 가장 큰 혜택이 돌아갔다. ATP는 기여원칙의 소득연계연금으로 상대적으로 임금이 높은 중간계층은 그만큼 더 많은 연금을 받을 수 있게 된 것이다. 이로써 사민당은 중간 사무직 계층으로부터 상당한 호응을 얻었는데 이들은 노동계급과 더불어 복지국가의 강력한 지지자가 되었다.

스웨덴 복지국가는 1960년대에 들어 복지급여의 관대성이 강화되고 복지가 더 확대되었다. 당시 스웨덴은 사회 전반에 진보 성향의 분위기가 확산되고 자본가 세력에 대한 비판이 커졌던 상황이었다. 더 큰 평등을 위해 적극적인 국가의 역할이 정당화되었다(김수진 2007). 1968년 아동양육가정의 주택보조비, 1972년 출산유급휴가제, 1974년 부모보험제 등 1970년대까지 사회보험, 공적부조, 사회서비스 등 모든 사회복지제도가 완비되었다. 그 결과 모든 계층이 기본적으로 보편적 복지의 대상이 되었다. 복지는 시민 권리이자 사회 권리로 인식되었다.

1970년대에 이르러 연금을 제외한 사회보험의 소득대체율은 80~90% 수준에 달하였다. 실업자는 이전 소득의 80~90%를 실업급여로 받게 된 것이다. 최고조에 달했던 1970년대의 스웨덴 복지국가는 가히 복지천국이라 불릴 만하였다. 사실 한국에서 스웨덴 복지국가를 부러워하는 사람들 중에는 이 시기의 복지천국을 상상하는 경우도 많아 보인다. 사회보험의 높은 소득대체율은 평등주의와 보편주의를 강조하고 관대한 스웨덴 복지제도의 특징을 보여주었다. 공공부조와 함께 기초정액연금제도 또한 중요한 소득재분배 기능을 수행해 왔다. 그 결과, 소득평등 수준이 세계에서 가장 높은 복지국가가 되었다(Kenworthy 2007; Steinmo 2010). 사회주의의 평등 이념이 자본주의 사회에서 복지국가를 통해 달성된 것이다.

사회보험제도보다 더 주목받고 평가받는 스웨덴 복지국가의 특징은 탁아, 노인 보살핌, 교육, 의료 등 사회서비스를 정부가 거의 무료로 또는 낮은 비용으로 완벽하게 제공하는 데 있다. 이러한 사회서비스의 재정지출은 유럽연합EU, European Union 평균의 두 배에 이른다. 1970년대 공공부문 지출은 국내총생산GDP, Gross Domestic Product의 60%를 상회하여 OECD 회원국 가운데 유럽 국가 평균인 45~50%에 비해 매우 높았다.

스웨덴은 1970년 조세개혁으로 누진세를 더 강화하고 간접세를 더 늘림으로써 급증한 재정지출을 충당하였다. 1973년에는 기초연금기여금을 고용주 부담으로 전환하면서 사회보험비용에 대한 고용주의 부담이 늘어났다(Holmlund 1983; Lindbeck 1997). 중상층의 세금 부담과 기업(고용주)의 부담으로 고복지가 가능했던 것이다.

스웨덴은 복지제도가 확대되고 복지급여의 관대성이 강조되면서 1970년대에 들어서 복지지출이 급격히 증가하였다. 이에 더해 전 세계의 경기침체로 실업이 늘면서 재정문제가 악화되기 시작하였다. 국가는 세금을 크게 늘림으로써 재정문제를 해결해 왔다. 그럼에도 성장둔화와 고실업, 막대한 재정지출의 부작용으로 심각한 재정적자와 국가부채가 발생하였다. 세계 최고 수준의 세금에도 불구하고 막대한 재정지출을 감당할 수 없었던 것이다. 더구나 관대한 복지급여와 높은 세금은 근로 인센티브를 약화시키는 부작용을 초래하기도 하였다.

이러한 복지국가의 구조적인 문제를 제대로 해결하지 못한 상태에서 1980년대의 새로운 신자유주의 경제정책은 인플레이션과 거품경제를 초래하였다. 결국 1990년대 초 경제위기가 발생하였다. 1990년대 들어 스웨덴 복지모델에 대한 매우 큰 규모의 개혁이 추진되었다. 조세개혁, 연금개혁을 비롯하여 근본적인 구조개혁이 이루어졌다. 80%가 넘었던 최고소득세율은 50% 수준으로 낮아졌고 복지급여도 크게 줄었다. 근로 인센티브를 강화하여 일하는 사람이 더 많은 혜택을 받게 하였다. 그 결과 스웨덴 복지국가는 더 안정되고 더 효율성 있는 제도를 갖게 되었다.

스웨덴은 복지지출을 충당하고 재정건전성을 유지하기 위해 일자리 창출과 경제성장의 지속을 강조하고 있다. 스웨덴이 1990년대 초 경제위기를 겪은 후에도 복지를 크게 축소하지 않은 것은 개혁을 통해 성장을 유도해 왔기 때문이다. 더 많은 사람이 노동시장에 참여하고 경제의 생산성을 높여 성장을 달성하는 것은 고복지의 전제조건이 되는 것이다. 경제성장은 무엇보다 고용을 늘려 노동시장에 의한 1차 분배를 보장할 수 있고, 소득세와 법인세, 고용주세employer's tax 등 세금 수입이 일정한 수준으로 확보될 수 있기 때문이다.

스웨덴 복지재정에서 사용자, 즉 기업의 부담이 높은 것은 매우 큰 특징이다.[4] 복지제도가 많이 도입된 1960년대와 1970년대에 복지지출이 급격히 증가하였지만 기업이 복지지출의 일정 부분을 담당해 왔기 때문에 가능하였다.

4 스웨덴의 실효 법인세율은 다른 유럽 국가들에 비해 낮게 유지되어 왔지만 높은 고용주 세금으로 근로자 사회보험 비용을 거의 기업이 담당해 왔다. 복지국가에 대한 기업의 책임은 1938년 노사 대타협으로부터 비롯되었다. 기업가들이 고용과 임금, 재산 관련 높은 세금을 부담하는 대신 사민당 정부는 기업가의 경영권과 노동시장 유연성을 보장하였다.

스웨덴 복지제도의 특징과 주요 복지제도

소득보장과 기회보장

스웨덴의 복지제도는 단기적인 소득상실과 빈곤 문제를 공적으로 해결해 주는 특징이 있다. 실업, 질병, 출산 등으로 일을 할 수 없게 될 때 이로 인한 소득상실을 공적으로 보장해 주는 것이다. 빈곤의 경우도 공공부조를 통해 소득을 보장해 준다. 이는 많은 선진 복지국가에서 시행하는 제도이다. 다만 스웨덴은 이러한 빈곤과 소득상실 상황에서 빨리 벗어날 수 있도록 적극 지원해 준다는 점이 특징이다. 일할 수 있는 사람에게는 교육 및 직업훈련, 일자리 지원 등으로 소득을 보장하는 것이다.

스웨덴은 문화적으로나 정책적으로 개인의 자립과 책임을 강조한다. 국가는 개인이 자립할 수 있도록 지원하는 역할을 하는데, 스웨덴 복지제도의 중요한 목표가 장기적으로 경제 · 사회적 기회의 평등을 달성하는 것이다. 경제 · 사회적 기회의 평등은 모두에게 높은 수준의 보육과 교육, 보건의료 등 공공 사회서비스를 제공해 주고 직업훈련과 고용의 기회를 주는 것이다. 이는 스웨덴의 복지지출에서 적극적 노동시장 정책 및 공공 사회서비스 지출 비중이 높다는 데에서 확인할 수 있다. 경제 · 사회적 기회의 평등을 위한 교육비 지출도 높다.

공교육비 지출은 1990년대 이후 복지 및 재정개혁에도 불구하고 GDP 대비 5.3%(1990년)에서 7.4%(2000년)로 오히려 증가하였다. 이는 사회서비스 중심의 스웨덴 복지제도의 특징을 보여주는 것으로 교육을 포함한 사회서비스의 공공소비는 소득재분배에도 크게 기여하고 있다. 실질적인 무상교육은 중 · 하 소득계층의 부담을 상대적으로 더 적게 만들기 때문이다.

스웨덴 복지제도는 아동양육을 지원하는 복지가 잘 발달되어 있다. 이는 아동 시기부터 계층적 제약을 받지 않고 평등하게 교육을 받고 능력을 계발할 수 있도록 하기 위한 것이다. 아동양육 지원제도는 여성의 경제활동과 출산에도 영향을 주어 안정적인 경제성장에 도움을 주고 있다. 아동수당, 아동양육가족 주택수당, 부모보험, 보육서비스 등이 그것이다. 아동양육과 교육은 아동 개개인의 성장은 물론 미래의 사회 구성원에게 투자한다는 점에서 매우 중요한 복지정책이다. 아동양육 지원제도는 소득보장과 기회보장의 성격을 모두 가지고 있다(http://www.sweden.gov.se/sb/d/15472/a/184142).

복지-고용 연계형 복지국가

높은 고용률과 '일하는 복지'

스웨덴의 복지-고용 연계형 복지라는 것은 무엇보다 복지 이전에 고용을 강조하는 정책을 말한다. 스웨덴은 세계 최고 수준의 고용률(남녀 모두 70% 전후)을 보이고 있다. 즉 일할 수 있는 국민은 모두가 일할 수 있도록 지원하고 인센티브를 주는 것이며, 근로소득에 비례해서 복지급여(특히 연금과 실업급여)를 제공하는 것이다. 스웨덴은 1930년대부터 완전고용을 스웨덴 모델, 즉 복지국가의 최우선 목표로 설정해 왔다. 고용정책은 1930년대 대공황 당시 실업자들에게 일자리 이동 지원, 직업 재훈련 등으로 시장임금에 가까운 공공근로 일자리를 제공하면서부터 시작되었다.

고용 중심의 복지는 생애기간 중 근로가능 시기에는 노동시장에 참여하여 경제활동을 하고 세금과 사회보험기여금을 납부하게 한다. 그리고 노령, 질병, 출산, 육아 등 근로가 가능하지 않은 생애기간에는 국가로부터 소득(생활)을 보장받는 것이다. 즉 근로하는 사람 따로 있고, 복지받는 사람 따로 있는 것이 아니라, 한 개인의 생애기간 동안 근로가능 기간에 일을 하게 함으로써 더 많은 복지를 보장해 주는 것이다. 이러한 근로소득연계 복지급여시스템은 연금개혁으로 더 강화되었다. 스웨덴의 고용중시 복지모델은 인구가 적어 노동력이 부족했던 20세기 초부터 구축되었다. 복지국가 초기부터 모두가 일을 할 수 있도록 공공 사회서비스를 강화해 왔던 것이다.

스웨덴 복지국가는 2인부양자 모델dual-breadwinner model에 기반을 두고 있다. 즉 부부 모두 일하는 맞벌이 중심 구조이다. 적은 인구에다 급속한 경제성장으로 노동력이 부족했기 때문이다. 여성의 경제활동 욕구가 커진 것도 여성의 노동시장 참여율을 높이는 역할을 하였다. 맞벌이로 노동력 활용을 극대화하고 높은 세금으로 줄어든 가계수입을 늘릴 수 있는 효과도 가능하였다. 정부는 이러한 변화에 맞추어 여성의 경제활동을 지원하는 다양한 제도와 정책을 도입하였다.

질 높은 공공 보육서비스는 관대한 아동수당 및 가족수당, 부모보험과 함께 복지국가를 여성친화적으로 만들었다. 여성친화적 복지국가는 노동시장 참여와 육아를 양립시키며, 동시에 사회에서 요구하는 출산율을 유지시키는 데에도 중요한 영향을 주고 있다. 적극적 노동시장정책을 통해 일할 수 있는 사람은 가능한 한 많이 일하게 만드는 고용정책은 세금제도와 복지수급 등에서도 여성에게 동등한 근로자의 권리를 보장해 왔다. 여성의 노동시장 참여율이 높아지면서 많은 분야에서 양성평등이 보다 확고해졌다.

산업 구조조정과 연대임금, 적극적 노동시장정책

스웨덴 복지국가가 효율성이 높다는 것은 분배는 물론 성장과 산업경쟁력에 크게 기여하기 때문이다. 스웨덴은 복지국가 초기부터 산업의 경쟁력과 생산성을 높이기 위해 노력해 왔다. 이는 기업과 근로자 모두에게 시장규율에 따른 구조조정을 의미하였다. 생산성이 낮은 기업은 퇴출되고 그 기업의 근로자들은 '적극적 노동시장정책active labor market policy'으로 재교육을 통해 재고용되었다.

스웨덴식 산업구조조정(산업합리화정책)은 동일노동/동일임금의 연대임금정책이었다. 산업평균의 임금을 지급해야 했기 때문에 저임금에 의존한 생산성이 낮은 기업은 구조조정 대상이 되었다. 1950년대 중반부터 본격화된 연대임금정책은 노동시장에 대해서 정부가 적극 지원하는 것이 필요하였다. 산업합리화로 퇴출된 기업의 근로자에게 직업재교육을 통해 새로운 산업 및 지역에 노동이동을 촉진해야 했기 때문이다. 고용지원정책, 교육 및 훈련, 일자리 창출정책 등 '적극적 수단'에 초점을 맞추어 사양산업에서 성장산업으로 노동이동을 촉진함으로써 직장보장보다 직장이동을 통한 고용보장을 목표로 하였다.

스웨덴의 적극적 노동시장정책은 실업자들에게 실업급여, 조기퇴직급여 등과 같은 '소극적 대책'을 제공하기보다 그들을 새로운 고용으로 순조롭고 빠르게 이동시키는 것을 목표로 한다. 이는 바로 '일하는 복지'의 핵심으로 공공 고용서비스를 통해 재훈련과 노동력 이동을 강화해 왔다. 직업훈련, 공공부문의 실업구제사업, 고용보조금, 청년실업대책, 직장이동 장려서비스, 실업수당 지급 등의 정책이 시행되어 왔다.

1970년대 후반부터 기업체는 공공 고용서비스 기관에 출산휴가나 병가 등의 결원 통지를 의무화하여 이 자리에 고용프로그램 훈련 중인 실업자의 고용을 지원하였다. 고용부 산하의 노동시장청AMS, Labor Market Board은 고용, 실업 등 노동시장 상황을 전담하는 정부 기구이다. 노동시장청은 노동시장 상황에 대처하고 완전고용을 위한 고용서비스, 직업훈련, 직업전환 및 이주 보조금 등에 주력해 왔다.

스웨덴은 1991년 경제위기 이후 실업이 크게 증가하면서 적극적 노동시장정책의 유효성에 대해 논란이 일기도 하였으나 여전히 중요한 정부 정책으로 자리 잡고 있다. 2006년 보수연합정부가 집권한 이후 노동시장청의 조직 개편이 이루어졌다. 새로운 고용서비스를 제공하고, 근로자 및 사용자의 요구에 신속히 대응하고, 보다 유연한 고용정책을 위해 조직 개편이 이루어졌다. 2007년 1월 실업보험법 개정으로 실업자의 고용 촉진을 더욱 강화하였고 이를 위해 보험금 납입금 인상, 수혜대상의 엄격한 심사, 급여액 삭감 등이 이루어졌다. 병가급여 및 산재급여도 축소하여 이들의 빠른 노동시장 복귀를 유도하고 있다.

주요 복지제도

〈공공사회서비스〉

아동보살핌 서비스(탁아 및 양육서비스 정책)

스웨덴의 탁아 및 양육서비스 정책의 목적은 성장 시기 아동들의 개발 잠재력을 북돋아 주고 사회집단 간 차이를 공평하게 만드는 데 있다. 또한 부모가 아동 양육을 고용이나 학업과 병행할 수 있도록 지원해 준다. 스웨덴의 아동보살핌 서비스는 기본적으로 1세부터 6세까지의 모든 아동에게 전일제 또는 파트타임으로 취학 전 아동에 대한 서비스를 제공하고 있다. 스웨덴 정부는 1995년부터 부모가 고용이나 학업 중인 1세부터 12세까지의 모든 아동들에게 기초자치구municipalities가 책임지고 아동보살핌 서비스를 제공하도록 하였다. 그러나 0세 아동은 가정에서 양육될 수 있도록 지원하고 있다.

1990년대 이후 또 다른 중요한 변화는 아동보살핌 서비스의 민영화이다. 스웨덴의 민영화는 공적 재정지원과 비영리적 민간운영의 제3섹터화(대부분은 부모협동체parental co-op, 일부 기업 형태) 방식과 사립시설의 시장화 방식을 말한다. 이러한 민영기관의 아동 비율은 5%(1990년)에서 15%(1999년), 최근에는 25%로 늘었다. 시설 이용요금은 소득에 비례하고 있으며 요금 상한선이 있다. 부유층의 경우 사립시설을 더 많이 이용하고 있다.

노동시장 고용서비스

1990년대 전반기의 고실업은 적극적 노동시장 프로그램의 확대와 프로그램의 다양화, 분권화를 가져왔다. 1990년대 초까지 노동시장 프로그램은 5가지가 있었다. 직업훈련, 장애인 기술훈련, 임시고용, 구인지원, 청년고용지원이 그것이다. 그 후 실업, 특히 청년실업이 크게 늘면서 다양하고 적극적인 노동시장 프로그램이 도입되었다. 맞춤형 고용지원, 작업기술개발 프로그램, 임시공공고용 등이 그것이다.

특히 중앙정부와 지방정부는 청년고용에 역점을 두고 있다. 고용정책을 복지정책과 연계하여 노동시장에 의한 1차 분배, 즉 고용과 임금의 공정성을 중시하고 있다. 1차 분배의 지나친 불평등과 왜곡은 장기적으로 2차 분배를 책임지는 복지국가를 효율적으로 유지하는 데 어려움을 주기 때문이다.

보건의료서비스

보건의료서비스는 스웨덴의 보편적 복지서비스의 특징을 잘 나타내는 서비스이다. 보건의료서비스의 목적은 모두에게 양질의 평등한 의료서비스를 제공하는 데 있다. 1990년대 들어 보건의료서비스의 재정, 조직, 운영에 대한 논의가 활발하였으며, 1992년 노인의료서비스 개혁과 1995년의 정신과의료 개혁이 특히 중요한 성과였다.

또한 기초자치구의 의료서비스가 강화되었는데, 기초자치구는 장기요양서비스에 대한 업무책임이 커졌고, 광역자치구(지방정부)는 응급의료서비스를 강화하였다. 이에 따라 성과중심 수가시스템의 의료 구매자—제공자 모델이 도입되었고, 특히 1차 진료에서 민간의료서비스 기관이 일반화되었다.

1990년대 들어 의료서비스 요금에 대한 본인부담금이 늘어났다. 이는 의료서비스 '과잉소비'를 줄이는 효과와 의료서비스를 제대로 받지 못하는 부작용을 동시에 가져왔다. 투약과 치과서비스에 대한 요금도 늘어났다. 또한 보건의료부문의 개혁으로 간호사 등 인력이 감축되었다.

스웨덴에서 의료서비스센터는 저렴하게 이용할 수 있다. 12개월간 의료비가 900크로나 이상이면 나머지 비용은 무료이다. 그리고 20세 이하의 의료비는 전액 무료이다. 스웨덴에서는 치과서비스가 사회적 문제로 대두되었는데, 저소득층은 비싼 요금으로 인해 치과서비스를 제대로 이용하기 어려웠기 때문이다. 이에 2007년에 치과의료제도를 개혁하여 20세 이하의 치과서비스 비용을 전액 국가에서 부담하고 있다.

장애인서비스/노인서비스/개별맞춤사회 서비스

스웨덴은 1990년대 들어 다른 복지제도들이 축소된 데 비해 신체 및 정신 장애인복지는 강화되었다. 장애인 개별지원제도가 도입되어 보다 효과적인 장애인서비스가 이루어지고 있다. 1990년대 들어 대규모의 민간 노인시설 및 영리시설이 확대되었다.

반면, 가정보호도 증가하였다. 2000년에는 노인요양서비스 요금의 최고한도를 규제하는 법이 도입되어 부담을 최소화하였다. 개별맞춤사회 서비스는 긴급 또는 특별히 서비스가 필요한 대상에게 제공된다. 이는 크게 소득지원 서비스, 아동 및 청소년사회 서비스, 중독자보호 서비스로 되어 있다.

〈공적 소득보장제도〉

사회보험제도

소득보장을 위한 사회보험제도로 병가보험, 산재보험, 장애연금, 유족연금, 노령연금 등이 있다. 이러한 사회보험제도는 기본적으로 한국의 제도와 유사하나 훨씬 더 광범위하고 관대하다. 이는 그만큼 세금 및 기여금 부담이 높기 때문이다.

아동양육가족 지원 급여

아동양육가족에 대한 소득보장 지원제도로는 부모보험, 아동가족수당, 주택수당, 아동연금 등이 있다.

• 부모보험

임신모 수당은 소득의 80%를 최대 50일간 지급한다. 부모보험은 한 아이에 480일 동안 지급되며, 390일 동안은 소득의 80%를 지급하고 90일 동안은 하루 60크로나를 정액으로 지급한다. 480일은 부모간에 동일하게 사용하고 180일은 부모 누구나 자유롭게 사용할 수 있다. 임시부모보험은 아픈 아이를 양육하는 부모에게 12세까지 지급한다. 아기 아버지는 10일간 유급 출산휴가가 있다.

• 아동가족수당

아동수당은 소득 및 자산조사 없이 지원되는 대표적인 보편복지이다. 모든 가족의 자녀에게 지급되는 것으로 유자녀가족에게 중요한 소득원이나. 스웨덴은 가족에 대한 복지정책이 특히 관대하다. 가족복지는 곧 아동복지이기도 하다. 아이를 양육하기 좋은 조건으로 만드는 것이고 가족의 행복과 안전을 위해 국가가 사회보장을 제공하는 것이다.

보편적인 기초아동수당은 월 900크로나이다. 16세 이상의 재학 자녀는 월 950크로나의 아동수당extended child allowance을 받는다. 셋째 아동은 월 254크로나의 추가아동수당을 받는다. 넷째의 경우 월 760크로나의 추가아동수당을 받는다. 고등학교에 재학 중인 학생은 1년 중 9개월 동안 월 950크로나의 학생수당을 받는다. 아동이 있는 가족은 주택수당으로 월 600크로나를 받는다. 별거할 때에는 양육모(또는 부)에게 월 1,173크로나의 생활유지비를 국가에서 지급하고 있다.

• 주택부조

주택부조는 신청자의 소득심사에 따라 지원이 결정되는 선별적 복지이다. 주택부조는 1992년 지방자치단체에서 사회보험청으로 관할이 이전되었다. 아동수당과 함께 재분배 효과가 큰 주택부조는 1990년대 들어 실업률이 높아지면서 가족의 소득이 줄어 지원 금액이 크게 늘어났다.

• 아동연금

아동연금은 부모가 사망했을 때 유족연금으로 지원받는다. 아동간병수당은 아이가 아프거나 장애가 있을 경우 부모가 집에서 아이를 돌볼 수 있도록 지원하는 제도이다.

실업급여 및 보충실업급여(실업부조)

월 임금의 80%를 보장하던 실업급여는 2007년 말부터 실업일로부터 100일까지는 70%, 다시 200일까지는 65%로 감축하였다. 급여기간은 실업보험기금에 의해 결정되는데, 현재 급여기간은 300일이며 300일까지 연장될 수 있다. 스웨덴은 장기실업자와 병가근로자의 증가를 막기 위해 실업급여와 병가급여를 줄여 왔다.

• 사회부조

사회부조는 자산조사를 통해 지원되는 대표적인 선별복지이다. 스웨덴은 1990년대 전반에 경기가 침체되고 실업이 증가하였으며, 1990년대 후반 이후 경기가 회복되었으나 양극화에 따라 저소득층이 증가하자 장기사회부조 수급자가 늘어났다. 사회부조 수급자 요건은 지방정부에서 정할 수 있다. 기본적인 의무 요건은 구직활동을 해야 하고, 정부고용 프로그램에 참여해야 하며, 어떤 일이라도 해야 한다는 것이다.

복지재정과 높은 세금부담

고세금과 고복지

스웨덴의 고지출 · 고복지 국가는 막대한 재원이 일정한 수준으로 유지되어야만 하는 체제이다. 따라서 복지국가를 운용하기 위한 재원을 어떻게 확보할 수 있느냐 하는 것이 중요한 문제가 된다. 스웨덴이 높은 복지지출의 고복지체제를 유지해 올 수 있었던 근본 이유는 무엇보다 경제성장이 지속됨에 따라 개인과 기업으로부터 충분한 조세를 거둘 수 있었기 때문이다. 1990년대 초의 경제위기와 이에 따른 재정적자, 2008년 세계 경제위기에도 스웨덴 복지국가가 지속되는 것은 1990년대 중반 이후 현재까지 안정적인 경제성장이 뒷받침하고 있기 때문이다. 다른 유럽 국가들이 글로벌 금융위기와 재정위기로 성장의 어려움을 겪고 있는 상황에서 스웨덴은 2010년에 5.7%의 높은 경제성장률을 달성하였다. 이에 따라 조세 수입과 재정에서 큰 문제없이 복지를 할 수 있는 것이다(김인춘 2011).

1970년대부터 조세부담의 급격한 증가

스웨덴 복지제도는 1960년대와 1970년대에 최고조로 발전하였고 이 시기에 재정지출이 크게 늘어났다. 고세율의 소득세, 다양한 간접세, 법인세, 높은 고용주세(사회보장분담금)가 스웨덴 복지국가의 주된 재원이 되어 왔다. 생산부문의 성과, 즉 경제성장이 분배부문인 복지국가를 지탱하는 데 중요한 역할을 하는 만큼 기업의 경쟁력과 이에 따른 고용은 중요한 세금원이 되어 왔다.

〈표 1〉과 〈표 2〉는 주요 국가들과 비교한 스웨덴의 조세부담 변화와 수준을 보여준다. 오늘날 스웨덴은 GDP 대비 세계 최고 수준의 조세부담률과 국민부담률을 가지고 있지만 1960년까지는 미국은 물론 다른 유럽 국가들과 비슷하거나 오히려 낮았다. 〈표 1〉에서 보듯이, 1960년 조세부담은 28.7%로 노르웨이나 독일보다 낮았다. 1960년대와 1970년대에 복지제도가 많이 도입되면서 복지비용이 크게 증가하였고 그만큼 조세부담도 늘어나기 시작하였다. 1970~1971년의 조세개혁으로 소득세율이 크게 늘었으며, 특히 중소기업주의 자본소득세가 급격히 증가하였다.

표 1 1925~1996년 주요국의 GDP 대비 조세부담률 변화 (단위: %)

연도	스웨덴	덴마크	노르웨이	핀란드	영국	독일
1925	16.0	19.6	20.9	21.6	22.6	17.8
1933	18.9	20.1	25.1	20.1	25.2	23.0
1950	21.0	19.8	–	27.8	33.1	30.1
1960	28.7	25.3	32.0	27.5	27.33	33.9
1977	53.3	41.9	47.5	41.2	36.6	38.2
1996	55.2	52.0	45.0	48.8	35.9	42.0

출처: 최연혁(2011)

1960년대는 대내외적으로 경제성장이 지속됨에 따라 세수도 증가하여 늘어난 재정지출의 해결이 가능하였다. 그러나 1970년대 들어 세계경제가 침체되고 기존 복지제도의 지출이 누적되어 늘어나면서 재정을 충당하기 위해 조세를 크게 늘렸다. 1970년대 들어 소득세의 급격한 인상과 기업의 고용주세를 대폭 상향 조정하면서 세계 최고 수준의 조세부담을 갖게 되었다. 1970년대의 세금 인상은 1980년대까지 이어져, 1960년 28.7%의 조세부담률이 1977년 53.5%로 급격히 높아졌고 1990년 55.7%로 사상 최고 수준에 이르게 되었다.

1990년대 들어 조세개혁과 대대적인 복지개혁으로 스웨덴의 조세부담률이 낮아지기 시작하였다. 2000년에는 51.9%, 2005년에는 49.4%로 낮아졌고, 〈표 2〉에서 보듯이 2009년에는 47.2%로 1위 자리를 덴마크에 넘겨주었다.

표 2 2009년 OECD 국가의 GDP 대비 조세부담률 (단위: %)

순위	국가	조세부담률(%)	순위	국가	조세부담률(%)
1	덴마크	48.2	11	슬로베니아	37.9
2	스웨덴	47.2	12	룩셈부르크	37.5
3	이탈리아	43.5	13	독일	37.0
4	벨기에	43.2	14	포르투갈	35.2
5	핀란드	43.1	15	OECD 평균	34.8
6	오스트리아	42.8	17	영국	34.3
7	프랑스	41.9	27	일본	28.1
8	노르웨이	41.0	30	한국	25.6
9	네덜란드	39.1	32	미국	24.0
10	헝가리	39.1			

출처: OECD Revenue Statistics 2010

소득세와 사회보장세(고용주세)의 높은 비중

〈표 3〉은 주요 국가들의 사회보장분담금(사회보장세)을 포함한 전체 조세별 세수 규모를 보여주고 있다. 사회보장분담금을 포함한 전체 세금, 즉 국민부담률은 2004년 기준으로 스웨덴이 가장 높다. 보다 자세히 살펴보면 스웨덴의 개인소득세 비중이 다른 나라에 비해 높고, 사회보장분담금도 가장 높음을 알 수 있다.

스웨덴의 법인세는 다른 국가들과 비슷하지만 사회보장분담금은 높다.[5] 다른 국가들과 비교해 볼 때, 근로자(소득세)와 기업(사회보장분담금, 즉 고용주세)이 부담하는 높은 직접세가 재정 수입의 큰 부분을 담당하고 있다. 다음으로 간접세인 소비세의 부담도 높다. 1991년 조세개혁으로

표 3 2004년 OECD 국가의 GDP 대비 전체 조세별 세수 규모 (단위: %)

국가	직접세		사회보장분담금			재산세	소비세
	개인소득세	법인세	피고용자	고용주	합계		
미국	8.9	2.2	3	3.4	6.4	3.1	4.7
영국	10.3	2.9	2.8	3.7	6.5	4.3	11.5
프랑스	7.4	2.8	4.0	11.0	11.4	3.3	11.1
독일	7.9	1.6	6.1	6.9	13.0	0.9	10.1
스웨덴	15.8	3.2	2.8	11.3	14.1	1.6	13.0
일본	4.7	3.8	4.3	4.5	8.8	2.6	5.3
한국	3.4	3.5	3	2.1	5.1	2.8	8.9
OECD	9.1	3.4	3.0	5.5	8.5	1.9	11.4

출처: 정세은(2011), OECD

5 스웨덴의 고용주세는 1950년에 도입되었다. 도입 당시에는 6%였으나 급격히 증가하여 1970년대 말에는 40%에 달하였다. 이러한 높은 고용주세는 기업의 이윤을 줄이는 측면도 있었지만 결국에는 근로자 부담, 즉 임금축소로 이어졌다는 연구(Holmlund 1983)도 고려해야 할 것이다.

개인소득세와 법인세의 부담이 낮아지고 소비세의 부담이 높아졌음을 감안하면 스웨덴의 복지재정에서 직접세의 비중이 매우 높았음을 알 수 있다.

소득세는 조세수입에서 가장 큰 비중을 차지하고 있다. 스웨덴의 소득세는 1970년대 들어 급속히 늘어나 최고 세율이 80%에 이르는 높은 소득세율을 보였다. 이러한 높은 소득세율은 스웨덴 사회에서 큰 논란이 되기도 하였다. 1991년의 대대적인 조세개혁으로 개인소득세가 대폭 축소(최고소득세율 51% 수준)되었다. 중 · 하 소득층에게는 일괄적으로 평균 31%의 소득세(지방세)를 징수하고 고소득층은 지방세에 더해 국세를 징수한다.[6]

국세는 2단계에 걸쳐 징수하는데, 소득이 높을수록 세율이 크게 올라간다. 국세 1단계는 최대 20%까지 징세하고, 국세 2단계에서는 최대 3%를 더 징세한다.[7] 현재 고소득층의 최고 소득세율은 약 55% 수준이 된다. 1990년대 후반 재정 건전성을 위해 고소득층의 세율이 상향되었다.

스웨덴 복지국가의 보편성은 세금부담에서도 나타나는데 저소득층에 대한 소득세는 OECD 회원국 중에서 가장 높으며 연금 등 복지급여에도 세금을 부과하고 있다. 스웨덴의 보편적 조세제도는 모든 국민에게, 모든 소득에 조세 의무를 부과하는 것이다. 그러나 중요한 것은 저소득층이라 하더라도 소득이 안정되고 소득이전 수준이 높기 때문에 과세가 가

---

6 지방세의 경우 지방자치체마다 세율의 차이가 있으며 평균적으로 31.5%를 부담하고 있다.
7 2010년 기준, 국세 1단계 대상은 연봉 기준 37만 2,100크로나(약 6,000만 원) 이상이며 국세 2단계 대상은 연봉 기준 53만 2,700크로나(약 8,500만 원) 이상이다(출처: Swedish Tax Office).

능하다는 점이다(Steinmo 2010, p.36).

스웨덴 복지국가의 중요한 특징 중 하나는 기업부담이 높다는 점이다. 소득세에 더해 스웨덴 복지재정의 중요한 한 축이 바로 고용주세로 대표되는 사회보장세이다. 고용주세는 법인세와 별도로 고용주 또는 기업이 부담하는 사회보장 세금으로, 고용된 근로자의 연금기여금, 건강보험료, 부모보험료, 산업재해보험, 노동시장기금(labor market fund: 인력구조조정준비금 또는 실업세. 한국의 고용보험임) 등이 그것이다. 1970년에는 11.90%였던 임금 대비 고용주세는 그 후 급속히 증가하여 1980년에는 32.45%, 1990년에는 사상 최고 수준인 38.97%를 기록하였다. 1960년대, 1970년대에 도입된 다양한 복지제도로 복지지출이 급격히 증대되었고, 이에 따라 고용주 세금도 크게 늘어났기 때문이다.

1990년은 조세개혁이 실시되기 직전이었기 때문에 GDP 대비 세금부담률이 사상 최고로 높은 해였고, 기업의 고용주세 부담도 가장 높았음을 알 수 있다. OECD 평균 피고용자와 고용주 부담은 각각 3.0%와 5.5%로 스웨덴의 2.8%, 11.3%와 비교된다. 1990년대 중반 이후 고용주세가 감소되었지만, 기업이 여전히 높은 부담을 담당하고 있다. 스웨덴 복지국가는 기업(고용주)의 부담(책임)으로 지속되고 있음을 알 수 있다.[8]

그러나 고용주세는 단일세율이기 때문에 누진세가 아니라 역진세의

8 피고용자의 사회보장세 기여는 1992년까지 제로(0)였으며, 1993년 임금 대비 0.95%에서 점점 늘어나 1999년 6.95%가 되었다(OECD 1999, p. 169). 사회보장분담금의 거의 대부분을 고용주가 부담하는 것과 같이 스웨덴 기업(자본)이 복지국가에 책임을 지는 것은 1938년의 사회적 타협에서 비롯되었다. 강력한 노동운동과 사민당 정부로부터 자본세력은 경영권과 노동의 협력을 보장받았다.

성격을 갖고 있다. 더구나 스웨덴에서 고용주세가 높아질수록 임금상승률이 낮아졌다는 점에서 사회보장세는 기업만의 부담으로 이루어진 것이 아님을 알 수 있다. 2010년 기준 31.42%로 스웨덴의 고용주 사회보장세는 다른 국가들에 비해 매우 높다.[9] 2007년 기준으로 임금 대비 고용주세는 미국 6.2%, 영국 17%, 네덜란드 21%, 독일 22.9%, 프랑스 28.53% 등이다(출처: Eurostat). 참고로 현재 한국의 사용자 부담 사회보장세는 임금 대비 약 9% 수준이다.

막대한 재정지출과 '큰 정부'의 문제

스웨덴은 고세금 · 고복지 체제이기 때문에 재정지출이 매우 높다. 한마디로 '큰 정부', '큰 공공부문', '큰 복지국가'이다. '큰 정부'의 비효율성 문제는 복지국가의 아킬레스건이라 할 수 있는데, 이 문제를 어떻게 해결하느냐가 복지국가의 성패를 결정짓는 요인이 될 수 있다. 즉 어떻게 얼마만큼의 세금을 공정하게 잘 거두고, 어디에 어떻게 효율적으로 잘 지출하느냐의 문제이다. 많은 연구에 따르면 재정 규모에 따른 '큰 정부'와 '작은 정부'의 논의보다 효율적인 정부가 복지국가의 지속 가능성을 높인다고 한다(Price et al 2008).

또한 얼마나 지출하느냐만큼 어디에 지출하느냐가 경제적 목표와 분

---

9 참고로 한국 고용주 사회보장세는 국민연금 4.5% 건강보험 2.82% 고용보험 0.7% 산재보험 0.6% 장기요양보험(건강보험료의 6.55%)으로 구성되어 있다. 이에 더해 퇴직연금제도가 노사합의로 자발적으로 도입되어 있다.

배를 달성하는 데 중요한 영향을 미친다. 조세로 구성된 재정자원을 교육, 건강, 사회보장 등에 효율적으로 지출하면 결국에는 재정이 경제에 다시 투입되는 효과가 나타난다. 바로 공공지출을 통해 경제성장을 제고하고 성장의 이득을 분배하는 선순환을 달성하는 것이다. 재정이 분배뿐 아니라 경제성장에 기여할 수 있도록 효율성 있고 효과적으로 지출되기 때문이다. 높은 수준의 조세와 공공지출로도 공급중시 정책이 가능한 것이다.

〈표 4〉는 주요 국가의 GDP 대비 공공지출을 보여준다. 이 표는 2008년 글로벌 금융위기 이전의 4년 평균 지표이기 때문에 각국의 정상적인 공공지출 규모를 알 수 있다. 스웨덴은 가장 높은 수치를 보이고 있으며, 한국은 OECD 회원국 평균뿐 아니라 일본이나 미국보다 훨씬 낮은 규모를 보여준다. 일반적으로 공공지출은 주로 세금으로 충당되지만, 충분한 세금을 거둘 수 없을 경우 국채를 발행하여 재정지출을 충당하는 경우도 많다. 그만큼 국가채무가 늘어나는 것이다. 최근 재정적자로 재정위기를

표 4 주요국의 GDP 대비 총 공공지출 (2004~2007년 평균, 단위: %)

국가	공공지출(%)	국가	공공지출(%)
스웨덴	54.4	OECD 평균	43.6
프랑스	52.9	노르웨이	42.2
덴마크	52.5	캐나다	39.9
독일	45.8	일본	36.9
네덜란드	45.5	미국	36.7
영국	43.9	한국	27.3

출처: OECD

겪고 있는 나라들이 많은데, 그리스의 예에서 보듯이 국채를 해외에 많이 팔면서 외채가 많은 나라들이 큰 어려움을 겪고 있다. 스웨덴은 재정지출을 거의 국민의 세금으로 하기 때문에 국가채무 수준이 매우 낮다.

〈표 5〉는 주요 국가의 GDP 대비 사회지출, 즉 복지지출 비중을 보여주고 있다. 스웨덴의 높은 조세부담은 주로 복지비용에 사용되기 때문에 사회지출 비중이 높다. GDP 대비 54.4%의 공공지출 중 30.1%(2005년) 포인트가 복지지출에 사용되고 있다. 스웨덴의 국가 예산이 복지를 중심으로 운용되고 있음을 알 수 있다. 프랑스와 독일, 덴마크도 사회지출 비중이 높음을 알 수 있다. 1990년대 이후 세금인하와 함께 연금, 실업급여 등 복지급여가 삭감되었으나 보건의료, 공교육, 적극적 노동시장정책, 영유아보호정책의 지출은 확대되었다. 이는 현금복지보다 공공 사회서

표 5 주요국의 GDP 대비 사회지출 (단위: %)

국가	1980년	1990년	2000년	2005년
스웨덴	27.1	30.2	29.4	30.1
덴마크	24.8	25.6	26.5	27.7
네덜란드	25.3	26.0	20.6	21.6
프랑스	20.8	25.3	28.2	29.6
독일	24.6	23.9	27.6	27.9
영국	16.9	17.3	19.7	21.9
캐나다	13.7	18.1	16.5	16.5
미국	13.5	13.9	14.9	16.2
한국	–	3.0	5.2	7.1
OECD 평균	16.0	18.1	19.4	20.6

출처: OECD Social Expenditure–Aggregated data 2008

비스 복지를 중시하는 스웨덴 복지국가의 성격을 잘 보여준다. 물론, 복지비 지출에서 연금이 가장 큰 비중을 차지한다.

스웨덴은 1991~1992년의 경제위기 시기에 사회지출이 크게 늘어 37%에 달하기도 하였다. 이로 인해 1994년과 1995년에 심각한 재정적자 문제를 겪었다. 1994년에는 GDP 대비 10%가 넘은 재정적자를 기록하였다. 이는 최근 재정위기를 겪고 있는 남유럽 국가들의 재정적자 수준이다. 경제가 침체되거나 위기에 처하면 실업자가 늘어 그 자체로 세금 수입이 줄고 동시에 이들에 대한 지원을 확대해야 하기 때문에 재정적자가 발생할 가능성이 높아진다.

스웨덴은 엄청난 재정적자를 줄이기 위해 성장을 촉진하고 매우 큰 규모의 복지개혁과 재정개혁을 추진하였다. 또한 1990년대 중반 이후 경제회복으로 성장이 이루어지면서 그만큼 복지지출이 줄어들었다. 스웨덴은 복지개혁과 재정개혁에 성공함으로써 재정적자가 해결되고 경제성장을 계속해서 이어갈 수 있었다. 당시 스웨덴 총리는 정부에 대한 국민의 신뢰, 재정긴축의 부담을 모든 국민에게 공평하게 분담한 것이 개혁 성공에서 가장 중요한 요인이었다고 말하였다(Persson 1996).

뛰어난 소득재분배 효과

복지지출의 중요한 목표는 소득보장과 공공사회서비스를 통해 소득재분배를 달성하는 것이다. 실제로 세금과 공공지출(소득이전, 공공 사회서비스)은 소득재분배에 중요한 영향을 미치는 것으로 알려져 있으며, 사회적 불평등과 양극화 문제를 해소하는 데 있어 세금과 공적소득이전의 역할은 중요하다(Lindert 2002). 스웨덴은 소득이전 규모가 크고 공공 사회서비스가 잘 발달되어 있어서 소득재분배 효과가 큰 것으로 나타나고 있다. 일반적으로 소득분배 지표로 활용되는 지니계수가 0.3 이하의 경우 소득분배가 매우 양호한 것으로 평가된다.

〈표 6〉은 OECD 주요 국가들의 세전소득, 세후소득(공적이전 포함)에 대해서 지니계수를 계산하여 소득재분배의 규모를 분석한 결과이다. 스

표 6 OECD 국가의 조세와 공적이전을 통한 소득재분배 규모

국가	연도	지니계수		재분배 크기(지니계수개선율, %)		
		세전소득	세후소득	전체	조세	공적이전
벨기에	1977	0.481	0.260	45.9	13.1	32.8
덴마크	1992	0.426	0.236	44.6	10.6	34.0
네덜란드	1999	0.440	0.248	43.6	15.3	28.3
스웨덴	2000	0.447	0.252	43.6	8.3	35.3
핀란드	2000	0.430	0.247	42.6	9.8	32.8
독일	2000	0.459	0.264	42.5	12.0	30.5
프랑스	1994	0.485	0.288	40.6	3.5	37.1
노르웨이	2000	0.406	0.251	38.2	9.9	28.3
오스트리아	1994	0.452	0.311	31.2	10.8	20.4
영국	1999	0.500	0.345	31.0	5.8	25.2
캐나다	2000	0.413	0.302	26.9	9.7	17.2
미국	2000	0.469	0.368	21.5	10.7	10.9
12개국 평균		0.444	0.281	36.6	9.8	26.8
한국	1996	0.302	0.298	1.3		
한국	2000	0.374	0.358	4.3		

자료: Malher and Jesuit(2004), 유경준(2003)
출처: 정세은(2011)

웨덴은 2000년 기준으로 0.447의 세전 지니계수가 재분배를 통해 0.252로 축소되었다. 재분배 효과가 매우 큰 것이다. 재분배 규모가 큰 국가들은 세금뿐 아니라 공적소득이전을 통한 재분배가 중요하게 이루어지고 있음을 볼 수 있다. 한국은 미국에 비해서도 재분배 규모가 매우 작다. 또한 비교적 양호했던 지니계수가 1997~1998년 외환위기 이후 크게 악화되었음을 알 수 있다.

스웨덴 재정지출의 높은 재분배 효과는 〈표 7〉의 5분위 소득 비교를 통해서도 볼 수 있다.[10] 상위 20% 성인 인구는 소득총액(근로소득, 자산소득 등 모든 소득)의 45%를 차지하고 하위 20% 성인 인구는 4%의 소득총액을 갖는다. 이러한 소득총액 격차는 세금과 공적소득이전 이후의 가처분 소득에서 크게 완화되는데, 소득총액 5분위 격차가 10배가 넘는 비율

표 7 세금, 소득이전, 공공소비의 5분위 소득재분배 효과

소득 5분위	소득총액, %	가처분소득, %	가처분소득+공공소비, %
1	4	10	14
2	10	15	16
3	17	18	18
4	24	22	21
5	45	35	31
Total	100%	100%	100%
5분위/1분위비율	10.3배	3.4배	2.3배

Ministry of Finance, Sweden
출처: OECD Economic Surveys: Sweden(2002, p. 151)

10 이 표는 가구가 아니라 개인을 분석한 것이다. 한국의 경우, 2009년 종합소득세 기준으로 상위 20% 소득자가 소득총액의 71%를, 근로소득세 기준으로는 42%를 차지하는 것으로 나타났다(2011년 4월 25일 국세청 발표).

은 세금과 소득이전을 통해 3.4배로 크게 완화된다. 교육, 의료 등 공공 사회서비스의 공공소비를 고려하면 그 격차는 2.3배로 더 줄어든다.

재분배는 현금지원뿐 아니라 모두에게 혜택이 가는 의료, 보건, 아동 및 유아복지, 노인복지, 교육 등 공공 사회서비스와 각종 보조금의 형식으로 이루어진다. 세금, 소득이전, 공공서비스 소비는 소득계층에 따른 차이뿐 아니라 연령집단에 따라서도 큰 차이가 있다. 세금은 대부분 근로시기에 납부되는 반면, 복지지출은 연금과 노인 보호서비스를 통해 노인 연령집단에 집중된다. 근로가능 기간에 일하고 높은 세금을 부담하여 은퇴 후의 삶은 공적으로 보장되는 것이다.

보육서비스, 아동수당, 부모보험 등을 통해 아동 · 청소년 연령집단에게도 상당 부분 배분되고 있다. 공공지출은 가족유형에 따른 소득 차이를 조정하는 역할도 하고 있다. 일반적으로 높은 소득을 갖는 무자녀 맞벌이부부와 낮은 소득을 갖는 유자녀 싱글부모 간의 소득 격차는 세금과 소득이전, 공공서비스 소비를 통해 크게 줄어든다.

저소득계층에 대한 소득이전은 주로 선별적 복지인 주택수당과 공공부조를 통해 이루어진다. 이러한 선별적 급여는 저소득층에 중요한 소득원이 되고 있다. 소득이전의 재분배 효과는 경제위기 때에 더 두드러지는데, 이는 스웨덴의 사회정책 시스템이 무엇보다 정규 노동시장으로부터 벗어난 사람들을 보호하는 역할을 수행하기 때문이다. 1990년대 이후 스웨덴은 실업과 비정규고용이 늘면서 임금소득의 격차가 확대되었다. 그러나 시장에서의 임금소득 불평등이 커짐에도 불구하고 세금과 소득이전으로 소득분배 상황은 전체를 보았을 때 여전히 양호한 상태이다.

스웨덴 복지체제의 위기와 개혁

고복지와 재정적자 문제

스웨덴은 1970년대와 1980년대에 고복지로 인한 막대한 재정지출과 재정문제를 겪었다. 스웨덴의 복지규모는 제2차 세계대전 후 경제호황, 유권자들의 정치적 압력, 정당 간의 경쟁, 진보적 정치 환경 등으로 원래의 구상 이상으로 계속 팽창해 왔다. 다행히 높은 경제성장은 세수를 크게 늘려 복지재정을 뒷받침하였다. 1960년대와 1970년대에 집중 도입된 복지정책은 이러한 전후 경제성장이 지속될 것임을 전제한 것이었다. 이 시기에 주요 사회보험과 사회서비스가 확대되고 보장 수준이 높아지면서 포괄적이고 관대한 복지제도가 완성되었다. 그 결과 스웨덴은 소득분배와 삶의 질이 세계 최고 수준에 이르렀다.

그러나 복지규모가 최고조에 달한 1970년대에 전 세계에 걸친 경제위기가 발생하였고, 이에 따라 재정적자 등 부작용이 나타났다. 수출경제에 기반을 둔 경제 상황이 악화되면서 세금수입은 줄고 복지지출이 크게 늘어났기 때문이다. 스웨덴 경제의 높은 대외의존도는 경제뿐 아니라 복지 또한 외부의 충격에 영향을 받는다는 점을 보여주었다.

재정지출이 크게 늘어나던 시기에 실업이 늘면서 노동시장정책 지출이 크게 증가하였다. 1970년대 중반 이후 재정지출이 급증하였고 1979년대 말부터 재정적자가 나타났다. 경제성장과 완전고용에 기반을 두어 세금을 거두고 사회보장기금을 확보해 온 스웨덴 복지모델이 경제침체와 고실업으로 세수가 줄고 지출이 늘면서 재정문제가 발생한 것이다. 공공부문에 고용된 인구, 병가 및 육아휴직자, 노령연금자, 조기퇴직자, 노동시장프로그램 참여자, 실업자 등 국가로부터 소득을 보장받는 인구도 급속히 늘어났다. 이러한 상황에서 스웨덴 복지국가는 보수세력으로부터 국제경쟁력을 떨어뜨리는 주요 요인으로 비판을 받았다.

1970년대 들어 노사관계, 조세, 복지 등에서 급진적 개혁이 추진될 때 사민당은 1976년 선거에서 패하고 44년 만에 집권한 우파 정부는 처음으로 복지체제에 대한 조정을 시작하였다.[11] 1980년에는 파트타임 근로자에 대한 연금지급액을 임금의 65%에서 50%로 축소하고, 병가보험에 대한 대기일을 도입하였다. 의료 및 주택에 대한 수혜자 부담원칙을 도입하였고 사회서비스의 비용 절감을 추진하였다. 그런데 크게 늘어난 복지재정은 세금인상에도 불구하고 해결이 어려워졌으며 더구나 사양산업에 대한 정부의 구제금융으로 재정적자는 더욱 악화되었다(Lindbeck

11 대표적인 급진적 정책은 임노동자기금제(wage-earners' fund), 산업민주주의의 확대, 급격한 세금인상 등이다.

1997).

이에 우파 정부는 긴축정책과 증세를 실시하였으나 1982년 선거에서 경제운용의 실패와 복지축소에 대한 유권자들의 반발로 패하였다. 1980년대에는 기존 복지제도에 더해 가족정책 지출이 확대되면서 재정지출은 더욱 늘어났다. 1980년대 초중반에는 재정적자가 심각하였다.

이러한 구조적 · 경제적 문제를 해결하고자 사민당 정부는 1980년대에 새로운 신자유주의 경제정책을 채택하였다. 그러나 경제운용의 실패로 1991~1992년 경제위기를 초래하였고 그 결과 우파 정당이 집권하였다. 1990년대 초 경제위기로 금융권에 대한 공적자금(GDP 대비 약 4%) 투입과 실업이 급증하면서 재정적자가 크게 늘었다. 더구나 1991년 세제개혁으로 세금수입이 크게 감소하면서 재정적자는 더욱 심화되었다.

이러한 상황에서 좌 · 우파 정당 간의 합의로 복지개혁이 시작되었다. 1990년대 초중반 이후 복지지출 축소와 연금개혁, 재정개혁을 과감하게 추진한 결과 재정적자가 개선되고 국가채무를 축소하는 데 성공하였다. 근로인센티브를 강화하자 노동생산성도 크게 증가하였다. 복지급여 삭감, 복지급여 자격 강화 등 재정효율성을 높이기 위하여 매우 큰 규모의 복지개혁이 이루어졌다.

공공지출, 특히 복지지출이 클 경우 재정건전성 문제가 나타날 수 있다는 주장이 많다. 복지지출이 많을 경우 경기침체 때 세금은 줄고 복지지출은 늘어 재정적자가 심해질 수 있기 때문이다. 지출을 줄이지 못하고 세금인상이 어려우면 그만큼 국가채무는 늘어난다. 그러나 복지지출이 많다고 해서 재정적자가 나타나거나 복지국가가 실패하는 것은 아니다. 물론 그리스 사례에서 볼 수 있듯이 비효율적이고 왜곡된 복지지출은 국가위기까지 불러올 수도 있다.

재정적자에는 여러 가지 요인이 작용한다. 스웨덴은 1970년대와 1980년대에 세금을 크게 늘려 급속히 늘어난 재정을 충당하였다. 그럼에도 1970년대 후반부터 재정이 악화되어 1980년대 초 재정적자가 심화되고 외채도 급격히 증가하였다. 크게 증가한 복지지출에 더해 1970년대 말에 우파 정부가 사양산업의 부실기업을 인수하면서 막대한 재정이 투입되었기 때문이다.

1990년대 초중반의 심각한 재정적자는 1991~1992년의 금융위기로 엄청난 공적자금이 투입되면서 나타났다. 더 이상 세금을 인상할 수도 없었을 뿐 아니라 1991년 조세개혁으로 세수는 오히려 줄어들었다. 두 번의 재정적자는 경제정책의 문제에서 비롯되었다고 할 수 있으나 재정지출의 큰 부분이 복지와 관련된 지출인 만큼 복지지출의 문제도 없지 않을 것이다. 1990년대 초중반의 재정적자는 복지개혁과 재정개혁, 세계경제의 호황으로 크게 개선되었다. 스웨덴의 경우 재정적자는 복지지출에 더해 경제위기로 인한 재정지출이 문제였으나 구조개혁과 경제성장으로 극복되었다.

1990년대 초 경제위기와 복지개혁

1982년 재집권한 스웨덴의 사민당 정부는 복지국가의 지속 가능성을 높이기 위해 제도개혁을 시작하였다. 이에 따라 연금개혁을 위한 연금위원회가 1984년에 설치되었다. 악화된 경제 상황에서 높은 복지급여와 재정적자를 해결하기 위하여 성장과 고용을 촉진하고, 다른 한편으로 외채를 조달하였다. 당시 사민당 정부가 신자유주의 경제정책을 채택하여 금융시장의 탈규제가 이루어졌다. 1990년대 초 인플레이션과 거품경제가 나타났고 이에 따른 스웨덴의 금융위기는 심각한 재정위기를 초래하였다. 실업도 1930년대 이후 가장 높은 수준이었다.

이러한 경제위기와 실업문제는 곧바로 복지국가의 위기로 발전하였다. 완전고용 자체가 스웨덴 복지국가의 핵심 내용이었을 뿐만 아니라, 실업증가와 고용감소는 재정에 이중의 부담을 안겨 주었기 때문이다. 완전고용에 기반을 둔 고세율-고복지의 스웨덴 복지모델은 1970년대 이후 변화된 경제 환경에서 막대한 비용부담과 부작용의 문제를 안았다. 재정적자와 기업 파산, 공공부문의 비대화, 민간부문의 실업 등을 초래한 것이다. 고성장과 완전고용이 더 이상 가능하지 않게 되면서 공공부문에 대한 구조조정이 불가피해졌다.

이에 더해 수출 중심의 스웨덴 경제가 세계화에 적응하기 위해 1990년대 들어 EU 가입이 추진되고 1991년 다시 우파 정당이 집권하면서 스웨덴 복지국가는 새로운 상황에 진입하였다. 1990년대 초반은 사회복지제도뿐 아니라 조세제도의 개혁이 동시에 이루어지면서 스웨덴 복지국가가 근본부터 변화한 시기였다.[12] 1991년 세제개혁으로 개인소득세와

12 린드벡은 '세 개의 스웨덴 모델(Three Swedish Models)'을 구분하면서, 1990년대 이후의 부분적 자유화 모델을 1870~1970년의 시장지향적 모델, 1970~1990년의 개입주의적 모델과 구분하고 있다(Lindbeck 2009).

법인소득세의 세율이 대폭 하향 조정된 반면, 간접세인 부가가치세가 인상되고 다양한 세금감면제도가 철폐되었다(김인춘 2011).

재정적자를 해소하기 위한 제1순위로 복지지출의 삭감이 현실화되면서 복지국가의 재편이 불가피해졌고, 이러한 상황에서 세계화와 유럽통합의 가속화는 복지국가의 재편을 가속화하였다. 본격적인 개혁은 1991~1992년 금융위기를 극복하는 과정에서 우파연합 정부와 사회민주당이 1992년 시장의 역할을 강화하는 것을 내용으로 한 정책프로그램(crisis package)에 합의함으로써 구체화되었다. 이 정책프로그램은 복지수당의 축소, 복지행정기구의 재편 등 사회복지에 대한 국가개입을 축소하는 내용을 포함하고 있었다. 가장 중요한 복지개혁은 연금이었는데 자유주의적인 연금개혁이 이루어졌다(주은선 2005). 연금을 줄이고 완전한 소득비례 연금으로 개혁하여 더 많이 일하는 사람에게 더 많은 연금을 주는 방식으로 바뀐 것이다.

1994년 사민당 정부의 복지개혁
— 효율과 개인책임의 강조

스웨덴은 1994년 사회민주당이 재집권한 후에도 재정적자를 감축하기 위해 공공부문의 구조조정이 지속되었다. 안정된 복지재정 확보가 불확실해지고 재정압력이 심화되었기 때문이었다. 개인의 책임을 강조하고 경제활동에 대한 동기부여를 강화시켜 복지제도 전반이 혜택중심에서 급여중심으로 전환되었다. 이에 따라 스웨덴 복지체제의 특징인 보편성이 약화되었다. 복지수당의 축소, 복지행정기구의 재편 등으로 국가의 복지개입은 줄어들었다.

1996년 보건의료개혁을 통해 보건의료인력의 구조조정, 학교통폐합을 통한 교육예산 지출 축소, 지방공공조직 축소 및 지방교부금 삭감, 1999년 연금개혁을 통한 국가부담금의 축소 등이 이루어졌다. 복지소비자의 본인부담금 증가와 복지서비스 공급자 간의 경쟁도 도입되었다(최연혁 2011).

사민당 정부는 1995~1998년 기간 중 재정지출 감축 등을 통해 1998년까지 재정균형을 달성하겠다는 목표로 재정건전화 프로그램을 추진하였다. 이에 따라 1991년 51%까지 감소되었던 소득세 최고세율이 높아지기도 하였다. 분배 수단으로서의 복지보다 복지의 경제 효율성과 사회효용성에 더 초점을 두었다. 1990년대 이후 복지국가의 개혁으로 공공부문의 효율성이 높아지고 조세개혁으로 세금왜곡이 줄어들었다.

이러한 개혁과 효율성 제고는 복지국가의 경쟁력과 안정성을 높이는데 기여하였다. 스웨덴 복지국가는 소득보장과 사회서비스에서 여전히 뛰어난 제도를 유지하고 있다. 고용정책은 정치적 우선순위에 있으며 적극적인 노동시장정책 또한 중요하게 시행되고 있다. 경제 및 복지에 미치는 노동정책의 영향이 매우 중요하기 때문이다.

스웨덴은 1990년대 들어 시장자유화 전략을 일부분 도입하였다. 이러한 시장자유화 정책은 사민당 정부하에서 1980년대 말 자본시장 탈규제로 시작되었고, 1990년대 들어 EU 가입 추진을 본격화하면서 나타났다. 큰 규모의 감세를 가져온 1991년의 세제개혁도 사민당 정부가 주도하였다. 1990년대 이후 세제, 복지, 재정 등 각 분야에서 개혁이 본격적으로 이루어지면서 복지국가의 효율성이 제고되어 왔다. 1994년 EU 가입으로 시장경쟁이 강화되었으며 복지의 일부가 민영화되고 선택의 자유가 확대되었다.

1994년 재집권한 사민당 정부가 이러한 개혁을 추진하는 데 중요한 역할을 하였으며, 그 결과 경제 성과와 복지정책의 분배 효율성을 높여 왔다. 재정개혁을 통해 1994년 GDP 대비 10%가 넘는 재정적자를 1998년부터 흑자로 바꾸었다. 이 과정에서 재정지출 규모 자체가 축소된 것이 아니라 재정지출의 효율성을 높이는 데 주력하였다. 또한 경제성장에 따른 세수의 증대가 중요한 기여를 하였다.

스웨덴 복지국가의 정치 · 사회 기반은 경제 목표와의 적합성, 중산층 이상이 만족할 만한 수준의 사회서비스 제공, 그리고 더 이상 세금을 늘리지 않는 데 있다. 복지국가는 경제성장에 기여할 수 있어야 하고 동시에 중산층 이상의 유권자에게 양질의 사회서비스를 제공할 수 있어야 한다. 이는 보육이나 교육 등 사회서비스에서 계급양극화를 가져오지 않는 범위에서 사회서비스의 선택권을 확대하고 동시에 양질의 서비스를 위해 세금을 더 내지 않아야 한다는 것을 의미한다.

결국 1990년대 이후 복지국가의 효율성이 크게 높아져 경제에 미치는 분배정책의 좋지 않은 영향이 크게 완화되었다. 사회서비스의 비효율, 세금 및 복지급여로 인한 개인 선택의 왜곡, 도덕적 해이 등의 문제가 크게 개선되어 왔기 때문이다. 1990년대 중반 이후 사민당 정부가 이를 위한 정책 기반을 마련하였다. 그리고 2006년 이후 현재까지 집권하고 있는 우파연합 정부도 이러한 기조를 유지하면서 복지 효율성을 강화하고 있다. 좌파 정부나 우파 정부 모두 세금을 잘 사용하여 재정 건전성과 복지 효율성을 높여 온 것이다.

경제성장과 개혁으로 지속되는 스웨덴식 복지 체제

고세금과 고지출, 고복지에도 불구하고 복지국가 스웨덴은 여전히 그 명성을 자랑하고 있다. 높은 투명성과 사회적 신뢰도, 안정된 정당정치, 높은 고용률과 국민의 조세부담, 경쟁력 있는 산업 등이 오늘의 복지국가 스웨덴을 있게 한 요인이다.

그렇다고 스웨덴이 특별한 비책을 가지고 있는 것은 아니다. 스웨덴도 막대한 재정적자와 외채 부담을 경험하고 경제위기를 겪기도 했다. 그러나 성장하고 개혁하기, 일 잘 하기, 세금 잘 내고 잘 쓰기 등 상식적이고도 평범한 원리와 원칙으로 수준 높은 복지국가를 유지하고 있는 것이다. 우리도 성장을 잘하고, 개혁도 잘하고, 세금을 잘 내고 잘 쓰면 가능할지도 모른다. 이에 스웨덴 복지국가의 사례가 주는 시사점을 간단히 검토해 보고자 한다.

경제성장과 효율의 중요성

복지국가 논의에서 쉽게 볼 수 있는 것이 분배정의의 강조이다. 물론 분배정의가 이루어져야 한다. 복지를 확대하고 정치적 관심과 동원을 높이는 차원에서도 매우 중요하다. 그러나 이것만으로는 복지국가의 경쟁력을 강화하고 계속해서 발전시키는 데 한계가 있다. 분배'정치'에 치우쳤던 아르헨티나, 그리스 사례가 이를 잘 보여준다.

복지국가의 지속 가능성은 경제성장, 효율성, 거시경제 안정에 직결되어 있다. 경제 성과는 고복지와 사회통합이라는 사회 목표를 실현시키는 데 중요한 요소이다. 스웨덴은 고부가가치 제조업 및 고부가가치 서비스업의 경쟁력을 매우 중시하고 있다. 산업경쟁력은 스웨덴의 수출경제를 지탱하는 힘이 되기 때문이다. 복지국가의 경제 기반이 약화되면 더 이상 복지를 실행할 수 없다. 복지는 한 국가가 스스로 번 돈으로 하지 않으면 빚으로 하게 되고 빚이 감당할 수 없게 커지면 결국 그 국가는 파국적 결말을 맞는다.

교육과 노동시장 부문의 재정지출은 경제성장의 토대가 된다. 보편적 가족수당과 아동수당 등 가족 관련 복지정책은 소득재분배뿐 아니라 출산 및 여성의 노동참여를 제고하는 데 기여한다. 스웨덴의 국가재정은 이러한 역할을 수행하는 데 초점을 맞추고 있다.

사회 불평등을 감소시키고 인적자본의 질을 향상시키기 위한 정책 노력은 고숙련/고임금 수출산업의 대외경쟁력뿐 아니라 내수산업의 생산성 제고에도 기여한다. 높은 생산성과 높은 수준의 고용은 높은 수준의 복지국가를 유지하는 데 필요한 막대한 세금원을 제공한다. 바로 경제와 복지가 선순환하는 것이다. 1980년대 이후 시장임금 격차가 커지면서 교육정책과 노동시장정책은 더욱더 적극 추진되어 왔다. 1차 분배가 악화될수록 2차 분배로 소득격차를 해결하기 어려워지고 장기적으로 사회경제적 부작용도 커지기 때문이다.

스웨덴은 양호한 경제 성과와 수준 높은 복지제도를 자랑하고 있다. EU에 가입한 이후 시장개방으로 생산성이 제고되었으며 노동시장 참가율이 높아지고 복지급여 의존도가 낮아졌기 때문이다. 중요한 것은 단순히 현금복지를 많이 하기보다 사회구성원으로 하여금 하고 싶은 일을 할 수 있게 지원하여 능력을 계발하고 사회에서 차별받거나 배제되지 않도록 하는 것이다. 스웨덴은 분배정책의 지속, 중 · 저소득층에 대한 감세, 성장지향적 개혁 어젠다agenda로 사회통합을 높이면서 경제성장을 달성하고 있다. 이로써 세금기반을 확대하고, 교육 및 노동시장정책을 통해 보다 공정한 고용과 기회의 평등을 보장하고 있다(출처: Ministry of Finance). 장기적 경제성장과 고용증대를 창출할 수 있는 국가능력은 매우 중요하며, 이를 위해 스웨덴은 높은 수준의 인적자본 투자와 고용률을 유지하는 데 집중하고 있다.

공정한 노동과 높은 세금부담

잘 알려진 대로 스웨덴 복지국가는 높은 고용률과 높은 세금부담에 기반을 두고 있다. 고용은 사회적 생산을 위해 노동력을 제공한다는 점에서 의무이자 임금소득에 대한 권리이기도 하다. 따라서 누구나 고용의 기회를 가져야 하고 보상을 받을 수 있는 노동이 필요하다. 최근 한국 사회의 실업과 고용불안, 비정규직 차별 문제 등을 보면 공정한 노동이 얼마나 중요한지를 알 수 있다. '가장 좋은 복지는 고용'이라는 스웨덴 복지국가의 원칙이 우리에게 주는 함의는 클 수밖에 없을 것이다. 스웨덴은 공정한 고용기회와 임금을 위해 교육과 노동시장정책을 중요시하고 있다.

질 높은 인적자본과 높은 고용률은 노동시장의 경쟁력을 높여 1차 분배를 개선하고 경제의 생산성을 높이는 데 기여하고 있다. 교육에 대한 인적자본 투자는 노동시장에서 근로자가 직면할 위험을 줄이는 가장 좋은 방법이기 때문이다. 스웨덴은 저임금 서비스부문과 안정된 고임금부문으로 분리된 '이중 노동시장 dual labor market'을 최소화하여 노동시장의 균형발전을 추구하고 있다. 스웨덴 정부의 공공정책은 무엇보다 성장, 고용, 공공복지, 사회통합을 주요 목표로 한다. 특히 사회통합을 위해 임금격차의 축소, 빈곤 감소, 삶의 조건 동질화 등을 추구하고 있다. 이러한 목표를 위한 노동보호 제도 및 인적자본 정책은 매우 시사적이다. 고세금과 고복지에도 스웨덴 복지모델이 경쟁력을 갖는 이유이다.

고용은 조세에 대한 의무를 다하는 기회이기도 하다. 스웨덴은 직접세와 간접세, 누진세(소득세, 재산세 등)와 역진세(사회보장세, 소비세 등)가 모두 매우 공정한 균형 조세제도를 가지고 있다. 무엇보다 개인이 부담하는 조세가 중요한데, 전 국민의 90% 이상이 30%의 소득세를 납부하고 있다. 모두가 세금을 내는 보편적 조세제도인 것이다. 이러한 보편적 조세제도는 공정한 고용기회와 안정된 임금으로 가능하다.

스웨덴 정부의 재정정책안(2011 Spring Fiscal Policy Bill)이 제시한 정책

목표는 더 많은 일자리 제공, 전 세계 금융위기에 잘 대응할 수 있는 견고한 금융시스템, 훌륭한 교육시스템, 수준 높은 복지시스템(양질의 공공서비스, 선택의 자유 및 접근성), 각 부문의 지속 가능한 발전 등이다. 고용과 교육이 강조되고 있는 것이다. 물론 여기에서 말하는 교육은 꼭 대학 진학을 의미하지는 않는다. 자신의 재능과 선호에 따라 교육을 선택하고 개인의 역량을 강화하는 데 초점을 맞추고 있다.

계속되는 개혁과 고성장 · 고복지

스웨덴은 1990년대 초반의 경제위기와 1994년 EU 가입을 계기로 큰 규모의 개혁을 추진하였다. 복지개혁, 조세개혁, 재정개혁이라는 매우 중요하고도 구조적인 개혁에 성공하였다. 스웨덴 복지국가는 엄청난 재정 지출에 기반을 두었으며, 스웨덴은 별다른 제약 없이 재정운용을 해 올 수 있었다.

1990년대 중반의 재정개혁은 총지출 한도를 법률로 정하고 지출관리를 엄격히 강화하는 데 초점을 맞추었다. 재정개혁에 의한 지출 원칙은 첫째, 전반적으로 지출을 억제하고, 둘째, 우선순위를 정하여 낮은 순위의 복지프로그램은 제외하며, 마지막으로 비용축소 압력을 가하여 전체 비용을 줄이는 것이다. 이는 '적은 돈으로 더 많은 복지를 하는do more with less' 것으로 재정효율성을 높이는 데 중점을 두고 있다(OECD 2002). 지출 규모를 전반적으로 축소하고 경제에 주는 부담을 줄임으로써 공공지출의 질과 효율성을 제고하는 것이다. 남유럽 국가들의 경우 높은 재정지출에도 불구하고 낮은 재정효율성으로 복지국가의 위기를 겪고 있다.

다른 나라에 비해 복지도 잘하고 경제적으로 안정된 나라들은 대부분 개혁에 성공한 나라들이다. 1980년대에 개혁을 추진했던 덴마크와 네덜란드, 1990년대 들어 개혁을 해 온 핀란드와 독일 등이 그들이다. 현재 재정위기와 국가채무위기를 겪고 있는 남유럽 국가들은 개혁이 부진했거나 개혁을 제대로 하지 못하였다.[13] 남유럽 국가들은 복지, 노동, 재정, 금융, 산업 등 거의 모든 부문에서 개혁이 필요하지만 국가의 역량 부재, 이해관계자들 간의 갈등, 개혁 비토veto세력, 정치 포퓰리즘populism 등으로 추진하지 못하였다. 어느 나라에서나 개혁은 어려운 일이다. 그러나 중요한 것은 개혁이 항상 시장화나 탈규제를 의미하는 것은 아니라는 점이다. 개혁에 성공한 나라들은 공정한 책임과 부담, 규제와 재규제, 사회적 합의를 통해 경제 효율성과 사회 효용성을 높여왔다.

개방과 시장경제에 기반을 둔 스웨덴 복지국가

스웨덴 복지국가는 단순히 복지정책을 확대하고 복지지출을 늘리는 데 역점을 두지 않는다. 스웨덴 복지국가는 기본적으로 생산체제와 복지체제, 경제정책과 사회정책이 연계된 '사회경제 모델' 또는 '국가발전 모델'

---

13 남유럽 국가들의 재정위기와 채무위기는 유로(Euro)라는 화폐통합에 따른 구조적 요인에 기인하는 바가 크다. 이들 국가들의 경제력과 경쟁력이 다른 유로존 국가들에 비해 상대적으로 약하여 계속해서 무역적자가 늘었으나 환율정책이나 통화정책의 자율성이 없어 제대로 대응하기 어려웠기 때문이다.
그럼에도 유로존 가입 이후 경제가 좋았을 때 구조개혁을 제대로 하지 않아 거품경제가 만들어졌고 2008년 세계 금융위기의 충격으로 거품경제가 무너지면서 금융권의 부실과 재정위기가 나타났던 것이다.

이다. 국가의 부를 늘리면서 복지를 많이 하는 것이다.

스웨덴은 19세기 후반부터 시장경제를 바탕으로 개방과 수출을 중시하였다. 당시 경쟁력을 갖춘 글로벌 기업들이 지금도 스웨덴 경제를 떠받치고 있다. 19세기 말 당시의 세계화는 물론 20세기 후반의 세계화에도 적극 참여하여 경제성장의 기회로 활용하였다. 물론 완전한 개방을 추구한 것은 아니며 개방에 따른 국내 대응과 보상이 충분하였기 때문에 노조도 이에 저항하지 않았다. 1970년대 초 · 중반에 시도된 급진 좌파정책을 제외하면 스웨덴 노조는 대체로 온건하고 점진적이었으며 무엇보다 시장 효율성을 중시하였다.

산업화가 본격화된 1870년대부터 복지국가로 발전된 1960년대까지는 시장중심 제도가 우세하였다(김인춘 2007; Lindbeck 2009). 20세기 전후의 초기 산업화시대는 물론, 제2차 세계대전 이후에도 스웨덴은 시장경제를 바탕으로 개방과 무역에 의한 대기업 중심의 성장정책을 추구해왔다. 평등주의 정책으로 불리는 동일업종 내의 임금평준화 정책, 즉 동일노동 동일임금 정책은 경쟁력 낮은 기업의 시장퇴출을 통해 산업합리화와 자본집중을 촉진하였다. 노동시장 유연성, 시장원리에 의한 구조조정, 대기업을 중심으로 한 산업집중정책 등이 스웨덴의 시장주의 성장극대화 정책이었다. 1970년대에 급진적인 개입주의 정책이 추진되기도 하였으나 1990년대 이후부터 시장중심 정책이 자리 잡고 있다.

스웨덴은 1990년대 초반의 경제위기를 극복하고 계속해서 안정된 경제성장과 보편적 복지제도를 유지하고 있다. 이것이 바로 스웨덴의 경쟁력이다. 이러한 국가경쟁력에 스웨덴 복지제도가 기여하는 바가 크다.

단순히 나누어 주는 복지가 아니라 개인의 역량을 강화하고 사회 전체의 효율성을 높이는 것을 목적으로 하기 때문이다. 스웨덴은 1980년대부터 적극 수용한 세계화로 사회 격차가 확대되었으나 스웨덴 고유의 사회정책으로 소득분배를 개선하고 개혁에 성공함으로써 각 분야의 효율성과 생산성을 제고해 왔다. 노동참가와 육아를 동시에 가능하게 하는 공공사회서비스, 적극적 노동시장정책을 통한 노동력 활용과 고용률 제고, 인적자본 향상에 대한 강조 등 전통적인 스웨덴의 사회정책은 오히려 개방과 세계화라는 새로운 경제 환경에 대한 적응을 용이하게 하였다.

정치적 조정 및 사회적 타협의 중요성

스웨덴 복지국가를 발전시키는 데에는 사회적 합의 또는 대타협이 중요한 역할을 해 왔다. 어떤 복지국가를 어떻게 발전시키고 어떻게 운용해 나갈 것인가에 대해 정치적 조정과 합의가 중요하였다. 연금개혁과 조세개혁은 건전한 재정을 유지하고 효율적인 성장을 촉진하는 데에 좌우정당들이 합의한 결과이다. 물론 이러한 측면은 스웨덴의 정당정치가 그만큼 합의를 추구하고 연정에 의해 정부가 운영되어 온 기간이 길었기 때문일 것이다. 사실 스웨덴 모델이 성공하게 된 중요한 요인 중 하나는 안정된 정당정치와 연합정부에 있다. 정당의 안정은 합의정치를 가능하게 하고 연합정부를 통한 권력의 공유는 정치 · 사회적 갈등을 줄여 주기 때문이다. 스웨덴은 1960년대 이후 복지지출의 급속한 증가와 이에 따른 고세금, 심각한 재정적자 발생, 조세개혁, 복지개혁, 재정개혁 등 복지와 재정에서 많은 변화가 있었지만 정치적 조정과 타협, 사회적 합의와 협력으로 개혁을 성공시켜 왔다.

스웨덴 사례에서 볼 때 복지정책이 확대되면 재정지출이 증대될 수밖에 없으며, 이 비용을 충당하기 위해서는 경제성장의 지속과 조세인상이 이루어져야 한다. 이러한 복지확대와 부담을 위해서는 자본(기업)과의 타협도 중요하다. 사용자의 사회보장세 부담, 고용확대 및 임금조정 등과 관련하여 기업과의 협력이 반드시 필요하기 때문이다.

뿐만 아니라 노동집단 간, 기업집단 간의 조정과 타협도 중요하다. 정치적 조정과 사회적 타협은 정치세력 간, 이해관계자들 간의 갈등과 대립을 최소화하고 개혁 비토세력을 약화시켜 복지의 효과성과 효율성을 높이고 개혁을 성공시키는 데 매우 중요한 역할을 할 수 있다. 큰 틀에서의 사회적 타협 없이 복지 확대를 추구한 나라들에서는 복지가 정쟁(政爭)의 대상으로 전락한다(안상훈 2012). 복지가 정쟁의 대상이 되면서 포퓰리즘과 결합하고 재정지출의 단기적 확대만 추구하다 복지도 제대로 못하고 경제도 어렵게 되는 결과가 나타나는 것이다.

1991~1992년 경제위기와 1994년 EU 가입에 따른 제도 변화로 스웨덴 복지제도는 많은 개혁과 변화가 있었다. 복지제도의 기본 틀은 유지되고 있으나 수급자격과 규칙은 매우 엄격해져 대체로 혜택이 줄었으며 사회 격차가 이전에 비해 커졌다. 재정지출의 투명성과 효율성은 더욱 강화되었다. 또한 경제위기, 인구노령화, 이민자 증가 등 변화된 상황에

---

14 스웨덴 재무부(The Ministry of Finance)의 〈2003/04 The Long-Term Survey of the Swedish Economy〉 보고서를 보면 재무부가 스웨덴 복지시스템의 유지를 위해 얼마나 노력하는지를 알

서 스웨덴 복지모델을 지속시키기 위해 정부는 고용창출과 복지개혁을 적극 추진하고 있다. 주목할 점은 이러한 노력이 범정부 차원에서 진행되고 있다는 점이다.[14] 보육, 보건의료, 교육, 노인보살핌 등 주요 공공서비스 개혁은 서비스의 질, 선택의 자유와 접근성 면에서 소기의 성과를 가져왔다. 공공 사회서비스, 적극적 노동시장정책, 인적자본 계발은 모든 개인에게 공정한 기회부여뿐 아니라 국가경쟁력을 강화하는 역할을 하고 있다.

스웨덴은 2006년 말 이후 현재까지 중도우파연합이 집권하고 있다.[15] 우파 정부는 국민 대다수가 지지하는 사회적 합의, 평등, 복지국가라는 스웨덴 모델의 근간을 존중하면서 개혁을 통해 효율성을 크게 높여 왔다. 또한 복지급여를 축소하여 일하는 사람에게 더 많은 인센티브를 주고, 저소득층 감세와 실업자들에게 교육·훈련을 제공하여 능력과 인센티브를 제고시켜 왔다. 2008년 세계 금융위기 이후, 특히 일부 유럽 국가들이 재정 및 국채위기를 겪고 있지만, 복지는 물론 높은 성장과 생산성을 달성함에 따라 스웨덴 모델은 좌파와 우파를 막론하고 많은 국가들로부터 큰 주목을 받고 있다.[16]

수 있다(The Long-Term Survey of the Swedish Economy 2003/04). 이 보고서가 중요한 것은 복지서비스 수요가 증대될 것에 대비하고 스웨덴 복지국가의 지속 가능한 미래를 위해 2020년까지 장기 대응책을 마련하고자 하기 때문이다. 세계 최고의 복지국가임에도 재무부가 향후 복지수요 확대에 대응하여 여러 해결 방안을 모색하고 있는 점은 우리에게 시사하는 바가 크다.

15 2006년 9월 총선 당시 중도우파연합은 친노동적 입장을 견지하면서 스웨덴 모델을 업그레이드하고 복지정책을 보다 내실 있게 발전시키겠다고 공약한 바 있다.

16 2010년 9월 우파 정부가 재집권에 성공한 요인은 기존의 복지모델을 유지하면서 경제성장과 실업 감소, 건전재정, 국가경쟁력 제고 등에 성공했기 때문이다. 우파 정부는 고세금, 고복지에도 강한 경제를 달성하여 '스웨덴 = 가장 성공한 사회'라는 평가를 지속시키고 있다.

07
영국

'요람에서 무덤까지' – 복지국가의 이상과 현실

김인춘(연세대학교 동서문제연구원 교수)

보편적 복지국가의 이상

'요람에서 무덤까지from the cradle to the grave'라는 용어만큼 복지국가의 이상과 희망을 잘 표현한 말은 없을 것 같다. '요람에서 무덤까지'는 영국에서 1942년에 베버리지 보고서Beveridge Report1가 발표되었을 때 높은 국민적 지지와 기대를 언론에서 비유적으로 표현한 말이라고 한다. 최근 우리나라에서 '한국형 요람에서 무덤까지' 논의가 매우 활발하게 진행되면서 복지국가에 대한 국민들의 기대가 크게 높아지고 있다. 앞으로 한국도 복지선진국이 될 수 있다는 기대가 그것이다. 그러나 세계의 많은 복지국가 사례를 보면 성공적인 복지국가는 그리 많지 않으며 더구나 높은 수준의 '보편적 복지국가'는 쉽게 성취될 수 없는 것이 현실이다. 영국 또한 1940년대의 계획과 기대대로 복지국가가 발전하고 제도화되지는

1 베버리지 보고서의 공식 제목은 '사회보험과 연계서비스에 관한 중앙정부간 위원회 보고서(Report of the Inter-Department Committee on Social Insurance and Allied Services)'이다.

못하였다. 이 글은 영국이 어떻게 '요람에서 무덤까지'의 보편적 복지국가를 추구하게 되었는지 알아보고, 전후 영국 복지국가의 특징과 변화, 영국 복지국가의 경험이 주는 시사점을 검토하는 데 목적이 있다.

영국은 현대적인 보편적 복지국가제도가 세계에서 처음으로 시작된 나라이다. 19세기 들어 영국은 산업화와 도시화가 심화되고 노동계층이 크게 증가하면서 빈곤과 실업, 계급갈등, 열악한 주거와 보건 등 사회·경제적 문제가 많이 등장하였다. 이러한 문제들에 대응하기 위해 복지제도가 영국에서 가장 먼저 발전하였다. 영국은 전통적으로 국가의 개입보다 사회 차원의 최소한의 복지와 공동체적 자조와 자율을 중시하였다. 그러나 산업화로 사회문제와 사회갈등은 20세기 들어 더욱 심화되었으며, 제1차 세계대전 이후 노동운동과 영국 노동당의 세력 확대로 정치적 대립과 사회적 분열이 발생하였다. 1930년대의 대공황과 제2차 세계대전으로 영국 사회는 국가의 적극적인 개입 없이는 더 이상 유지되기 어려운 상황이 되었다.

이러한 상황은 제2차 세계대전으로 국가적 차원에서의 계급타협과 계급협력이 이루어지고 복지제도가 발전하면서 극적인 변화를 맞았다. 보수당과 노동당에 의한 전시 연합정부의 완전고용 정책, 베버리지 보고서에 입각한 사회보장제도의 개혁, 교육개혁, 의료서비스 개혁 등 포괄적이고 보편적인 복지제도가 그것이다. 현대적인 보편적 복지국가의 청사진이 된 베버리지 보고서의 채택과 전후 노동당 정부의 보편적 복지국가 정책은 이러한 배경에서 출발하였다.

1945년 노동당의 집권과 함께 영국은 보편적 복지국가 개념을 현실

정치에 적용시킨 최초의 국가가 되었다. 베버리지 보고서에 기초하여 모든 사회구성원에게 동일한 혜택을 받게 함으로써, 당시 유럽에서 가장 진보적이고 포괄적인 사회보장제도를 실시하였다. 이러한 전후 영국 복지국가 모델은 이후 유럽을 비롯한 전 세계의 많은 국가로 전파되어 갔다. 영국은 전후 케인스Keynes주의적 재정확대 정책으로 일반 국민의 소득이 증가하였고, 소득보장제도의 발전으로 1950년대 들어 '풍요로운 노동계급'이 등장하였다. 또한 계급 간 격차와 갈등이 크게 약화되면서 사회평화social peace가 달성되었다. 노동당과 보수당 간의 정권 교체와 1960년대부터 드러난 경제문제에도 불구하고, 전후 계급타협과 사회적 합의에 따라 1970년대 중반까지 대체로 보편적 복지국가 기조가 유지되었다.

그러나 영국은 1970년대의 경제위기와 1980년대의 저성장으로 국민소득이 크게 증대되지 못하였고, 복지국가 또한 위기에 처하였다. 경제 전반의 생산성이 둔화되고 산업 경쟁력이 약화되었을 뿐 아니라 사회적 격차와 분열이 커졌다. 이에 대처Thatcher 정부와 블레어Blair 정부의 개혁은 경제성장과 국가경쟁력을 높이고, 고용과 참여를 통해 사회적 격차를 완화하는 데 집중되었다. 1980년대 이후 영국의 복지개혁은 소비적인 복지지출을 줄이고 사회투자를 통해 경제적 효율성을 제고하는 데 초점이 맞추어졌다.

그런데도 영국의 복지 수준은 1970년대 이후 지속적으로 약화되어 왔다. 또한 복지의 시장화가 이루어지면서 민간보험과 민영화된 사회서비스의 비중이 커져 왔다. 영국 복지국가는 그 비용을 감당할 경제적 기반이 취약하였고, 보편적 복지국가를 지지할 정치 · 사회적 여건 또한 약화되어 왔다. 결국 1980년대 이후 상대적으로 공적 사회보험제도가 약한 자유주의적 복지국가로 변화하여 북유럽은 물론 서유럽대륙의 복지국가와 구별되는 영미식 복지모델이 되었다.

영국은 1940년대와 1950년대 포괄적이고 보편적인 복지국가의 발전, 1979년 이후 신자유주의와 탈규제를 주도한 대처리즘Thatcherism, 1997년 노동당 블레어 정부의 '제3의 길'과 사회투자국가 등으로 복지국가 연구에서 중요한 사례로 연구되어 왔다. 베버리지 보고서에 기반을 둔 현대적인 보편적 복지국가, 복지 축소의 대처리즘, '제3의 길'은 모두 영국에서 시작된 것으로 각 시기마다 영국 복지국가의 성격과 변화를 잘 보여주고 있다. 중요한 것은 베버리지 보고서 이후 영국의 복지국가가 갈수록 '보편적 · 포괄적 복지'에서 '선별적 · 선택적 복지'로 바뀌었다는 점이다. '요람에서 무덤까지'라는 전후 영국 복지국가의 원대한 이상이 현실적으로 실현되는 데 한계가 있었던 것이다.[2] 영국은 서유럽 기준으로는 저복지 체제를, 경제협력개발기구OECD, Organization for Economic Cooperation and Development 기준으로는 중복지 체제를 유지하고 있다. 보건의료, 기초연금, 사회부조 등에서 국가의 책임이 남아 있기는 하지만 기본적으로 선별적 소득보장과 시장화된 사회서비스의 역할이 큰 자유주의 복지국가로 전환되어 왔다.

---

2 영국 복지국가의 변화 또는 전환에 대해서는 많은 연구들이 있다. 국내의 대표적 연구로 김영순(1996), 고세훈(2011)이 있다.

역사적 배경–
전후 타협과 복지국가의 등장

영국은 의회민주주의와 산업혁명을 가장 먼저 발전시킨 나라이다. 영국은 19세기 들어 산업화와 노동계급의 성장, 이에 따른 사회 문제와 정치적 갈등이 심화되었다. 그러나 19세기 영국 사회는 자유주의 이념과 원칙이 중요하였으며 이러한 자유주의 이념이 경제와 정치, 빈곤구제 등 모든 영역에 큰 영향을 주었다. 그 결과 사회문제에 대한 정치적 개입이 어려웠으며 19세기 말 20세기 초, 빈부격차와 정치사회적 갈등과 대립은 심각한 상황이 되었다.[3] 한편, 당시 영국은 대륙유럽과 달리 19세기 중반 이후 '자조운동self-help movement'이라는 자유주의 사상이 일반 노동자들 사이에 확산되었고, 영국의 노동조합은 국가의 개입과 규제를 거부하였다. 자율적이고 독립적인 영국 노동운동과 노동계급은 그 세력이 점차

3 벤덤(Jeremy Bentham)과 밀(J. S. Mill)의 합리주의에 기반을 둔 집단주의적 정치이념이 사회정책 개념에 영향을 미쳐 국가의 사회 개입이 가능해졌다.

커져 경제영역에서 지배적 영향력을 갖게 되었고 강력한 정치권력으로 발전하였다.[4]

19세기는 영국정치사에서 개혁의 시대로 많은 변화가 있었다. 선거법의 개정으로 선거권이 일반 국민에게 확대되었으며, 그 결과 자유주의와 민주주의가 결합되어 대중민주주의, 의회민주주의가 탄생하였다(오영달 2004). 19세기 후반에는 보수당의 사회개혁 정책으로 민주주의가 발전하였고 노동운동의 정치세력화가 본격화되었다. 20세기에 들어서자 정치적 갈등과 불안정이 지속되었고 동시에 자유당과 노동당 주도로 정치개혁이 이루어졌다. 1906~1914년 자유당 정부는 사회입법을 제정하고, 어린이 구호제도, 노령연금, 건강보험, 실업보험 등 복지정책을 도입하였다(고세훈 2011).

영국은 제1차 세계대전 이후 노동당의 영향력이 급격히 커지면서 공평분배에 대한 요구가 분출되었다. 노동당은 공적 소유, 공공사회복지의 확대 등 급진적 정책을 주장하였다. 노조와 노동당의 지속적인 세력확대는 계급적 대립과 정치사회적 갈등을 증폭시켜 왔다. 이러한 갈등과 대립이 제2차 세계대전 직후 종식된 것은 바로 베버리지 보고서에 기반을 둔 포괄적이고 보편적인 복지국가제도가 도입되었기 때문이었다. 베버리지 보고서는 제2차 세계대전 중이던 1940년 당시 보수당과 노동당의 거국내각이 실업과 빈곤, 의료 등 심각한 사회문제와 기존 사회보험

4 대륙유럽이나 북유럽과 달리 영국의 노조는 조직적으로 집중화되지 못하였고, 집중화된 단체협상이나 노사관계의 제도화가 미미하였다. 노사관계의 제도화는 사회정책이나 복지국가의 발전에 중요한 역할을 해왔다.

제도의 개선 등을 위해 윌리엄 베버리지William H. Beveridge 교수로 하여금 연구를 수행하게 한 결과를 1942년에 발표한 것이다. 전후 영국의 복지국가는 당시 영국 사회의 계급 불평등과 사회적 분열을 해소하고 사회평화와 공동의 번영을 목표로 하였다. 국민들 또한 전후 영국 복지국가가 지향하고자 한 '요람에서 무덤까지'에 대한 기대가 매우 컸다.

제2차 세계대전 기간의 거국내각과 1942년 베버리지 보고서는 전후 영국의 보편적 복지국가와 합의정치의 토대가 되었다. 제2차 세계대전이 끝난 후 영국 보수당은 이념적으로 중도적 입장을 견지한 진보우파right progressive에 의해 지배되었다. 전후 좌·우파 간의 '대타협Grand Compromise'으로 보수당은 완전고용을 촉진하고 케인스주의적 경제개입을 보장하는 혼합경제뿐 아니라 사회·경제개혁과 복지국가를 지지하였다. 전시 보수당·노동당 연합정부의 정치적 합의가 전후에도 지속된 것이다(김인춘 1994).

1945~1951년 집권한 클레멘트 애틀리Clement Attlee 총리의 노동당 정부에서 석탄, 철강, 철도, 은행 등 기간산업에 대한 대대적인 국유화가 이루어졌고 급진적인 분배정책이 도입되었다. 전 국민의 환영 속에 등장한 '요람에서 무덤까지'라는 영국 복지국가는 1945년 노동당 집권과 1950~1960년대의 경제성장으로 모든 국민들에게 동일한 복지를 제공하는 '보편적 복지제도'의 기틀을 마련하였다. 영국은 베버리지 보고서에 따라 무상의료와 무상교육, 연금과 실업급여 등의 사회보험, 저소득층 소득지원제도를 실시하여 당시 유럽국가들 중에서 가장 높은 수준의 보편적 복지제도가 발전하였다.

전후 영국 복지체제의 발전과 특징

주요 사회보장제도

공적 소득보장제도

영국의 공적 소득보장제도는 20세기 들어 자유당과 노동당에 의한 진보적 자유주의 개혁으로 시작되었다. 1906년 총선에서 자유당의 압승과 노동당의 창립(1906년)으로 개혁정책이 본격화되었던 것이다. 1908년 70세 이상의 빈곤노인에 대한 노령연금이 시행되고, 1911년 국가보험법으로 의료보험, 병가보험, 모성지원, 중증장애인연금이 가능해지고 실업보험이 도입되었다. 이러한 개혁정책과 함께 누진소득세가 도입되었다. 제1차 세계대전 후 경기침체와 고실업으로 빈곤과 사회적 격차가 심화되었으나 기존 복지제도의 수혜인구가 매우 제한적이었고 복지제도의 발전 또한 지체되어 복지수요는 급증하였다. 제2차 세계대전으로 전쟁경제와 배급제 실시라는 특수한 환경에서 사회급여가 증가하고 확대되어 빈곤층뿐 아니라 중간계층도 많은 혜택을 받게 되었다.

제2차 세계대전 후 노동당 정부는 베버리지 보고서에 기반을 두고 사회보장시스템을 구축하였다. 베버리지 보고서의 사회 · 경제정책은 3개의 핵심 요소로 구성되었는데, 모든 국민에게 최소한의 삶의 수준 보장, 국민의료서비스NHS, National Health Service, 완전고용정책의 도입이 그것이다. 1946년에는 국가보험법1946 National Insurance Act, 국가의료보장법1946 National Health Service Act이 도입되어 전 국민에게 보편적인 사회보장제도가 마련되었다. 모든 국민에게 최소한의 삶을 보장한 사회보장제도는 실업, 질병, 장애, 노령, 출산 · 육아 등으로 인한 소득상실 위험을 보장하였다. 국가가 관리하는 사회보험제도로 모든 국민에게 동일한 사회급여를 제공하였다. 이러한 사회보장 재정은 기본적으로 일반 조세로 충당되었다. 현금 중심의 보편적 복지가 가져올 급속한 재정 지출 증가에 대한 문제가 제기되었지만, 당시 영국 국민의 복지국가에 대한 지지와 정치적 고려에 밀려 제대로 논의되지 못하였다.

영국 사회보험제도의 특징은 정률원칙flat rate principle이었는데 이는 1911년 도입된 실업보험에서 비롯되었다. 당시 실업보험은 동등기여 · 동등급여라는 단일 정률원칙이 적용되었으며 근로 인센티브incentive가 크게 고려되지 않았다. 정률원칙은 기본적으로 베버리지 보고서에도 적용되어 1946년 도입된 국가보험법에 반영되었다. 공적 소득보장제도 중 산재보험과 1945년 도입된 가족수당제도Family Allowance Act의 급여 수준은 높게 정해졌다. 국가의료보장법은 강력한 형태의 보편적 무상 의료보장제도를 가능하게 하였다.

전후 노동당 정부의 포괄적이고 보편적인 사회보장제도는 베버리지 보고서가 원래 제안한 그 이상의 수준과 범위의 공적 소득보장을 제도화하였다. 사실 베버리지 보고서는 재정 여건을 감안하여 완전한 사회급여의 시행을 연기할 것을 제안하였지만, 정치적 지지와 국민적 요구에 따라 완전한 사회보장제도가 도입되었다. 이러한 사회보장제도의 비용을 고려하여 베버리지 보고서는 근로자의 기여(부담)를 통한 사회보장 재정기반을 계획하였지만, 이는 당시 상황에서 현실적이지 않았다. 포괄적이고 보편적인 사회급여와 최소한의 삶 보장은 근로자의 기여가 필요하였지만, 이는 당시 인구의 다수를 차지한 저소득 근로자에게는 불가능한 일이었다.

그 결과 영국의 사회보장 시스템은 처음부터 주기적으로 국가의 재정지원이 필요하였으며 이는 정치적 쟁점이 되었다(Lowe 1993). 사회보장제도의 급여는 낮은 수준에서 정해졌고 1950년대 중반까지 인상되지 못하였다. 더구나 전후 영국의 높은 인플레이션inflation으로 실질 사회급여 수준은 더 낮아졌다. 이에 따라 원래 빈곤계층에 지급되는 사회부조 급여가 급속히 늘어난 차상위 빈곤계층에 필수적인 보충적 사회급여가 되었다.[5] 사회부조가 원래의 목적과 달리 더 많은 사람의 소득지원제도로 그 성격이 변화되면서 1966년 보충급여로 이름이 바뀌었으며 공공부조와 보충급여가 하나의 제도로 통합되었다(Lowe 1993).

---

5 사회부조는 1948년 도입된 국가보조법에 의한 것으로, 빈곤계층을 임시적으로 단기간 돕기 위한 것이었다.

사회서비스제도

영국은 제2차 세계대전 후 아동보호, 의료서비스, 사회사업, 주거복지 등 사회서비스 영역에서도 많은 발전을 이루었다. 이 중에서 국민의료서비스 제도가 가장 중요하였다. 일반 조세로 충당하고 중앙정부가 관할하는 국민의료서비스 제도의 무상 의료서비스는 사회보장시스템과 마찬가지로 '국민 최저선national minimum'을 보장한다는 목적으로 시행되었다. 이를 위해 1차 진료는 지방자치단체가 운영하도록 하고 병원은 국유화하였다. 긴 대기시간, 잦은 진료, 의료진의 낮은 동기부여 등의 문제가 있지만, 보편적인 무상 의료서비스는 영국 복지국가의 핵심 중 하나로 오늘날까지 영국 복지제도의 중요한 축으로 자리하고 있다.

영국의 사회서비스제도를 이루는 또 다른 핵심으로는 가족, 청소년, 장애인, 노인 등에 대한 '대인 사회서비스Personal Social Services'가 있다. 이러한 지역 차원의 사회서비스는 주로 지방정부가 담당하고 있다. 베버리지 보고서만큼 중요한 시봄 보고서Seebohm Committee가 1968년에 발표되어 지역 사회서비스에 대한 개혁이 1970년에 시행되었다. 사회서비스의 다양한 기관들이 지방정부에 설립된 '사회서비스부Social Service Department, 1971년 설립'로 통합되어 사회서비스의 기획과 조정, 자선활동 기관과의 협력, 고객중심의 사회서비스를 담당하게 되었다(이상일 2004). 1970년 사회서비스 개혁은 사회서비스의 전문성과 독립성을 목표로 하였으며, 관련 부처 간에 사회보장, NHS, 지역 사회서비스를 조정하는 기구Secretary of State for Social Services가 만들어졌다.

영국의 교육정책은 보편적 복지의 하나로, 1944년 교육법1944 Education

Act으로 교육부를 강화하고 보편적 교육을 확대하였다. 영국의 공교육정책은 매우 늦게 발전되었는데, 계급교육에 머물러 있던 영국의 교육제도는 1902년 교육법으로 공적 중등교육을 도입하였다. 그러나 이러한 교육은 일부 계층에게만 제한되어 있었고, 1944년 교육법으로 무상 초·중등교육을 처음으로 보장할 수 있게 되었다. 기존의 초등 무상교육을 중·고등교육으로 확대하였고, 특히 교육을 받을 수 없었던 여성과 근로자계급이 무상으로 교육을 받을 수 있도록 하였다. 저소득층에 대한 교육기회는 이들로 하여금 사회인식을 새롭게 하고 자신의 삶에 대한 책임의식을 갖게 만들어 빈곤을 탈피하기 위한 다양한 노력과 사회참여 기회를 확대하는 데 크게 기여하였다(최영준 2012, p. 16). 대륙유럽 및 북유럽 국가들과 비교하여 영국 교육제도의 특징은 기술 및 직업훈련 교육을 중시하지 않았다는 점이다. 이는 영국 산업의 기술숙련도에 영향을 미쳐 산업생산성을 높이는 데 한계로 작용하였다(Rhodes 2000).

1945년 가족수당법1945 Family Allowance Act은 아동수당 급여로 기여금 납부와 상관없이 일반 조세를 재원으로 한 보편적 무상복지였다. 가족수당법은 사회통합을 위한 보편적 사회보장제도로서 모든 아동에 대해 일정 금액의 현금수당을 지급하도록 하여 가족의 아동양육 부담을 경감시켰다.

전후 영국 복지체제의 특징과 문제

1945~1975년까지 거의 모든 영국 정부가 케인스주의적 복지국가를 추진한 결과(Lowe 1993) 노동당과 보수당의 좌우 이념에도 불구하고 실제

정책은 차이가 거의 없었다. 소득보장을 중심으로 한 정률의 현금급여 제도는 영국 복지제도인 베버리지안 복지모델Beveridgean model의 특징이다. 사회보장제도의 포괄성에도 불구하고 영국 복지국가가 대륙유럽이나 북유럽과 크게 달랐던 것은 노동문제 해결에 적극적이지 않았다는 점이다. 실업급여, 단체협상 및 노사협력, 노사정 타협 등 노동시장제도나 노사관계가 복지제도와 체계적으로 연계되지 않았던 것이다. 따라서 노동문제보다 빈곤문제가 영국 복지국가와 사회정책의 핵심이 되었다(Hartwell et at. 1974). 빈곤문제의 구조적 원인에 대한 접근보다 빈곤인구를 관리하는 데 치중된 영국의 소극적 사회정책은 20세기 초까지 사회적 격차와 갈등을 심화시키는 역할을 해왔다.[6]

영국은 제2차 세계대전 후 보편적 복지제도가 발전하였음에도 노동정책과 산업정책의 역할은 제한적이었다. 빈곤층뿐 아니라 중간층에 대한 현금지원 복지체제는 사회정책이 추구해야 할 고용정책의 목표와 성장친화적인 생산적 사회정책을 발전시키기 어려웠다.[7] 전후 영국의 복지제도는 현금복지 중심의 베버리지안 복지모델이었지만 재정에 대한 충분한 논의나 예측 없이 많은 사회보장제도가 거의 동시에 도입되었다. 사회보험제도와 NHS의 막대한 재정문제를 어떻게 할 것인가에 대한 논란이 있었지만, 영국 복지제도는 거의 일반 조세로 그 비용을 충당하였고 직접세와 누진세 비중이 높았다. 대대적인 복지확대로 재정지출이 크게

6 찰스 부스(Charles Booth)와 시봄 라운트리(Seebohm Rowntree)의 조사에 의하면, 19세기 말 20세기 초 영국 주요 도시의 빈곤층은 그 도시 인구의 30% 전후를 차지하였다고 한다.

7 1945년 노동당 정부는 사회보장정책과 완전고용정책을 연계하고자 하였으나 1951년 보수당 정부는 완전고용정책에 소극적이었고 노사 간 분산된 자발적 임금협상을 제도화하였다.

늘어났지만 이미 경제적 쇠퇴와 재정적 어려움을 겪던 영국경제는 갈수록 그 비용을 감당하기 어려워졌다(김인춘 2012).

노동당 정부에 뒤이어 1951년 집권한 보수당 정부는 노동당의 전후 프로그램을 거의 그대로 계승하였다. 대부분의 국유화된 산업이 그대로 유지되었고 복지프로그램은 더욱 확대되었으며 누진소득세가 강화되었다. 케인스주의적 수요관리정책과 완전고용정책도 계승되어 노동당과 보수당의 정책이 수렴되는 모습을 보였다. 베버리지 보고서가 국민들로부터 환영을 받았던 것은 일반 조세 수입에 기반을 두어 모두에게 동등한 사회급여를 보장하고 최소한의 인간다운 삶을 보장하였기 때문이다. 그러나 조세에 의한 동일급여 원칙은 급여수준을 낮추어 민간보험 및 근로를 통한 소득보장이 필요하였다.[8] 이에 노동당은 전반적인 국가사회보장 수준을 높이고자 하였으나 보수당은 사회지출을 빈곤층 중심으로 할 것을 주장하였다. 노동당과 보수당은 1975년 기존의 정액급여 방식의 기초연금에 추가하여 소득연계 방식의 국가소득연계연금SERPS, State Earnings-Related Pension Scheme제도를 도입하는 데 합의하였다.

소득비례 연금인 SERPS의 도입으로 정액급여 방식의 기존 베버리지 모델의 기초연금제도는 기여에 따른 사회보험 방식을 혼합하였다. 그러나 1978년 도입된 SERPS는 사회보장제도의 개혁에 크게 기여하지도 못하고 정치적으로 안정적이지도 못하였다. 공적 소득비례연금에 대한 국민들의 지지가 약해 제도 자체가 주변화되었기 때문이다. 결국, 국가 재

---

8 영국의 민간보험산업은 개인연금을 본격화하여 1960년대 중반에는 근로소득자의 약 50%가 고용연계 연금에 가입하였다.

정이 기초연금을 감당하기 어려워지자 1980년대 보수당 정부는 기초연금인 공적 국가연금을 점차 축소하고 기업퇴직연금과 개인연금을 확대하였다. 공적연금보다 사적연금이 더 중요해진 것이다. 1970년대 영국의 경제와 국가 재정은 어려운 상황에 처해 있었다. 성장이 지체된 상황에서 사회복지지출이 크게 늘면서 재정 부담이 누적되었고, 전반적인 투자부진과 공공부문의 낮은 효율성으로 '요람에서 무덤까지'의 보편적 복지국가는 위기에 직면하였다.

어려운 재정 조건과 개혁 과정에도 불구하고 영국의 공적 소득보장제도는 빈곤의 위험으로부터 보호하기 위해 기본소득을 보장하는 성격을 유지해 왔다. 소득보장, 아동수당, 사회부조와 같은 현금복지가 중요하였다. 그러나 이러한 조세에 기반을 둔 현금복지 중심의 사회보장제도를 유지하기 위한 정부의 능력은 갈수록 약화되었다.[9] 높은 조세에도 불구하고 막대한 재정지출은 심각한 재정적자를 가져왔다. 이에 더해 영국 경제의 경쟁력 약화와 이로 인한 경상수지 적자의 누적으로 결국 1976년 국제통화기금IMF, International Monetary Fund으로부터 구제금융을 받는 상황에 이르렀다(김인춘 2012).

1979년 집권한 보수당의 마거릿 대처Margaret Thatcher 총리는 영국의 경제와 복지국가를 근본적으로 재구조화하고자 하였다. 국유화된 산업을 민영화하고 공공지출을 대폭 삭감하였으며 세금 축소와 탈규제 등을

9 영국은 다른 선진 복지국가에 비해 소득세와 재산세 비중이 비교적 높다. 이를 감안하면 영국의 소득보장 지출이 낮은 것은 사회보장 부담금과 소비세가 낮기 때문인 것으로 보인다. 결국 복지 수준을 높이기 위해서는 모든 부문의 세금 부담이 일정 수준을 넘어야 함을 시사한다. 고세금의 균형조세가 요구되는 것이다(윤홍식 2011).

추진하였다. 국가개입의 축소와 시장중심 정책으로 복지제도, 복지급여 수준과 범위가 축소되고 복지급여 자격이 강화되었다. 1980년대 말에 사회부조가 축소되었고, 1989년 의료서비스의 개선과 효율성을 높이기 위한 개혁으로 의료서비스 제공자 간 경쟁을 촉진하고자 하였다. 그 결과 소비자의 선택권이 확대되고 조직이 효율화되는 효과가 나타나기도 하였으나 갈수록 민간 의료보험이 중요해져 왔다.

1980년대 들어 사회서비스가 축소되었고 1990년 사회서비스 개혁으로 시장과 민간의 역할이 확대되었다. 1988년 교육개혁법으로 직업훈련이 강조되었고, 1995년 교육개혁법 개정으로 기술대학이 확대되어 숙련된 인적자본 개발을 중시하였다. 1980년대 이후에도 영국 복지가 실질적으로 거의 축소되지 않았다는 주장이 있지만(Pierson 1994), 단순히 복지지출의 수준보다 복지국가의 성격과 목표가 질적으로 변화된 것이 중요하다. 실제로 노령화와 실업증가로 복지지출의 큰 축소가 나타나지 않았지만, 더 이상 전후의 강력한 소득재분배 목표가 추구되지 않았고 최소한의 자유주의적 복지를 지향하였기 때문이다(Ginsburg 1992; 강원택 2001; 김영순 2000).

1997년 '제3의 길The Third Way'을 내세운 토니 블레어Tony Blair노동당 정부는 사회투자 전략으로 새로운 복지국가를 만들고자 하였다. 이전 보수당의 대처 정부하에서 이루어진 복지개혁을 지속하면서 노동친화적인 생산적 복지를 구축하려는 것이었다. 블레어 정부의 사회정책 개혁은 빈곤 추방을 강조하면서도 대처 정부의 개혁을 유지하였다(Davy 2000). 아동수당은 여전히 중요하게 간주되었고 사회부조의 틀 내에 특별가족수당Family Credit이 도입되었다. 노동당의 복지개혁은 무엇보다 고용정책과 연계한 복지급여를 도입하면서 복지와 고용의 상호보완성을 강조하였다. 고용서비스의 행정 인프라스트럭처infrastructure와 직업훈련을 통해 고용을 증진시키는 '적극적 노동시장정책active labor market policy'이 처음으로 블레어 정부에서 추진되었다. 개인의 책임이 중시되면서 과거 집단 차원의 근로자 자조정신이 블레어 정부에서는 개인 차원의 자조정신을 강조하는 형태로 나타났다.

노동시장 참여를 강조하고 아동청소년에 대한 보호 및 교육투자를 중시한 블레어 정부의 사회투자 전략은 고용효과를 가져왔지만 영국의 빈곤문제와 사회적 불평등을 완화하는 데 중요한 성과를 가져오지는 못하였다. 물론 장기적 효과가 기대될 수도 있었지만, 2008년 세계 금융위기 이후 이러한 기대는 물거품이 되고 말았다. 2010년 봄에 집권한 우파 연립정부가 재정위기를 극복하기 위해 저소득층에 심각한 영향을 주는 대대적인 복지개혁과 복지축소를 추진해 오고 있기 때문이다. 다음 장에서 대처 정부와 블레어 정부의 복지개혁을 좀 더 자세히 살펴보겠다.

대처리즘과 영국 복지체제

영국은 19세기 말 이후 산업발전이 정체되었고 전후 개입주의적 경제 전략의 비효율적 운용으로 생산성이 둔화되고 산업경쟁력이 약화되는 결과를 초래하였다(김인춘 2012). 경제위기로 1976년 IMF 구제금융을 지원받았던 영국은 1970년대 내내 경제적 불안정과 위기를 반복해 왔다. 1970년대 영국의 경제위기는 복지국가의 경제적 기반을 근본적으로 약화시켰다. 경제가 침체하고 실업이 증가하면서 세금수입은 줄고 재정지출이 크게 늘어 재정적자 문제가 심각하게 대두되었다. 케인스주의적 복지국가에 기반을 둔 전후 합의체제는 위기를 맞았고 보수당과 노동당 간의 이념적 · 정책적 격차가 커졌다. 이러한 경제위기를 극복하기 위해 노동당 정부에서 이루어진 1974~1978년의 사회협약은 실질임금의 하락과 복지급여 및 사회서비스의 축소로 나타났다. 또한 1976년 IMF 구제금융은 전후 보편적 복지국가와 사회타협체제를 무너뜨리는 계기가 되었다. 복지축소와 임금삭감에 반대하여 1978년 말 '불만의 겨울'이라 불리는 노조의 파업과 시위가 일어났다. 복지와 노조가 이른바 '영국병'의 주범이라는 우파의 주장이 확산되었고, 1979년 총선에서 전후 합의체제에 대한 공격과 복지축소를 약속한 보수당이 승리하였다(김영순 1996).

1979년 등장한 대처 정부는 복지체제를 축소하고 노조를 약화시키기 위한 급진적 정책을 추진하였다. 이른바 '대처리즘'으로 불리는 신자유주의적 이념은 기존의 전후 타협체제를 해체시키고 복지규모를 축소하고자 하였다. 대처리즘에서 볼 때 복지국가는 고율의 세금, 재정적자, 근로 및 저축 의욕 저하, 비생산적 근로자를 양산하는 제도였다. 또한 복지국가는 범죄 및 나태, 무기력자, 파업자, 성적 탈선자에 대해 무감각한 태도를 만들어 낸다는 것이다(강원택 2001). 따라서 대처 정부는 그동안 확대된 국가의 역할과 책임, 강화된 규제, 팽창된 복지 등을 비판하면서 재정지출의 감축, 세금인하, 세제개혁을 주장하였다. 또한 개인주의, 자립과 자조정신, 가족의 책임을 강화하는 등 전후 보편적 복지국가에 반대하는 정책을 추진하였다.

사회보장제도의 변화 – 민영화와 최소보장

대처 정부 초기에는 복지체제에 대해 직접적인 공격을 하기보다 실용적으로 접근하였다고 한다(김윤태 2004). 전반적으로 공공지출을 줄이는 한편 간접세를 확대하고 직접세를 줄이는 정책을 추진하였다. 교육지출과 공공주택지출이 축소되면서 대학생 무상등록금 보조 및 학교 운영비가 줄었고, 임차인 현금지원 축소와 지방정부 소유의 공공주택 매각 정책이 도입되었다. 그러나 1978년에서 1983년 사이에 실질가치에 의한 복지지출 동향을 보면 사회보장비는 26%, 보건 및 사회서비스는 16% 증가한 것으로 나타난다(Office for National Statistics, UK, 각 연도). 그러나 이는 당연한 결과이기도 하다. 1940년대와 1950년대에 대대적으로 도입된 사회보장제도가 시간이 지나면서 지출이 누적적으로 늘어날 수밖에 없었기 때문이다. 이에 더해 노령화와 고실업, 이혼 및 한부모single parent가족의 증가로 복지지출이 급격히 증가하였기 때문이다. 스웨덴을 비롯한 북유럽 국가들, 네덜란드 등 유럽의 많은 나라들에서 1970년대와 1980년대 들어 복지 재정지출이 크게 늘어난 것도 유사한 이유이다. 이에 더해 1970년대는 오일쇼크와 선진자본주의 경제의 불황으로 재정위기와 복지국가 위기가 현실화된 시기였다. 전체적으로 대처 정부 초반의 개혁은 통화주의에 기반을 둔 인플레이션 억제정책, 재정지출 통제정책, 노조 약화정책에 집중되었다. 복지급여 수준을 낮추었지만 기존의 사회보장제도는 유지되었다.

복지부문에 대한 실제적인 재정지출 통제는 1980년대 중반부터 시작되었다. 재정지출을 축소하기 위한 조치들이 마련되었는데 이는 직접적으로 사회보장제도의 후퇴를 목표로 하였다. 연금과 실업급여 등 사회보장급여의 소득연계를 폐지하고 NHS제도를 민간 의료보험제도로 변경하는 것이었다. 실업급여에 대한 과세, 실업급여와 질병급여의 대폭적인 삭감을 단행하였다. 연금급여액을 낮추기 위해 연금급여의 소득수준 연계를 폐지하고 물가에만 연동하도록 하였다. 1986년 SERPS제도의 개혁으로 공적연금의 소득대체율은 25%에서 20%로 낮아졌다(김수완 백승호 2011).[10] 또한 공적연금에 대한 의존을 줄이고자 감세혜택 등을 통해 민간연금의 활성화를 유도하였다.

영국의 보건의료시스템인 NHS는 보편적인 의료서비스를 거의 무상으로 제공하는 체제이다. 제2차 세계대전 이전까지 영국에서는 자유당의 개혁입법의 일환으로 1911년부터 사회보험 방식의 국민의료보험NHI, National Health Insurance과 빈곤층을 대상으로 한 의료부조라는 이중 의료체계를 갖고 있었다. 그러나 제1, 2차 세계대전으로 정치행정제도가 보다 중앙집권화되었고, 노동당 및 노조의 힘이 커지면서 삶의 안정과 사회보장에 대한 국민들의 강력한 요구에 따라 국민 의료서비스 체계가 성립되었다. 일반 조세를 주요 재원으로 하는 국민 의료서비스는 전 국민을 대상으로 동일한 보편적 의료보건서비스를 제공하게 되었다. 그러나 국민 의료서비스 체계가 재정 악화와 서비스 질 하락에 직면하면서 대처 정부하에서 개혁의 대상이 되었다.

1985년에 발표된 사회보장제도녹서Social Security Green Paper, 일명 '파울러 보고서Fowler Report'에 기반을 두고 만들어진 복지국가 개혁은 제도적 변화를 가져왔다. 먼저 사회급여 지출 업무와 관련된 여러 행정을 통합 혹은 간소화하였다. 가장 중요한 변화는 보충급여제도가 소득보조제도로 바뀐 것이다. 보충급여제도는 소득보조와 특정 상황에 대한 일시불 지급제도인 사회기금으로 구성되어 있는데, 이 제도가 소득보조제도로

10 영국 공적연금(의무가입 사적연금 포함)의 소득대체 수준은 OECD 국가 중 가장 낮다. 미국, 멕시코, 일본, 한국보다 낮다.

바뀌면서 복지급여가 크게 감소되는 결과를 가져왔다. 또한 주택과 관련한 기존의 사회급여제도도 모두 통합되어 지방정부가 운영하는 주택수당으로 단순화되었다. 그리고 소득급여를 위한 여러 가지의 중복적인 자산조사 방식을 통합함으로써 행정적 통제를 강화하였다. 결과적으로 다양한 소득보장제도가 크게 축소되어 그만큼 국민들의 소득과 복지혜택이 줄어들었다. 재정적 제약과 함께 개인의 책임을 강조한 대처리즘에 따라 국가가 이러한 복지급여를 감당할 수도 없었고 또한 책임지지도 않기로 하였기 때문이다.

1980년대 후반부터 복지국가 개혁은 국민 의료서비스 및 공공 사회서비스에 집중되었다. 그러나 의료보험제도의 민영화 개혁은 이루어지지 못하였다. 영국의 의료보장은 사회민주주의 체제로 불릴 수 있을 만큼 보편적이고 포괄적인 제도로 출발하였다. 모든 의료서비스는 기본적인 사회권으로 인정되었기 때문에 그 재정은 국가가 부담하고 모든 국민은 거의 무료로 의료서비스를 받아 왔다. 이는 이미 국민 대다수를 수혜계층으로 만들었으며 기존에 구축된 관료행정체계는 대처 정부가 시도하는 시장화를 거부하였기 때문이다. 이에 따라 공공 의료서비스의 질 저하 문제에도 '국민 최저선'의 원칙에 따라 모든 국민에게 최소한의 의료서비스가 제공되었다. 이에 영국 정부는 의료재정 비중을 줄이고자 세제 우대조치 등으로 민간 의료보험을 활성화시켜 왔다. 그 결과 민간 의료보험 가입자가 크게 늘어 대처 정부의 의료개혁은 시장과 국가의 혼합형으로 발전하였다. 그러나 1990년 기준, 전체 비용상으로는 민간 의료보험이 NHS 지출의 3% 이하에 불과하였다(최영준 2012, p. 22).

복지 축소와 자유주의적 복지국가

1979년 이후 보수당의 장기 집권을 거치면서 영국의 복지국가는 급격한 변화를 경험하였다. 선진국 중 세계에서 가장 먼저 복지국가를 후퇴시킨 나라로 알려지고 있기도 하다(원석조 2000). 영국에서는 케인스주의에 기반을 둔 국가개입과 수요 중심의 경제모델을 대신하여 시장 원리를 중시하는 신자유주의 정책이 힘을 발휘하였다. 이에 따라 영국 복지국가는 신자유주의 이념에 의해 급격히 재편되는 과정을 겪었고, 복지의 형태 또한 크게 변화하여 자유주의적 복지국가로 전환되었다. 1980년대와 1990년대의 신자유주의적 세계화와 유럽통합은 시장의 탈규제와 자유화, 민영화, 자본의 세계적 이동과 확대를 가져왔다. 영국은 이러한 신자유주의적 전환의 주체이자 핵심 국가였다(Jones 2012). 한편 노동당은 1979년부터 4차례 연속 집권에 실패함으로써 보수당에 의해 주도되는 신자유주의적 변화에 대해 사실상 아무런 대응도 할 수 없었다.

1970년대 초까지 영국의 복지국가가 비교적 큰 문제없이 운영될 수 있었던 조건의 하나는 복지국가에 대한 높은 수준의 사회적 합의가 존재하였기 때문이다. 다수의 사회구성원이 계급 또는 정치적 성향과 관계없이 복지국가에 대한 지지를 보여주었기 때문이다. 더욱 중요한 것은 케인스주의적 복지국가에 대한 전후 합의체제가 구축되어, 보수당–노동당 간의 정권 교체에도 불구하고 이러한 합의에 기초하여 유사한 정책적 기조가 지속되어 온 것이다. 그러나 전후 합의체제는 1970년대 이후 급속히 불안정해졌고 보수당의 정책변화가 두드러졌다. 영국경제가 심각한 상황에 처하게 된 1970년대 중반 노동당조차 기존의 수요관리정책을 포기하고 복지축소를 추진하기에 이르렀다.

대처 정부 시기의 복지개혁은 약간의 재정 건전성을 확보하는 데 기여하였지만 '급진적'인 재정축소를 가져오지는 못하였다. 그럼에도 보수당의 개혁정책은 소득분배 구조에 중대한 영향을 끼쳐 소득분배 구조의 불평등을 심화시켰다. 재분배의 측면에서 최하위 소득계층은 시장에서 상대적으로 더 많은 노동임금을 얻었으나 조세와 공적이전 이후의 가처분소득에서는 과거에 비해 훨씬 적은 몫을 배분받았다고 한다. 최상위 소득계층은 시장에서나 국가의 재분배 정책 모두에서 더 많은 몫을 차지하였다. 결국 대처의 복지개혁은 국가재정의 건전성을 미미하게 향상시키는 데 그치고 재분배 과정에서는 최상위 소득계층에게 가장 유리한 결과를 가져왔다는 것이다(권혁주 1998).

1979년 대처 총리 이후 영국의 복지체제는 더 이상 보편적인 복지혜택을 일방적으로 제공하는 존재가 아니라, 보조적으로 지원하는 존재로 복지국가의 역할을 축소하였다. 국가 개입의 축소, 시장 중심의 문제해결 방식으로 바뀌면서 복지제도, 복지 급여수준 및 급여범위, 급여자격 등이 축소되고 강화된 것이다. 전체 인구 중 하위 10% 인구의 총수입분포가 절대적으로 낮아졌고, 평균수입의 절반에 미치지 못하는 인구가 1981년에 비해 1992년에 두 배로 늘어난 것으로 나타났다. 이는 실업자에 대한 소득보장이 매우 미흡하였고 조세정책이 소득재분배에 큰 영향을 주지 못하였기 때문이라고 한다(최영준 2012, p. 24). 〈표 1〉에서와 같이 영국은 조세와 공적이전을 통한 소득재분배 규모가 다른 서유럽 국가들에 비해 크지 않으며 소득불평등이 높은 나라로 나타나고 있다. 무엇

표 1 OECD 국가들의 조세와 공적이전을 통한 소득재분배 규모 (단위: %)

국가	연도	지니계수		재분배 크기(지니계수개선율, %)		
		세전소득	세후소득	전체	조세	공적이전
벨기에	1977	0.481	0.260	45.9	13.1	32.8
덴마크	1992	0.426	0.236	44.6	10.6	34.0
네덜란드	1999	0.440	0.248	43.6	15.3	28.3
스웨덴	2000	0.447	0.252	43.6	8.3	35.3
핀란드	2000	0.430	0.247	42.6	9.8	32.8
독일	2000	0.459	0.264	42.5	12.0	30.5
프랑스	1994	0.485	0.288	40.6	3.5	37.1
노르웨이	2000	0.406	0.251	38.2	9.9	28.3
오스트리아	1994	0.452	0.311	31.2	10.8	20.4
영국	1999	0.500	0.345	31.0	5.8	25.2
캐나다	2000	0.413	0.302	26.9	9.7	17.2
미국	2000	0.469	0.368	21.5	10.7	10.9
12개국 평균		0.444	0.281	36.6	9.8	26.8
한국	1996	0.302	0.298	1.3		
한국	2000	0.374	0.358	4.3		

출처: Malher and Jesuit(2004), 유경준(2003).

보다 보편적이고 포괄적인 복지제도를 경제적으로 지탱하기 어려워진 것이 문제였고, 복지국가에 대한 우파 정부의 이념적 공격도 중요한 원인이었다.[11]

11 그러나 중요한 것은 제도의 변경에도 불구하고 전체 사회보장비는 크게 축소되지 않았다는 점이다. 이는 이미 기존의 많은 사회복지제도가 작동됨에 따라 발생하는 불가피한 지출에 더해 실업 등으로 크게 늘어난 저소득층에 대한 선별적 사회보장급여가 크게 증가하였기 때문이다.

1997년 블레어 노동당 정부의 복지개혁 – '일하는 복지'

1997년 토니 블레어 총리의 집권은 과거의 노동당과 달리 시장친화적 정책으로 재무장한 신노동당의 이념을 구현할 수 있게 하였다. '1997년 노동당principles of 1997 이념'은 '1945년 노동당principles of 1945 이념'과 근본적으로 차별화되어 교조적 이념보다 경제안정, 고용증대, 복지개혁과 개인의 자립 등 실용주의적 목표를 추구하였다. 노동당의 이러한 변화는 기존의 좌우를 넘어서는 '제3의 길' 전략에 따라 개인의 책임을 중시하는 '적극적 복지(Giddens, 1998)' 또는 '일하는 복지welfare to work'를 강조하였다. 이를 위해 고용창출을 장려하는 조세제도, 시장논리에 부합하는 복지정책, 근로의욕을 고취시켜 경제성장에 기여하는 복지정책을 추구하였다.

'일하는 복지'는 1980년대부터 추진되어 온 것으로 실업에 대한 소극적 지원에서 취업을 지원하고 장려하는 적극적 노동시장정책으로 변화하였다. 1997년 노동당 정부도 이러한 원칙을 수용하고 새로운 방안을 도입하였다. 이는 전후 영국의 보편적 복지국가가 빈곤을 퇴치하거나 장기적인 부의 재분배에는 그다지 효율적이지 않았다는 것을 사실상 인정한 것이었다. 블레어 정부는 보수당 정부하에서 악화된 복지의 질적 수준이 다시 향상되기를 바라는 유권자들의 여망에 부응하고자 하였다. 그러나 복지국가라는 같은 목표를 추구하였지만 과거와 같은 보편주의적 방식으로 복지정책을 회귀시키지는 않았다. 계급 간의 재분배라는 목표를 위해 누진세와 현금급여를 강조하는 보편주의적 복지이념으로부터 멀어져 있었다(강원택 2001). 이러한 블레어 정부의 복지정책에 대해 비판이 대두되기도 하였다. 예를 들면 '일을 위한 복지'는 결국 일만하게 만들 뿐 복지는 요원하다고 보는 시각이 그것이다. 국가로부터의 복지혜택은 사회적 시민권이라는 권리에 의거하지만 신노동당의 복지정책은 권리에 대한 대가로 일을 요구하고 있다는 것이다(김영순 2000).

사회투자정책과 '일하는 복지'

새로운 시대에 맞는 새로운 정책과 새로운 정치를 위해 노동당의 복지개혁은 1990년대 중반부터 시작되었다. 무엇보다 고용을 중시하는 복지전략으로 근로의욕 고취와 복지의존 억제를 위해 고용정책과 연계한 복지급여를 강조하였다. 노동당은 베버리지 보고서 50주년이 되는 해인 1992년 사회정의위원회The Commission on Social Justice를 구성하여 기존의 사회문제뿐 아니라 새로운 불평등과 격차에 대응할 수 있는 방안을 모색하였다. 1994년 제출된 보고서 '사회정의: 국가재건을 위한 전략Social justice: strategies for national renewal'는 현대화되고 보다 포용적인 국가 사회보장 시스템의 비전을 제시하였다. 책임과 권리의 균형, 경제적 번영과 사회정의의 동시 추구, 평생교육의 가치 등은 1997년 노동당 집권 이후 정책의 기본이 되었다.

1998년에 나온《영국을 위한 새로운 소망: 복지를 위한 새로운 계약New Ambitions for our Country: A New Contract for Welfare》이라는 블레어 정부의 복지개혁녹서는 '일과 사회보장work and security'이라는 두 개의 개혁원칙을 제시하였다. 즉 일할 수 있는 사람에게는 일자리를 주고, 일할 수 없는 사람에게는 사회보장을 하는 것이다. 이러한 적극적인 복지전략은 아동정책과 고용정책으로 대표되는 사회투자정책으로 시행되었다. 이러한 이유로 신노동당의 사회보장정책은 신자유주의라기보다 신국가주의neo-statist라는 평가를 받기도 하였다(Connell 2011).

블레어 정부의 정책 특징은 교육, 노동시장, 투자, 시장경쟁, 과학과 기술 등 미시적 정책을 강조하였다는 점이다. 이는 전후 대부분의 영국 정부가 거시 정책 또는 수요측면 정책에 치중하여 미시적 공급측면 전략이 미흡하였다는 점에서 바람직한 변화라고 할 수 있다(김인춘 2012). 인적자본과 지식자본을 강조하여 인력개발과 교육훈련을 중시하는 적극적 노동시장 정책을 추진하였다. 세금을 통한 부의 재분배라는 전통적인 복지국가 모델에서 사회투자로 요약되는 새로운 복지개혁과 사회정책을 추진하였던 것이다. 개인의 능력제고와 책임을 강조하는 '적극적 복지'가 그것이다. 이를 위해 교육에 대한 투자, 국민의료서비스의 개혁, 고용역량의 강화를 위한 뉴딜 정책The New Deal Programmes을 추진하였다. 국가의 복지급여에 의존하는 사람들이 사회적 기회와 고용을 통해 자립할 수 있도록 다양한 인센티브를 부여하고 최저임금제를 도입하였다.

복지시스템의 개혁은 한부모 등 특수집단의 빈곤을 감소시키는 데 집중되었다. 아동빈곤 퇴치를 위해 아동을 양육하는 비근로가족에 대한 수당이 크게 늘고 아동에 대한 지원금을 확대하였다. 저소득층의 근로유인을 위하여 1999년 근로가족소득지원제도WFTC, Working Families' Tax Credit를 도입하였다. 이는 주당 16시간 이상 일을 하고 16세 미만 자녀 또는 19세 미만 학생 자녀를 둔 저소득계층을 대상으로 자녀양육비용과 최소수입을 보장하는 제도이다. 이 제도를 2003년에 아동세액공제Child Tax Credit와 근로세액공제Working Tax Credit로 개편하여 환급성 세액공제 형태로 만들어 실질소득이 제공될 수 있도록 하였다. 이에 따라 아동과 성인에 별도의 수당을 제공하였다(최영준 2012, p.27). 아동세액공제는 아동빈곤 퇴치정책으로 저소득 가족은 근로를 하든 실업 상태이든 최대한도의 수당을 받았다. 즉 고용과 관계없이 저소득 부모에게 최대 액수의 수당을 지급하고 상위 10%를 제외한 90%의 아동양육가족에 추가로 일정한 수당을 지급하는 것이었다. 성인지원은 빈곤층의 비근로자에게는 소득지원income support으로, 근로자에게는 근로세액공제로 지원하였다. 성인지원은 아동지원과 상관없이 근로 인센티브를 유지하기 위한 것이다.

1998년에 나온 복지개혁녹서는 복지정책에서의 신뢰, 투명성, 책임성, 효과성을 강조하였다. 1998년부터 직업훈련, 실업자 보조금, 실업자를 위한 자원봉사 등을 통해 실업을 줄이기 위한 정책 프로그램인 뉴딜 정책이 시행되었다. 뉴딜 정책을 통해 실업자의 일자리뿐 아니라 구직활동 없이도 복지급여를 받을 수 있는 한부모와 장애인의 고용도 늘게 되었다. 블레어 정부가 채택한 복지급여의 조건부 수급제도는 독일, 네덜란드에서와 같이 실업률을 낮추는 효과가 있었다. 특히 여성의 노동시장 참여를 늘렸다. 다양한 일을 통한 복지 프로그램으로 실업자와 저소득층, 특히 한부모의 고용과 보육, 복지문제에 중요한 발전이 있었다. 또한 근로연계 복지전략으로 실업보험을 구직수당으로 개정하였고, 공공부조 수급자들에게도 구직활동과 근로유인을 높여 복지급여 의존을 줄이는 효과를 가져왔다고 한다. 2002년 설립된 일자리센터Jobcentre Plus는 근로인구를 위한 것으로 복지급여사무소Benefits Agency와 고용사무소Employment Service를 하나로 통합한 것이다. 〈표 2〉에서 보듯이 1995년과 2000년 사이 고용률이 크게 높아졌음을 알 수 있다.

표 2 고용률(Employment rate, 15~64세) (단위: %)

국가	1995년	2000년	2002년	2005년	2006년	2007년	2008년	2009년	2010년
덴마크	73.4	76.3	75.9	75.9	77.4	77.1	77.9	75.7	73.4
독일	64.6	65.6	65.4	66.0	67.5	69.4	70.7	70.9	71.1
그리스	54.7	56.5	57.5	60.1	61.0	61.4	61.9	61.2	59.6
프랑스	59.5	62.1	63.0	63.7	63.7	64.3	64.9	64.1	64.0
네덜란드	64.7	72.9	74.4	73.2	74.3	76.0	77.2	77.0	74.7
스웨덴	70.9	73.0	73.6	72.5	73.1	74.2	74.3	72.2	72.7
영국	68.5	71.2	71.4	71.7	71.6	71.5	71.5	69.9	69.5
유로 17개국 평균	58.6	61.4	62.3	63.7	64.7	65.6	66.0	64.7	64.2
EU 27개국 평균	60.7	62.2	62.4	63.5	64.5	65.4	65.9	64.6	64.2

출처: Eurostat.

아동정책에서도 중요한 진전이 있었다. 1998년 블레어 정부의 '국가아동보육전략National Child Care Strategy'은 모든 3~4세 아동에게 조기교육 서비스 기회를 제공하고 0~14세 아동을 위한 질 높은 아동케어센터Child Care Center를 추진하였다. 아동빈곤퇴치 프로그램과 함께 아동보육 예산을 확대하여 2008년까지 2,500개의 아동케어센터를 설립하도록 하였다. 특히 저소득가정의 아동양육 문제를 해결하기 위해 슈어스타트Sure Start 프로그램 등 아동정책에 집중하였다. 자산조사를 통해 저소득 아동양육 가정에 더 많은 지원이 되도록 하였다. 이에 따라 질 높은 보육서비스가 제공되었고 자녀양육 근로가정의 빈곤율이 하락하였다. 2005년에는 '아동신탁기금'을 실행하였는데, 이는 신생아에게 현금을 주는 것으로 특히 빈곤층 아동들에게는 더 많은 금액을 주기적으로 제공하여 빈곤아동수를 줄이고자 하였다. 이 돈은 신탁기금에 투자되어 성인이 되면 상당한 종잣돈을 가지고 사회생활을 시작할 수 있도록 하는 것이었다. 다양한 아동지원 결과 2000년대 중반 들어 아동빈곤이 크게 감소하였다.[12]

복지개혁과 선별적 소득보장

영국의 경제 상황과 재정 여건은 국가보험제도의 보편성과 관대성을 실현하는 데 한계가 있었다. 갈수록 자산조사에 의한 선별적 복지급여로

---

12 아동빈곤을 축소하기 위한 블레어 정부의 전략에도 불구하고 아동빈곤 문제는 크게 개선되지 못하였다는 연구도 있다(신광영 2009).

변화하여 취약계층과 저소득계층에 대한 선별적 사회보장급여가 크게 증가하였다. 1970년대와 1980년대의 고실업 시기에 장기실업자는 소득지원제도와 한부모 지원에 의존하게 되었다. 기본적인 공적부조인 국가부조National Assistance제도는 급여가 낮은 소득지원제도로 바뀌었다. 소득연계의 실업급여 또한 급여가 낮은 구직자수당Job Seeker's Allowance제도로 변화되었다. 이에 따라 블레어 정부는 실업자들이 일자리를 갖도록 함으로써 '일하는 복지'를 적극적으로 추진하였다. 그 결과 블레어 정부가 집권한 1997년 6.5%의 실업률은 2003년 4.9%로 크게 낮아졌다(김윤태 2005: 196).

2002년에는 SERPS제도를 제2국가연금State Second Pension으로 대체하여 저소득층과 중간소득자, 그리고 질병과 장애 등으로 제대로 기여금을 납부하지 못하는 사람들에게 연금 혜택을 주었다. 이러한 이층 공적연금의 도입은 저소득층에게는 인센티브를 주었지만 중간소득 이상은 사적연금에 가입시키게 하기 위한 조치이기도 하였다. 소득연계가 약화되면서 전반적으로 연금생활자의 최종소득은 갈수록 개인의 소득 또는 사적연금에 의존하는 형태로 변화하였다. 1980년대 보수당 정부는 국가연금제도를 점차 축소하였는데, 현재 영국의 국가연금은 유럽의 국가들에 비해 급여 수준과 범위가 매우 낮다.[13] 공적연금 개혁으로 영국 복지국가의 성격이 근본적으로 바뀌었다. 사회보장 측면에서 공적연금은 저소득

13 중위소득자 기준 연금소득 대체율에서 영국은 33.5%로 프랑스 53.3%, 스웨덴 61.5%, 네덜란드 88.9%, 독일 43% 등 유럽에서 가장 낮은 수준이다(OECD 2009). OECD 평균은 60.8%, 한국은 45.1%로 나타나고 있다.

층 보장이고, 사적연금은 중산층 보장이라는 대상의 이분화가 두드러졌다. 이에 따라 공적연금의 재정지출 축소와 사적 연기금의 확대가 나타났다. 공적연금 개혁은 정부의 기초보장에 대한 집중과 사적연금 활성화를 가져왔고, 그 결과 제도의 복잡성과 비효율성, 소득보장 기능의 약화, 연금 민영화에 따른 분배 효과의 약화 등의 문제를 가져왔다고 한다(김수완 2004). 영국 정부는 퇴직연금과 개인연금을 적극적으로 장려해 왔다.

광범위하게 이루어진 블레어의 복지개혁은 한계에도 불구하고 중요한 성과를 낸 것으로 평가되기도 하였다. '일하는 복지'의 성과는 근로소득 증가, 고용증가와 고용가능성 제고 등 긍정적으로 나타났다(Millar 2000). 특히 한부모의 근로 인센티브가 가장 컸고 이들의 고용도 가장 크게 늘었다. 2000년대 들어 가족지원 급여가 증대되었는데 이는 수당과 근로세액 지원이 많아졌기 때문이다. 아동지원과 저소득층 및 한부모의 국가지원은 매우 관대하여 빈곤에서 벗어나는 데 크게 기여하였다(Sutherland et al. 2003). 근로 인센티브와 보육시설 등 고용친화적 방안이 '일하는 복지'를 활성화하여 빈곤을 줄이는 성과를 거둔 것이다.

블레어 정부는 세금인상으로 재정을 늘리는 정책보다 복지제도의 관리비용을 축소하고 재정지출을 엄격하게 감시함으로써 재원을 확보하고자 하였다. 영국은 시봄 보고서(Seebohm Report, 1968년)에 따라 1970년대에 국가 사회서비스 체계를 구축하였고, 지방정부로 하여금 사회서비스 제공에 대한 책임을 갖도록 하였다. 보건의료, 교육, 보살핌서비스 등 공공 사회서비스는 1990년대에 민영화 개혁이 시작되었고, 블레어 정부에서도 사회서비스 부문의 개혁이 두드러졌다(Powell 2002). 영국은 수십

년 동안 실질적으로 무상교육을 실시해 오면서 대학의 재정위기가 심각해졌다. 블레어 정부는 등록금제도를 도입하고 학자금 융자제도를 확대하였다. 그러나 저소득층 학생들은 상당한 교육보조금 혜택을 받았고 보편적 의료보장제도도 유지되고 있다.

노동당 정부의 사회서비스 개혁의 중요한 특성은 서비스 질의 관리 체제에 대한 것이다. 사회서비스 공급구조 개혁을 통해 비영리기관, 영리기관 등 공급자의 다양한 참여를 보장하면서 경쟁과 참여 기제를 통해 서비스의 질적 발전과 이용자의 권한 증진을 실현하고자 하였다. 이전 보수당 정부에서도 복지서비스에 경쟁원리를 도입하여 선택권을 강화하였지만 노동당 정부는 이용자의 요구와 선택권이 실질적으로 반영되도록 다양한 공급자를 참여시켰다. 그러나 여전히 지방정부가 주도적인 위치에서 지역사회의 복지와 사회결속social inclusion, 통합적 서비스 등을 달성하는 데 기본적 책임을 가지고 있다. 이에 지방 정부는 계약과 복지다원주의를 통해 공공, 영리 및 비영리 민간기관을 참여시켜 서비스 이용자에게 실질적으로 선택할 기회를 제공함으로써 권한 증진을 도모하고 있다(Taylor, 2000). 또한 노동당 정부의 사회서비스 개혁이 이전 다른 정부와 구별되는 특징은 비공식 부문에 대한 지원이라고 할 수 있다. 비공식 부문은 노인, 장애인, 아동 보호 등 사회서비스 전 분야에 있어서 여전히 가장 중요한 자원으로 남아 있다(김보영 2009).

노동당 정부 복지개혁의 성과와 한계

노동당의 블레어 정부는 그 이전 보수당 정부와 마찬가지로 1970년대 이후 심각해진 영국 경제의 위기적 상황과 이에 따른 복지국가의 문제가 당면 과제였다. 대처 정부 시기 이러한 문제를 해결하고자 시장화 개혁과 민영화를 추진함으로써 영국 사회는 구조적 변화를 경험하였다. 제2차 세계대전 후 합의정치politics of consensus로 구축된 기간산업의 국유화, 케인스주의적 거시경제 관리정책, 완전고용의 추구, 조세제도를 통한 복지국가의 유지 등의 진보적 정책은 대처 정부하에서 거의 해체되었다. 1970년대 노동당 정부 시기 운영되었던 개입주의적 국가기구들은 약화되었고, 정부정책에 대한 노조의 영향력 또한 크게 줄었다. 국민경제의 구조변화와 경쟁력을 강화시키기 위해 시장의 개방과 혁신을 추진하였고, 경제의 경쟁력을 우선하면서 사회정책은 노동시장의 유연성과 복지의 축소, 근로의 강제로 전환되었다(Jessop 1994). 국제경쟁력을 상실한 제조업을 대신하여 서비스산업을 발전시켰고 이는 교육과 과학기술, 사회간접자본에 대한 투자를 소홀하게 하여 핵심 제조업은 더욱 쇠퇴하였다. 이에 정부는 규제완화와 노동시장 유연화로 해외자본 유치에 전념하여 영국경제는 더욱 개방화, 세계화되어 갔다.

블레어 정부는 이러한 현실을 받아들일 수밖에 없었으며 이러한 현실 위에서 새로운 개혁을 추진하였다. 1990년대의 지구적 차원의 세계화뿐 아니라 유럽통합이라는 지역적 차원의 세계화로 과거와 같은 개별 국가 차원의 정책적 자율성은 크게 제한되었다. 1980년대 이후 신자유주의와 세계화라는 환경 변화에 적극적으로 대응하고자 제시된 '제3의 길'은 노동당의 쇄신과 영국의 번영을 위한 새로운 정책을 도입하였다. 블레어 정부는 민영화, 균형재정, 복지개혁, 통화주의 등과 같은 대처리즘의 유산을 수용하면서, 실업과 빈곤에 대한 새로운 정책방안을 모색하였다. 경제정책에서는 대처 정부와 마찬가지로 거시경제적 안정과 시장의 경쟁을 중시하여 인플레이션을 억제하고 산업투자를 우선하였다. 〈표 3〉에서 보듯이 영국은 블레어 집권 시기 경제성장률이 유럽연합EU, European Union 27개국 평균을 약간 상회하고 있다.

이러한 블레어 정부의 개혁은 새로운 사회민주주의로 평가되기도 하였지만 신자유주의 노선을 그대로 수용하였다는 비판을 많이 받기도 하였다(고세훈 1998; 김영순 1999; Powell 2000). 이는 블레어 정부의 경제정책이 통화긴축과 균형재정을 추구하는 통화주의monetarism에 기반을 두었기 때문이다. 또한 균형재정을 위한 재정지출의 억제는 재정을 통한 소득의 재분배뿐 아니라 조세를 통한 부의 재분배를 어렵게 하여 전통적인 복지국가를 추진하는 데 구조적 한계를 만들기 때문이다. 비판자들은 블레어 정부의 사회정책이 국가복지의 영역을 축소하고 개인과 시장의

표 3 주요국의 경제성장률(Real GDP growth rate) (단위: %)

국가	1996년	1998년	2000년	2002년	2004년	2006년	2008년	2009년	2010년
덴마크	2.8	2.2	3.5	0.5	2.3	3.4	−1.1	−5.2	1.7
독일	1.0	2.0	3.2	0.0	1.2	3.4	1.0	−4.7	3.6
그리스	2.4	3.4	4.5	3.4	4.4	5.2	1.0	−2.0	−4.5
프랑스	1.1	3.4	3.7	0.9	2.5	2.5	−0.1	−2.7	1.5
네덜란드	3.4	3.9	3.9	0.1	2.2	3.4	1.9	−3.9	1.8
스웨덴	1.6	4.2	4.5	2.5	4.2	4.3	−0.6	−5.3	5.7
영국	2.9	3.6	3.9	2.1	3.0	2.8	−0.1	−4.9	1.4
유로 17개국 평균	1.5	2.8	3.8	0.9	2.2	3.1	0.4	−4.2	1.8
EU 27개국 평균	1.8	3.0	3.9	1.2	2.5	3.3	0.5	−4.3	1.8

출처: Eurostat.

책임을 강조하는 신자유주의적 사회정책으로 변화하였다고 말한다. 노동당 정부가 채택한 이러한 전략은 신자유주의적 유럽화Europeanization 모델이기도 하다(Apeldoorn, et al. 2009).

그럼에도 대처 정부가 민영화하고자 하였던 교육 및 의료보건 분야의 국가복지는 블레어 정부에서 그대로 유지되었다(조영훈 2004; 김윤태 2005). 또한 고용확대를 위해 노동시장정책에서 정부가 적극적인 역할을 해 온 것도 중요한 국가복지의 성격을 보여주는 것이다. 김윤태에 따르면 블레어 정부의 경제정책은 상당 정도 대처 정부의 신자유주의적 정책을 수용하였지만 사회정책에서는 차별화된 정책을 추진하였다고 한다. 무엇보다 블레어 정부는 정부의 적극적 역할과 투자를 강조하는 사회투자정책을 시행하였다는 점에서 주목된다는 것이다. 사실, 블레어 정부의 적극적 노동시장정책과 투자적 성격의 복지지출은 노르딕Nordic 복지모델, 특히 스웨덴 복지모델의 특징이기도 하다. 따라서 이러한 정책의 채택만으로 복지의 축소나 사회정책의 후퇴로 보기는 어렵다. 다만 노르딕 국가들에서는 적극적 노동시장정책과 투자적 공공 사회서비스에 더해 높은 수준의 사회소득을 보장해 왔다는 점에서 중요한 차이가 있다.

영국은 제2차 세계대전 이후 보편적이고 포괄적인 복지제도를 도입해 왔지만 고복지 체제로 발전하지는 못하였다. 그만큼 경제적 · 정치사회적 조건과 한계를 극복하지 못하였기 때문이다.[14] 그 결과 경제협력개

---

14 1974년 당시 노동당 정부는 부유세(wealth tax) 도입 공약으로 집권하였다. 그러나 정책입안 과정에서 관료주의, 일부 계층의 반대 등으로 도입하지 못하였다. 그러나 당시 중상계층은 이미 최고 80%에 달하는 높은 수준의 소득세를 부담하고 있었다.

발기구OECD 기준으로는 중간복지, 서유럽 기준으로는 저복지체제를 유지하고 있다. 국가와 시장, 가족 간의 역할분담으로 재정에 큰 부담을 주지 않았다. 영국은 북유럽이나 서유럽대륙 국가들보다 낮은, 국내총생산GDP, Gross Domestic Product의 21.9%(2005년) 사회지출을 보였다. 독일(27.9%), 프랑스(29.6%)과 비교된다. 〈표 4〉을 보면 영국의 사회지출은 북유럽이나 서유럽대륙 국가들에 비해 오랜 기간 낮은 수준을 유지해 왔음을 알 수 있다.

2000년대 이후 영국의 재정적자는 늘지 않았지만 2008년 세계 금융위기에 대응하여 금융기관에 대한 공적지원과 경기침체를 막기 위한 재정지출을 크게 늘리면서 재정적자는 2010년 GDP 대비 10.4%에 달하였다. 2010년 집권한 우파 연립정부는 막대한 재정적자를 줄이기 위해 대

표 4 주요국의 GDP 대비 사회지출 (단위: %)

국가	1980년	1990년	2000년	2005년
스웨덴	27.1	30.2	29.4	30.1
덴마크	24.8	25.6	26.5	27.7
네덜란드	25.3	26.0	20.6	21.6
프랑스	20.8	25.3	28.2	29.6
독일	24.6	23.9	27.6	27.9
영국	16.9	17.3	19.7	21.9
캐나다	13.7	18.1	16.5	16.5
미국	13.5	13.9	14.9	16.2
한국	–	3.0	5.2	7.1
OECD 평균	16.0	18.1	19.4	20.6

출처: OECD, Social Expenditure–Aggregated Data 2008.

표 5 주요국의 GDP 대비 재정수지 적자/흑자 (General government deficit/surplus) (단위: %)

국가	2000년	2002년	2005년	2007년	2008년	2009년	2010년
덴마크	2.3	0.4	5.2	4.8	3.2	-2.7	-2.7
독일	1.3	-3.7	-3.3	0.3	0.1	-3.0	-3.3
그리스	-3.7	-4.8	-5.2	-6.4	-9.8	-15.4	-10.5
프랑스	-1.5	-3.1	-2.9	-2.7	-3.3	-7.5	-7.0
네덜란드	2.0	-2.1	-0.3	0.2	0.6	-5.5	-5.4
스웨덴	3.6	-1.3	2.2	3.6	2.2	-0.7	0.0
영국	3.6	-2.1	-3.4	-2.7	-5.0	-11.4	-10.4
유로 17개국 평균	0.0	-2.6	-2.5	-0.7	-2.0	-6.3	-6.0
EU 27개국 평균	0.6	-2.5	-2.5	-0.9	-2.4	-6.8	-6.4

출처: Eurostat.

대적인 긴축정책을 추진하고 있다. 재정적자를 메우기 위한 차입으로 국가채무는 GDP 대비 2007년 44.5%에서 2008년 54.4%, 2009년 69.6%로, 2010년에는 80%까지 크게 증가하였다. 영국은 2007년까지 총 정부지출이 EU 27개국 및 유로존Eurozone 17개국 평균보다 낮았고, 북유럽이나 서유럽 국가들에 비해서는 많이 낮은 수준이었다. 〈표 5〉와 〈표 6〉을 보면 2008년 세계 금융위기 전까지는 영국의 재정수지와 국가채무는 독일이나 프랑스와 비교해서 나쁜 편은 아니었으나 금융위기로 경제상황이 악화되고 있음을 알 수 있다. 영국이 금융위기에 취약한 것은 경제에서 차지하는 금융산업의 비중이 높고 산업경쟁력이 낮기 때문이다.

블레어 정부 시기 개혁에 대해서는 서로 다른 평가가 존재한다. 아동복지와 근로연계복지에 집중된 사회투자정책은 빈곤과 불평등을 완화하

표 6 주요국 GDP 대비 국가부채
(General government gross debt) (단위: %)

국가	1999년	2002년	2005년	2007년	2008년	2009년	2010년
덴마크	58.1	49.5	37.8	27.5	34.5	41.8	43.6
독일	60.9	60.4	68.0	64.9	66.3	73.5	83.2
그리스	94.0	101.7	100.0	105.4	110.7	127.1	142.8
프랑스	58.9	58.8	66.4	63.9	67.7	78.3	81.7
네덜란드	61.1	50.5	51.8	45.3	58.2	60.8	62.7
스웨덴	64.3	52.5	50.4	40.2	38.8	42.8	39.8
영국	43.7	37.5	42.5	44.5	54.4	69.6	80.0
유로 17개국 평균	71.6	67.9	70.0	66.2	69.9	79.3	85.1
EU 27개국 평균	65.7	60.4	62.8	59.0	62.3	74.4	80.0

출처: Eurostat.

는 데 미흡한 것으로 평가되고 있다(박순우 · 최영 2007). EU 수준에 미흡한 빈곤율, 실업자 및 연금생활자의 빈곤, 청년실업률, 계층 간 소득불균형 및 교육격차 등이 여전히 문제로 남아 있다. 반면 블레어 정부의 복지개혁으로 일부 복지지출이 축소되었지만 전 국민 무상의료와 노령연금은 물론, 산재보험, 실업보험, 아동수당 등으로 복지와 수혜 대상이 확대되었다. 다만 사회급여가 주로 저소득층의 소득지원에 집중되었다. 실제로 1999년 연금개혁으로 공적연금은 점진적으로 저소득층을 대상으로 한 정액급여로 전환되었고, 중산층 이상은 사적연금에 포괄시켜 왔다. 연금크레딧credit제도 도입 등 저소득층을 위한 공적연금의 기초보장성을 강화함으로써 2000년대 연금지출이 크게 증가하였다(김수완 · 백승호 2011). 1997년 노동당 집권 이후 사회투자정책의 일환으로 저소득가정 아동에 대한 복지예산도 크게 늘어났다.

2008년 금융위기 이후 영국의 경제문제와 복지개혁

2008년 세계 금융위기와 2009년 유로존 위기는 영국 복지국가에도 영향을 주고 있다. 2008년 세계 금융위기가 발생하면서 빈곤과 실업에 대응하기 위해 많은 나라에서 긴급 구호적 복지 및 사회정책을 시행하였다. 그런데 영국과 같이 공적 사회보장제도가 상대적으로 약한 국가들이 북유럽 국가들과 독일 등 사회보장제도가 잘 되어 있는 국가들에 비해 더 많은 대응책을 실시하였다. 영국은 2008년 10월 국가경제위원회National Economic Council를 설치하여 경제위기로 어려움에 처한 개인, 가족, 기업을 지원하는 데 모든 정부 부처가 협력하여 대응한 바 있다. 대표적인 방안은 근로자의 주택 모기지mortgage 지원 사업, 일자리 지원정책'Find Your Way Back to Work' initiative, 지원 및 자선 캠페인'Real Help' campaign 실시 등이 그것이다. 특히, 일자리 창출 및 실업자 지원과 관련하여 고용지원센터Job Centre Plus에 많은 예산을 투입하였다. 고용지원센터의 직업교육 및 기술훈련을 확대하기 위한 예산도 크게 늘렸다.

2010년 5월 총선으로 집권한 보수당과 자유민주당의 우파 연립정부는 대대적인 긴축정책으로 실업수당 감축, 다양한 사회수당의 대폭적인 축소를 추진해 오고 있다. 2011년도 예산심의에서 고소득층의 아동수당 지급금지, 아동신탁기금 동결, 주택수당과 고용지원수당 통제, 세액공제의 자격 강화 등 복지예산 감축을 계획하였다. 정부는 50개가 넘는 복잡한 복지급여 및 수당제도 때문에 예산이 남용되고 있다고 보고 이를 '통합급여universal credit'로 단순화하고 있다. 2011년 복지개혁의 핵심인 통합급여제도는 각종 수당과 세금공제를 근로와 빈곤퇴치에 맞추어 기준을 강화하였다. 통합급여의 근로유인 효과는 빈곤층에서 크며 특히 유자녀 한부모 및 유자녀 독신의 근로유인 효과가 크게 나타난다고 한다(최영준 2012, p. 162).

영국은 금융위기를 겪으면서 국가채무가 크게 증가하자 재정긴축과 증세로 재정적자를 줄이고 있다. 우파 연립정부는 연간 1,500억 파운드에 이르는 막대한 재정적자를 2015년까지 절반으로 감축하기 위해 복지예산을 대폭 줄이는 한편, 공공부문 일자리를 축소하고 세금을 늘리는 등의 강도 높은 긴축재정을 추진하고 있다. 그 결과 공공도서관, 노인센터, 청소년센터, 공공수영장 및 공중화장실 등이 폐쇄되면서 공공부문 일자리 30만 개가 감소하여 1994년 이래 최고의 실업률을 기록하고 있다. 문제는 이러한 조치의 영향이 주로 저소득층에 집중되어 빈부격차를 심화시키고 있다는 점이다. 2010년 대학 등록금 인상과 대학보조금 삭감에 항의하여 25년 만에 가장 격렬한 시위가 발생하였고, 2011년 3월 런던에서는 50여 만 명의 노조원과 시민이 정부의 긴축정책에 항의하는 시위행진을 벌였다.[15] 일부 전문가와 언론은 긴축정책을 '계급전쟁class war'으로 보고 있다.[16]

영국은 2013년부터 120만 가구에 대해 아동수당 지급이 중단되고 향후 5년간 육아수당도 동결된다고 한다. 2020년까지 남녀 퇴직연령은 65세에서 66세로 상향 조정되고, 연간 2만 1,000파운드 이상의 급여를 받는 공무원은 임금이 2년 동안 동결되며, 15만 파운드 이상 고소득자는 소득세율을 50%로 인상하였다. 교육예산, 국방예산도 감축되었다. 부가가치세는 17.5%에서 20.0%로 올리고, 18%인 자본소득세도 최대 50%까지 차별적으로 인상할 계획이라고 한다. 2010년 이후 영국의 복지개혁은 1997년 블레어 정부가 강조한 복지의존 탈피와 근로복지, 복지시스템 개혁, 복지예산 감축에 초점이 맞추어져 있다. 2012년 다양한 복지급여 축소에 이어 2013년 이후 총액복지급여 제한, 통합급여 실시, 연금수급 연령 상향 조정 등 매우 급진적인 복지축소가 예고되어 있다(최영준 2012 p. 172). 막대한 재정적자 등 경제여건의 악화로 복지축소가 불가피하기 때문이다.

〈표 7〉을 보면 영국은 소득과 재산에 대한 세금 규모가 북유럽을 제외하면 큰 편이다. 개인에 대한 세금 부담이 많다고 할 수 있다. 그러나 〈표

15 자세한 복지예산 감축 내용은 최영준(2012) p. 148-149 참고.

16 Spending review reaction: "These cuts will cause real pain and anxiety for millions of people." (2010. 10. 20). Guardian. 〈http://www.guardian.co.uk/politics/2010/oct/20/spending-review-reaction-cuts-pain〉

표 7 주요국의 GDP 대비 소득 및 재산 세금 규모 (Current taxes on income, wealth, etc.) (단위: %)

국가	1999년	2002년	2005년	2007년	2008년	2009년	2010년
독일	11.8	10.6	10.2	11.1	11.3	10.8	10.3
그리스	8.8	8.6	8.5	8.0	7.9	8.1	7.6
프랑스	12.0	11.3	11.3	11.4	11.5	9.8	10.5
네덜란드	11.8	11.4	11.4	11.9	11.6	11.8	11.8
스웨덴	21.6	19.4	22.0	21.2	19.8	19.7	19.3
영국	16.1	15.5	16.1	16.6	16.7	15.8	15.6
유로 17개국 평균	12.5	11.8	11.5	12.4	12.2	11.4	11.3
EU 27개국 평균	13.5	12.8	12.7	13.4	13.1	12.3	12.2

출처: Eurostat.

표 8 2004년 OECD 국가의 GDP 대비 전체 조세별 세수 규모 (단위: %)

국가	직접세		사회보장분담금			재산세	소비세
	개인소득세	법인세	피고용자	고용주	합계		
미국	8.9	2.2	3	3.4	6.4	3.1	4.7
영국	10.3	2.9	2.8	3.7	6.5	4.3	11.5
프랑스	7.4	2.8	4.0	11.0	11.4	3.3	11.1
독일	7.9	1.6	6.1	6.9	13.0	0.9	10.1
스웨덴	15.8	3.2	2.8	11.3	14.1	1.6	13.0
일본	4.7	3.8	4.3	4.5	8.8	2.6	5.3
한국	3.4	3.5	3	2.1	5.1	2.8	8.9
OECD	9.1	3.4	3.0	5.5	8.5	1.9	11.4

출처: 정세은(2011), OECD.

8〉를 보면 영국은 다른 북서유럽 국가들에 비해 사회보장 분담금이 매우 낮다. 대처 정부하에서 직접세를 줄였음에도 전체적으로 누진세의 비중

이 큰 편임을 알 수 있다.

연금 및 실업급여 감축, 공공부조 지원금 축소, 다양한 수당의 감축은 상당한 정도의 즉각적인 소득 감소를 가져올 것이다. 주로 정부의 소득보장 지원에 의존하는 취약계층이 가장 큰 타격을 입을 수밖에 없다. 앞의 〈표 1〉에서 보듯이, 영국은 이미 선진 자본주의 국가 중에서 소득 불평등이 큰 집단에 속한다.[17] 영국은 주요 선진국 중 가장 낮은 법인세를 부과하고 있으며, 복지 축소, 민영화 등을 추진하면서 1980년대 대처 정부 시대보다 더 광범위하게 정부의 역할과 책임을 축소하고 있다. 긴축정책은 여성과 남성 간의 성 불평등도 심화시키고 있다.[18] 보육, 노인 돌보기 등 공공 사회서비스 부문의 축소는 여성의 일자리를 줄이는 동시에 보살핌 노동의 가사화로 여성의 비임금 노동을 증대시키기 때문이다. 노동시장 탈규제로 여성의 비정규직 고용이 높은 상태에서 노동시장 참여 기회의 축소는 경제적 성 불평등을 심화시킨다. 또한 여성은 남성보다 훨씬 더 국가의 복지급여에 의존하고 있기 때문에 복지급여 축소는 여성에게 더 불리하게 작용할 수밖에 없다.

우파 연립정부가 추진하고 있는 고강도 긴축정책은 정부지출을 줄여 재정적자를 줄일 것으로 기대되고 있다. 하지만 문제는 '긴축의 역설'로 긴

17 평등부 장관(Minister for Equality)의 의뢰로 존 힐스(John Hills) 교수 팀이 작성한 계급 격차에 관한 최근 보고서에서 영국은 "제2차 세계대전 이후 가장 큰 소득 불평등과 계급격차를 가지고 있는 것"으로 나타났다 Hills, J., et al. (2010). An Anatomy of Economic Inequality in the UK: Report of the National Equality Panel (Centre for Analysis of Social Exclusion Report). London School of Economics and Political Science.

18 "Austerity Promotes Gender Hierarchies" (2011. 2. 22). Social Europe Journal. 〈http://www.social-europe.eu/2011/02/austerity-promotes-gender-hierarchies/〉

축정책에도 불구하고 재정적자는 개선되기 어려울 수 있다는 점이다. 민간부문의 성장 없는 긴축정책은 디플레이션deflation을 초래해 오히려 성장에 부정적인 결과를 가져올 수도 있기 때문이다.[19] 또한 지나친 긴축은 고용과 성장을 둔화시켜 저소득층과 노동시장 외부자outsiders의 삶을 더욱 힘들게 만들 것이고, 이러한 빈부격차와 계층 불평등의 심화는 정치 · 사회적 불안을 유발하여 경제를 더욱 어렵게 만들 수 있다. 따라서 산업 경쟁력과 경제성장은 건전재정뿐 아니라 분배를 위해서도 중요하다고 할 것이다. 현재 영국의 재정긴축정책은 분배와 복지에 부정적 영향을 미치고 있지만 국가채무를 줄이고 민간투자를 증대시켜 경제가 활력을 갖는다면 장기적으로 성장과 분배에 긍정적 역할을 할 수도 있을 것이다. 결국, 영국경제의 경쟁력 약화와 침체로 보편적 복지는 물론 빈곤계층 아동, 노령인구 등 취약계층을 위한 선별적 복지 또한 대대적으로 축소되면서 영국은 서유럽에서 가장 낮은 복지 수준의 나라가 될 것이다.

---

19 폴 크루그먼(Paul Krugman) 교수의 〈한겨레〉 2012. 5. 21일자 기사; 〈머니투데이〉 2012. 10. 13일자 기사.

영국 복지정책의 경험과 시사점

경제적 조건의 한계와 선별적 복지[20]

영국의 복지정책은 1940년대 초반 베버리지 보고서라는, 당시로서는 매우 이상적이고 완벽한 복지 청사진에 기반을 두고 출발하였다. 그리고 제2차 세계대전 직후 소득보장, 무상의료와 무상교육, 공공주택에 의한 주거복지, 대인복지서비스 등 포괄적이고 보편주의적 성격을 갖는 복지제도를 발전시켰다. 빈곤층에 대한 소득지원제도도 발달하였다. 이러한 보편적 복지제도는 1970년대 중반까지 유지되었고 그 성격이 북유럽 복지모델과 유사할 만큼 진보적이었다(최영준 2012, p.13; Jone 1985; Kohl

20 필자는 전후 영국 복지국가의 변화와 전환을 조사 · 연구하면서 보편적 복지국가의 경제적 조건의 중요성을 감안하여 별도의 논문으로 분석하였다(김인춘 2012). 일반인을 대상으로 영국 복지국가를 소개하는 이 글의 성격상, 보편적 복지국가의 경제적 조건에 대한 영국 사례의 분석 내용을 충분히 포함하기 어려웠고, 이 연구의 시작을 계기로 새로운 주제의 논문을 작성하게 되었다는 사실을 밝힌다.

1981). 그만큼 포괄적이고 보편적인 복지제도를 시행한 것이다. 더구나 이러한 복지국가가 사회적 · 정치적 합의에 의해 구축되었다는 점이 특징적이다. 전후 합의정치로 보수당은 '온정적 보수주의' 전통에 따라 보편적 복지국가, 국유화 등 노동당의 국가 개입주의를 지지하였다. 노조의 조직력과 영향력도 강력하였다. 복지국가를 둘러싼 사회정치social politics는 매우 우호적이었고, 따라서 복지국가를 구축하기 위한 정치사회적 조건은 충족되었던 것이다.

그러나 보편적 복지국가를 운영하기 위해서는 막대한 비용이 필요하다. 재정지출이 크게 늘기 때문에 국가는 그만큼 세금을 거둘 수 있어야 한다. 세금을 많이 걷기 위해서는 기본적으로 개인의 소득과 기업의 이익이 지속적으로 증가해야 하며, 이는 산업 경쟁력과 경제성장이 전제되어야 가능한 일이다. 즉 복지국가를 운영하기 위한 국가의 징세 및 재정역량과 경제적 조건이 충족되어야 하는 것이다. 그리스와 스웨덴을 보면 이러한 조건들이 대비됨을 알 수 있다. 그리스는 세금을 제대로 걷지 못해 국가가 빚을 내서 재정지출을 감당해 왔다. 포퓰리즘적 재정지출의 증가로 성장 효율성과 분배 효과성은 미미하였다. 산업경쟁력도 약화되어 좋은 일자리와 내실 있는 성장을 가져오지 못하였다. 그 결과 지금과 같은 막대한 재정적자와 국가채무, 경제위기, 왜곡된 복지제도, 심각한 사회적 불평등과 갈등의 문제에 직면하고 있다. 스웨덴은 세금과 재정 측면에서 효율적인 국가 운영을 해오고 있으며, 복지국가의 경제적 조건을 충족하고 있다.

영국경제는 갈수록 경쟁력이 떨어지고 성장이 둔화되었다. 낮은 사회급여 수준과 전후 조세부담, 특히 높은 직접세 부담에도 복지재정을 감당하기 어려워졌고 세금수입도 많지 않았다. 복잡한 복지제도로 복지지출의 효율성과 효과성의 문제도 나타났다. 고유한 사회원리, 정치 구조, 정부의 질 등이 영국 복지국가의 발전과 제도화를 제약한 것도 사실이다. 그럼에도 1970년대에 악화된 경제적 요인이 이러한 제약에 결정적으로 작용하였다고 할 수 있을 것이다. 1970년대 들어 영국 복지국가는 진퇴의 기로에 서게 되었다. 전후 30여 년간 포괄적인 복지를 해온 것도 그나마 정치사회적 합의정신과 영국이라는 나라의 저력이 남아 있었기 때문이었다. 경제 · 산업적 기반이 크게 약화되었고 영국이 감당할 수 있는 능력 이상의 자원이 복지에 지출되면서 재정 및 경제위기와 복지국가 위기를 동시에 겪게 된 것이다. 1974년 집권한 노동당 정부는 많은 노력에도 불구하고 침체된 경제를 회복시키지 못하였고, 긴축과 복지축소로 자신의 지지세력인 노조와 갈등관계에 처하였다. 결국 1976년 재정악화로 IMF로부터 구제금융을 받았고, 1979년에는 보수당이 집권하였다. 1970년대의 경제위기 상황에서 영국의 중산층이 증세와 보편적 복지국가를 거부하면서 영국 복지국가는 근본적으로 변화되었다.

대처 정부는 신자유주의 이념과 반노조 · 반복지 노선으로 복지개혁과 경제개혁을 추진하였다. 영국경제의 생산성을 높이고 효율성을 제고하기 위한 개혁이 대대적으로 추진된 것이다(Card et. at 2004). 이러한 개혁은 1997년 집권한 블레어 정부에서도 계속되었다. 그럼에도 경제의 경쟁력이나 재정건전성 측면에서 큰 성과를 내지는 못한 채 노사대립과 노동시장 탈규제로 임금격차가 커지고 소득불평등이 지속되어 왔다. 복지제도 또한 근본적으로 변화하였다. 1970년대의 경제위기, 1980년대와 1990년대의 복지개혁을 거치면서 영국은 보편적 복지국가에서 선별적 중·저복지국가로 전환되었다.

블레어 정부는 이러한 사회적 불평등을 완화하고자 보편적 아동복지와 조기교육에 대한 사회적 투자에 집중하였다. 이러한 블레어 정부의 사회투자국가 또는 적극적 복지 모델은 미국식의 경제적 역동성과 북유럽식의 사회적 형평성을 조합한 영국 고유의 사회정의와 복지국가 전략이었다. 블레어의 '제3의 길'이 이러한 목표를 달성하였는가에 대한 평가는 다양하겠지만, 적극적 노동시장정책과 사회투자정책을 통해 영국이 감당할 수 있는 수준의 지속 가능한 복지국가를 만들려고 하였다는 점에서 의의가 있을 것이다. 블레어 정부의 사회투자 중심의 복지개혁은 노동시장의 효율성을 높이고 저소득층의 빈곤을 완화시키고자 하였다. 그러나 저임고용에 의한 노동시장의 불평등과 사회급여 축소에 따른 소득불평등은 크게 나아지지 못하였다. 외형적 성장에도 불구하고 경제의 경쟁력은 크게 높아지지 못하여 경제적 성과와 사회적 분배의 수준은 높지 않다.

현재 영국의 소득보장제도는 기본적으로 저급여 시스템이며, 선별적으로 저소득층 지원에 맞추어져 있다. 영국 복지국가 사례는 복지국가의 이상과 현실을 잘 보여주고 있다. 역사상 최초의 현대적인 보편적 복지제도의 구축에도 불구하고 사회급여와 공공 사회서비스 수준은 나아지지 못하였다. 고복지국가로 발전되지도 못하고, 보편적 복지제도를 유지하지도 못한 것이다. 사회적 불평등을 관리하면서 북유럽이나 서유럽대륙 모델보다 복지 수준이 낮은, 지속 가능한 선별적 중·저복지 모델을 가지고 있다. 영미 모델의 낮은 세금부담, 사회복지 예산 축소, 왜소한 공적연금 등은 사회적 불평등을 지속시키는 역할을 하고 있다.

제도의 효율성과 개혁의 중요성

복지국가를 위한 경쟁력 있는 경제와 산업의 조건에 더해 복지제도의 구조와 성격은 분배에 중요한 영향을 미친다. 이는 단순히 보편적 제도와 선별적 제도의 이분법이 아니라, 보편적이든 선별적이든 복지제도의 왜곡과 비효율이 클수록 같은 지출에도 불구하고 분배의 효과는 적어지고 경제에도 부정적인 영향을 주기 때문이다. 복지국가라는 분배제도는 공정하고 효율적인 자원 배분제도라는 점이 강조되어야 하는 것이다. 그리스와 이탈리아 등 남유럽 국가들이 서유럽 수준에 가까운 복지지출을 하고도 심각한 사회적 격차와 경제적 문제를 겪고 있는 것은 복지제도가 공정하지도 효율적이지도 못하기 때문이다. 복지제도가 이중구조화되어 있고 왜곡되어 있기 때문이다. 영국 복지제도는 공적연금에서 보듯이 몇 차례의 구조적 변화를 거치면서 복잡화되어 있다. 복지제도의 구조가 복지정책과 분배효과에 미치는 영향이 크다는 점을(김수완 · 백승호 2011; 여유진 2011) 인식하여 한국이 어떤 제도적 구조를 만들어 나가야 할지 철저하게 고민해야 할 것이다.

한 국가의 노동시스템과 경제 · 산업전략은 복지국가의 성격에 중요한 영향을 미친다. 노사관계, 노동시장, 과학기술과 교육제도, 산업구조와 경제시스템 등은 복지시스템과 긴밀히 연계되어 있다. 영국은 북유럽이나 서유럽대륙 복지국가와 이러한 측면에서 구별되어 왔다. 즉 파편화된 노사관계, 이중구조적 노동시장과 1차 분배의 불평등, 교육 및 과학기술의 혁신 미흡, 산업구조 등에서 크게 다르다. 성장과 분배를 가져올 수 있는 경쟁력 있는 복지국가는 단순히 제도의 도입과 재정지출의 확대로만 이루어지지 않는다. 생산과 분배의 상호보완성 또는 선순환은 생산제도와 연계되어야 하며, 특히 북유럽 국가들과 독일에서 볼 수 있듯이, 교육제도, 노동시장제도, 산업구조 등의 개혁이 복지제도 개혁과 동시에 이루어지는 것이 중요하다.

현재 영국은 재정적자와 국가채무를 관리하기 위해 대대적인 긴축정책을 실시하고 있다. 심각한 재정적자와 국가채무 상태에서 높은 경제성장이 예상되거나 획기적인 증세가 가능하지 않다면 긴축은 피할 수 없을 것이다. 사실 영국의 세금 부담은 서유럽 국가들에 비해 다소 낮으며, 특히 근로자, 사용자 모두의 사회보장세 부담이 매우 낮다. 영국 복지국가는 조세 측면뿐 아니라 인적자본, 투자 등 공급 측면의 경제적 여건, 노동시장제도와 노사관계, 산업경쟁력 등 많은 경제적 조건에서 한계를 보여 왔다. 또한 사회문화적 측면의 자유주의 전통과 정치제도, 정부역량 또한 중요한 요인이었다. 보편적 고복지의 상징인 '요람에서 무덤까지'라는 이상은 영국에서 더 이상 가능하지 못하게 된 것이다. 1970년대 이후 지속적인 경제침체와 기존 사회보장제도의 비효율이 중요한 원인이 되었다. 북유럽 국가들, 독일과 네덜란드 등 일부 대륙 국가에서 보듯이 복지국가의 제도화는 장기적으로 생산성과 경쟁력에 기반을 둔 자본주의적 경제성장이 효율적 복지체제와 연계될 때 지속 가능함을 알 수 있다.

참고문헌

총론

- 김인춘. 2013. 〈스웨덴의 사회경제적 발전과 복지정책〉.
- 김인춘. 2013. 〈'요람에서 무덤까지' 영국 복지국가의 이상과 현실 – 보편적 복지국가에서 선별적 중 · 저복지국가로〉.
- 김인춘. 2013. 〈그리스의 사회경제적 발전과 복지정책〉.
- 김성원. 2013. 〈일본의 사회경제적 변화와 복지정책: 가족의존적 복지국가의 위기〉.
- 유경준. 2013. 소득분배 국제비교를 통한 복지정책의 방향. KDI 정책포럼. 제 167호.
- Aran, Amnon. 2013. "Keeping a Balance? Explaining Israel's Defence and Social Welfare Expenditure in Historical Perspective".
- Bergh, Andreas. 2011. "The Rise, Fall and Revival of the Swedish Welfare State: What are the Policy Lessons from Sweden?" *IFN Working Paper* No. 973.
- Kwon, H.J., Yi, I., Lee, J., Kim, T.. 2011. "'Mixed Governance' and Welfare in South Korea" *Journal of Democracy*, Vol 22.
- Kokko, Ari. 2010. "The Swedish Model" *UN-WIDER Working Paper* Nu. 2010/88.

- Mahler, Vincent and David Jesuit. 2004. "State redistribution in comparative perspective: A cross-national analysis of the developed countries". *LIS Working Paper* No. 392.
- Montoya, Silvia. 2011. "Assembling the Economic Puzzle: 120 Years of Argentina's Socio-Political History".

그리스

- 김인춘. 2010. 〈유럽통합과 자본주의의 다양성: 북유럽과 남유럽의 '유럽화' 비교〉, 《유럽연구》 한국유럽학회 28권 3호.
- 기획재정부. 2011. 8. 12. 〈그리스, 포르투갈, 아일랜드의 재정위기 원인 및 주요 경과〉.
- Adam, Sofia. 2009. "Social Economy and the Greek Welfare State: Can Polanyi Help Us?", paper presented at 2nd EMES International Conference on Social Enterprise Trento, Italy, July 1-4.
- Allison, Graham T. & Nicolaidis Kalypso (eds.). 1997. *The Greek Paradox: Promise vs. Performance*, Cambridge, MA and London: MIT Press.
- Apospori, Eleni & Jane Millar. 2003. *The Dynamics of Social Exclusion in Europe: Comparing Austria, Germany, Greece, Portugal and the Uk*, Edward Elgar Publishing.
- Boeri, Tito, Gordon H. Hanson, Barry McCormick (eds.). 2002. *Immigration Policy and the Welfare State: A Report for the Fondazione Rodolfo Debenedetti*, Oxford University Press.
- Clogg, Richard. 1987. *A Short History of Modern Greece*, Cambridge:

Cambridge University Press.

• Clogg, Richard. 2002. *A Concise History of Greece*, Cambridge: Cambridge University Press.

• Clogg, Richard (ed.). 1993. *Greece, 1981-89: The Political Decade*, London: Macmillan.

• Dimitrakopoulos, Dionyssis G. & Argyris G. Passas (eds.). 2004. *Greece in the European Union*, Routledge.

• Eardley, T. et al. 1996. *Social Assistance in OECD Countries: Country Reports*, London: HMSO.

• Featherstone, Kevin and Dimitrios K. Katsoudas (eds.). 1987. *Political Change in Greece: Before and After the Colonels*, Palgrave Macmillan.

• Featherstone, Kevin & Dimitris Papdimitriou. 2008. *The Limits of Europeanization: Structural Reform and Public Policy in Greece*, Palgrave.

• Featherstone. Kevin. 1998. "'Europeanization' and the Centre Periphery: The Case of Greece in the 1990s", *South European Society and Politics*, Volume 3, Issue 1.

• Ferrera, Maurizi. 2009. *Welfare State Reform in Southern Europe: Fighting Poverty and Social Exclusion in Greece, Italy, Spain and Portugal*, Routledge.

• Ferrera, Maurizi. 1996. "The 'Southern Model' of Welfare in Social Europe", *Journal of European Social Policy* 6/1, pp. 17–37.

• Gonzalez, Maria Jose, Teresa Jurado, Manuela Naldini (eds.). 2000. *Gender Inequalities in Southern Europe: Woman, Work and Welfare in the 1990s*, Routledge.

• Gunther, Richard, P. Nikiforos Diamandouros, Dimitri A. Sotiropoulos (eds.). 2007. *Democracy and the State in the New Southern Europe*, Oxford: Oxford University Press.

- Hatzivassiliou, Evanthis. 2006. *Greece and the Cold War: Front Line State, 1952-1967*, Routledge.
- Iatrides, John O. & Linda Wrigley (eds.). 1995. *Greece at the Crossroads: The Civil War and Its Legacy*, Penn state u. press.
- Ioakimidis, P.C. 2000. "The Europeanization of Greece: An Overall Assessment" *South European Society and Politics* Volume 5, Issue 2.
- Katrougalos, George S. 1996. "The South European Welfare Model: The Greek Welfare State in Search of an Identity" *Journal of European Social Policy* February 1996 vol. 6 no. 1 39-60.
- Kavakas, Dimitrios. 2001. *Greece and Spain in European Foreign Policy: The Influence of Southern Member States in Common Foreign and Security Policy*, Ashgate Publishing.
- Kofas, Jon V. 1989. *Intervention and Underdevelopment: Greece During the Cold War*, Penn. State University press.
- Leibfried, S. 1993. "Towards a European Welfare State? On Integrating Poverty Regimes into the European Community", in C. Jones (ed.), *New Perspectives on the Welfare State in Europe*, London: Routledge.
- Lyrintzis, Christos. 2011. "Greek Politics in the Era of Economic Crisis: Reassessing Causes and Effects", The Hellenic Observatory, London School of Economics and Political Science, London, UK.
- Monastiriotis, V. and Y. Psychairs. 2012. "Between equity, efficiency and redistribution: An analysis of revealed allocation criteria of regional paublic investment in Greece", *European Urban and Regional Studies* Sept.

2012.

- Mouzelis, Nicos. 1993. "The State in Late Development" *Greek Political Science Review* 1: 53-89.
- Nektarios, Milton. 2007. "Public Pensions and Labor Force Participation: The Case of Greece" The Geneva Papers on Risk and Insurance Issues and Practice.
- Pagoulatos, George. 2003. *Greece's New Political Economy: State, Finance and Growth from Postwar to EMU*, Palgrave.
- Pagoulatos, George & Christos Triantopoulos. 2009. "The Return of the Greek Patient: Greece and the 2008 Global Financial Crisis", *South European Society and Politics* Volume 14, Issue 1.
- Papadopoulos, Theo. N.. 1997. "Social Insurance and the Crisis of Statism in Greece" in Clasen J.(ed.) *Social Insurance in Europe*, Bristol: The Policy Press.
- Papadopoulos, Theo. 2006. "Support for the Unemployed in a Familistic Welfare Regime: The case of Greece", in Mossialos E. and Petmesidou M. (eds.) *Social Policy Developments in Greece*, Aldershot: Ashgate.
- Paraskevopoulos, Christos. 2007. "Social Capital and Social Policy in Greece" The Hellenic Observatory, London School of Economics and Political Science, London, UK.
- Pelagidis, Theodore. 2010. "The Greek paradox of falling competitiveness and weak institutions in a high GDP growth rate context(1995-2008)" The Hellenic Observatory, London School of Economics and Political Science, London, UK.
- Petmesidou, M. 1991. "Statism, Social Policy and the Middle Classes in

Greece", *Journal of European Social Policy* 1/1, pp. 31–48.

- Petmesidou, Maria & Elias Mossialos (eds.) 2006. *Social Policy Developments in Greece*, Ashgate Publishing.
- Petmesidou, Maria. 2000. "Social Protection in Greece in the Nineties: Reforming the 'Weak' Welfare State", in Achilleas Mitsos and Elias Mossialos (eds.). *Contemporary Greece and Europe*, Aldershot: Ashgate, 303-30.
- Rhodes, Martin. 2003. *European Social Policy*, Longman Publishings.
- Rhodes, Martin (Editor). 1997. *Southern European Welfare States: Between Crisis and Reform*, Routledge.
- Rhodes, Martin 1996. "Southern European Welfare States: Identity, Problems and Prospects for Reform" *South European Society and Politics* Volume 1, Issue 3.
- Rothstein, Bo. 2011. *The Quality of Government: Corruption, Social Trust, and Inequality in International Perspective*, Chicago: University of Chicago Press.
- Sotiropoulos, Dimitri A. 2004. "The EU's Impact on the Greek Welfare State: Europeanization on paper?", *Journal of European Social Policy* Vol.14 no. 3.
- Symeonidou, Haris. 1996. "Social Protection in Contemporary Greece", *South European Society and Politics* Volume 1, Issue 3.
- Tinios, Platon. 2010. "Vacillations around a pension reform trajectory: time for a change?", The Hellenic Observatory, London School of Economics and Political Science, London, UK.
- Venieris, Dimitris. 2003. "Social Policy in Greece: Rhetoric versus Reform", *Social Policy and Administration*, 37 (2): 133-47.

- Verney, Susannah 2011. "An Exceptional Case? Party and Popular Euroscepticism in Greece, 1959–2009", *South European Society and Politics* Volume 16, Issue 1.
- Vraniali, Efi. 2010. "Rethinking public financial management and budgeting in Greece: time to reboot?", The Hellenic Observatory, London School of Economics and Political Science, London, UK.
- Wittner, Lawrence S. 1982. *American Intervention in Greece, 1943-1949: A Study in Counterrevolution*, Columbia University Press.
- OECD. 1997. Annual Review-Greece.
- OECD. 2005. Pensions at a Glance, Paris.
- OECD. 2010. Greece at a Glance - Policies for a Sustainable Recovery 2010.
- OECD. 2011. Pension at a Glance - Greece 2011.
- IMF. 2006. Country Report No. 06/5 Greece: Selected Issues.

아르헨티나

- Buenos Aires, Argentina: Sudamericana, 1980.
- Ferrari Gustavo and Ezequiel Gallo. La Argentina del ochenta al centenario.
- Ferreres Orlando. Dos siglos de Economía Argentina. Buenos Aires. Argentina: Fundación Norte y Sur, 2010.
- Llach, J. 1977. "Otro siglo, otra Argentina: Una estrategia para el desarrollo económico y social nacida de la convertibilidad y de su historia",

Argentina; Ariel Sociedad Económica.

- Lindenboim Javier, Juan Graña and Damián Kennedy. “Distribución funcional del ingreso en Argentina, Ayer y Hoy”. Documento de Trabajo Nro 5. Buenos Aires: CEPED, 2005
- Montoya, S. 2011. “Assembling the Economic Puzzle: 120 years of Argentina Socio-Political History”, Manuscript.
- Murmis Miguel and Juan Carlos Portantiero. Estudios sobre los orígenes del Peronismo. Buenos Aires: Siglo XXI Editores, 1971.
- Rapoport Mario et al. Historia económica, política y social de la Argentina (1880-2000). Buenos Aires: Ediciones Macchi. 2000
- “World Development Indicators 2011.” Washington, D.C.: World Bank. http://data.worldbank.org. Accessed May 15, 2011.

일본

- 김성원. 2011a. 〈일본의 정권교체와 복지개혁: 실업 · 빈곤대책을 중심으로〉, 《아세아연구》No.14.
- 김성원. 2011b. 〈일본 복지국가체제의 동요와 새로운 패러다임의 등장〉, 김용하 외, 《지속가능한 한국형 복지체제 모색을 위한 선진복지국가 경험의 비교연구》, 보건복지부 · 한국보건사회연구원.
- 김연명 편. 2002. 《한국복지국가성격논쟁》, 인간과 복지.
- 이혜경 · 다케가와 쇼고 편(2006). 《한국과 일본의 복지국가레짐 비교연구: 사회보장 · 젠더 · 노동시장을 중심으로》, 연세대학교 출판부.
- 가네코 마사루(金子勝). 1991. 〈企業社会の形成と日本社会〉, 東京大学社会

科学研究所編《現代日本社会5 構造》, 東京大学出版会.

- 가리야 다케히코(苅谷剛彦). 2001.《階層化日本と教育危機－不平等再生産から意欲格差社会へ》, 東京大学出版会.
- 겐죠 요시카즈(権丈善一). 2004.《年金改革と積極的社会保障政策》, 慶應義塾大学出版会.
- 고마무라 코헤이(駒村康平). 2010.〈民主党政権下の社会保障制度の展望と課題〉,《週刊社会保障》No.2561.
- 김성원(金成垣)偏. 2010.《現代の比較福祉国家論 － 東アジア発の新しい理論構築に向けて》, ミネルヴァ書房.
- 김성원(金成垣). 2008.《後発福祉国家論 － 比較のなかの韓国と東アジア》, 東京大学出版会.
- 다치바나키 도시아키(橘木俊詔). 1998.《日本の経済格差格差社会 － 何が問題なのか》, 岩波新書.
- 다치바나키 도시아키(橘木俊詔). 2011.《無縁社会の正体 － 血縁・地縁・社縁はいかに崩壊したか》, PHP研究所.
- 다카하시 노부아키(高橋伸彰). 2005.《少子高齢化の死角 － 本当の危機とは何か》, 著ミネルヴァ書房.
- 다케가와 쇼고(武川正吾). 1999.《社会政策のなかの現代 － 福祉国家と福祉社会の協働》, 東京大学出版会.
- 다케가와 쇼고(武川正吾). 2010.〈初心忘れるべからず － 民主党政権の社会保障政策〉,《週刊社会保障》No.2565.
- 마루야마 히로시(丸山博)など編. 1960.《講座社会保障3 日本における社会保障制度の歴史》, 至誠堂.
- 마쓰우라 가쓰미(松浦克己). 2002.〈日本における分配問題の概観〉, 宮島洋・連合総合生活開発研究所編著《日本の所得分配と格差》, 東洋経済新報者.

- 문춘신서편집부(文春新書編集部)編. 2006.《論争 格差社会》, 文藝春秋.
- 모타니 고스케(藻谷浩介). 2010.《デフレの正体 – 経済は「人口の波」で動く》, 角川書店.
- 미야모토 다로(宮本太郎). 2008.《福祉政治 – 日本の生活保障とデモクラシー》, 有斐閣.
- 미야모토 다로(宮本太郎). 1997.〈比較福祉国家の理論と現実〉, 岡沢憲芙・宮本太郎編《比較福祉国家論 – 揺らぎとオルタナティブ》, 法律文化社.
- 사토 도시키(佐藤俊樹). 2000.《不平等社会日本 – さよなら総中流》, 中央公論新社.
- 세야마 가쓰오(盛山和夫). 2003.〈階層再生産の神話〉, 樋口美雄・財務省総合政策研究所編《日本の所得格差と社会階層》, 日本評論社.
- 세야마 가쓰오(盛山和夫). 2011.《経済成長は不可能なのか – 少子化と財政難を克服する条件》, 中央公論新社.
- 시마다 히로미(島田裕巳). 2010.《人はひとりで死ぬ –「無縁社会」を生きるために》, NHK出版.
- 시라하세 사와코(白波瀬佐和子). 2005.《少子高齢社会のみえない格差 – ジェンダー・世代・階層のゆくえ》, 東京大学出版会.
- 시라하세 사와코(白波瀬佐和子)編. 2006.《変化する社会の不平等 – 少子高齢化にひそむ格差》, 東京大学出版会.
- 우다 기쿠미・다카사와 다케시・후루카와 고준(右田紀久恵・高澤武司・古川孝順)編. 2001.《社会福祉の歴史 – 政策と運動の展開》, 有斐閣.
- 우에노 지즈코(上野千鶴子). 1990.《家父長制と資本制 – マルクス主義フェミニズムの地平》, 岩波書店.
- 우즈하시 다카후미(埋橋孝文). 1995.〈福祉国家の類型論と日本の位置 – –Andersenの所説を手がかりにして〉,《大原社会問題研究所雑誌》445.

- 오사와 마리(大沢真理). 2007.《現代日本の生活保障システム – 座標とゆくえ》, 岩波書店.
- 오치아이 에미코(落合恵美子). 2004.《21世紀家族へ – 家族の戦後体制の見かた · 超えかた》, 有斐閣.
- 오카자와 노리오 · 오붙이 유코(岡沢憲芙 · 小渕優子)編. 2010.《少子化政策の新しい挑戦 – 各国の取組みを通して》, 中央法規出版.
- 오타케 후미오(大竹文雄). 1994.〈1980年代の所得 · 資産分配〉,《季刊李異論経済学》第45巻 第5号.
- 이시다 히로시(石田浩). 2002.〈社会移動からみた格差の実態〉, 宮島洋 · 連合総合生活開発研究所編著《日本の所得分配と格差》, 東洋経済新報者.
- 이와타 마사미(岩田正美). 2007.《現代の貧困 – ワーキングプア／ホームレス／生活保護》, ちくま新書.
- 다다 히데노리(田多英範). 1994.《現代日本社会保障論》, 光生館(=2008, 정재철 · 나인숙 · 김성원 옮김,《일본의 사회보장: 이론과 분석》, 인간과 복지).
- 다다 히데노리(田多英範). 2009.《日本社会保障制度成立史論》, 光生館.
- Esping-Andersen, Gosta. 1990. *Three Worlds of Welfare Capitalism*, Polity Press.
- Mishira, Ramesh. 1990. *The Welfare State in Capital Society: Policies of Retrenchment and Maintenance in Europe, North America and Australia*, Harvest Wheatsheaf.
- Vogel, E. F.. 1979. *Japan as number one: lessons for America*, Harvard University Press.

이스라엘

- Aran, Amnon. 2009. *Israel's Foreign Policy towards the PLO: The Impact of Globalization*, Sussex: Sussex Academic Press.
- Ashton, Nigel. 2010. *King Hussein: A Political Life*, New-Haven: Yale University Press.
- Ben-David (ed.). 2009. *Report on the State of the State: Society, Economics, Policy*, Tel-Aviv: The Taub Centre for the research of social policy in Israel.
- Bouillon, Markus E. 2004. *The Peace Business: Money and Power in the Israeli-Palestinian Conflict*, London: I.B. Tauris.
- Filk, Dani, Ram, Uri, (eds.). 2005. *The Power of Property: Israeli Society in the Global Age*, Tel-Aviv: Yediot Achronot.
- Gazit, Shlomo. 2003. *Trapped Fools: Thirty Years of Israeli Policy in the Territories*, London: Frank Cass.
- Golan, Galia. 1990. *Soviet Policies in the Middle East: From World War Two to Gorbachev*, Cambridge: Cambridge University Press.
- Klieman, Ahron S. 1985. *Israel's Global Reach: Arms Sales as Diplomacy*, Pergamon-Brassays: International Defence Publishers.
- Klieman Ahron S., Pedatzur, Reuven. 1991. *Rearming Israel: Defence Procurement through the 1990s*, Tel: Aviv: Jaffe Centre for Strategic Studies.
- Lewin-Epstein, Noa and Semyonov, Moshe. 1986. 'Ethnic Group Mobility in the Israeli Labour Market' in, *American Sociological Review*, Vol. 51, No. 3, June, pp. 342-352.
- Lewin-Epstein, Noa and Semyonov, Moshe. 2004. *Stratification in Israel,*

Class, Ethnicity, and Gender, London: Transaction Publishers.

- Levy, Yagil. 2003. *The Other Army of Israel*, Tel-Aviv: Yediot Achronot.
- Lissak, Moshe, (ed.). 1984. *Israeli Society and its Defence Establishment*, London: Frank Cass.
- Makovski, David. 1996. *Making Peace with the PLO*, Boulder, CO: Westview Press.
- Medzini, Meron (ed.). 1988. *Israel's Foreign Relations: Selected Documents*, vol. 7., 1981-1982, Jerusalem.
- Morris, Benny. 2001. *Righteous Victims: A History of the Zionist-Arab Conflict,* 1881-2001, New York: Vintage.
- Murphy, Emma. 1994. 'Structural Inhibitions to Economic Liberalization in Israel', *The Middle East Journal*, Vol. 48, No.,1, pp. 65-88.
- Norton, John Moore (ed.). 1977. *The Arab-Israeli Conflict: Readings and Documents*, Princeton: Princeton University Press.
- Peleg, Ilan S.1987. *Begin's Foreign Policy 1977-1983: Israel's Move to the Right*, Westport, Conn: Greenwood Press.
- Pierre, Andrew P. 1982. *The Global Politics of Arms Sales*, Princeton, NJ: Princeton University Press.
- Plessner, Yakir. 1994. *The Political Economy of Israel: From Ideology to Stagnation*, Albany: State University of New York Press.
- Quandt, William B. 2001. *Peace Process: American Diplomacy and the Arab-Isreali Conflict since 1967*, Wshington DC: Brookings Institute Press.
- Razin, Assaf and Sadka, Efraim. 1993. *The modern Economy 9of Modern Israel: Malaise and Promise*, Chicago: Chicago University Press.

- Reiser, Stewart. 1989. *The Israeli Arms Industry: Foreign Policy, Arms Transfers, and Military Doctrine of a Small State*, New York: Holmes and Meier.
- Sanbar, Moshe. 1990. *The Political Economy of Israel 1948-1982, Economic and Social Policy in Israel: The First Generation*, Boston: University Press of America.
- Sandler, Shmuel. 1993. *The State of Israel, the Land of Israel: The Staist and Ethnonational Dimensions of Foreign Policy*, Westport, Conn: Greenwood Press.
- Seleznev, Galina, Ben-David, Ram, Tadmor, Roni, and Reznik, Natasha. 2011. *Defence Expenditure in Israel 1950-2009*, Jerusalem: Central Bureau of Statistics.
- Shafir, Gershon and Peled, Yoav (Ed). 2000. *The New Israel: Peacemaking and Liberalization*, Boulder, CO: Westview Press.
- Shafir, Gershon, Shafir, Gershon. 1999. 'Business in Politics: Globalization and the Search for Peace in South Africa and Israel/Palestine', *Israel Affairs*, vol. 5, nos. 2 and 3, pp. 102-119.
- Shalev, Michael. 1992. *Labour and the Political Economy in Israel*, Oxford: Oxford University Press.
- Sharanski, Ira. 1987. *The Political Economy of Israel*, New-Brunswick: Transaction.
- Sheffer, Gabriel (ed.). 1987. *Dynamics of Dependence: US-Israeli Relations*, London: Westview Press.
- Shlaim, Avi. 1999. *The Iron Wall: Israel and the Arabs*, London: Penguin.
- Stiglits, Joseph E. 2002. *Globalization and Its Discontents*, London: Pen-

guin.

- Svisrky, Shlomo. 2005. *The Price of Occupation*, Tel-Aviv: Adva Centre. (In Hebrew).
- Tessler, Mark. 1994. *A History of the Palestinian-Israeli Conflict*, Indianapolis, IA: Indiana University Press.
- Yaniv, Avner. 1987. *The Politics of Israeli Strategy*, Washington, DC: Lexington Books.

웹사이트

- 이스라엘 외무부(Israeli Ministry of Foreign Affairs)
- 하레츠 일보(Ha'aretz Daily)
- 예루살렘 포스트(The Jerusalem Post)
- Tradingeconoimcs.com

스웨덴

- 김수진. 2007. 《노동지배의 이념과 전략 — 스칸디나비아 사회민주주의의 성장과 쇠퇴》, 백산서당.
- 김인춘. 2007. 《스웨덴 모델 — 독점자본과 복지국가의 공존》, 삼성경제연구소.
- 김인춘. 2011. 〈스웨덴의 복지체제와 재정: 복지재정과 국민 부담의 조화〉 《유럽연구》 제29권 3호.
- 안상훈. 2006. 〈스웨덴 정권 교체와 한국의 복지국가〉, 참여연대(2006. 11. 11).

- 안상훈. 2012. "복지국가의 문제는 單答型이 아니다" 〈조선일보〉 칼럼(2012. 7. 29).
- 유모토 켄지, 사토 요시히로. 박선영 옮김. 2011. 《스웨덴 패러독스》, 김영사.
- 정세은. 2011. 〈복지와 재정건전성〉 국회 경제법 연구회 발표 자료(2011. 4. 7).
- 조흥식 외. 2012. 《대한민국 복지국가의 길을 묻다 – 바람직하고 지속 가능한 시민복지국가를 향해》, 이매진.
- 주은선. 2005. 〈연금개혁 정치의 특성: 스웨덴에서 자유주의적 연금개혁은 어떻게 가능했는가?"〉《사회복지연구》 제26호, 한국사회복지연구회.
- 최성은, 선우덕, 구인회, 김인춘 외, 2011. 《선진4국과 우리나라 사회보장체계 비교연구》, 보건복지부/한국보건사회연구원.
- 최연혁. 2011. 〈스웨덴 복지제도의 변화와 도전: 지속적 복지제도의 방향성에 관한 논의〉, 한국보건사회연구원 내부발표 자료(2011. 3. 30).
- 홍기빈. 2011. 《비그포르스, 복지국가와 잠정적 유토피아》, 책세상.
- Agell, Jonas, Peter Englund, Jan Sodersten. 1998. *Incentives and Redistribution in the Welfare State: The Swedish Tax Reform*, New York: Palgrave Macmillan.
- Bergh, Andreas. 2008. "Explaining the Survival of the Swedish Welfare State: Maintaining Political Support through Incremental Change", *Financial Theory and Practice* 32(3): 233–254.
- Esping–Andersen, Gosta. 1988. *Politics against Market*, Princeton University Press.
- Eklund, Klas "Nordic capitalism: Lessons learned", World Economic Forum Davos 2011.
- Carlson, Allan. 1990. *The Swedish Experiment in Family Politics: The*

Myrdals and the Interwar Population Crisis, Transaction Publishers.

- Esping–Andersen, Gosta (ed.) 1996. *Welfare States in Transition: National Adaptations in Global Economies*, London: Sage.
- Freeman, Richard B., Birgitta Swedenborg, Robert H. Topel(eds.). 2010. *Reforming the Welfare State: Recovery and Beyond in Sweden* (National Bureau of Economic Research Conference Report), Chicago, IL: The University Of Chicago Press.
- Hadenius, Axel. 1986. *A Crisis of the Welfare State?: Opinions about Taxes and Public Expenditure in Sweden*, Almqvist & Wiksell International.
- Hall, Peter and David Soskice (eds.). 2001. *Varieties of Capitalism*, Oxford: Oxford University Press.
- Hicks, Alexander. 1999. *Social Democracy and Welfare Capitalism: A Century of Income Security Politics* ,Ithaca: Cornell University Press.
- Holmlund, Bertil. 1983. "Payroll Taxes and Wage Inflation: The Swedish Experience", *Scandinavian Journal of Economics* 85(1): 1–15.
- Iversen, Torben, Jonas Pontusson & David Soskice. 2000. *Unions, Employers and Central Banks: Macroeconomic Coordination and Institutional Change in Social Market Economies*, Cambridge: Cambridge University Press.
- Johansson, Dan, Du Rietz, Gunnar and Stenkula, Mikael. 2010. "The Marginal Tax Wedge of Labor in Sweden from 1861 to 2009", SNEE Working Paper(April 2010).
- Kenworthy, Lane. 2007. *Egalitarian Capitalism: Jobs, Incomes, and Growth in Affluent Countries*, Russell Sage Foundation.
- Kildal, Nanna and Stein Kuhnle(eds.) 2005. *Normative Foundations of the*

Welfare State: The Nordic Experience, Routledge.

- Lindbeck, Assar. 1997. *Swedish Experiment: Economic & Social Policies in Sweden After WWII*, Center Business Studies.
- Lindbeck, Assar. 2009. "Three Swedish Models" lecture for conference in Stockholm, August 2009, arranged by the Mont Pelerin Society.
- Lindert, Peter. "Why the Welfare State Looks Like a Free Lunch", Working Paper 02–7 University of California, Davis – Department of Economics and National Bureau of Economic Research, 2002.
- Magnusson, Lars. 2000. *Economic History of Sweden*, London: Routledge.
- Mares, Isabela. 2006. *Taxation, Wage Bargaining and Unemployment*, Cambridge University Press.
- Persson, Goran. 1996. "The Swedish experience in reducing budget deficits and debt", *Economic Review* Q 1 Federal Reserve Bank of Kansas City, Kansas City, USA.
- Pontusson, Jonas. 1992. *The Limits of Social Democracy: Investment Politics in Sweden*, Ithaca: Cornell University Press.
- Pontusson, Jonas, and Peter Swenson. 1996. "Labor markets, production strategies, and wage bargaining institutions: The Swedish employer offensive in comparative perspective", *Comparative Political Studies* 29(2): 223–50
- Price, Robert et al 2008. "Strategies for Countries with Favourable Fiscal Position", Working Paper 655 OECD.
- Rodrik, Dani. "Why Do More Open Economies Have Bigger Government?", *Journal of Political Economy* 106(5)(1998): 997–1032.

- Rothstein, Bo. 1998. *Just Institutions matter: The Moral and Political Logic of the Universal Welfare State*, New York: Cambridge University Press.
- Schwartz, Herman. 1993. "Small States in Big Trouble: State Reorganization in Australia, Denmark, New Zealand and Sweden in the 1980s", *World Politics* 46: 527–55.
- Söödersten, Jan. 1993. "Sweden." In Dale Jorgensen. and Ralph Landau (eds.), *The Tax Reform and the Cost of Capital. An International Comparison*, Washington, DC: The Brookings Institution.
- Steinmo, Sven. 1996. *Taxation and Democracy: Swedish, British and American Approaches to Financing the Modern State*, Yale University Press.
- Steinmo, Sven. 2010. *The Evolution of Modern States: Sweden, Japan, and the United States*, Cambridge University Press.
- Svallfors, Stefan. 1995. "The End of Class Politics?: Structural Cleavages and Attitudes to Swedish Welfare Policies", *Acta Sociologica* Vol. 38(1): 53–74.
- Svallfors, Stefan. 2006. *The Moral Economy of Class: Class and Attitudes in Comparative Perspective*, Standford University Press.
- Swenson, Peter. 2002. *Capitalists against Markets: The Making of Labor Markets and Welfare States in the United States and Sweden*, New York: Oxford University Press.
- Whyman, Philip. 2003. *Sweden and the 'Third Way': A macroeconomic evaluation*, Ashgate Publishing.
- Government Offices of Sweden.
- Ministry of Finance, Sweden. "The budget for 2011: from crisis to full em-

ployment", 12 October 2010.
- Ministry of Finance, Sweden.."The Swedish Economy in figures", 18 April 2011.
- OECD. 2008. Economic Survey of Sweden.
- OECD. 2002. Economic Surveys: Sweden.
- OECD. 1999. Economic Surveys: Sweden.
- 보건사회부(Ministry of Health and Social Affairs, Socialdepartementet)
- 보건복지청(National Board of Health and Welfare, Socialstyrelsen)
- 사회보험청(National Social Insurance Agency, Riksforsalringsverket)
- 연금청(Swedish Pensions Agency, Pensionsmyndigheten)
- 지방정부협의회(Swedish Association of Local Authorities, Svenska Kommunforbundet)
- 재무부(Ministry of Finance)
- 국가재정관리청(Swedish National Financial Management Authority, Ekonomistyrningsverket, ESV)
- 국가채무처(Swedish National Debt Office, Riksgalden)
- 국가재정정책위원회(Swedish Fiscal Policy Council)
- 국세청(Swedish Tax Agency, Skatteverket)
- 통계청(Statistics Sweden, Statistiska Centralbyran, SCB)

영국

- 강원택. 2001. 〈영국 사회정책의 변화: 신노동당과 '일을 위한 복지'〉, 송호근 편《세계화와 복지국가: 사회정책의 대전환》, 나남출판.

- 강원택. 2008. 《보수정치는 어떻게 살아남았나 – 영국 보수당의 역사》, 동아시아연구원.
- 고세훈. 2011. 《영국정치와 국가복지–신(New)자유주의에서 신(Neo)자유주의로》, 집문당.
- 권혁주. 1998. 〈영국 복지개혁의 소득재분배 효과 : 쎄처 정부시기를 중심으로(1979~1991)〉, 《한국행정학보》 제32권 제1호, 한국행정학회.
- 김보영. 2009. 〈영국 신노동당 정부의 사회서비스 개혁 방향과 전략 연구〉, 《사회복지정책》, 한국사회복지정책학회.
- 김수완. 2004. 〈영국의 공적연금 개혁 –복지국가의 전략적 선택과 평가〉, 《한국사회정책》 11권 1호, 한국사회정책학회.
- 김수완 · 백승호. 2011. 〈복지국가 재편의 경로의존성: 공적연금제도구조와 급여관대성 및 지출수준에 관한 비교연구〉, 《사회복지연구》 42권 1호, 한국사회복지연구회.
- 김영순. 1996. 《복지국가의 위기와 재편》, 서울대학교 출판부.
- 김영순. 2000. 〈소득재분배에서 고용 재분배자로?: 미국과 영국의 '일을 위한 복지'정책〉, 《경제와 사회》 제47호.
- 김윤태. 2005. 〈영국 복지국가의 전환: 사회정책의 한계와 가능성〉, 《사회복지정책》 제21집 한국사회복지정책학회.
- 김인춘. 1994. 〈영국의 경험: 양당제와 자유주의의 사회화〉, 《계간사상》 제6권 1호
- 김인춘. 2007a. 〈자본주의 다양성과 한국의 새로운 발전 모델〉, 《한국사회학》
- 김인춘. 2007b. 《스웨덴 모델 – 독점자본과 복지국가의 공존》, 삼성경제연구소.
- 김인춘. 2012. 〈전후 영국의 보편적 복지국가의 발전 조건과 전환〉, 《한국과 국제정치》(2012. 12) 경남대 극동문제연구소.

• 박순우 · 최영. 2007. 〈영국복지개혁의 사회투자전략에 관한 연구〉, 《사회복지정책》 30집, 한국사회복지정책학회.
• 여유진. 2011. 〈복지국가의 구조적 제약과 경로의존성: 근로연령층의 빈곤과 복지국가의 재분배 효과를 중심으로〉, 《상황과 복지》 32호.
• 신광영. 2008. 〈유럽의 아동빈곤과 아동빈곤 정책 – 영국과 덴마크를 중심으로〉, 《스칸디나비아연구》 9호.
• 정원오. 2010. 《복지 국가》, 책세상.
• 조영훈. 2004. 〈'제3의 길' 복지정책과 영국복지국가의 변화〉, 《국제지역연구》 제8권 제1호, 국제지역학회.
• 오영달. 2004. 〈영국 정치제도 발전의 역사적 배경〉, 《유럽정치》, 유럽정치연구회 편, 백산서당.
• 유경준. 2013. 소득분배 국제비교를 통한 복지정책의 방향. KDI 정책포럼. 제167호.
• 유현석. 2004. 〈영국 정치경제의 구조와 흐름〉, 《유럽정치》, 유럽정치연구회 편, 백산서당.
• 원석조. 2000. 〈영국 복지국가의 성립 배경에 관한 연구〉, 《사회복지정책》 제10집, 한국사회복지정책학회.
• 찰스 킨들버거(주경철 역). 2004. 《경제 강대국 흥망사, 1500~1990》, 까치.
• 최영준. 2012. 《주요국의 사회보장제도 – 영국》, 한국보건사회연구원.
• Adam, Stuart and Mike Brewer. 2004. *Supporting families: The financial costs and benefits of children since 1975*, The Policy Press.
• Andrew Glyn (ed.). 2001. *Social Democracy in Neoliberal Times: The Left and Economic Policy since 1980*, Oxford University Press.
• Apeldoorn, Bastiaan van et al. 2009. *Contradictions and Limits of Neoliberal European Governance - From Lisbon to Lisbon*, Palgrave.

- Card, David, Richard Blundell and Richard B. Freeman (eds.) 2004. *Seeking a Premier Economy: The Economic Effects of British Economic Reforms, 1980-2000*, Chicago: University of Chicago Press.
- Connell, Andrew. 2011. *Welfare Policy under New Labour: The Politics of Social Security Reform*, London: I. B. Tauris.
- Eichengreen, Barry. 2007. *The European Economy since 1945: Coordinated Capitalism and Beyond*, Princeton: Princeton University Press.
- Ginsburg, Norman. 1992. *Divisions of Welfare: A Critical Introduction to Comparative Social Policy*, Sage Publications.
- Hennock, E. P.. 2007. *The Origin of the Welfare State in England and Germany, 1850-1914: Social Policies Compared*, Cambridge.
- Hills, J. 1996. *New Inequalities : The Changing Distribution of Income and Wealth in the UK*, Cambridge: Cambridge University Press.
- Jones, Catherine. 1985. *Patterns of Social Policy: An Introduction to Comparative Analysis*, London: Tavistock Publications.
- Jones, Daniel Stedman 2012. *Masters of the Universe: Hayek, Friedman, and the Birth of Neoliberal Politics*, Princeton University Press.
- Koch, Max. 2006. *Roads to Post-fordism: Labour Markets And Social Structures in Europe*, Ashgate Publishing.
- Kohl, J. 1981. "Trends and Problems in Postwar Public Expenditure Development in Western Europe and North America" in P. Flora and A. J. Heidenheimer (eds.) *The Development of Welfare State in Europe and America*, New Brunswick: Transaction Books.
- Loney, M., et. al.. 1991. *The State or the Market: Politics and Welfare in Contemporary Britain*, London: Sage.

- Lowe, R. 1993. *The Welfare State in Britain since 1945*, London: Basingstoke.
- Mahler, Vincent and David Jesuit. 2004. "State redistribution in comparative perspective: A cross-national analysis of the developed countries". *LIS Working Paper* No. 392.
- Millar, Jane. 2000. Keeping Track of Welfare Reform: The New Deal programmes, YPS/JRF. 'The New Deals: the experience so far'.
- Millar, Jane and Karen Gardiner. 2004. "Low pay, household resources and poverty", JRF.
- Pierson, Paul. 2001. *The New Politics of the Welfare State*, Oxford University Press.
- Powell, Martin (ed.). 2002. *Evaluating New Labour's welfare reforms*, The Policy Press.
- Rhodes, M. 2000. "Restructuring the British Welfare State: Between domestic constraints and global imperatives" in F. Scharpf and V. Schmidt (eds.) *Welfare and Work in the open economy* vol. II, Oxford University Press.
- Sapir, Andre. 2005. "Globalisation and the Reform of European Social Models", Bruegel Policy Brief.
- Sutherland, Holly, Tom Sefton and David Piachaud. 2003. "Poverty in Britain: The impact of government policy since 1997", JRF. 'Progress on poverty, 1997 to 2003/4'.
- IPPR. 2005. Social Justice: *Building a Fairer Britain*.